Neue Nachbarn

Wie Integration gelingen kann

Bearbeitet und herausgegeben von der
Geschichtswerkstatt Büdingen
Joachim Cott
Am Wildenstein 11, 63654 Büdingen
Tel. 06042/952334
info@geschichtswerkstatt-buedingen.de
www.geschichtswerkstatt-buedingen.de

Inhalt

Vorwort des Herausgebers

Joachim Cott

Wie kam es zu diesem Buch? Im politischen Bereich war die starke Präsenz der Rechten in Büdingen ein schon lange vor 2015 bestehender Grund, sich mit Migration und Fremdenhass zu beschäftigen. Die Existenz der HEAE beschleunigte die politische Wachsamkeit gegenüber rechten Gruppierungen.

Zuerst war nur der Gedanke, die Initiativen und Projekte, die in Büdingen zum Thema Integration laufen, zu dokumentieren. Von anderen Städten war Büdingen in den letzten Monaten öfter um Unterstützung angefragt worden, wenn es um Fragen der Integration ging. Man holte sich gerne Rat und griff auf Erfahrungen aus Büdingen zurück.

Im Verlauf der Recherchen wurde klar, dass in Büdingen derart viele, sehr unterschiedliche Formen ehrenamtlicher Arbeit mit Geflüchteten entstanden sind, die anderen Kommunen Anregungen für die eigene Arbeit bei der Integration geben können.

Die Vorarbeiten zu dem Buch gestalteten sich höchst interessant. Ziel war, unterschiedliche Möglichkeiten der Arbeit mit Geflüchteten und Wege der Integration darzustellen. Welche Erfahrungen wurden von den Ehrenamtlichen, in Institutionen, bei Unternehmen, in Schulen und Kindergärten gemacht? Je mehr wir kennenlernten, desto deutlicher wurde sichtbar, welche Fortschritte bei der Integrationsarbeit in den letzten Jahren in Büdingen gemacht worden sind. In diesem Buch wird ein Teil der geleisteten Arbeit in den unterschiedlichsten Bereichen abgebildet sein.

20 Autoren geben mit ihren Erfahrungen und aus ihren Blickwinkeln Einblicke in ihre jeweiligen Arbeitsfelder. So entsteht ein buntes Bild individueller Erlebnisse und breiter thematischer Vielfalt.

Das weite Feld ehrenamtlicher Tätigkeiten, das schließlich zum „Netzwerk Neue Nachbarn“ führte, stellt der ehemalige Leiter der

Büdinger Ehrenamtsagentur, Dieter Egner, vor. Dieses ehrenamtliche Engagement ist auch aktuell das Fundament zur Integration. Ob das die Rolle und die vielfältigen Hilfestellungen der Paten betrifft oder die Angebote, die von Seiten der Kulturschaffenden gemacht werden, in allen Fällen ist ein Unterstützungsnetzwerk geschaffen worden, das reichhaltige Angebote konzipiert und umsetzt. Die Entstehung vielfältiger neuer ehrenamtlicher Arbeitsformen hatte die Grundlagen geschaffen, um Integration gelingen zu lassen.

Eines dieser Projekte war das Theaterprojekt „Ayrick und Julia“, von dessen Entstehung und Entwicklung Regisseur Markus Karger Schritt für Schritt berichtet.

Die Flüchtlingshelfer Jules Schröder und Reiner Bajus teilen ihre Erfahrungen in der ehrenamtlichen Arbeit mit dem Leser. Da sie das tägliche Leben der Geflüchteten und deren Probleme sehr gut kennen, üben sie auch Kritik am Umgang der Behörden mit den Hilfesuchenden oder den Ehrenamtlichen. Mit „Er hat es geschafft“ zeigt Jules Schröder außerdem ein Beispiel gelungener Integration.

Reporterin Myriam Lenz steuert gleich drei Artikel bei, die sie ursprünglich für den Kreis-Anzeiger geschrieben hat. „Gudrun Lamontagne unterrichtet und begleitet seit 20 Jahren beherzt Ausländer“ und „Bin ein nützlicher Idiot“ sind Berichte über Flüchtlingshelfer. In „Sie sind offener als wir Deutsche“ gibt sie ihre Eindrücke von einem Stadtrundgang wieder.

Andreas Weik, Pfarrer der Ev. Kirchengemeinde, bezieht mit „Flüchten müssen ist ein Menschheitsthema“ Stellung aus christlicher Sicht.

Eine der Initiativen der Evangelischen Kirchengemeinde sind die „Stadtrundgänge“, von denen Elke Kaltenschnee berichtet.

Das DRK in Büdingen bietet Migrationsberatung an, Einzugs- und Beratungsgebiet ist dabei der Ostkreis der Wetterau. Das so genannte MBE-Angebot (Migrationsberatung für Erwachsene

Zuwanderer) wird in Kooperation mit den Sprachkursträgern beworben und teilweise auch vor Ort angeboten. Dipl.-Sozialarbeiterin Carmen Hobohm, die den Fachbereich neu auf- und ausgebaut hat, schreibt über ihre Arbeit.

Die Berichte von Stadträtin Henrike Strauch, Dipl.-Päd. Uta Pfeifer (Amtsleiterin Jugend, Kultur, Soziales) und Anette Fol (Leiterin Ordnungsamt) beschreiben die generellen Schwierigkeiten, vor denen Büdingen am Beginn stand. Zugleich wird in der Zusammenarbeit mit der Ehrenamtsagentur frühzeitig die gemeinsame Vorgehensweise erkennbar. Die vielfältigen Projekte, die im Rahmen der Gemeinwesenarbeit durchgeführt wurden, bildeten und bilden einen wesentlichen Grundstock für gelungene und nachhaltige Integrationsansätze. Die im Rahmen dieses Programms durchgeführten Projekte wurden zentrale Bausteine im Netzwerk Neue Nachbarn.

Susanne Cott gibt einen Rückblick auf die Entstehung der Hessischen Erstaufnahme-Einrichtung und die Folgen für die politische und gesellschaftliche Stimmung in der Stadt. Sie erinnert an den Zusammenschluss der demokratischen Kräfte in Parteien, Institutionen, Vereinen, von bekannten Persönlichkeiten der Stadt und einzelnen Bürgern, als Schutz der Demokratie und des sozialen Friedens.

Beiträge von den Pädagogen Tobias Michel, Sabine Weigandt und Peter Wiedenhöfer machen die Anforderungen klar, die heute an Schulen gestellt werden. Vor allem Ganztagsangebote bieten große Möglichkeiten zum Spracherwerb, einer unbedingten Voraussetzung zur Integration. In ihren Erfahrungsberichten zeigt sich die Mittlerfunktion, die Kinder aus Migrantenfamilien, aufgrund besserer Sprachbeherrschung, gegenüber ihren Eltern haben.

Dr. Udo Stern schreibt über Sabah, die, erst fünf Jahre alt, mit ihren Eltern aus Syrien floh und schließlich extrem traumatisiert in eine deutsche Pflegefamilie kam. Ein Mädchen, das die Ereignisse seiner Flucht noch lange nicht verarbeitet, aber eine Strategie entwickelt hat, damit im Hier und Jetzt zu leben.

Im Bereich der Altenpflege ist der gravierende Personalmangel hinlänglich bekannt. Umso bedeutender sind die beruflichen Wege zweier afrikanischer Neubürger. Ihre Ausbildung und Arbeit im Kursana-Domizil wird von der Geschäftsleitung und den Bewohnern hoch geschätzt. Diese beispielhaften Entwicklungen zeigen auch den Stolz, der mit dem Wissen um die persönliche Integration einhergeht. Die Wertschätzung, die den Menschen in einer beruflichen Funktion entgegengebracht wird, verändert auch ihre Selbsteinschätzung, erhöht die eigene Wertigkeit. Frank Schmidt, Sharusad Aden und Abdalla Osman gaben Interviews, die exemplarisch den beidseitigen Nutzen aufzeigen.

Eine Frau, die 2002 aus Eritrea flüchtete, beschreibt die Probleme einer Asylsuchenden, die weder einen Deutschkurs besuchen, noch eine Arbeit annehmen durfte; die Isolation in einem fremden Land, ohne Bekannte, Verwandte und Freunde. Sie hat es aus eigener Kraft geschafft, Büdingen zu ihrem Zuhause zu machen und arbeitet, neben ihrem Studium, heute als Dolmetscherin beim Bundesamt für Migration und Flüchtlinge. Da sie selbst gesehen hat, wie schwer es ist, sich in Deutschland zurechtzufinden, arbeitet sie auch ehrenamtlich als Flüchtlingshelferin.

Die Darstellung der Projekte und der vielen Menschen, die sich ehrenamtlich und von Berufs wegen engagierten, soll auch als Dank und Anerkennung ihrer Arbeit verstanden werden. Ohne die gesamtgesellschaftliche Mitarbeit der vielen Unterstützer ist Integration nicht zu leisten. Gerade im Leben einer Kommune überschaubarer Größe kommt der Arbeit im Netzwerk große Bedeutung zu.

Ein großer Dank geht an die Autoren und Interviewpartner. Mögen ihre Kritik und ihre Anregungen gehört werden, mögen ihre Wünsche und Hoffnungen sich erfüllen. Es würde die Arbeit der Helfer und das Leben der Hilfesuchenden ein wenig leichter machen.

Neue Nachbarn - Die große Herausforderung

Dieter Egner, Netzwerk Neue Nachbarn

Spontanität, Kreativität und zupackendes Handeln waren am Anfang gefragt

Herbst 2014. Büdingen wurde wieder einmal Zufluchtsort für politisch Verfolgte, für Bürgerkriegsflüchtlinge (UN-Konvention) und für Armutsflüchtlinge aus vielen Ländern der Erde. Vom Wetteraukreis wurde der Stadtverwaltung Büdingen signalisiert, dass nun Flüchtlinge zugewiesen werden, denen die Stadt Unterkünfte zur Verfügung stellen musste, da die Aufnahmekapazitäten der Landeseinrichtungen und des Kreises erschöpft waren.

Während die Stadtverwaltung eiligst Wohnräume für Flüchtlinge suchte, musste gleichzeitig eine Gruppe von Helfern und Helferinnen gebildet werden, die sich um die vielen „kleinen" Probleme der Neuankömmlinge kümmerte, die ebenfalls dringend gelöst werden mussten.

Vor allem musste die Hilfe schnell und konkret sein, denn es fehlte fast an allem. Dabei manchmal auch auf unkonventionelle Art. Zum Beispiel bei Krankheit. Wenn Flüchtlinge krank wurden, die Berechtigungsscheine aber im fernen Friedberg im Amte lagerten und erst beantragt werden mussten, halfen inzwischen die Paten, indem sie dem Arzt versprachen, die Scheine nachzuliefern. Vertrauen gegen Vertrauen. Mutig und dadurch erfolgreich.

Der Handlungsbedarf war groß. Besonders schwierig war die Verständigung. Arabisch, Dari, Farsi trafen auf hessisch. Es herrschten babylonische Zustände. Übersetzer mit Handy und Pantomime waren gefragt. Kurse in Alltagsdeutsch wurden von ehrenamtlichen Helferinnen und Helfern organisiert. Kreativität und Spontanität waren ein Muss. Ca. 15 Bürgerinnen und Bürger - darunter Hausfrauen, eine Buchbinderin, eine Buchhändlerin, ein Zollbeamter, eine Erzieherin und ein Schlossermeister -

entdeckten ihre pädagogische Begabung und fungierten als Deutschvermittler. Auch Unterrichtsmaterialien wurden „handgemacht“, denn kaufen konnte man sie nicht.

Zu diesem Zeitpunkt gab es keinerlei Informationen für die ehrenamtlichen Helferinnen und Helfer, weder von Ministerien und Behörden oder der Bundeszentrale, noch von den Landeszentralen für politische Bildung oder politischen Stiftungen, an denen man sich hätte orientieren können. Was soll‘s? Man schrieb deshalb selbst die „Handreichungen“ für die immer größer werdende Helferschar. Was kann man tun? Was muss man tun? Wie macht man das am besten?

Gleichzeitig entwickelten wir für unsere neuen Nachbarn Orientierungshinweise und Verhaltensregeln (Broschüren, Faltblätter), die von unseren – schon früher zugezogenen – ausländischen Mitbürgern in viele Sprachen übersetzt werden konnten. Wussten Sie, dass bereits vor der derzeitigen Zuwanderung Menschen aus über 90 verschiedenen Ländern in Büdingen wohnten?

Im Rahmen eines intensiven Erfahrungsaustausches entstanden so neue Ideen, Handreichungen für Helfer/innen, Verhaltensregeln für Flüchtlinge, später sogar ein richtiger Kurzfilm. Einige dieser Materialien wurden sogar von der Behörde angefragt und fanden Eingang in ihren Veröffentlichungen. Eine größere Anerkennung kann man sich kaum vorstellen.

Der Alltag

2015. Anerkannte Kriegsflüchtlinge, die die Unterkünfte verließen, benötigten dringend eine Wohnung. Bürgerinnen und Bürger halfen ehrenamtlich bei der Wohnungssuche, beim Transport der gebrauchten Möbel und bauten gespendete Küchenteile ein. Spendenaufrufe wurden veröffentlicht. Das Echo war groß. Gespendete Fahrräder wurden verliehen, ein „virtuelles Möbellager“ auf der Homepage eingerichtet und Fahrdienste organisiert.

Während bei den meisten Flüchtlingen die Hilfeleistungen dankbar aufgenommen wurden und auch viele persönliche Freundschaften entstanden, gab es auch Ärgernisse und Schwierigkeiten in den Gemeinschaftsunterkünften (GU).

Einige GU-Bewohner störten die Mitbewohner durch Lärm, ungereinigte Toiletten und Duschen, Müll wurde einfach zum Fenster hinausgeworfen. So wurden die freiwilligen Helferinnen und Helfer oftmals unfreiwillig zu Konfliktschlichtern und Friedensstiftern.

Ein großes Ärgernis für die Integration waren manchmal die eigenen Landsleute der Geflüchteten. Sie nutzten die Neuankömmlinge aus. Sie versprachen schnelles Geld und verführten sie zu Glücksspiel und Drogenverkauf, verschafften ihnen illegale Arbeit und kassierten dafür hohe Provisionen. Angebliche „Cousinen" erschienen in den Unterkünften und boten dort ihre Liebesdienste an.

Es gab keine Möglichkeit, diese „Besucher" des Hauses zu verweisen (kein Hausrecht), und, da es sich um Erwachsene handelte, auch keine weiteren Einflussmöglichkeiten. Auch das hauptamtliche Personal des Wetteraukreises war machtlos, da dieses aufgrund des hohen Betreuungsschlüssels nur wenig Zeit in den Gemeinschaftsunterkünften verbringen konnte. Diese Ohnmacht wiederum frustrierte die Helfer und führte zu Resignation. Hier half die solidarische Unterstützung der Paten- und Helferkreise, um wieder das Gleichgewicht zu finden.

Bürgerschaftliches Engagement benötigt Unterstützung

Zivilgesellschaftliches Engagement in der Breite zu unterstützen ist unerlässlich, wenn Integration gelingen soll. Entsprechende Untersuchungen *(Han-Broich, M., 2015 „Aus Politik und Zeitgeschichte")* zeigen, dass dieses Engagement besonders dazu beiträgt, Flüchtlinge emotional und seelisch zu stärken und somit eine Voraussetzung für eine bessere Integration zu schaffen. Insofern ist es sinnvoll, möglichst viele und auch kleine Initiativen von Bürgerinnen und Bürgern zu fördern. Ohnehin zeigen Untersuchungen *(Mutz, G. u.a, 2015 „Engagement für Flüchtlinge in München")*, dass Ehrenamtliche sich eher kleinen Initiativen und Organisationen anschließen, weil diese flexibler sind und auch eher Raum für Kritik und eigene Gestaltung geben.

Eine große Gefahr besteht darin, dass auf die ehrenamtlichen Flüchtlingshelferinnen und -helfer eine Menge „abgeladen" wird: Sie sollen Umzüge organisieren und Möbel besorgen, mit ihrem Privat-Pkw Flüchtlinge in die Kreisstadt transportieren, Streit in Gemeinschaftsunterkünften schlichten, bezahlbare Wohnungen, Arbeitsplätze und Ausbildungsplätze aufspüren, im Interesse der in einem Haus wohnenden Flüchtlinge auf die Einhaltung der Hausordnung (Reinigung, Waschmaschinen-Nutzung) drängen, Lärm, Diebstähle und Drogenkonsum verhindern, in die deutsche Sprache einführen, Weihnachtsfeiern organisieren, bei Blumenpflanzaktionen mitwirken, das Sozialgesetzbuch auswendig können und mit Behörden freundlich kommunizieren. Wahrlich eine große Herausforderung.

Beeindruckend in dieser Phase war vor allem die Vielzahl der Initiativen von Bürgern, Kultureinrichtungen und Kirchengemeinden, die in dieser Zeit in Büdingen entstanden und den Slogan „Büdingen ist weltoffen – Auf gute Nachbarschaft" Wirklichkeit werden ließen. Büdingens Bürger gehören damit zu einer der größten Bürgerinitiativen Deutschlands.

Ideen muss man haben – Geld kommt von alleine

2016 - 2018. Um die Kommunen „mit besonderen integrationspolitischen Herausforderungen" zu unterstützen, hatte das Land Hessen ein Sozialbudget aufgelegt. Dieses Programm wurde zur Initialzündung für über 20 erfolgreiche Bürgerprojekte und weitere Maßnahmen in Büdingen. An dem offen ausgeschriebenen Antragsverfahren beteiligten sich in Büdingen überraschend viele Einzelinitiativen, Gruppen und Vereine. Vier Förderbereiche bilden den programmatischen Rahmen für die spezifische Schwerpunktsetzung in Büdingen:

Das Einleben erleichtern
Einleben durch Begegnung
Kultur verbindet – Kultur bindet
Miteinander – Füreinander

Das Einleben erleichtern

Eine Gruppe ehrenamtlicher Helfer hat eine „**Begrüßungsbroschüre**“ erstellt. Diese gibt Neuankömmlingen Orientierung über die wichtigsten Anlaufstellen in der Gesamtstadt Büdingen, Verkehrsverbindungen, Ärzte und Hilfseinrichtungen, Kirchen und Moscheen und Freizeitstätten.

Ein speziell für und in Büdingen angefertigter **Zeichentrickfilm „Regeln und Verhaltensweisen“** von E. Makosch macht die Neuen, aber auch die schon länger hier wohnenden Mitbürger darauf aufmerksam, was man nicht und was man tun sollte, um ein freundliches und friedliches Zusammenleben zu gewährleisten. Der Film kann u.a. auch auf der Homepage der Stadt Büdingen (www.stadt-buedingen.de) eingesehen werden.

Die evangelische Kirchengemeinde organisiert für die Bewohner der Erstaufnahme-Einrichtung (EAE) **Stadtrundgänge** zu den wichtigsten Orten in der Kernstadt, um den Neuankömmlingen eine sozialräumliche Orientierung zu geben. In den Dörfern organisieren Flüchtlingshelferinnen und Helfer für die dort in den Gemeinschaftsunterkünften (GU) untergebrachten Flüchtlinge **Dorfrundgänge**. Diese Dorfrundgänge ließen oftmals auch weitere Begegnungen und Patenschaften entstehen.

Einleben durch Begegnung

Ein wichtiger Teil des Programms ist die Förderung von sog. **Interkulturellen Treffpunkten**, die sich zum Teil schon 2015 auf ehrenamtlicher Basis gebildet hatten. Zu nennen sind hier das Begegnungscafé der Biblischen Gemeinde, das Begegnungscafé der Evangelischen Kirchengemeinde, der Treffpunkt für „Geflüchtete und Beheimatete“ in der Kulturscheune Calbach und die vom Wetteraukreis finanzierte und hauptamtlich geleitete Beratungsstelle „Meeting Point“ der FAB gGmbH in der Orleshäuser-Str. 24, direkt neben der Erstaufnahmeeinrichtung.

In diesem Programmsektor werden auch **Interkulturelle Veranstaltungen** gefördert, die von Vereinen, Initiativen oder

Kirchengemeinden veranstaltet werden. Bedingung ist, dass Flüchtlinge nicht nur eingeladen, sondern auch an der Durchführung beteiligt werden. Zu nennen sind hier u.a. das jährliche Kinderfest bzw. Sommerfest und die Weihnachtsfeier am Heiligen Abend.

Ein Renner in diesem Programmbereich ist zweifelsfrei der **Internationale Schrebergarten**, der sich zu einem beliebten Ort für die Migranten entwickelt hat. Zum einen, weil sie hier eigenes Gemüse, Kräuter und Früchte pflanzen und ernten können, zum anderen, weil sie hier einen Platz außerhalb ihrer oft engen Wohnungen finden, wo sie sich treffen können, um mit ihren Familien die Freizeit zu verbringen. Dieses kleine 300 qm große Stück gepachteter Erde ist ein Stückchen „neue Heimat" und wird daher mit viel Fürsorglichkeit und emotionaler Zuwendung besetzt.

Leider liegen die „Bunten Gärten" in einem Überschwemmungsgebiet und die Untere Naturschutzbehörde des Wetterraukreises hat schon das Abräumen der kleinen Hütten verfügt (Juli 2018). Ob die eingeleiteten Bemühungen, das Gartengelände zu erhalten, erfolgreich sind, wird die Zukunft zeigen. Wünschenswert wäre es.

Unter dem Motto „**Süße Sachen machen – Honig selbst herstellen**" wurden an drei Standorten Bienenstöcke aufgebaut (Kernstadt, Ortsteil Wolf, Ortsteil Vonhausen) und Imkerkurse durchgeführt. Veranstalter war der Obst- und Gartenbau-Verein Vonhausen. Der Lehrbeauftragte des Imkerverbandes, Rolf Woelke, und Mitglieder des Vereins leiteten die Kurse und begleiteten die Teilnehmer bei den Pflegearbeiten. Bienenstöcke müssen über das gesamte Jahr hinweg gepflegt werden, um eine gute Honigernte zu erreichen. Die Ernte war gut. Sie wurde in kleine Gläschen verpackt und mit einem schön gestalteten Etikett versehen: Büdinger Bienen haben dieses Produkt erzeugt.

Kultur verbindet – Kultur bindet

Im Programmbereich „Kultur verbindet – Kultur bindet" gibt es die meisten Bürgerprojekte:

Im Mittelpunkt des **Theaterprojektes „Ayrick und Julia“** stand das Thema „Toleranz und Achtung vor dem jeweils anderen“. Es handelt von zwei Menschen aus unterschiedlichen Kultur- und Gesellschaftsschichten, deren Liebe zueinander alle Hindernisse überwindet (und in diesem Fall - im Gegensatz zu Shakespeare - gut endet).

Die Projekte „**Musik und Tanz“** in der Musik- und Kunstschule (MuKS) und „**Melodie und Poesie“** in der Kulturscheune Calbach versuchten besonders junge Flüchtlinge anzusprechen. Das Interesse an den Kursen der MuKS war gering. Hingegen waren die wöchentlichen Treffen der Kulturscheune in Calbach von jungen Flüchtlingen und Einheimischen gut besucht – was auch an der Art des Angebots und durch die besondere Atmosphäre der Kulturscheune und des Hofgartens befördert wurde.

Die beiden **Filmprojekte „Wege nach Büdingen“** (2016) **und „Wege in Büdingen“** (2017) wurden von der Initiative „Jugend lebt Kultur“ und dem Kulturverein in Calbach „ueber.land“ organisiert. Im ersten Film schildern junge Flüchtlinge, wie sie nach Büdingen kamen und im zweiten Film ihre „Wege in Büdingen“. Mitwirkende sind u.a. die Intensiv-Klasse und die Eibe-Klasse der Schule am Dohlberg, unter Leitung von Kathrin Okunowski. Die Jugendlichen äußern sich positiv über ihre Mitarbeit an und im Film. Die Filme – Zusammenschnitte aus über 60 Stunden Filmmaterial – können über den Kulturverein „ueber.land“ bezogen werden.

Die „**Kulturreise mit Musik, Bildern und Animation**“ in der Erstaufnahme-Einrichtung (EAE) gibt einen Einblick in die Kulturgeschichte anhand von Musikbeispielen und zeitgenössischen Bild-Projektionen. Musik, Bilder und Tänze aus den jeweiligen Epochen sollen Eindrücke vermitteln und zum gegenseitigen Verständnis beitragen. Die Umsetzung geschieht durch Musikeinspielungen – live oder mittels Konserve –, durch Bildprojektionen und Mitmach-Aktionen (u.a. Tanzen und Mitsingen).

Mitwirkende sind auch die in Büdingen ansässigen Flüchtlinge und die Bewohner der Erstaufnahmeeinrichtung. Sie stellen historische und aktuelle Formen der Kultur ihrer Heimatländer vor.

Miteinander – Füreinander
Im diesem Programmbereich versammeln sich vor allem Projekte der Nachbarschaftshilfe:

Der **Kostenlos-Laden „Brauch-Bar“** konnte zu einem Treffpunkt mit hoher Besucherfrequenz von Flüchtlingen und Einheimischen ausgebaut werden. Die Bereitschaft, Dinge zu spenden, ist bei der Bevölkerung sehr groß. Der Kostenlos-Laden „Brauch-Bar“ wird gerne genutzt, um Gegenstände zu erstehen. Einheimische und Flüchtlinge engagieren sich ehrenamtlich in der „Brauch-Bar“. Der ökologische Aspekt der Müllvermeidung durch Verschenken und Weiterbenutzen von Dingen steht im Mittelpunkt des Handelns.

Über das Projekt „**Grenzenlose Tafelfreuden – die Kochgemeinschaft**“ und die eigenverantwortliche Übernahme von Organisationsaufgaben sowie durch das gemeinsame Kochen kamen junge Geflüchtete und Einheimische zusammen. Eines ihrer „Unternehmen“ war die gelungene Übernahme des Caterings bei der Veranstaltung „Welt trifft Büdingen“ im Großen Saal der Willi Zinnkann-Halle.

Der **Reparatur-Treff** ist eine offene Werkstatt. Hier werden Veranstaltungen organisiert, bei denen defekte Alltagsgegenstände in angenehmer Atmosphäre gemeinschaftlich repariert werden: elektrische und mechanische Haushaltsgeräte, Unterhaltungselektronik, aber auch Textilien, Fahrräder, Spielzeug und andere Dinge. Diese Treffen sind ebenfalls Veranstaltungen, deren Ziel es ist, Müll zu vermeiden, Ressourcen zu sparen, die Umwelt zu schonen und nachhaltige Lebensweisen in der Praxis zu erproben. Gemeinsam reparieren meint hier nicht „kostenloser Reparatur-Service“, sondern gemeinschaftlich organisierte Hilfe zur Selbsthilfe. Getragen wird die Initiative von ehrenamtlich engagierten Helferinnen, Helfern und Reparierenden, die ihr Wissen und Können freiwillig und unentgeltlich zur Verfügung stellen.

Der Wald und seine vielfältige Nutzung steht im Fokus des **Ökologischen Begegnungs- und Arbeitsprojekts „Naturvielfalt“** des Fördervereins Traumwald e.V. Da Büdingen zu den waldreichsten Städten in Hessen gehört, ist die Bedeutung des Waldes und der Obstwiesen als Rohstoff- und Nahrungsmittellieferant besonders wichtig. Die Spannweite des Projektes reichte vom Wandern im Wald, dem Saftpressen aus Äpfeln und Beeren, der Mitarbeit bei Pflegearbeiten bis zum gemeinsamen Feiern am Lagerfeuer. Insgesamt 52 Personen nahmen an den Angeboten teil.

Das **Projekt „Helping Hands“** wurde eingerichtet, um eine Selbsthilfeorganisation von und für Flüchtlinge aufzubauen. Ein rechtsfähiger Verein ist inzwischen gegründet und die Vereinsarbeit im Sinne der Nachbarschaftshilfe aufgebaut. Der Verein „Helping Hands“ e.V. hat einen wöchentlichen zweistündigen „Internationalen Treffpunkt“ im Café „La Porta“ eingerichtet, jeweils dienstags von 17.00 bis 19.00 Uhr. Besucher sind herzlich willkommen.

Sport und Kunst – Aktive Vereine

Projekt „Integration durch Sport“. Da Sport bekanntlich die Integration junger Menschen in besonderer Weise fördert, wurde auch das vom Innenministerium des Landes aufgelegte Förderprogramm genutzt: Sportcoaches wurden ausgebildet, die Flüchtlinge in das Regeltraining der Vereine integriert, Turniere auf dem Sportplatz und in der Halle am Dohlberg organisiert. Ebenso gibt es für die beteiligten Vereine Zuschüsse für Sportgeräte und Ausstattungen. An der Verwirklichung beteiligten sich die Biblische Gemeinde, die SG 05 Büdingen und das Sozialteam der Malteser in der EAE – mit großem Erfolg. Darüber hinaus halfen die einheimischen Vereinsmitglieder den neuen Sportkameraden bei der Arbeitssuche, der Wohnungssuche und bildeten neue Freundeskreise.

Projekt „Kraniche fliegen“ – Kulturpädagogische Angebote für junge Flüchtlingsfrauen

Das Kultur-Projekt „Kraniche fliegen“ wurde konzipiert für junge Flüchtlingsfrauen, die zurzeit in der Erstaufnahmeeinrichtung und in den Gemeinschaftsunterkünften untergebracht sind, außerdem für junge Flüchtlingsfrauen, die in Privatwohnungen im Stadtgebiet von Büdingen leben.

Durch diese künstlerische Beschäftigung mit Werten und Wertvorstellungen in Märchen sollen Rollenbilder erkannt, das Selbstwertgefühl der Frauen gestärkt und über eigene Zukunftsperspektiven nachgedacht werden. Eingesetzt werden dabei eine Vielzahl von Methoden wie Malerei und Gestaltung, Pantomime, Fotografie, Video und „Expeditionen zu regionalen Kulturorten“.

Das Projekt wird von einem lokalen Kulturbündnis durchgeführt. Das Bündnis besteht aus dem Kulturkreis Büdingen e.V., dem Lo-Studio und der Erstaufnahmeeinrichtung. Zum unterstützenden Netzwerk gehören ebenso die ProjektWerkStadt Büdingen, die ehrenamtliche Flüchtlingshilfe des „Netzwerks Neue Nachbarn“, das Familienzentrum „Planet Zukunft“, der Theaterverein „Eine Stadt spielt Theater“ und die Stadtbücherei Büdingen.

Herausforderung: Integration

Noch viele Aufgaben liegen vor uns - und vor den neuen Nachbarn. In Büdingen leben derzeit schätzungsweise über 600 - 700 Menschen mit Fluchthintergrund in privaten Wohnungen, in den Gemeinschaftsunterkünften und in der Erstaufnahmeeinrichtung der Landes Hessen. Das ist fast die Bevölkerungszahl eines kleinen Stadtteils. Deshalb müssen die vielschichtigen Integrationsbemühungen fortgesetzt werden.

Zurzeit verlagern sich die Notwendigkeiten in Richtung langfristiger Integrationsmaßnahmen. Dabei stehen die Herausforderungen im Vordergrund: Wohnungssuche, Ausbildungsplatz- und Arbeitssuche, Aufbau eines Freundeskreises, Akzeptanz unseres Gesellschaftssystems und unserer Lebensweise.

Aus sozialwissenschaftlicher Sicht meint der Begriff Integration einen Prozess der Eingliederung in die Sozial- und Gesellschaftsstrukturen. Dabei muss man vier Bereiche unterscheiden:

- Die strukturelle Integration (z.B. rechtlicher Status, Bildungssystem, Arbeitsmarkt),
- die kulturelle Integration (z.B. Sprache, Werte, Normen, Einstellungen),
- die soziale Integration (z.B. Beziehungen, Freundschaften, Gruppen) und
- die emotionale Integration (z.B. sich als Teil der Gesellschaft wahrnehmen und sich mit ihr identifizieren).

Die Herausforderung der „Integration" stellt sich gleichermaßen für die zugewanderten Neubürger, als auch für jene einheimische Bürger, die noch nicht sozial und emotional integriert sind oder sich so fühlen. Die unterschiedlichen Integrationsbereiche (strukturell, kulturell, sozial, emotional) benötigen unterschiedliche Akteure: Während die staatlichen Einrichtungen eher die strukturelle Integrationsebene im Blick haben, sind die bürgerschaftlichen Initiativen eher auf die soziale und emotionale Ebene ausgerichtet. Da sich diese Ebenen im Einzelfall nicht trennen lassen, ist in der Praxis vor Ort eine enge Zusammenarbeit nötig.

Es besteht allgemein Konsens darüber, dass die Arbeitsaufnahme zu sozialen Kontakten, Wertschätzung und Identifikation beiträgt. Demnach ist die erfolgreiche Eingliederung in den Arbeitsmarkt einer der Grundpfeiler für eine erfolgreiche Integration. Hier sind das Jobcenter, die regionale IHK, die örtlichen Unternehmen, die Dienstleister und das Handwerk gefordert:

Es ist sinnvoll, berufsbezogene Kenntnisse der Zuwanderer zu ermitteln und über Praktika, Hospitationen, Berufserprobungskurse zu fördern.

Unternehmen und Handwerksbetriebe vor Ort sind von den Ministerien und Arbeitsagenturen zu beraten, wie sie möglichst ohne großen bürokratischen Aufwand Praktika, Arbeitsplätze, Ausbildungsplätze schaffen können, insbesondere das lokale

Jobcenter, die IHK, die Handwerkskammer und der Gewerbeverein bieten sich als Partner an.

Gelegenheiten zu gemeinwohlorientierter Arbeit bei gemeinnützigen Vereinen, Kirchen, Wohlfahrtsverbänden und in der Stadtverwaltung sind verstärkt einzurichten.

Besondere Herausforderungen bereitet - nach der Delikt-Statistik - die männliche Altersgruppe zwischen 20 und 35 Jahren. Auf diese Zielgruppe haben sich die Sozialarbeit und die Politik der Stadt mit geeigneten Maßnahmen einzustellen. Eine enge Kooperation zwischen den Jugend-Einrichtungen, dem Ordnungsamt und der Polizei ist in diesem Bereich anzustreben.

Über alle auftretenden Schwierigkeiten sollte offen gesprochen werden, ohne Vorbehalte und auch ohne Schaum vor dem Mund. Nur so kann Integration wieder gelingen.

Merke: Büdingen ist ein Zukunftsort - seit 1738.

„Ayrick und Julia“ Theater als Beitrag zur Integration

Markus Karger, Theaterregisseur

Als die Stadt Büdingen das durch hessische Landesmittel ausgestattete Förderprogramm Gemeinwesenarbeit (GWA) auflegen konnte, wurde ich angefragt, ob ich nicht meine langjährigen Erfahrungen in der Theaterarbeit in ein solches GWA-Projekt fließen lassen könnte.

Theater, das mehr als jede andere Kunst - Literatur einmal ausgenommen - größtenteils von und mit Sprache lebt?! Wie kann ein solches Unterfangen gelingen? Sind dazu nicht Tanz, Musik und bildende Kunst sehr viel besser geeignet?

Sicherlich ist Sprache ein Hindernis, andererseits aber auch der Schlüssel zu einer fremden Kultur. Deutschland ist, wie kaum ein anderes Land, durch Theater und Literatur geprägt. Das Land der Dichter und Denker hat eine - zu weiten Teilen öffentlich geförderte - reiche Theaterlandschaft hervorgebracht, die weltweit ihresgleichen sucht. *Muss* man also nicht geradezu zwangsläufig Theater als Kunstform wählen, um einen Zugang zu deutscher Sprache und Kultur zu ermöglichen?

Theater hat in der Nachkriegszeit in Deutschland eine tiefgreifende Veränderung erfahren. Das klassische Sprechtheater muss sich inzwischen neben zahlreichen Musicals und Tanztheatern behaupten. Es gibt kaum noch Produktionen, die nicht auch Musik oder Elemente des Bewegungstheaters aufweisen. Ein zweiter Aspekt des Theaters spielt einem Integrationsprojekt in die Karten. Die Stoffe, die auf der Bühne erzählt werden, sind auf wenige Grundtypen zu vereinfachen. Es gibt nur etwa 7-9 grundlegende Geschichten, die - freilich in mannigfaltigen Facetten und Vermischungen - im Theater vorkommen. Da ist zum Beispiel der Grundtypus „Die Heimat verlassen und (verändert) wiederkommen“, „Den Tyrannen besiegen“, etc.

Welcher dramatische Stoff wird über alle kulturellen Unterschiede gewissermaßen intuitiv verstanden? Es sind die großen Gefühle, die uns alle bewegen - die positiven wie die negativen: Liebe, Hass, Trauer...

Sie werden es ahnen, einer der wichtigsten Grundtypen des Theaters ist die Liebesgeschichte. Sie erschien mir wie kein anderer Typus für ein kulturübergreifendes Projekt geeignet. Denn große Gefühle wie Zuneigung und Ablehnung sind auch ohne „große Worte" darzustellen und zu verstehen. Die Geschichte von Romeo und Julia aus der Feder von William Shakespeare ist zudem eine der weltweiten Universalien, Geschichten, die (fast) jeder schon einmal gehört und (in hoffentlich weniger dramatischem Ausmaß) so oder doch zumindest so ähnlich erlebt hat.

Ein weiterer Aspekt war für mich ein guter Grund diesen Stoff zu wählen: Das GWA-Programm sieht vor, dass sich unterschiedliche gesellschaftliche Gruppen treffen, gemeinsam etwas unternehmen. Es geht nicht darum, Ausländern, Menschen mit Fluchterfahrungen in speziellen Kursen z.B. Deutsch beizubringen oder europäische, westliche Werte zu vermitteln, es geht darum, dass „alte und neue Nachbarn" gemeinsam an einer Sache arbeiten. Im gemeinsamen Tun sich kennenzulernen. Es geht also - wenn man so will - auch darum, „Deutschen" (wenn im Folgenden immer wieder „Deutsche" in Anführungszeichen gesetzt sind, möchte ich damit zum Ausdruck bringen, dass es nicht darum geht, ob es Menschen mit deutschem Pass, deutscher Herkunft oder deutschem Selbstverständnis sind, ich meine damit Menschen, die in Deutschland leben) fremde Kulturen näherzubringen.

So wie es längst zahlreiche Familien mit z.B. deutsch-türkischen Wurzeln gibt, wird es mit einiger Sicherheit in naher Zukunft auch zunehmend deutsch-syrische, deutsch-afghanische, deutsch-eritreische, etc. Beziehungen und schließlich Familien geben. So gesehen eine kulturelle Annäherung auf persönlicher Ebene, exemplarisch gezeigt an einer, an der Liebesgeschichte schlechthin. Der einzige Unterschied, es sind nicht - wie im Original - verfeindete Familienclans, deren Kinder zueinanderfinden, es sind im vorliegenden Projekt Prototypen aus sich einigermaßen fremden Kulturen.

Schon anlässlich des ersten Büdinger Mittelalterfestes 2003 realisierte ich zusammen mit Sylvia Oster ein großes Theater-Musical-Projekt. Um nicht nur Einzelpersonen, sondern auch Gruppen und Vereine in dieses Projekt einbinden zu können, habe ich seinerzeit das Stück „1353 - Weg in die Freiheit“ so konzipiert, dass es in unterschiedliche Module gegliedert war. Ein solches Modul, eine Szene des Stücks, war so gestaltet, dass es ohne die durchgehende Handlung und Hauptdarsteller geprobt und einstudiert werden konnte. Ein Chor z.B. gestaltete eine Wirtshausszene, in der gesungen wurde. Während die Chormitglieder ihr Lied singen, spielt die Handlung mit den Hauptakteuren stumm weiter. Nach dem Lied geht es mit dem Hauptstrang der Handlung weiter. So konnte sowohl der Chor das Lied und auch das damit verbundene Spiel während z.B. ihrer üblichen, wöchentlichen Singstunden einstudieren und auch die Schauspieler konnten die Szene vom Chor unabhängig in ihren viel häufigeren Proben einstudieren (indem man das Lied z.B. vom Band einspielte) und erst zu den letzten Proben wurde beides auf der Bühne zusammengefügt.

Auch das Projekt „Romeo und Julia“ sollte in dieser bewährten Modul-Form geschrieben werden. Neben Vereinen, Tanzgruppen und Chören sollten vor allem Schulklassen eingebunden werden. So waren die Integrationsklasse (mit Schülern mit unzureichenden Deutschkenntnissen, die einen Besuch des Regelunterrichts noch unmöglich machen) der Schule am Dohlberg und zwei Kurse „Darstellendes Spiel“ des Wolfgang-Ernst-Gymnasiums vorgesehen. Der Versuch, auch Schüler und Schülerinnen in das Projekt zu integrieren, scheiterte aber leider: Durch Lehrkraftwechsel und krankheitsbedingte Ausfallzeiten im ersten und einer negativ ausfallenden Entscheidung seitens der Schüler im zweiten Fall. Schwierigkeiten bei der Integration liegen also nicht ausschließlich auf der Seite der vermeintlich zu Integrierenden, auch die „Deutschen“ müssen einen verbalen Integrationswillen aktiv in die Tat umsetzen.

Dankenswerterweise haben sich aber die „Drums Alive“-Gruppen der Büdinger Turnerschaft, der Büdinger Frauenchor und die „Danze-Liut“ des Vereins „Lebendiges Mittelalter“ bereit erklärt mitzuwirken, sodass auch Kinder und bestehende Gruppen in das Projekt „Romeo & Julia“ aufgenommen werden konnten.

Die Probemöglichkeiten für das Projekt, das zunächst immer noch „Romeo & Julia“ hieß, waren bald in Form der Schule am Dohlberg, von Räumen der Musik- und Kunstschule und dem „Meeting-Point“, einem Angebot von FAB gGmbH (Frauen Arbeit Bildung), gefunden. Ein Aufruf im Kreis-Anzeiger, dass Schauspieler gesucht werden, brachte eine ganze Reihe interessierter „Deutscher“ hervor und einige Besucher des „Meeting Points“, Bewohner der Büdinger Erstaufnahme-Einrichtung und aus Gruppenunterkünften interessierten sich.

Die ersten Schritte einer Theaterproduktion - zumal wenn sich das Ensemble nicht kennt - sind gruppendynamischer Natur. Und so ging es in den ersten Treffen darum, Berührungsängste abzubauen. Dazu gibt es zum Beispiel eine Übung, bei der sich die Teilnehmer auf einer schrittweise immer kleiner werdenden Fläche versammeln müssen. Zunächst passen alle bequem in die vereinbarte Fläche. Aber bald schon muss man seinen Komfortabstand zum anderen aufgeben. Man kommt sich physisch schrittweise näher. Irgendwann kommt es unweigerlich zu Körperkontakt, um noch gemeinsam auf die übriggebliebene Fläche zu passen. Bei den folgenden Schritten heißt es, erfinderisch zu werden. Spart man Aufstellungsfläche, wenn die Gruppe einzelne Teilnehmer trägt, oder hilft es, wenn alle nur auf einem Fuß stehen?! Die Botschaft: Wenn wir wollen, schaffen wir das! Aber wir müssen zusammenhalten und dürfen niemanden ausschließen.

Eine zweite Übung stellt die Teilnehmer vor eine andere Herausforderung: Baut zusammen eine Menschenpyramide! Nicht jeder taugt zum Zirkusartisten, aber wenn man mit Inspiration, etwas

Schweiß und Spucke an die Herausforderung herangeht, gelingt es. Die Botschaft: Jeder ist wichtig! Es stehen nicht alle an der Spitze, aber ohne das Team, die Basis, ist der Einzelne nichts, und wer oben steht und wer unten, bestimmt sich nicht durch Herkunft, Bildung oder Status.

Es galt, die Menschen mit Fluchterfahrung gemäß ihrer Deutschkenntnisse in das Projekt, in die Theaterhandlung, einzubinden. Die Bandbreite reichte von (noch) gar keinen bis schon sehr guten Deutschkenntnissen. Neben den sprachlichen Eigenschaften sollte das Projekt auch vorhandene künstlerische Fähigkeiten fördern und diese zum Gelingen beitragen lassen. Es muss rückblickend als glückliche Fügung gesehen werden, dass ein junger Mann aus den Reihen der Menschen mit Fluchterfahrung ein professioneller Break-Dancer und auch von seinem Alter als männlicher Hauptdarsteller geeignet war. Die Fähigkeiten als „Street-Tänzer" ließen sich nicht nur hervorragend mit z.B. der Percussiondarbietung der „Drums Alive"-Kinder verknüpfen, sondern boten auch inhaltlich Stoff für die Romanze mit einer jungen „deutschen" Frau, die sich in Mann und Talent gleichermaßen verliebt.

Die Konfliktkulisse, die beide Hauptakteure trennte und die es im Verlauf der Handlung zu überwinden galt, wurde durch das politische Spannungsfeld zwischen PEGIDA und Willkommenskultur gestaltet. Damit sollte auch die Möglichkeit geboten werden, im Laufe des Stücks Vorurteile, Ressentiments und Ängste zu thematisieren und diese exemplarisch zu bewältigen.

Im Laufe der Proben tauchten immer wieder neue Schwierigkeiten auf, die das Projekt ständig vor neue Herausforderungen stellten, die jenseits der Bühne und der eigentlichen Probenarbeit lagen. Die Verweildauer der Bewohner der Erstaufnahme-Einrichtung liegt bei wenigen Wochen. Dann werden sie auf dezentrale Gruppenunterkünfte verteilt. Eine Gruppe von jungen Musikern aus Äthiopien und Eritrea konnte daher leider nicht am Theaterprojekt teilnehmen, weil sie im Laufe der Proben Büdingen verlassen haben. Andererseits konnte ich durch die häufige Probenarbeit im Meeting-Point eine Vertrauensbasis zu regelmäßigen Besuchern dieser Einrichtung aufbauen und einige davon überzeugen, auch lange nach dem Start noch Teil des Projektes zu werden.

Die Probenarbeit gestaltete sich nach den individuellen Gegebenheiten recht unterschiedlich. Während z.B. eine Sängerin in Form eines Moduls erst zu den Endproben in die Handlung eingefügt wurde, traf ich mich mit anderen Darstellern zu intensiven Sprechproben, um den deutschen Text nicht nur deklamieren zu können, sondern auch zeitgleich schauspielerisch umsetzen zu können. Eine Schwierigkeit beim Schauspiel ist es, dass sich der Darsteller, so lange er seinen Text noch nicht aus dem Effeff beherrscht, so sehr auf den Text konzentrieren muss, dass er das Schauspielern „vergisst". Dabei macht es keinen Unterschied, warum sich der Schauspieler auf den Text konzentriert, sei es, weil er ihn nicht gut auswendig gelernt hat, oder weil er - wie im hier vorliegenden Fall - auf die Sprache, die richtige Grammatik und Artikulation achten soll. So gesehen, standen „deutsche" Schauspieler und solche aus den Reihen der Bewohner der Erstaufnahme-Einrichtung oder der Gruppenunterkünfte zum Teil vor ganz ähnlichen Herausforderungen.

Das Projekt war glücklicherweise nicht nur von Rückschlägen und Schwierigkeiten bestimmt, sondern es eröffneten sich auch immer wieder neue Chancen und Wege! Durch die professionellen tänzerischen Vorkenntnisse des männlichen Hauptdarstellers konnte das ursprüngliche Konzept erweitert werden. Der Schauspieler hat Kinder der „Drums Alive"-Gruppe Break-Dance beigebracht. Nicht alle Kinder waren gleichermaßen talentiert, aber die drei besten studierten mit ihm eine kleine Choreografie ein und so kam er regelmäßig ins Training der Kinder, um mit ihnen zu arbeiten und sie anzuleiten. Eine Entwicklung, die bei der Planung so gar nicht angedacht war, da es natürlich nicht zu erwarten war, dass eine solche Leistung möglich sein könnte.

Nicht nur deshalb hat sich das Projekt - durch die Rückschläge und die neuen Möglichkeiten gleichermaßen - weiterentwickelt und wurde gemäß des Rollennamens von „Romeo & Julia“ zu „Ayrick & Julia“.

Das ist eines der sehr positiven Fazits, die ich trotz der auch vorhandenen Probleme des Projektes ziehen möchte. Das ist auch ein Aspekt von Integration! Nicht allein an eine Assimilation der Asylbewerber denken, mit dem Ziel, sie zu einem von „uns“ zu machen, sondern ihnen auf Augenhöhe begegnen und so von ihren Fähigkeiten, Kenntnissen und - ja auch - von ihrer „Andersartigkeit“ zu lernen. So integrieren wir sie zum gegenseitigen Nutzen und akzeptieren sie als ein eigenständiges Mitglied der Gemeinschaft, anstatt sie zu Menschen zweiter Klasse, die nicht wie „wir“ sind, zu stempeln. Warum wundern wir uns, dass Menschen, die wir auf diese Art von einer gesellschaftlichen Teilhabe ausschließen, eine Subkultur in eigenen Ghettos begründen?

Nach mehr als 11 Monaten Vorbereitungs- und Probenzeit war es endlich so weit: die Aufführung des Projektes „Ayrick & Julia“ fand am 29. April 2017 mit über 60 Darstellern, Sängern, Tänzern und Trommlern in der Turnhalle am Dohlberg in Büdingen statt.

Ich möchte an dieser Stelle allen Beteiligten, Unterstützern und Mitstreitern für ihr zum Teil sehr großes Engagement danken. Alleine wäre das Projekt nicht durchführbar gewesen. Leider gelang es nicht, allen gerecht zu werden, manche konnten nicht in das Projekt integriert werden. Aber aus meiner Sicht ging es auch nie allein um das, was auf der Bühne gezeigt wurde. Es ging um den Weg dorthin, um alle, die das Projekt - in welcher Form auch immer - begleitet haben. Sie haben im positiven Sinne Spuren hinterlassen. Alle Begegnungen sind ein Gewinn und ich hoffe, dass das Projekt andere inspiriert, Integration zu wagen und zuzulassen.

Der männliche Hauptdarsteller hat sich nach dem Projekt „Ayrick und Julia“ der Gruppe „Danze-Liut“ angeschlossen und ist aktuell nach Köln gezogen, um dort Tanzlehrer zu werden. Ich wünsche ihm weiterhin alles Gute auf seinem Weg!

Wir müssen es schaffen...

Jules Schröder, Flüchtlingspate

meint ein ehrenamtlicher Integrationshelfer
Ich denke über diese Ansicht zu einem Zeitpunkt nach, als in den Medien beeindruckend über den „Hamburger Feuersturm“ vor 75 Jahren berichtet wird, und das Thema „Flüchtlingskrise“ die Schlagzeilen unserer Nachrichtenorgane und der Politik beherrscht.

Was hat dies mit mir zu tun?

Ich konnte 1943 mit meiner Familie dem verlustreichsten Terrorangriff auf eine deutsche Stadt entkommen, von dem sich jede Minute des Erlebten in meiner Erinnerung unauslöschlich festgebrannt hat. Dieses furchtbare Erlebnis und vieles, was daraufhin folgte und bewältigt werden musste, erweckten in mir Erkenntnis und Motivation, sich dafür einzusetzen, dass anderen Menschen in solchen Situationen geholfen wird.

Solche habe ich ja schon erleben können, in einem Land, das Flüchtlingsnot seit Jahrzehnten bewältigen konnte: Evakuierungen Ausgebombter während des Krieges, Heimatvertriebene aus den „deutschen Ostgebieten“ nach 1945, Flüchtlinge nach dem Ungarn-Aufstand 1956, Flüchtlinge aus der DDR nach Westdeutschland während der deutschen Teilung, Übersiedler aus Russland. Man konnte sie – sicher nicht ohne große Mühe – bei uns integrieren, ohne dass wir zu Grunde gegangen sind.

Jetzt haben Menschen aus einem anderen Kulturkreis bei uns Zuflucht gesucht, die nichts anderes wollten, als gnadenlosen Kriegsereignissen in ihrer Heimat zu entgehen. Sie erlebten menschliches Leid und unmenschliche Grausamkeiten und es galt, *Menschen* zu helfen. Dies ist eine humanitäre Aufgabe und keine Staatskrise, auch wenn es größerer Anstrengungen bedarf, die staatliche oder öffentliche Organe anscheinend allein nicht zu bewältigen in der Lage sind.

Aber da gibt es eine stattliche Anzahl von Bürgern, die zu helfen wissen, die jedoch von dem Medienrummel, leider auch von Politikern, nicht wahrgenommen werden, weil dies dem von ihnen gewünschten Zweck nicht dient. Deshalb fühle ich mich als ehemals Geschädigter und nun freiwillig Helfender angesprochen, etwas zu Protokoll zu geben, das im augenblicklichen Alltagsgeschehen unterzugehen scheint.

In Büdingen hat sich in der neu gegründeten Ehrenamtsagentur eher zufällig ein Kreis von Leuten gefunden, die bereit waren, 2014/15 ins Land gekommenen Kriegsflüchtlingen beizustehen. Sie waren eingeladen, die ersten Büdingen zugewiesenen Syrer in der Stadtverwaltung zu begrüßen, die ihre Heimat kriegsbedingt verlassen hatten. Sie wurden in Calbach, Düdelsheim oder Rinderbügen in Unterkünfte aufgenommen, die das städtische Ordnungsamt bereitgestellt hat. Man schloss Kontakte und konnte den Geflohenen in vielen Alltagsfragen helfen.

In Büdingen untergebracht wurden auch Geflohene, die in der Obhut des Wetteraukreises waren, aber in von ihm eingerichteten Gemeinschaftsunterkünften wohnten. Auch hier standen zahlreiche ehrenamtliche Helfer zur Verfügung, mit denen die Ehrenamtsagentur das „Netzwerk Neue Nachbarn“ aufbaute.

In dem Netzwerk fanden sich zunächst viele, die Deutschunterricht gaben, für den aus Spenden und Fördermitteln finanzierte Lehrbücher angeschafft wurden. Sehr schnell wurde klar, dass nur mit ausreichenden deutschen Sprachkenntnissen eine Integration möglich sein wird. Deren Vermittlung wurde auch vom JobCenter betrieben, denn standardisierte Abschlüsse wie A1, A2, B1 oder B2 sind die Voraussetzungen für bestimmte berufliche oder Weiterbildungsqualifikationen.

Mit dem Ziel „Deutsch im Alltag“ erlebten die Integrationshelfer zum Teil erstaunliche Lernerfolge, aber auch entmutigende Ergebnisse, vor allem, wenn die Kommunikation mit Einheimischen ausblieb. Deshalb bemühte sich das, im Laufe der Zeit leider etwas geschrumpfte, „Netzwerk Neue Nachbarn“, Gelegenheiten zu organisieren, bei denen die Geflüchteten mit Ereignissen unseres Lebens in Berührung gebracht werden.

Dreimal richteten Ehrenamtliche am Heiligen Abend eine Weihnachtsbescherung unter dem Tannenbaum und mit dem Nikolaus aus. „Weltoffenes Ostereiersuchen“ war ebenfalls ein Schritt zu unserer Festtagskultur. Die jährlichen Kinderfeste, die von Büdinger Vereinen unterstützt wurden, brachten die ganz jungen Einheimischen und Angekommenen zusammen. Dabei stellten wir fest, dass die Kinder am schnellsten zu integrieren sind. Sie lernen unsere Sprache fast akzentfrei zu sprechen und dienen ihren Eltern oft als Dolmetscher. Wenn sie die Gelegenheit erhalten, Fußball zu spielen, gehen sie in der Mannschaft vollkommen auf.

Auch den Erwachsenen wurden Begegnungsmöglichkeiten angeboten, bei Aktionen der Ehrenamtsagentur wie dem Freiwilligentag, an dem größere Projekte aufgeräumt und in Ordnung gebracht werden. Bei Auftritten der Ehrenamtlichen, z. B. am Weihnachtsmarkt, an denen für deren Aktivitäten geworben wird, ist die Einbeziehung der Neuen Nachbarn nicht nur hilfreich, sondern ein erfolgreicher Schritt, die Menschen in unserer Stadt kennenzulernen.

Das Netzwerk zeigte sich auch in der Lage, feste Einrichtungen zu schaffen, zum Beispiel die Selbsthilfeorganisation „Helping Hands“, an der die Geflüchteten beteiligt sind. Das Projekt „STARK“ hilft beim Zugang zum Arbeitsmarkt. Die Absicht, die zu Integrierenden durch ein monatliches Organ – möglichst auch in ihrer Sprache – über Veranstaltungen, die ihrer Integration dienen, zu informieren oder z. B. ihnen nicht bekannte deutsche Feiertage zu erklären, möchte bald verwirklicht werden.

Nicht unerwähnt darf die Idee eines Ehrenamtlers bleiben, auf einem Ackergrundstück unsere Neuen Nachbarn eine schrebergartenähnliche Aktivität betreiben zu lassen. Dies hat sogar zu einer Auszeichnung durch die Hessische Landesregierung geführt.

Die inzwischen in der ehemaligen Büdinger Kaserne untergekommene Hessische Erstaufnahmeeinrichtung trägt nicht nur für die dort Untergebrachten, sondern auch für die in Büdingen wohnenden Geflüchteten mit Projekten dazu bei, das Leben bei uns verständlicher zu machen. Einen außergewöhnlichen Weg zeigt das Konzept „Kraniche fliegen“ auf, ein Kulturprojekt für geflohene Frauen, um durch künstlerisches Ausleben ihr Selbstwertgefühl und ihre Selbstlernkompetenz zu fördern.

Entgegen dem derzeitigen öffentlichen Lamento über ein drohendes Unheil sind viele staatliche oder gemeinnützige Institutionen bemüht, mit einer menschlichen Aufgabe fertig zu werden, die nicht alltäglich, in Deutschland aber nicht unbekannt ist. Deswegen packen auch viele Ehrenamtliche mit an.

Ich sehe aus eigener Erfahrung ihre Nützlichkeit darin, die Lücke zwischen den staatlichen oder verwaltungsmäßigen Gegebenheiten und Anforderungen und den einzelnen betroffenen Menschen auszufüllen, denen unsere Lebensumstände nicht bekannt sind. Wenn ich die Leute besuche, deren Patenschaft mir zugewachsen ist, bekomme ich eine Handvoll Briefe gereicht, die sie nicht verstehen, deren Beachtung und Bearbeitung jedoch für sie unendlich wichtig ist.

Ich begleite sie persönlich, telefonisch oder brieflich zu den Institutionen und lerne dabei natürlich auch die außergewöhnliche Belastung der Menschen kennen, die dort arbeiten. Ich habe es bei den vielen Kontakten aber noch nie erlebt, unfreundlich behandelt oder zurückgewiesen zu werden. Jeder Kontakt hat zu einem befriedigenden Ergebnis geführt, was ich manchem ungehaltenen Kritiker gern ins Stammbuch schreibe. Es versteht sich natürlich von selbst, den z. B. bei der Ausländerbehörde oder im JobCenter arbeitenden Leuten verständnisvoll zu begegnen.

Es ergeben sich aber auch von der Bürokratie ausgelöste Situationen, denen man verständnislos gegenübersteht. Die Ackerfläche für das oben beschriebene Schrebergartenprojekt erlaubt dieses offenbar aus bodenrechtlichen Gründen nicht. Wir wurden unter Fristsetzung aufgefordert, das Gelände zu räumen – ohne Wenn und Aber. Kontakte zum Landrat des Wetteraukreises haben uns aber zeitlichen Spielraum und Gelegenheit gegeben, in den nächsten eineinhalb Jahren eine Lösung zu finden.

Es interessiert natürlich auch, wie man individuelle Hilfe leisten kann oder konnte. Hierfür gibt es einen unermüdlichen Kreis von Ehrenamtlichen, die Wohnungen suchen und finden, Umzüge durchführen und Angebote für gebrauchte Möbel ausmachen und unseren Neuen Nachbarn eine angemessene Wohnlichkeit bescheren. Ein jüngeres Paar betreibt eine „Brauch-Bar", in der Einrichtungsgegenstände oder Geschirr kostenlos oder im Tausch erworben werden können – auch von Einheimischen. Dieser Kreis Unermüdlicher trifft sich regelmäßig zweimal monatlich zum Gedanken- und Erfahrungsaustausch.

Ich lernte eine christliche Syrerin und ihren Sohn kennen, die in von der Stadt Büdingen bereitgestellten Räumen in einem Stadtteil untergebracht waren. Ich konnte für sie eine Wohnung in der Kernstadt finden, die sie leider bald wieder aufgeben mussten, da das Haus verkauft und Eigenbedarf reklamiert wurde. Ich konnte schnell in der Stadt etwas neues Geeignetes finden. Die neue Nachbarin erwies sich als sehr regsam und war in Gruppen anzutreffen, die anderen halfen. Beim Gang durch die Stadt mit ihr habe ich den Eindruck, sie kennt hier mehr Leute als ich – und das soll etwas heißen!

Ihr Mann hatte die Flucht aus Aleppo nicht geschafft, aber sie bekam vom Ausländeramt damals noch eine Bescheinigung zur Familienzusammenführung. Ich schrieb deshalb an den deutschen Botschafter in Beirut und bekam tatsächlich binnen einer Woche Antwort mit der Bekanntgabe eines Termins zur Visumbeantragung – nach ca. sechs Monaten. Die Vorsprache klappte und vier weitere Monate später konnte die Einreiseerlaubnis abgeholt werden. Büdinger Bürger stifteten das Flugticket und noch am gleichen Tag konnte die Syrerin ihren Mann am Flughafen Frankfurt in die Arme schließen.

Mein Paradebeispiel für gelungene Integration lieferte ein junger syrischer Baggerfahrer, der den Deutschtest auf Anhieb auf dem Niveau B1 bestand. Ich bat einen mir bekannten erfolgreichen Bauunternehmer um die Möglichkeit, ihm ein Praktikum zu gewähren. Nach dessen Abschluss sagte er mir, dass er in der nächsten Saison bei ihm anfangen könnte – und zwar nicht zum Mindestlohn, sondern zum normalen Tarif der Branche. Seitdem arbeitet er dort zuverlässig und erhält schon eine betriebliche Altersversorgung. Er machte inzwischen den Führerschein und legte sich ein Auto zu. Darauf war ich neugierig, mir fiel aber weniger der Typ als sein Nummernschild auf: BÜD (anstatt FB), die beiden folgenden Buchstaben waren die Initialen von ihm und seiner Frau und die Ziffern entsprachen dem Geburtstag seiner ältesten Tochter. Deutscher geht es kaum!

Bei einem vom Wetteraukreis veranstalteten Treffen mit Geflüchteten im ehemaligen Büdinger Landratsamt zeigte mir ein älterer Herr den Mietspiegel für Büdingen und fragte mich, ob ich ihm eine Wohnung besorgen könne. Der Rentner, seine Frau, die jüngste Tochter und ein Sohn waren in der Gemeinschaftsunterkunft in der Nähe des Bahnhofs untergebracht. Ganz zufällig fand ich am nächsten Tag im Kreis-Anzeiger auf einer Seite mit Kleinofferten eine für die Familie geeignete Wohnung, die den Fördervoraussetzungen entsprach. Kompliziert gestaltete sich zunächst die Mietfinanzierung, weil der Senior als Rentner vom Wetteraukreis und der andere Teil seiner Familie vom JobCenter Leistungen erhielt. Nach gewissem bürokratischem Hin und Her gelang der Einzug in die Wohnung, was ohne Hilfe und Geduld eines Einheimischen kaum zu bewältigen gewesen wäre.

Ich lernte auch einen weiteren Sohn mit Frau und zwei kleinen Jungen kennen. Sie waren schon länger in Frankfurt in einer Gemeinschaftsunterkunft untergebracht. Die dortigen Um- und Zustände lösten bei dem Vater depressive Stimmungen aus und der Großvater bat mich um Unterstützung. Ich nahm deshalb, wie ich es schon oft getan hatte, Einblick in alle Unterlagen, die von der Familie sehr ordentlich in einem Ordner gesammelt waren. Ich entdeckte dabei den Tenor eines Verwaltungsgerichtsurteils, in dem der Familie die Flüchtlingseigenschaft zuerkannt wurde. Davon war ihr bislang nichts bekannt. Das Ausländeramt in

Frankfurt hatte es versäumt, der Familie den Bescheid zukommen zu lassen. Mit Hilfe der Rechtsanwältin, die sie damals vertreten hatte, traf dieser innerhalb von zwei Tagen ein. Das Büdinger „Netzwerk Neue Nachbarn" half spontan, eine Wohnung in Büdingen zu finden. Es gab Helfer, vor allem unter den Syrern, sie auf Vordermann zu bringen und so ein neues Zuhause zu schaffen. Der ältere der beiden Jungen kommt in die vierte Klasse und spielt jeden Donnerstag in einer Jugendmannschaft Fußball. Der kleinere geht ganz in seiner Kindergartenumgebung auf.

Ich schildere damit nur wenige von vielen Beiständen, die wir Ehrenamtlichen den Geflohenen leisten konnten. Ich verhehle nicht, dass es schwieriger wird, wenn sich ihre kulturelle oder Lebensprägung völlig von unserer Erfahrung unterscheidet.

Es kostet noch Mühe, einem jüngeren Familienvater, der zu Hause in Syrien eine ansehnliche Position im Bankenbereich bekleidete, klar zu machen, dass er mit guten Deutschkenntnissen hier höhere berufliche Qualifikationen erwerben kann, die ihm auch nutzen würden, wenn er vielleicht einmal in sein befriedetes Heimatland zurückkehren müsste. Der Gewinn wäre höher für ihn, als eine Zusatzeinnahme von 450,00 € über Hartz IV durch das Ausfahren von Päckchen. Ich scheue auch nicht die Anstrengung, einem begabten, inzwischen akzentfrei deutsch sprechenden und fehlerfrei schreibenden 17jährigen Mädchen den Weg zum Abitur zu weisen.

Das sollte man schaffen!

Erfahrungen und Gedanken eines Unterstützers geflüchteter Menschen in Büdingen

Reiner Bajus, Flüchtlingspate

Vorab zum Sprachgebrauch

Flüchtlingshelfer ist eine Bezeichnung für Menschen, die Flüchtlingen helfen, sich bei uns zurechtzufinden. So weit, so gut.

Im Laufe der Zeit aber verschlechterte sich die Bedeutung des ersten Wortes der Zusammensetzung, der Begriff *Flüchtling*. Der öffentliche Diskurs wird in diesem Zusammenhang, ausgehend von der rassistischen Rechten, immer öfter aggressiv und hämisch geführt. *Flüchtling* ist per se einer, der nicht zu *uns* gehört, ja, der für *uns* bedrohlich ist. Wenn er schon hier ist, denken *wir* möglichst schlecht über ihn. Folgerichtig ist dann die Vorstellung, dass es richtig ist, wenn *wir* ihn auch schlecht behandeln.

Eine weitere Folge ist, dass sich die Bedeutung des Begriffs *Flüchtling* im allgemeinen Sprachgebrauch verschlechternd verschiebt. Nicht mehr der *hilfsbedürftige, schutzsuchende Mensch* steht als Begriffsbedeutung im Vordergrund, sondern der *bedrohliche Fremde*. Bei denen, die diese Entwicklungen bedenken und ihr entgegentreten, wird daher immer häufiger stattdessen der Begriff *Geflüchtete*r* verwendet, der bedeutungsneutraler ist. Diesem Sprachgebrauch schließe ich mich hier an. Also nenne ich mich grundsätzlich selbst einen – zugegeben begrifflich etwas sperrig – Geflüchtetenhelfer. Oder ist es stilistisch eleganter und inhaltlich noch treffender, wenn ich mich „Unterstützer geflüchteter Menschen“ nenne?

An drei Beispielsbereichen will ich hier über meine Erfahrungen mit Geflüchteten, ihren Lebenssituationen in Büdingen und meine Gedanken dazu berichten:

I. Die Gemeinschaftsunterkunft Bahnhofstraße 65

Seit dem Winter 2015/16 verstehe ich mich – im damaligen üblichen Sprachgebrauch – als Flüchtlingspate zweier syrischer Flüchtlinge, die in Büdingen leben. Damals kam ich zum ersten Mal in die Gemeinschaftsunterkunft für Geflüchtete in der Bahnhofstraße 65 in Büdingen. Träger ist der Wetteraukreis.

Eine kleine Gruppe engagierter Büdinger*innen des „Netzwerk Neue Nachbarn", dem ich mich anschloss, machte zusammen mit der zuständigen Sozialarbeiterin eine Hausbesichtigung und suchte Kontakt zu den Bewohnern, mit der Absicht zu helfen. Das Gebäude – dem Bahnhof direkt gegenüber – besteht aus dem aus Sandstein errichteten alten Hauptgebäude und einem später angebauten hässlichen großen Hinterhaus.

Schon von außen fiel mir auf, dass sich das Gebäude insgesamt in einem fortgeschrittenen Zustand der Verwahrlosung befindet: schlecht oder gar nicht schließende Eingänge (Haupteingang sowie Nebeneingang ins Hinterhaus), an der Eisentür des Nebeneingangs kein Türgriff und das Plastikvordach durchlöchert, eine ungepflegte, öde Außenanlage.

Im Gebäude verstärkte sich mein Eindruck massiv. Durch den Haupteingang gelangt man über eine von Generationen ausgelatschte Steintreppe in das Hochparterre. Im Treppenhaus weiter oben wackelte das Geländer bedenklich. Entlang der dunklen, langen Flure, durch den Übergang in den Anbau unübersichtlich, bedeckt mit einem schmuddeligen Belag, der vor langer Zeit wohl ein Filzteppichboden gewesen war, befinden sich die Wohnräume.

Betrat ich das Nebengebäude, erinnerte mich das Treppenhaus dort an eine Tropfsteinhöhle. Bald wurde mir klar, warum. Unmittelbar darüber befindet sich eine Gemeinschaftsdusche und -toilette – heruntergekommen, abgewohnt und ungepflegt wie das ganze Haus. Die Wohnräume, es sei denn, sie sind sehr winzig, sind mit mehreren Personen belegt. Die Ausstattung besteht aus doppelstöckigen Betten mit Eisengestell und dünner Matratze, außerdem einem einfachen Küchenherd, einer Spüle, einem kleinen Kühlschrank sowie schmalen Holzspinden für persönliche Sachen und einem Tisch mit Sitzgelegenheiten.

Zuerst stand natürlich der miserable Eindruck, den die Gruppe der Helfer*innen von der Ausstattung des Hauses hatte, im Vordergrund. Es wurden Verbesserungsvorschläge gemacht und mit der Sozialarbeiterin besprochen, die diese an den Wetteraukreis, den Mieter der Unterkunft, weitergab. Am Wetteraukreis wiederum war es, die Vermieterin aufzufordern, die gröbsten Mängel mit Hilfe ihres hier eingesetzten Hausmeisters zu beseitigen, wozu sie nach dem Mietvertrag verpflichtet war.

Dabei waren die unzureichenden Möglichkeiten, Wäsche zu waschen und zu trocknen ein wichtiges Thema. In einem Kellerraum standen zwei Waschmaschinen für die etwa 40 Bewohner zur Verfügung.

Auch sprach man in der Gruppe über die Gefahrenquelle wackeliges Treppenhausgeländer – insbesondere für die Kinder – sowie über fehlende Kühlschränke auf einzelnen Zimmern, kaputte Herde, die sehr lange nicht repariert oder ausgetauscht wurden, nicht funktionierende Treppenhaus- und Flurbeleuchtungen, die Sauberkeit auf den Fluren, für die die Flüchtlinge insgesamt mitverantwortlich waren und über Konzepte, wie die Hausbewohner mit unterschiedlichen Nationalitäten mehr Verantwortung für die Unterkunft insgesamt übernehmen könnten. Ebenso wurden Regeln für rücksichtsvolle Verhaltensweisen der Tür an Tür zusammenlebenden Bewohner untereinander besprochen.

Da all diese Aufgaben mit dem Bohren dickster Bretter vergleichbar waren, stellte sich bald heraus, dass der Kreis der ehrenamtlichen Helfer*innen abnahm. Nachdem es in der Gruppe Meinungsunterschiede beim Umgang mit den Geflüchteten gab, sank die Zahl der Beteiligten weiter.

Einmal ging es um die Zahl der in dem Haus untergebrachten Menschen. Wir erfuhren und recherchierten selbst: etwa 60 (Anfang 2016). Da kam mir der Gedanke, mich zu erkundigen, wie viel Miete die Vermieterin vom Wetteraukreis für diese

Gemeinschaftsunterkunft bekommt. Zwischen der Vermieterin und dem Wetteraukreis als Mieter wurde ein Mietvertrag mit fünfjähriger Laufzeit abgeschlossen. Der Mieter zahlt pro Kopf und Tag für die dort untergebrachten Menschen 6,50 €. Der Mietvertrag geht von einer Belegungszahl von 43 Personen aus, für die mindestens zu zahlen ist, auch wenn die Belegung niedriger sein sollte. Liegt die Belegung darüber – wie etwa im Jahre 2016 – ist die Miete entsprechend höher. Die Nebenkosten sind in der gezahlten Miete mit abgegolten. Also rechnete ich: 6,50 € x 43 Bewohner x 30 Tage = 8.385 € monatlich. Schöne Brutto-Einnahme für ein abbruchreifes Loch, dachte ich. Über wen sollte ich nun mehr staunen: den Wetteraukreis, der dieses Geld für diese Gegenleistung zahlt oder die Vermieterin, die ohne je persönlich in dem Haus in Erscheinung zu treten, das Geld kassierte?

Ich entschloss mich, meine Hilfestellung auf zunächst drei syrische Flüchtlinge zu „beschränken“. Eher zufällig knüpfte ich einen Kontakt zu den drei Bewohnern eines Wohnraums im ersten Stock des Hinterhauses, einem Vater und seinem damals 15jährigen Sohn, sowie einem 21jährigen jungen Mann. Alle drei kamen aus Aleppo. Da der junge Mann gutes Englisch sprach, er studierte in Syrien ein technisches Fach in den ersten Semestern, war die Verständigung gut möglich.

Schnell stellte sich heraus, dass die drei Unterstützung brauchten, die über das hinausging, was die zuständige Sozialarbeiterin des Wetteraukreises bei all ihrem Bemühen leisten konnte. Sie hatte einmal in der Woche Sprechstunde in dem Haus. Zunächst ging es um die Post, die die drei von den unterschiedlichsten Behörden und Ämtern bekamen und die sie meist nicht genau genug verstanden. Schreiben kamen vom Bundesamt für Migration und Flüchtlinge (BAMF), vom Ausländeramt, der Fachstelle Migration, später dann vom Jobcenter, der Krankenkasse, von der Sparkasse, der Familienkasse, der GEZ und anderen. Zuallererst war ich beim Erklären und Verdeutlichen der Bedeutung der in Behördendeutsch abgefassten Schreiben gefordert. Vor allem deswegen, weil einige der Schreiben, etwa vom BAMF, vom Ausländeramt, der Fachstelle Migration oder dem Jobcenter – vor allem in Zusammenhang mit der Gewährung des Aufenthalts oder der Grundsicherung – mit Handlungsaufforderungen, Fristsetzungen und der Androhung von Sanktionen bei Fristversäumnis verbunden waren. Auch ich als Alteingesessener und mit langer Erfahrung im Umgang mit den hiesigen Behörden, musste mich da erst einlesen und immer wieder mal telefonisch bei der zuständigen Stelle abfragen, was etwa genau mit der Frage X im Fragebogen Y gemeint sei. Schnell verstand ich auch, dass es notwendig ist, die Syrer auf die Ämter zu begleiten, um bei der Verständigung mit dem/der Sachbearbeiter*in behilflich zu sein, um Missverständnisse möglichst zu vermeiden. Bald fragte ich mich, wie Geflüchtete klarkommen, die ohne eine Begleitung vorsprechen. Von denen sah ich viele auf den Fluren der Behörden mit ihren Schreiben in der Hand sitzen.

So entstand ein Vertrauensverhältnis zwischen den drei Syrern und mir, insbesondere zwischen Vater und Sohn und mir, denn der junge Mann im Zimmer zog bald in einen anderen Ort in Hessen, in dem sein Cousin untergebracht war. An dessen Stelle zog ein anderer junger Geflüchteter ein, mit dem ich aber nicht warm wurde. Ein scheuer junger Mann. Wenn ich kam, lag er meist in seiner Koje.

Vater und Sohn luden mich bald – wohl auch um ihre Dankbarkeit auszudrücken – zum Essen ein, das sie mit viel Liebe auf dem Herd in ihrem Zimmer zubereiteten. Sehr leckere syrische Speisen mit viel Gemüse, magerem Fleisch, Hähnchen und Lamm und alles mit exotischen Gewürzen zubereitet. Sie tischten ein ganzes Menü mit Vorspeise, Hauptgang und Nachtisch auf. Die Mühe, die sie sich offensichtlich beim Beschaffen der Zutaten in Büdinger Lebensmittelgeschäften machten – mit dem wenigen, über das sie verfügten – beschämte mich. Das Gespräch beim Essen drehte sich um die syrische Küche und inwieweit sie wegen des Osmanischen Reichs mit der türkischen verwandt ist, um muslimisch geprägte Speisevorschriften, die Situation in Aleppo vor und während des Bürgerkriegs, das repressive Assad-Regime und den Bürgerkrieg, um die schwierige Situation, in der sich die in Syrien zurückgebliebenen restlichen Familienmitglieder – Ehefrau bzw. Mutter und die beiden zehn und vierzehn Jahre alten Töchter bzw. Schwestern – befinden und um den damit verbundenen Trennungsschmerz der beiden Geflüchteten, der dabei immer durchschimmerte.

Erst jetzt nahm ich weitere Unzulänglichkeiten des Zimmers bewusst war. Die zur Ausstattung des Zimmers gehörenden Sitzmöbel bestanden aus einer ausgeleierten kunstlederbezogenen Zweisitzer-Couch und einem dazu passendem Sessel – vermutlich aus einer Sperrmüllsammlung. Davor stand ein niedriger Couchtisch, an dem wir aßen. Ein bisschen unbequem, denn man saß beim Essen entweder gebückt oder lehnte sich weiter zurück, streckte die Beine aus und nahm den Teller hoch. Auch keine gute Lösung, wie ich feststellte. Unwillkürlich fragte ich mich, wie der Sohn, der in die Schule ging, an diesem Tisch seine Hausaufgaben machen konnte. In dem sehr hohen Raum befand sich das Fenster oben, unmittelbar unter der Zimmerdecke. Schaute man hoch und aus dem Fenster hinaus, konnte man ein Stück Himmel sehen. Zumindest blieb einem so der Anblick des hässlich angelegten Firmenparkplatzes auf dem Außengelände des Gebäudes erspart.

Damit ich nicht missverstanden werde, das war nie ein Gesprächsthema für die hier Untergebrachten, es war das, was ich dort sah und empfand. Glücklicherweise ist die Bahnhofstraße 65 für die beiden Vergangenheit. Nach langer Suche fanden sie eine eigene Wohnung in Büdingen, in einer Preislage, die vom Jobcenter akzeptiert wird. Eine große Hilfe beim Finden der Wohnung war das „Netzwerk Neue Nachbarn" in Büdingen, namentlich ein besonders aktives Mitglied, das es in unnachahmlicher Weise versteht, den einen oder anderen der meist skeptischen Vermieter davon zu überzeugen, auch Flüchtlingen eine Chance zu geben.

II. Die Ausländerbehörden

Zu den Ausländerbehörden, mit denen die beiden Syrer häufig zu tun hatten – manchmal auch zu tun bekamen – gehören das BAMF, das eine Außenstelle in der Hessischen Erstaufnahmeeinrichtung in der ehemaligen Kaserne in Büdingen unterhält und das Ausländeramt in Friedberg.

Im Winter 2015/16, als ich die Syrer kennenlernte, war die bevorstehende Anhörung vor dem BAMF für diese ein angstbesetztes Thema. Sie hatten mitbekommen, dass damals die Berliner Politik beschlossen hatte, syrischen Flüchtlingen ab April 2016 grundsätzlich subsidiären Schutz zu gewähren und nicht wie bislang den nach der Genfer Flüchtlingskonvention. Der Unterschied bestand vor allem darin, dass beim subsidiären Schutz der Nachzug enger Familienangehöriger, den die Flüchtlingskonvention gewährleistet, durch einen Beschluss der damaligen Großen Koalition in Berlin zunächst für zwei Jahre ausgesetzt wurde. Der junge Mann auf dem Zimmer hatte schon vor einigen Monaten – obwohl etwa zur gleichen Zeit wie Vater und Sohn nach Deutschland gekommen – seine Anhörung. Er hatte noch Schutz nach der Genfer Flüchtlingskonvention erhalten. Vater und Sohn wurden immer unruhiger, weil sie auch im März noch keine Einladung zu der Anhörung hatten und ihre Befürchtung wuchs, dass sie zu denen gehören werden, die nur noch einen subsidiären Schutz bekommen, also lange Zeit von der Familie getrennt blieben. Schließlich war es dann Anfang April soweit.

Die Anhörung fand beim BAMF in der Kaserne statt. Nach einigen langen Wochen weiterer Wartezeit kam der Bescheid mit der Mitteilung „Subsidiärer Schutz“. Beim Lesen des Bescheids fiel mir auf, dass ausdrücklich darauf hingewiesen wurde, dass der Familiennachzug grundsätzlich möglich ist. Die Frage war allerdings, wann? Um in der Angelegenheit Klarheit zu haben und um keine formalen Fehler zu begehen – Widerspruch gegen den Bescheid war innerhalb von zwei Wochen beim zuständigen Verwaltungsgericht einzulegen – suchte ich auf die Bitte des

Vaters hin händeringend nach einem Fachanwalt, der sich der Sache der beiden annahm.

In den Beratungsgesprächen mit dem zum Glück gefundenen Anwalt verstand ich, dass der Hinweis, dass Familiennachzug möglich ist, nicht das Papier wert ist, auf dem er stand. Europarechtlich war der subsidiäre Schutz eine Ergänzung – und keine untergeordnete, minderwertige Regelung – der Genfer Flüchtlingskonvention. Er sollte Lücken, die die Flüchtlingskonvention im Zusammenhang mit dem humanitären Schutz bei Kriegs- und Bürgerkriegsflüchtlingen aufwies, schließen. Die Aussetzung (nicht Aufhebung!) des Familiennachzuges bei subsidiärem Schutz war wohl ein juristischer Winkelzug Berlins, die europarechtliche Kurve zu kriegen. Die grundsätzliche Möglichkeit sicherte man ja den Geschützten nochmals ausdrücklich zu.

Der Anwalt legte für die beiden Syrer gegen den Bescheid Widerspruch beim Verwaltungsgericht in Gießen ein. Bis heute, zwei Jahre und vier Monate später, hat das Gericht immer noch keinen Verhandlungstermin ansetzen können. Den Glauben daran, dass sie hier eine faire gerichtliche Überprüfung ihres Falles bekommen, haben die beiden Syrer nicht mehr. Und das, obwohl ich ihnen mehrfach erklärte, dass das Gericht völlig überlastet ist und dass die Politik den Gerichten eine Vielzahl ähnlicher Fälle vor die Tür gekippt hat, ohne deren Kapazitäten im erforderlichen Maße zu erhöhen.

Die Anwaltsgebühren stotterte der Vater elf Monate lang von seiner Grundsicherung als Geflüchteter ratenweise ab. Nun klammern die beiden sich daran, dass ab August 2018 ein Kontingent von monatlich 1000 Menschen im Rahmen des Familiennachzuges kommen dürfen und die Ehefrau und die beiden minderjährigen Töchter irgendwann dabei sind. Einen Terminantrag bei der deutschen Botschaft in Beirut, im Nachbarland Libanon, hat die Ehefrau gestellt. Ein Termin bei der Botschaft ist notwendig, um den eigentlichen Antrag, in das Kontingent aufgenommen zu werden, stellen zu können und über den dann von mehreren Behörden entschieden wird. In Damaskus ist das wegen des Bürgerkrieges in Syrien nicht möglich. Bislang wurde noch kein Termin von der Botschaft in Beirut erteilt.

Zum Ausländeramt in Friedberg hatten die beiden Syrer ein besonders intensives Verhältnis. Alles in allem habe ich die beiden innerhalb von zwei Jahren mindestens achtmal – meist gemeinsam, manchmal nur einen von beiden – mit dem Auto nach Friedberg gefahren und dann auch beim Vorsprechen beim Amt begleitet. Wenn sie Glück hatten, bekamen sie einen Termin, dann ist eine Anreise aus Büdingen auch mit öffentlichen Verkehrsmitteln möglich. Hatten sie aber keinen Termin bekommen, was meistens der Fall war, war ich als Chauffeur zwingend notwendig. Das hatte folgende Gründe:

Um eine Chance zu haben, beim Ausländeramt in Friedberg vorgelassen zu werden, muss man morgens bei Öffnung um 7:30 Uhr eine Wartenummer ergattern. Die bekommt man aber nur, wenn man sich spätestens ab 6:15 Uhr, besser schon um 6 Uhr, in die Warteschlange vor dem Behördengebäude einreiht, denn es wurden nur maximal 50 Wartenummern vergeben. Meist waren aber deutlich mehr Wartende da. Auf mehr als 80 kam ich, als ich mir einmal um 6:45 die Mühe machte, die Menschen zu zählen. Wer keine Nummer bekommt, muss wieder nach Hause und es am nächsten Tag wieder versuchen. Aber auch einige, die eine Wartenummer hatten, aber bis 16 Uhr nicht drankamen, mussten unverrichteter Dinge wieder nach Hause fahren.

Ein Blick in den Fahrplan Büdingen-Friedberg machte mir deutlich, dass es ohne festen Termin des Ausländeramts mit öffentlichen Verkehrsmitteln nicht möglich war, rechtzeitig anzukommen. Die früheste Verbindung ist um 4:08 morgens ab Büdingen-Bahnhof mit dem Bus nach Gelnhausen, von dort mit dem Zug nach Frankfurt/Süd und weiter mit der S 6 nach Friedberg, Ankunft am Bahnhof dort um 6:11 Uhr. Der Fußweg zum Ausländeramt beträgt ca. zehn, eher 15 Minuten. Das Risiko, keine der 50 Wartenummern mehr zu bekommen, war dann groß.

Über eine Episode beim Warten vor dem Ausländeramt will ich hier noch berichten. Am 26. Februar dieses Jahres musste der Vater zum Ausländeramt. Einen Termin hatte er nicht. Ich fuhr ihn also mit meinem Auto. Um diese Zeit war es anhaltend, vor allem nachts, bitterkalt. Als wir gegen sechs Uhr vor dem Amtsgebäude ankamen, standen schon ca. zehn Menschen zusammengedrängter als sonst vor dem Eingang. Wir trugen uns in die Liste der Angekommenen ein, die die Wartenden unter sich führten. Diese Liste wird dann zwischen 7:00 Uhr und 7:15 Uhr den dann erscheinenden offiziellen Ordnungskräften übergeben, die dann darauf gestützt vor der Eingangstür die offiziellen Wartenummern ausgeben. Die Temperaturanzeige auf der Uhr der Apotheke gegenüber dem Behördengebäude zeigte – 8^0. So kalt war es im Februar schon eine ganze Zeit lang. Da noch ein eisiger Wind durch die enge, hochbebaute Straße wehte, waren es gefühlte – 15^0.

Ich konnte mir schon vorab die Situation beim Warten vor dem Eingang vorstellen und zog mich entsprechend warm an und hielt auch den Vater dazu an. Ein Paar warme Handschuhe lieh ich ihm, Winterschuhe hatte er aber nicht. Dann standen wir, wie all die anderen, vor der Tür und tippelten auf und ab, um wenigstens die Füße nicht ganz kalt werden zu lassen. Einige Afrikaner in unserer Nähe taten mir besonders leid, das Tippeln hatten sie nach einer Weile aufgegeben, sie kauerten aneinander und froren vor sich hin.

Wie immer erschienen kurz nach sieben Uhr die Ordnungskräfte und gaben die Wartenummern aus. Das Prozedere lief deutlich schneller ab, als ich es sonst erlebte. Dann verschwanden sie wieder hinter der Glastür in dem geheizten großen Vorraum und standen dort, die Menschen außen beobachtend, herum. Erst als der Minutenzeiger der Uhr, die quälend langsam lief, auf Punkt 7:30 Uhr sprang, wurden die Wartenden eingelassen. In dieser knappen halben Stunde habe ich mich für das Verhalten dieses Amtes zutiefst fremdgeschämt. Wo war der Amtsleiter, der um die frühmorgendlichen Temperaturen wissen musste? Die hielten ja schon tagelang an. Warum wurde keine Anweisung gegeben, die Wartenden nach der Nummernausgabe sofort in den geheizten großen Vorraum einzulassen? Hier hätten sie allemal Platz gehabt und niemanden gestört.

Aber auch von den Erfahrungen des Sohns mit dem Ausländeramt ist hier noch kurz zu berichten. Im Sommer 2017 brachte ich beide zum Ausländeramt. Es ging um den Antrag zur Verlängerung ihrer Aufenthaltstitel, der bei subsidiär Geschützten i.d.R. um zwei Jahre, soweit die Schutzbedürftigkeit noch besteht, verlängert wird. Die Sachbearbeiterin kam sofort auf den Punkt und wies uns darauf hin, dass dies bei dem Vater kein Problem sei, denn sein syrischer Pass sei ja bis 2021 gültig. Bei dem Sohn aber sei keine Verlängerung möglich. „Sein syrischer Reisepass läuft am 31.12.2017 ab", bemerkte sie. Die beiden, aber auch ich, waren wie versteinert. „Aber das lässt sich dadurch bereinigen, indem der Sohn bei der syrischen Botschaft den Pass verlängern lässt", fuhr sie fort. Das anschließende Gespräch mit ihr darüber, dass der Pass doch nur zum Nachweis der Identität eines Geflüchteten diene und der sei doch zweifelsfrei erbracht und unstrittig, dass die beiden auf keinen Fall zur Botschaft des Regimes können, vor dem sie doch geflohen sind, verlief ergebnislos.

Ziemlich ratlos fuhren wir nach Hause. Auf meine Frage hin, ob diese Auflage nur für den subsidiären Schutz gelte oder auch für nach der Genfer Flüchtlingskonvention Geschützte, war die Antwort, dass dies nur bei subsidiärem Schutz gelte. In der Angelegenheit bekamen wir einen nächsten Termin. Zunächst holten wir uns von verschiedenen Stellen Rat. Überall wurde uns versichert, dass diese Praxis nicht rechtens sei. In Gesprächen im Rahmen des „Netzwerk Neue Nachbarn" erfuhr ich auch, dass wir kein Einzelfall und andere syrische Flüchtlinge in Büdinger Stadtteilen von dem gleichen Problem betroffen sind. Im „Netzwerk Neue Nachbarn" machte mich ein Helfer auf eine Handreichung der Referentin für Flüchtlingspolitik des Bundesverbandes der Arbeiterwohlfahrt aufmerksam. Daraus sei hier zitiert:

„[...]Wir haben in den letzten Monaten mehrfach Rückmeldungen erhalten, dass es in der Praxis Probleme bei der Erteilung bzw. Verlängerung einer Aufenthaltserlaubnis gemäß §§ 25 Abs. 2 S. 1, 2. Alternative (subsidiärer Schutz) sowie § 25 Abs. 3 AufenthG[1] (Vorliegen eines Abschiebungsverbots nach § 60 Abs. 5 oder 7 AufenthG) gibt, insbesondere, ob/wenn dafür die Vorlage eines Passes verlangt wird.

Offenbar taucht die Problematik im ganzen Bundesgebiet immer wieder auf – und das, obwohl gemäß § 5 Abs. 3 S. 1 AufenthG von dem Erfordernis der Vorlage des Passes abzusehen ist und die Ausländerbehörden gemäß § 48 Abs. 4 AufenthG einen Ausweisersatz ausstellen müssten. Das Ergebnis unserer verbandsübergreifenden Abfrage innerhalb der BAGFW[2] haben wir dem Bundesinnenministerium mitgeteilt, welches das Thema im Rahmen einer Ausländerreferententagung mit den Ausländerbehörden besprochen hat. Das BMI geht aufgrund der erfolgten Erörterung des Problems nunmehr davon aus, dass zukünftig keine Probleme mehr auftauchen sollten.

Wir empfehlen daher für Eure Beratungspraxis, – falls die Ausländerbehörde trotzdem weiterhin die Passvorlage oder Beschaffung eines Passes verlangt – die folgende Email des zuständigen Referats III im Bundesinnenministerium auszudrucken und vorzulegen:

[...] Nach § 5 Abs. 3 S. 1 AufenthG ist von der Erfüllung der Passpflicht abzusehen, wenn ein Aufenthaltstitel nach § 25 Abs. 2 S. 1 2. Alt AufenthG (subsidiärer Schutz) oder 25 Abs. 3 AufenthG erteilt oder verlängert wird (vgl. § 8 Abs. 1 AufenthG). Die Erteilung oder Verlängerung eines AT ist in diesen Fällen nicht von der Erfüllung der Passpflicht nach § 3 Abs. 1 AufenthG abhängig zu machen.

Im Rahmen der Ausländerreferentenbesprechung (ARB) vom 9./10. Mai 2017 wird der Bund (BMI[1]) auf die oben beschriebene Praxis aufmerksam machen und die geltende Rechtslage mit den Ländervertretern erörtern. [...]'"

1 Aufenthaltsgesetz

2 Bundesarbeitsgemeinschaft der Freien Wohlfahrtspflege

Bei unserem nächsten Termin legten wir die E-Mail des Bundesinnenministeriums vor. Der Sachbearbeiter – diesmal hatten wir es mit einem anderen zu tun – erklärte, dass er dazu seinen Chef fragen müsse. Er bat uns hinaus, verließ sein Dienstzimmer und verschwand hinter einer Tür und kehrte nach etwa 10 Minuten zurück. „Es sei alles in Ordnung", teilte er uns mit, ohne zu erklären, was das genau bedeutet. Immerhin konnten wir klären, dass der Sohn ein Papier erhielt, das ihm einmalig die Wiedereinreise aus den Niederlanden nach Deutschland erlaubte. Die Realschulklasse, die er in Büdingen besuchte, machte im Mai 2018 eine Klassenfahrt nach Holland. Da das Jobcenter die Kosten für den Sohn übernahm, konnte er an der Fahrt teilnehmen.

Wieder bekamen wir einen neuen Termin, denn in der Hauptsache, der Verlängerung des Aufenthaltstitels über den 31.12.2017 hinaus, war nichts geklärt. Schließlich bat ich den Rechtsanwalt, der die beiden bei ihrer Klage beim Verwaltungsgericht vertrat, sich der Sache anzunehmen. Denn in der Zwischenzeit erfuhr ich vom Jobcenter in Büdingen, dass der Sohn ab dem 1. Januar 2018 keinen Anspruch mehr auf eine Grundsicherung hat, wenn sein Aufenthaltstitel nicht verlängert wird. Der Anwalt schrieb einen Brief an das Ausländeramt, machte auf die Situation und die Rechtslage aufmerksam und forderte mit Fristsetzung eine Verlängerung des Aufenthaltstitels. Beim nächsten Termin, den wir im November bekamen, lag dem Sachbearbeiter das Anwaltsschreiben offensichtlich digital vor. Er nahm aber nur indirekt Bezug darauf. Diesmal ging es hauptsächlich darum, die anfallenden Gebühren zu entrichten. Der Sohn wurde auch aufgefordert, im Januar zu erscheinen und den Aufenthaltstitel[4] abzuholen. Einen Termin wollte oder konnte der Sachbearbeiter ihm nicht geben. Er sollte sich morgens anstellen. Auf eine

3 Bundesministerium des Inneren

4 Der Aufenthaltstitel ist von der äußeren Gestaltung am Personalausweis orientiert, mit Lichtbild und allen erforderlichen Angaben zur Person sowie den bei Ausweisen üblichen Sicherheitsmerkmalen. Die Gebühren sind von den Geflüchteten zu bezahlen.

nachvollziehbare Begründung dafür verzichtete ich. Ich war froh, dass die Angelegenheit geklärt war.

Im Januar bekam der junge Mann dann seinen Aufenthaltstitel, der allerdings nur für ein weiteres Jahr galt. Der Aufenthaltstitel des Vaters dagegen war um zwei Jahre verlängert worden und er erhielt ein Passersatz-Dokument, während der Sohn ein Ausweisersatz-Dokument bekam. Was auch erklärte, warum die einmalige Einreiseerlaubnis aus den Niederlanden in die Bundesrepublik Deutschland notwendig war.

Tatsächlich bekam der Sohn vom Jobcenter im Januar 2018 zunächst keine Grundsicherung, also kein Geld für seinen Lebensunterhalt. Die zuständige Sachbearbeiterin bedauerte das sehr, musste aber auf ihre Vorschriften verweisen. Sie gab aber den Rat, dass der Sohn sofort zu ihr kommen soll, wenn das mit dem Aufenthaltstitel geklärt sei. Dann werde sie umgehend veranlassen, dass der ausstehende Unterhalt nachgezahlt werde. An diese Zusage hat sich die Sachbearbeiterin gehalten.

III. Wo bleibt das Positive?

Der Sohn kam schon im Sommer 2015, als er mit seinem Vater in Büdingen untergebracht wurde, an der Haupt- und Realschule in eine einjährige Förderklasse, in der im Wesentlichen geflüchtete Kinder unterrichtet wurden. Ziel ist der Erwerb der deutschen Sprache, damit diese Kinder dann am Regelunterricht teilnehmen können. Da der Sohn besonders erfolgreich war, konnte er schon zum Schulhalbjahr, also Anfang Februar 2016, in die neunte Klasse der Realschule wechseln. Dass er hier im Sommer 2018 den Realschulabschluss absolvierte, hat nicht zuletzt mit dem Engagement seines Klassenlehrers zu tun. Vor diesem habe ich den allergrößten Respekt. Übrigens ein Lehrer mit Migrationshintergrund. Ein Wermutstropfen fiel aber dann doch noch in diesen Wein.

Zum Abschluss der Klasse 10 veranstaltete die Klasse mit dem Klassenlehrer einen Grillabend in einem Büdinger Stadtteil. Der Lehrer forderte die Schüler*innen auf, untereinander Fahrgemeinschaften zu bilden. Alle kamen unter, nur für den Klassenkameraden aus Syrien fühlte sich keiner zuständig. Tief gekränkt erzählte er mir von dieser Demütigung, die er dabei verspürte. Er fühlte sich ausgeschlossen und wollte resignierend nicht mehr an der Veranstaltung teilnehmen. „Frag doch nochmal über eure WhatsApp-Gruppe bei deinen Klassenkameraden nach. Die haben nur vergessen, an dich zu denken. Auch dein Klassenlehrer liest es doch dann", riet ich. Zwei Antworten kamen: ein kurzes „Nö" von einem Klassenkameraden und eine Zusage des Klassenlehrers, den Jungen abzuholen und wieder nach Hause zu bringen.

Mir hat es viel Freude bereitet, dem Sohn bei seinen Hausaufgaben, beim Lernen für Klassenarbeiten oder bei Vorbereitungen für Präsentationen zu helfen oder ihm einfach mit meinem Rat zur Seite zu stehen. Aber auch ich habe im Kontakt mit den beiden Geflüchteten viel gelernt. Und das nicht nur wegen des menschlichen Kontakts zu den beiden Syrern, sondern auch beim genaueren, konkreteren Begreifen des Zustandes unserer Gesellschaft.

Engagement im Stillen: Gudrun Lamontagne unterrichtet und begleitet seit 20 Jahren beherzt Ausländer

Myriam Lenz, Reporterin

18 Mal ist sie umgezogen, genoss als kleines Mädchen mit ihrer Familie die Freiheit in Indien, lebte unter anderem in Griechenland, Sardinien und konnte sich nicht vorstellen, in Deutschland jemals wieder sesshaft zu werden. Gudrun Lamontagne und ihr Mann wurden es schließlich doch. Durch Zufall schritten sie vor über 30 Jahren durchs Jerusalemer Tor und erkundeten Büdingen. „Heute sind wir hier zuhause. Eine richtige Heimat habe ich nicht, weil wir ja immer unterwegs waren."

Gudrun Lamontagne bläst den Qualm ihrer Zigarette in die Luft. Die Frisur sitzt, ein fester Blick durchdringt ihre bunte Brille. Ihre Sätze sind geprägt von ihrer rheinischen Natur und einer Deutlichkeit.

Am 16. Oktober erhielt sie den Bürgerpreis der Sparkasse Oberhessen. Mit oder ohne Preisverleihung ist sie hier in dem provisorisch eingerichteten und ungemütlich wirkenden Raum in der Mühltorstraße, wo gleich zwei junge Afghanen kommen, um mit ihr zu lernen. Sie sind zwei von insgesamt zehn Ausländern, mit denen Gudrun Lamontagne regelmäßig übt. Damit hat sie lange zuvor angefangen, bevor die Ankunft vieler Flüchtlinge vor drei Jahren zahlreiche Helfer auf den Plan rief oder bevor andere die Anwesenheit von Asylbewerbern überhaupt zur Kenntnis nehmen wollten.

Angefangen hatte ihr Engagement vor rund 20 Jahren. Sie lernte eine polnische Familie, die in dem früheren Fischerhof gewohnt hatte, kennen und brachte ihren drei Kindern Deutsch und vieles andere bei. „Quasseln kann ich genug und ich kenne keine Berührungsängste", sagt die ehemalige Stewardess, die früher eine kleine Boutique für Geschenkartikel in der Vorstadt hatte.

Den damaligen Lehrerinnen der beiden polnischen Mädchen attestierte sie eine Aversion gegen Ausländer. „Sie wollten die Mädchen auf die Hauptschule schicken und da gehörten sie wirklich nicht hin." Mit dem Vater marschierte sie in die Schule und setzte durch, dass die zwei Kinder aufs Gymnasium durften. Beide haben heute Abitur.

Auf die polnische Familie folgte eine aus Russland. Es waren wieder zwei Kinder, die sie bis zum Abitur beziehungsweise zur Fachhochschulreife begleitete. Mit dem einen Jungen reiste sie durch ganz Deutschland zu Vorstellungsgesprächen. Als er sie vor wenigen Tagen besuchte, erinnerten sie sich mit Freude an ihre Tipps von früher: „Sitz gerade", „Guck die Leute an", „Wenn sie Dir die Hand reichen, erwidere – aber nicht anders herum." Heute befindet sich der junge Mann in einer gehobenen Stellung.

Was steht hinter ihrem Erfolg? „Ich habe ihnen gesagt, wenn Ihr anständig lernt und nicht faul seid, dann helfe ich Euch. Und ich bin immer im Hintergrund da und gehe mit den Eltern zum Beispiel zu den Elternabenden."

2010 fragte eine Sozialarbeiterin, ob sie es sich auch zutraue, Erwachsene zu unterrichten. Nach kurzem Zögern baute sie sich ein eigenes System für den Unterricht auf. Es dauerte nicht lange, da war der Unterrichtsraum voll. Es waren Frauen und Männer unterschiedlichster Nationalitäten. Als Gudrun Lamontagne pensionierte Lehrer um ihre Unterstützung bat, erhielt sie nur Absagen. Sie selbst unterstützte, wo sie konnte, las Briefe, gab Ratschläge, stand um vier Uhr morgens auf, um mit einigen von ihnen zur Ausländerbehörde nach Friedberg zu fahren. „Wir haben uns den Hintern abgefroren, saßen den ganzen Tag auf Holzbänken, kamen schließlich, nachdem ich Ärger gemacht hatte, um 16 Uhr noch dran."

Viele ihrer Zöglinge hatte sie in die Berufsschule geschickt, damit sie ihren Hauptschulabschluss nachholen konnten. „Das hat auch mit allen funktioniert – sogar mit dem qualifizierten Hauptschulabschluss." Einer sei nun Schuhmacher, einer Metallbauschlosser, ein Somali hatte vor kurzem die Prüfung als Pflegefachkraft erfolgreich abgeschlossen. „So ziehe ich alle durch und aus allen, mit denen ich näheren Kontakt hatte, ist auch etwas geworden." Wenn man ihnen die richtige Begleitung gebe, dann klappe das, ist sie überzeugt. Sie selbst beherrsche nun alle Fächer und berufsbegleitendes Wissen. Mathe mag sie allerdings nicht.

Der 23jährige Afghane Shoaib kommt zur Türe rein. Nachdem er die ersten paar Male zum Unterricht kam, hatte sie ihn wieder fortgeschickt. „Wenn die nicht mitziehen, lass ich sie fallen." Nach einiger Zeit kam er wieder und bat um eine zweite Chance. Nun fruchtete der Unterricht. Gudrun Lamontagne vermittelte ihm einen Praktikumsplatz in der Pflegeeinrichtung Kursana. Nun ist er im zweiten Ausbildungsjahr zur Pflegefachkraft. Ohne Gudrun Lamontagne, bestätigt er, hätte er es nicht geschafft. Sein Vater arbeitete in Afghanistan für die Amerikaner.

Als Shoaib abgeschoben werden sollte, wandte sich Gudrun Lamontagne mit einer Petition an Ministerpräsident Volker Bouffier und Bundestagsabgeordneten Peter Tauber. Mit Erfolg. Dann folgte die nächste Schwierigkeit: Der Schüler hatte in Afghanistan bereits einen Schulabschluss, doch das Zeugnis nicht mit nach Deutschland gebracht. Ohne dieses durfte er seine Ausbildung nicht beginnen. Nach Telefonaten mit der Botschaft und viel Aufwand erreichte Gudrun Lamontagne, dass Verwandte das Zeugnis mit in die Niederlande brachten und er schließlich das wichtige Dokument zwei Tage vor Ausbildungsbeginn vorweisen konnte.

Zwei Jahre nach der abgeschlossenen Ausbildung darf er noch bleiben. „Wenn ich es bis dahin nicht schaffe, dass er eine Aufenthaltsgenehmigung bekommt, muss er zurück." Sie frage sich, ob in Deutschland nicht etwas schieflaufe, wenn man solche Leute wieder wegschicke.

Der nächste Schüler kommt in den Raum. Es ist Hussein aus Afghanistan, der in Fulda zur Schule geht. Jetzt sind Ferien und die werden ausgenutzt. Täglich sitzen sie hier und verbessern seine Deutschkenntnisse. „Wir kriegen das schon hin“, sagt Gudrun Lamontagne und wirft ihm einen aufmunternden Blick zu, der keinen Widerspruch zulässt. Hussein lächelt und nickt.

„Bin ein nützlicher Idiot“

Myriam Lenz, Kreis-Anzeiger 13.10.2017

Seit zwei Jahren kümmert sich Thomas Schulz um Flüchtlinge in Rinderbügen. Seine Motivation sei auf den Boden der Tatsachen angekommen, sagt er im Interview mit dem Kreis-Anzeiger. Ehrenamtliche hätten keinerlei Kompetenz, die Behörden hätten nur die Ausweisung als Ziel vor Augen und überließen die Flüchtlinge ihrem Schicksal.

Kreis-Anzeiger: Seit 2015 sind Sie in der Flüchtlingshilfe tätig. Was machen Sie genau?

Thomas Schulz: Ich fahre die Leute tags und auch nachts zum Doktor, bin als Dolmetscher bei Amtsgängen dabei. Ich begleite einen 28jährigen zum ersten Schultag und fahre das Essen von der Büdinger Tafel aus. Ich bin ein nützlicher Idiot.

Warum der Zynismus?

Wir haben in den vergangenen zwei Jahren reichlich Erfahrungen gesammelt. Ein Beispiel sind die Fahrten mit unseren Schützlingen zum Ausländeramt in Friedberg. Man muss um 6:30 Uhr vor Ort sein, damit man um 7 Uhr ins Gebäude kommt. Dann bekommt man um 8 Uhr gesagt, dass sie heute nicht mehr an die Reihe kommen. Da gab es schon richtige Eklats. Ich frage mich, ob die Leute eigentlich wissen, von wem sie bezahlt werden. Wir Ehrenamtlichen haben nicht die Kapazitäten, ständig hin- und herzufahren. Die Fahrerei überlasse ich jetzt denjenigen, die es bezahlt bekommen. Mein Anliegen ist es, mich vor dem Frust zu schützen.

Was frustriert Sie am meisten?

Die ganzen Entscheidungen über die Aufenthaltsgenehmigung werden von Leuten getroffen, die die Flüchtlinge nicht so gut kennen wie wir. Ich behaupte, wenn man die Leute gut kennt, kann man objektiv entscheiden, ob sie hierbleiben können, oder nicht. Als Ehrenamtlicher hat man keinerlei Kompetenz. Es sind auch weniger geworden, die helfen.

Sie haben einige der Flüchtlinge sehr gut kennengelernt...

Es gibt sehr unterschiedliche Charaktere. Meine Mutter würde da sagen, es menschelt halt überall. Da gibt es den Pfiffikus, der gerne die Vorteile in Kauf nimmt oder denjenigen, der extrem fleißig ist, arbeitet und bereits zum Dorf gehört. Einer hat lange für einen Stundenlohn von zwei Euro im Bauhof gearbeitet. Das war wohl rechtens, verstehen tu ich es nicht. Ein anderer hatte entsetzliche Narben auf dem Rücken. Ich habe da zunächst gleich an Folter gedacht. Dann kam raus, dass er Schiite ist und die Narben durch Peitschenhiebe bei einer Zeremonie entstanden sind. Es wird später Salz in die Wunden gestreut, damit sie nicht so schnell verheilen. Sie sind stolz darauf. Solche Sachen sind natürlich schwer zu beurteilen. Ein anderer kann nicht mehr nach Syrien zurück, will gerne nach Amerika zu seinen Verwandten. Trump lässt ihn aber nicht mehr rein. Der Mann hat keine Perspektive. Das sind schon Schicksale. Ein weiterer lässt sich als billige Arbeitskraft von Deutschen ausnutzen. Der Araber findet es an sich für unhöflich, für etwas Geld zu fordern. Sie können oft nicht einschätzen, wer ihre wirklichen Freunde sind.

Die meisten verzweifeln aber im Moment. Seit August letzten Jahres sind nach meinen Informationen keine Aufenthaltsgenehmigungen mehr ausgesprochen worden. Alle Flüchtlinge, die in Rinderbügen leben, sind im Moment nur geduldet.

Was ist Ihrer Ansicht nach der Grund dafür?

Das Dublin-Abkommen wird missbraucht. Auf der Ausländerbehörde fragt man nicht mehr, warum sie ihre Heimat verlassen haben, sondern ob sie auf dem Landweg gekommen sind. Erzählen sie, über welche Länder sie nach Deutschland gelangten, bekommen sie gesagt, dass sie hier nichts mehr zu suchen haben. Damit ist das Interview beendet. Deutschland ist umgeben von sicheren Drittländern. Aber Griechenland und Italien zum Beispiel können das nicht mehr stemmen.

Sie sprechen von einem weiteren Vorteil der Duldung für den Staat...

Bei einer Duldung darf die Familie nicht nachkommen. Daher sind einige wieder zurückgekehrt. Wie zum Beispiel ein Mann aus Bagdad. Er hatte seinen siebzehnjährigen Sohn mitgebracht. Der konnte innerhalb weniger Monate sehr gut Deutsch und hatte eine Arbeit gefunden. Nun ist die Mutter krank geworden, eine Aufenthaltsgenehmigung haben sie nicht mehr bekommen. Jetzt sind sie zurück.

Was erzählen die Leute aus Bagdad?

In Rinderbügen lebt ein junger Iraker, der als Vorzeigeflüchtling gilt. Er hat vor kurzem wie selbstverständlich erzählt, dass sein Onkel mitansehen musste, wie seine vierjährige Tochter, die im Auto saß, durch eine Bombe getötet wurde. Er konnte sie nicht mehr retten. Die Art, wie er das erzählt hatte, erschüttert mich. Diese schrecklichen Dinge passieren eben dauernd. Die Leute haben allen Grund dort wegzugehen. Wir haben wenig Vorstellung davon, welche Gefahren in diesen Ländern drohen. Viele, die es bis nach Deutschland geschafft haben, kommen hier auf keinen grünen Zweig. Man hat den Eindruck, dass die Ämter dafür sorgen, dass sich ein Frust breitmacht.

Wie kommen Sie darauf?

Ich habe nachgefragt, warum kein Flüchtling aus Rinderbügen eine Aufenthaltsgenehmigung erhält. Da sagte mir die Sachbearbeiterin, dass sie keine blauen Formulare, also die für die Genehmigung, vom Regierungspräsidium in Darmstadt mehr bekämen. Vorgesehen seien nur noch Ausweisungen. Die Friedberger entscheiden gar nichts. Dass Flüchtlinge aus einem triftigen Grund, zum Beispiel wenn sie straffällig werden, abgeschoben werden, ist für mich völlig in Ordnung. Aber es werden alle abgeschoben.

Was erwarten die Flüchtlinge von Ihnen?

Mehr als ich leisten kann. Allen habe ich am Anfang den Standardtext heruntergeleiert:

„Ihr seid hier nur in einem anderen Land. Alles ist genauso wie bei Euch Zuhause. Mit dem einzigen Unterschied: Hier ist im Moment kein Krieg. Es ist kein Paradies. Mit allem anderen müsst ihr euch genauso herumschlagen." Die Schlepper verbreiten viele Lügen.

Hat Ihr Appell etwas genutzt?

Die meisten haben es nicht so verstanden und mussten es auf die bittere Weise lernen. Wenn sie keine Ehrenamtlichen zur Seite hätten, würden manche von ihnen in vielen Dingen, wie zum Beispiel bei Arztbesuchen, auf der Strecke bleiben. Ein Beispiel für einen besonderen Behördenstreich erlebte eine Ehrenamtliche aus Rinderbügen. Ein Iraker wurde bei der AOK versichert. Über drei Monate Zeit wartete er auf die Dokumente. Erst als die Helferin hartnäckig nachhakte, kam heraus, dass sein Vorgang einfach gelöscht wurde. Der Straßenname hatte sich geändert, diese Änderung wurde nur handschriftlich vermerkt. Ob die das mit deutschen Versicherten auch so machen, bin ich mir nicht so sicher.

Ist eine Integration der Flüchtlinge machbar?

Merkel hatte ihren Satz „Wir schaffen das" aus lauteren Motiven gesagt, sie halte ich für unschuldig. Wir schaffen das auch, wenn wir uns ein bisschen ins Zeug legen. Ein Grund für die Flüchtlingspolitik der Regierung ist, dass sie der AfD die Stimmen abjagen wollen. Die AfD regiert schon ein bisschen mit. Da ist ein politischer Wille entstanden, die Flüchtlinge alle wieder rauszuschmeißen. Es ist ein Verrat an dem eigenen Asylgesetz und unanständig. Genauso unanständig ist es, die Balkanroute abzuriegeln oder Libyen zu aktivieren. Wir liefern die Flüchtlinge einer Struktur aus, die nicht existiert und mega-unheilvoll ist. Nichts bewegt die Leute dazu, Zuhause zu bleiben. Gar nichts.

Wie hat sich die Integration Ihrer Ansicht nach in den vergangenen zwei Jahren entwickelt?

Wir können nur diejenigen integrieren, die den Ehrgeiz mitbringen, sich in ein anderes Land einzubringen. Bei den Türken, die hier über Generationen wohnen, ist das zum Teil gelungen. Was ich nicht toll finde, ist, wenn sie in Deutschland für Erdogan auf die Straße gehen. Hier auf der Couch zu sitzen, demokratische Rechte und ein ordentliches Gehalt in Anspruch zu nehmen und den türkischen Mitbürgern die Krätze an den Hals zu wählen, hat nichts mit Integration zu tun. Da haben sie etwas nicht ganz verstanden in Good Old Germany.

Welche Schlüsse haben Sie persönlich gezogen?

Ich bin anfangs keineswegs blauäugig gewesen. Nun habe ich doch viele Details erfahren und erlebt, dass ein Ehrenamtler dem Staat viel Geld für Leute spart, die er eigentlich einstellen müsste. Ich habe gedacht, dass ich den Leuten helfen kann. Furchtbar viel ist es allerdings nicht. Ich kann ihnen die Illusion geben, dass jemand für sie da ist. Meine Motivation ist auf dem Boden der Tatsachen angekommen. Ich kenne die Leute und helfe ihnen. Das ist aber eine ganz private Sache.

Zur Person: Thomas Schulz, 65 Jahre, lebt mit seiner Frau Maria in Rinderbügen. Das Paar hat drei Kinder. Schulz war 40 Jahre bei der Lufthansa. Seit 2015 engagiert er sich in der Flüchtlingshilfe.

Flüchten müssen ist ein Menschheitsthema

Andreas Weik, Pfarrer der Ev. Kirchengemeinde Büdingen

Flüchten müssen ist ein Menschheitsthema. Das war zu allen Zeiten so. Keiner verlässt seine Heimat freiwillig. Und doch gibt es Umstände, da bleibt keine andere Wahl, wenn man das eigene Leben retten will. Wie groß muss die Verzweiflung sein, dass sich Menschen in ein übervolles Schlauchboot setzen und hinaus aufs offene Meer fahren? Was lassen sie alles zurück: Ihre Familien und Freunde, vielleicht ein Dach über dem Kopf, wenn es noch eines gab, die Möglichkeit, für sich selbst zu sorgen, ihre vertraute Umgebung, ihre Kultur, die angenehmen Gerüche, kurz gesagt, alles, was Heimat ausmacht. Für sie gibt es oftmals kein Wiedersehen, die Zukunft ungewiss und der Weg oft genug mit Lebensgefahr verbunden. Wenn sie doch irgendwo für eine Zeit bleiben dürfen, dann verstehen sie die Sprache nicht, nicht die Sitten und Gebräuche, tappen in Fallen und werden zum Ärgernis für die Einheimischen. Das ist der Grund, weshalb es an vielen Stellen der Bibel heißt: „Den Fremdling sollst Du nicht bedrücken“ (z.B. 3. Mose 19,33). Er braucht besonderen Schutz, weil seine Lebenssituation per se eine besonders schwierige ist.

Die Bibel ist voll von Flucht- und Migrationsgeschichten. Aus den unterschiedlichsten Gründen wurden Menschen vertrieben oder verschleppt, mussten Hals über Kopf ihre Sachen packen, waren in der Fremde nicht willkommen, erlebten Misstrauen oder Missachtung und auch Feindschaft. Manchmal aber auch Gastfreundschaft und herzliche Aufnahme: Abraham muss sich auf den Weg machen, Jakob flieht vor seinem Bruder Esau, seine Familie wird zu „Wirtschaftsflüchtlingen“, weil es nur noch in Ägypten Korn gab und ansonsten der Hungertod drohte. Mose flieht nach Midian, weil er in Rage einen gewalttätigen Aufseher erschlagen hat. Noomi flieht mit ihrem Mann und den beiden Söhnen aufgrund einer Hungersnot in das Land der Moabiter.

Das Neue Testament beginnt damit, dass die junge Familie mit dem Neugeborenen nach Ägypten fliehen muss, um den Soldaten des Herodes zu entkommen. Jesus ist zu Beginn seines Lebens ein Flüchtlingskind. Flucht ist ein Menschheitsthema. Die Bibel wird nicht müde zu erzählen, dass Gott auf der Seite der Geflüchteten steht und ihnen Schutz und Zuwendung gehören.

Ich verstehe, dass Menschen diesem Thema gerne ausweichen, weil sie damit konfrontiert werden, dass im Leben nichts sicher ist. Vielleicht ist es auch ganz schlicht etwas völlig Normales, dass Menschen sich aufmachen! Vielleicht haben wir vergessen, dass die Wanderschaft eine zutiefst menschliche Eigenschaft und die Weltkarte gezeichnet ist von Wanderwegen, Völkerströmen, Fluchtrouten. Ich befürchte, dass wir uns vermehrt darauf einstellen müssen, dass diese Wanderbewegungen auch in Zukunft bleiben werden. Menschen fliehen vor Kriegen oder machen sich auf die Suche nach Lebensmöglichkeiten, nach Wasser, nach Luft zum Atmen, nach Pflanzen, die sie ernähren.

„Den Fremdling sollt ihr nicht bedrücken;" heißt es und es folgt die Begründung: „...denn ihr seid selbst Fremdlinge gewesen in Ägyptenland". Die Menschen werden erinnert an die eigene Geschichte ihres Volkes. Für Israel bedeutet dies die Erinnerung an die Erfahrung des Sklavendienstes in den Städten und an den Pyramiden in der Pharaonenzeit in Ägypten. Wenn wir uns heute erinnern lassen, dann genügt ein Streifzug durch die Geschichte Büdingens. Denken wir an die vielen Kriege, allen voran den Dreißigjährigen Krieg. Denken wir an die Glaubensflüchtlinge, die nach Büdingen kamen und in der Vorstadt angesiedelt wurden. Denken wir an die Massenhochzeiten, die in der Marienkirche gefeiert wurden, wo Männer und Frauen geheiratet haben, die sich überhaupt nicht kannten, nur weil sie erst als Verheiratete auswandern und sich dem Treck nach Russland anschließen durften. Denken wir an die jüdische Bevölkerung in der Nazizeit. Denken wir an die vielen Vertriebenen aus den Ostgebieten. Unser Volk, unsere Bevölkerung, ist in der Geschichte oft genug selbst Fremdling gewesen in anderen Ländern. Vergessen wir das nicht.

In dem bekanntesten Psalm, dem Psalm 23, wird Gott mit den Worten angeredet „Du bereitest vor mir einen Tisch im Angesicht meiner Feinde.“ Damit ist das Grundrecht auf Asyl gemeint. Menschen sollen einen Ort finden, an dem sie auf der Flucht einen Moment ausruhen dürfen, durchatmen und sich stärken können. Der Gastgeber sorgt für Schutz und der Gast ist unantastbar. Dieses Menschenrecht wurzelt im orientalischen Gastrecht. Wer dafür einsteht, steht auf der Seite Gottes. Jesus selbst identifiziert sich mit den Fremdlingen: „Ich bin ein Fremdling gewesen und ihr habt mich aufgenommen... Was ihr einem von diesen meinen geringsten Geschwistern getan habt, das habt ihr mir getan.“ (Matthäusevangelium 25, 35 u. 40)

Eine ganz spannende Geschichte findet sich gleich zu Beginn der Bibel: Abraham bekommt den Auftrag, aus seinem Vaterland zu gehen, in ein Land, das Gott ihm zeigen wird. (1. Mose 12,1). Er bekommt für sich den Segen Gottes zugesagt und auch, dass er zum Segen wird für die Menschen, denen er begegnen wird. Angesichts der vielen ergreifenden Flüchtlingsschicksale würde ich mir wünschen, dass kein Mensch seine Heimat verlassen muss. Zu viele Menschen sind unterwegs, ausgeliefert der Willkür von Schleppern, angewiesen auf irgendeine Hilfe. Zu viele Familien werden auseinandergerissen. Zu viele Tote sind zu beklagen. Ich wünschte mir, dass niemand gezwungen ist, aus seinem Vaterland zu gehen. Es ist eine politische Aufgabe dafür zu sorgen. Es ist eine humanitäre Aufgabe, den Menschen zu helfen und nicht ihrem Schicksal zu überlassen. Auch unterlassene Hilfeleistung ist eine Untat.

Der Bibeltext lenkt unseren Blick aber noch in eine andere Richtung: Jede Begegnung kann für mich zum Segen werden. Die Menschen, die zu uns geflüchtet sind, können für uns zum Segen werden. Wir müssen ihnen dazu aber auch die Chance geben. Als Gesellschaft und jeder einzelne in seinem Umfeld. Wenn wir die geflüchteten Menschen nur als Bedrohung wahrnehmen, verhindern wir eine Entwicklung zum Guten. Leider trägt die Redeweise mancher politischen Kräfte zur Angstmache bei, wenn von Asyl-Flut oder Asyl-Schwemme gesprochen wird. Verschleiert wird in dieser Begrifflichkeit, dass es hier um Menschenschicksale geht. Jede Geschichte hat es verdient, gehört zu werden. Höre ich zu, dann komme ich oft genug nicht aus dem ungläubigen Staunen heraus. Was haben Menschen alles durchstanden? Wieviel Lebensmut steckt in ihnen? Wie haben sie den Weg bis hierher geschafft? Ich staune über diese Lebensleistung und werde ganz klein. In mir steigt aber auch die Wut auf und ich frage: Welches Recht nehmen sich Menschen heraus, sich über die „Flüchtlinge" zu erheben oder abschätzig vom Asyl-Tourismus zu sprechen.

„Du wirst ein Segen sein." Ich habe in den vielen Jahren als Pfarrer an der Beruflichen Schule und als Gemeindepfarrer in Büdingen wunderbare Menschen kennengelernt. Sie sind mir zum Segen geworden: Der Jugendliche von einer afrikanischen Insel, der inzwischen seine Pflegeausbildung beendet hat und von den Bewohnern „Der Engel aus Afrika" genannt wird.

Der junge Mann, der, aus Afghanistan geflohen, als Kind mit seinem Vater im Iran auf dem Markt stand und Schuhe machte. Heute ist er Orthopädieschuhmacher.

Oder die stolze, anmutige junge Frau, die mich nach dem Gottesdienst ansprach, um in der Kirchengemeinde ehrenamtlich tätig zu sein. Deutschland habe so viel für sie getan. Sie möchte gerne etwas zurückgeben.

Es sind ergreifende und berührende Geschichten, die mein Leben reicher gemacht haben und die erzählt werden wollen. Deshalb bin ich sehr dankbar für dieses Buch.

„Alles wirkliche Leben ist Begegnung", so hat es der Religionsphilosoph Martin Buber einmal gesagt. Begegnung auf Augenhöhe. Mensch ist Mensch. Jeder hat seine eigene Geschichte. So wünsche ich diesem Buch, dass es hilft, Scheu und Angst vor dem Fremden zu überwinden und zu Begegnungen ermutigt. Es wird zum Segen werden.

Gemeinsam statt fremd: Die Stadtrundgänge der Evangelischen Kirchengemeinde

Elke Kaltenschnee, Reporterin

Nie zuvor haben so viele Menschen in Deutschland Schutz gesucht wie 2015. Vor allem aus Syrien kamen sie – um Leib und Leben fürchtend, auf der Flucht vor Krieg und Gewalt. In Deutschland angekommen wurden sie registriert, in den Erstaufnahmeeinrichtungen untergebracht, versorgt und schließlich auf Städte und Gemeinden verteilt. Auch in Büdingen entstand 2015 eine Erstaufnahmeeinrichtung – und zwar in der ehemaligen Armstrong-Kaserne. Bis zu 800 Flüchtlinge konnten und können dort eine erste Bleibe finden.

„Wir helfen“

Sobald feststand, dass in Büdingen Flüchtlinge untergebracht werden würden, handelte die Evangelische Kirchengemeinde in Büdingen ihrem christlichen Auftrag und Anspruch entsprechend. „Wir helfen“, hieß das Motto auf eine kurze Formel gebracht. Ein Arbeitskreis „Begegnungen“ wurde Ende 2015 ins Leben gerufen. In diesem Kreis wurde die Idee geboren, Begegnungsstätten einzurichten und Möglichkeiten zu schaffen, damit Büdinger und Flüchtlinge sich kennenlernen. „Wenn man jemanden kennt, ist er nicht mehr fremd“, hatte Pfarrer Andreas Weik bei einem der ersten Treffen gesagt. In Absprache mit dem Betreiber der Hessischen Erstaufnahmeeinrichtung bietet die Evangelische Kirchengemeinde „Stadtrundgänge“ an. Außerdem hat sie das „Begegnungscafé“ im Café La Porta in der Büdinger Vorstadt geschaffen, ein integratives, überkonfessionelles und kostenfreies Angebot, das jeden Montag ab 15 Uhr stattfindet.

Die Stadtrundgänge

Mittwochnachmittags gegen 14 Uhr holen Ehrenamtliche all jene Bewohner der HEAE, die die Stadt näher kennenlernen möchten, am großen Tor in der Orleshäuser Straße ab, Die Begleiter wollen den Flüchtlingen die Stadt zeigen und wichtige Anlaufstellen ausdeuten. Doch es geht um mehr als um die Infrastruktur: Post, Bank, Kirchen, Geschäfte, Stadtverwaltung, Bücherei, Eisdiele, Spielplätze. Die Evangelische Kirchengemeinde will ein Signal aussenden. „Die HEAE liegt am Rande der Stadt. Die Einrichtung und die Menschen, die dort wohnen, bleiben für die Büdinger unsichtbar. Indem wir miteinander durch die Stadt gehen, werden sie sichtbar", hat Andreas Weik dieses Signal einmal beschrieben.

Gleichzeitig ergänzen die Rundgänge die Angebote zum Spracherwerb und zur Wertevermittlung, die den Geflüchteten innerhalb der Einrichtung offen stehen. Schließlich unterstützt jeder Kontakt mit Menschen jenseits der hohen Zäune, jeder Schritt nach draußen, das Kennenlernen der Stadtbewohner und der Bewohner der HEAE.

In der Einrichtung, die bis Sommer 2017 ebenso professionell wie menschlich zugewandt vom Malteser Hilfsdienst und inzwischen in Eigenregie vom Regierungspräsidium Gießen betrieben wird, leben Menschen aus vielen Herkunftsländern, die ganz verschiedene Sprachen sprechen: Urdu, Farsi oder Arabisch, Kurdisch, Paschtu oder Dari. Bis zu 20 Sprachgruppen sind vertreten. Die Mitarbeiter in der HEAE bemühen sich darum, dass immer nur Menschen einer Sprachgruppe an einem Stadtrundgang teilnehmen. Sie gehen in den Fluren von Tür zu Tür, fragen, wer Lust hat mitzugehen. Sie erklärten, dass es ein Spaziergang durch die Stadt ist und dass er von Büdingern in ihrer Freizeit angeboten wird. Ehrenamtlich.

Claudia Geiss koordiniert den Spaziergang für die Kirchengemeinde. Einige Tage bevor er stattfindet, schreibt sie die Ehrenamtlichen an und fragt, wer die Geflüchteten dieses Mal begleiten möchte. Signalisiert mindestens ein Begleiter und signalisieren interessierte Menschen aus der HEAE die Bereitschaft teilzunehmen, findet der Rundgang statt. Nur das Wetter macht den Organisatoren manchmal einen Strich durch die Rechnung.

Zerstörte Heimat und Flucht

Anfangs haben die Freiwilligen mit den Flüchtlingen aus der HEAE eine ganz große Tour durch Büdingen gemacht. Mit dem Plan in der Hand sind sie genau ausgearbeiteten Strecken gefolgt, haben jede Kirche besucht, auf Wunsch auch die Moschee, und waren auf diese Weise etwa vier Stunden unterwegs.

Von diesem starren Raster sind die Freiwilligen rasch abgekommen. Zu unterschiedlich sind die Gruppen. Also stellen sich die Ehrenamtlichen jedes Mal neu auf die Gruppe ein, mit der sie sich an der Pforte der HEAE treffen. Manchmal sind es ausschließlich Frauen, die gemütlich den Schotterweg entlang des Seemenbachs in die Stadt gehen. Manchmal sind es Familien mit Kindern. Die kleinsten werden im Kinderwagen geschoben, Vater und Mutter wechseln sich ab. Manchmal ist es eine bunt zusammengewürfelte Truppe.

Immer kommen die ehrenamtlichen Begleiter und die Flüchtlinge ins Gespräch. Es sind Hochgebildete unter den Geflüchteten und Menschen mit wenig Bildung, Männer, Frauen und Kinder, zurückhaltende Schweigsame und Aufgeschlossene, die das Gespräch suchen. Dr. Hubertus Protz nimmt häufig als Begleiter an den Spaziergängen teil. „Ziemlich bald beginnen erste Gespräche, auf Englisch, mit Händen und Füßen, sowie illustriert mit Handyfotos, über die verlassene Heimat, die zerstörten Zuhause und die lebensgefährlichen Fluchtrouten nach Deutschland. Glücklicherweise hat uns die Einrichtung einen Dolmetscher zur Seite gestellt und wir können dann auch etwas über unser vergleichbar friedliches Büdingen erzählen“, hat er im Sommer 2016 das Zusammentreffen mit Teilnehmern aus dem Iran beschrieben.

Frösche und Tiergeräusche

Auch Laura Ute Melzer gehört zu den Begleitern. Sie berichtet von ihren Begegnungen mit den Kindern, die zu Fuß oder im Kinderwagen mitkommen: „Viele der Kinder haben in der Unterbringung schon erste gute Deutschkenntnisse erworben und sie reden dann für ihre Eltern. Die Kinder sind oft sehr neugierig. In

Büdingen gibt es viele Tiere zu entdecken: Wildschweine und Frösche an den Wänden; Katzen, die durch die Straßen stromern und Hunde an der Leine. Die Kinder machen Tiergeräusche vor und schnell wird ein Spiel daraus. Wir nennen es „Tiere raten". Mit dem Spiel kommen wir einander näher. Wir lachen gemeinsam und freuen uns, wenn die Tiere erraten werden.

Die Kinder erzählen uns, welche Tiere es bei ihnen zuhause gibt. In der Stadt angekommen wundern sie sich über die Frösche an den Büdinger Wänden und lassen sich erzählen, warum sie dort hängen. Frosch auf Arabisch klingt wie „dufda", heißt aber – glaube ich – eigentlich „dafeda". Auf Farsi klingt das Wort Frosch wie „gurbackhe", heißt aber korrekt „ghoorbâghe". Für uns ist das auch interessant, weil wir erfahren, wie die Menschen im Heimatland der Kinder Tiere imitieren. Der Frosch quakt in Deutschland „quakquak", in USA macht er „rägedirägedi".

Intensive Kontakte

Bei den Rundgängen ergeben sich schöne und intensive Kontakte, erzählen die Freiwilligen einhellig. Einmal war zum Beispiel ein Tschetschene mit seinem kleinen Sohn dabei. Der Mann war sehr wissbegierig. Bemühte sich, nur Deutsch zu sprechen, bat die Begleiter darum, seine Aussprache und seine Grammatik zu verbessern. Nutzte den Stadtrundgang, um zu lernen. Ein andermal war eine Frau dabei, die sich anfangs sehr reserviert verhielt. An der Marienkirche angekommen wollte sie nicht einmal eintreten. Erst als ihre Freundinnen drängten: „Ach, komm doch mit", ging sie hinein. Ein Glas Wasser, das dort zur Erfrischung auf sie wartete, lehnte sie ab. Doch nach und nach taute die Frau auf und schaute sich die Kirche mit Interesse an. Am Ende des Stadtrundgangs bedankte sie sich auf Deutsch: „Das war sehr schön." Diese intensiven, kleinen Momente sind ein wichtiger Schritt zur Integration.

Toleranz und Integration

Die Begleiter der Stadtrundgänge haben freilich nicht den Ansatz, westliche Werte mit erhobenem Zeigefinger zu vermitteln. Jeder,

der an einem der Stadtrundgänge teilnimmt, wird angenommen, wie er ist. Alle werden in ihrer Verschiedenheit ernst genommen. Obwohl es die Evangelische Kirchengemeinde ist, die die Stadtrundgänge anbietet und die Gruppen die christlichen Kirchen besuchen, sind die Rundgänge konfessionsneutral. „Wir missionieren nicht“, sagt Andreas Weik bestimmt. „Wir wollen den Menschen zeigen, dass sie in den Kirchen der Stadt willkommen sind und dass es sich um Orte handelt, an denen sie Ruhe finden, wenn sie Ruhe suchen.“

Dass auch in Büdingens Geschichte Flucht und Verfolgung, Integration und Toleranz, Fortgehen und Ankommen eine Rolle spielen, vermitteln die Ehrenamtlichen bei den Stadtrundgängen. Sie erzählen von der Hexenverfolgung im Büdinger Land, vom Toleranzedikt von Ernst Casimir I. von Ysenburg und Büdingen von 1712 und den Flüchtlingen, die daraufhin nach Büdingen kamen. Von den Menschen, die dem Ruf Katharinas der Großen folgend, an der Wolga siedelten. Von den Bürgern, die vor den Nationalsozialisten flohen oder von ihnen ermordet wurden. Von den Spätaussiedlern, die in den 1990er Jahren aus Russland nach Deutschland zurückkehrten und heute sehr gut integriert sind. Am Ende eines jeden Stadtrundgangs sitzen Begleiter und Geflüchtete bei einer Tasse Kaffee, manchmal sogar begleitet von einem Stück Kuchen, im Café La Porta zusammen und unterhalten sich.

Die Bewohner der Einrichtung sind von den Rundgängen selbst ebenso begeistert wie von Büdingens Altstadt und den vielfältigen Informationen, die sie bekommen. Sie fühlen sich in diesen zwei, drei Stunden angenommen und willkommen und nehmen den Eindruck mit, dass in Büdingen Menschen leben, die Nächstenliebe praktizieren.

„Sie sind offener als wir Deutsche“

Myriam Lenz, Kreis-Anzeiger 01.11.2017

STADTRUNDGANG: NPD-Wählerin Sonja Wirkner begleitet Asylbewerber in Büdingen und bekommt ein anderes Bild von Flüchtlingen

Der Wind ist ungemütlich. Vor der Schranke zur Hessischen Erstaufnahmeeinrichtung steht eine Männergruppe mit Hazrat, dem Übersetzer, und Pfarrer Andreas Weik. Ein siebenjähriges Mädchen schiebt einen Kinderwagen, in dem ihr kleiner Bruder sitzt. Seine Augen schauen skeptisch aus dem dicken Wollschal. Wenige Meter entfernt warten ein paar Frauen mit ihren Kindern auf den Start des Stadtrundgangs. Sonja Wirkner steht etwas unsicher zwischen den Teilnehmern.

Ihr Bekenntnis zur NPD nach der Kommunalwahl hatte ihr Kritik beschert. Die Versandmitarbeiterin aus Michelau hat im Moment Urlaub, bekam aber mit, wie die Arbeitskolleginnen über sie redeten. Böse Reaktionen bekam sie auch von denjenigen, die selbst ihr Kreuz bei der NPD gemacht hatten. Denn erfahren sollte das nach Möglichkeit niemand. Die üble Nachrede habe sie bös getroffen, schildert sie.

Die von ihr gewählte NPD wirbt für die Ausgrenzung und sofortige Abschiebung. Sie habe eigentlich nichts gegen Asylbewerber, beteuert sie. Doch – sieht sie ausländische Männergruppen in der Stadt, spüre sie immer ein flaues Gefühl, erzählt sie. Dem Vorschlag, vielleicht einige der Bewohner der Erstaufnahme kennenzulernen, steht sie offen gegenüber. Jetzt ist sie mitten unter ihnen.

In einer langen Kolonne geht es entlang der Orleshäuser Straße in Richtung Keltenkreisel. Die Kinder vorneweg. Sie zählen auf deutsch vor, sagen „Guten Tag, wie geht es?“, „Ampel“, „Blume“, „Straße“, „Haus“ sprechen sie nach, erklären danach die afghanischen Begriffe. Straße heißt beispielsweise „Khoyabon“. Sie lachen über das nachgesprochene Kauderwelsch ihrer Begleiter.

Die Frauen tummeln sich im Hintergrund. Sonja Wirkner wundert sich. Mit einem Ohr lauscht sie den Übersetzungen, als ein Familienvater aus Afghanistan erzählt. Er hatte für die US-Force in Kabul gearbeitet, seine Frau ist Ärztin. Er bekam Drohbriefe, erzählt er in schnellem Englisch. Die Verfasser drohten darin, ihn umzubringen und seine Kinder zu entführen. Als dann sein Kollege getötet wurde, zögerte er keine weitere Minute und machte sich mit seiner schwangeren Frau und den drei kleinen Kindern auf die Flucht. Fast wären sie in der Ägäis umgekommen.

Die 50jährige ist entsetzt. Sie hat die Bilder von Flüchtenden im Fernsehen gesehen, wie die Kinder ohne Schuhe durch den Schlamm waten. „Das ist erschreckend. Auf der anderen Seite haben wir Angst vor der Zukunft, wenn zu viele Flüchtlinge nach Deutschland kommen."

Die Gruppe erreicht die evangelische Kirche. Kantorin Barbara Müller übt mit ihrem Kinderchor für das Musical „Nach uns die Sintflut". Der Kinderchor weiß, was zu tun ist. Schnell formieren sie sich vor dem Altar und beginnen ihr Ständchen. Die Strophe mit dem Ertrinken lassen sie aus. „Das können wir nicht singen", darauf hat ein Junge aus dem Chor vorher hingewiesen. Als Sonja Wirkner das hört, ist sie beeindruckt. Wie schnell kommen unbedachte Floskeln über die Lippen. Auch sie ertappt sich dabei, als die Ehrenamtlichen zur Eile auffordern. „Wir sind doch nicht auf der Flucht", denkt sie sich, überlegt, verschluckt diese Bemerkung schnell. „Die Worte bekommen eine andere Bedeutung."

Das befremdende Gefühl, die Angst vor diesen Fremden ist weg. Die Frau aus Michelau scherzt ohne Afghanisch-Kenntnisse, die Männer verstehen den Spaß und lachen mit. „Sie sind sehr offen. Offener als wir Deutschen zu den Asylanten sind." Man dürfe nicht alle über einen Kamm scheren, stellt sie nachher fest. Während Sonja Wirkner ihre Skepsis mehr und mehr überwindet, spürt sie manche bösen Blicke von Passanten. „Die denken, jetzt laufen die bei uns rum und wir kriegen weniger." Das sei die

Angst der Deutschen. Als sie von dem geringen Taschengeld der Flüchtlinge hört, ist sie verblüfft. „Sicherlich fühlen sich die Asylbewerber dann auch nicht wohl, wenn sie merken, dass manche gegen sie sind. Die wollen hier nur glücklich leben. Die haben mir leidgetan mit ihren Kindern."

Am Jerusalemer Tor übersetzt Hazrat die Inhalte des Toleranzedikts, jenes Erlasses von Graf Ernst Casimir I., der Ansiedlungswillige nach Büdingen einlud. Die großen, bunten Frösche an den Fassaden wecken die Neugierde. Andreas Weik erzählt, Hazrat übersetzt. Wenige Minuten später löst sich die Gruppe auf, einige treffen sich wieder und machen noch Erinnerungsfotos mit Sonja Wirkner und Andreas Weik. Alles Gute wünscht man sich gegenseitig, die Gäste bedanken sich herzlich. Die Kinder verteilen noch ein paar Kürbiskerne. „God bless you", sagt der Vater aus Afghanistan, bevor er mit Frau und Kindern wieder in Richtung Kaserne läuft.

Aus Liebe zum Menschen

Dipl.-Sozialarbeiterin Carmen Hobohm, Migrationsberatung

Das Deutsche Rote Kreuz ist einer der größten Wohlfahrtsverbände Deutschlands und befasst sich seit Jahrzehnten erfolgreich mit dem Thema der Zuwanderung und der Migration.

Am 01. Januar 2005 wurde in Deutschland das Zuwanderungsgesetz verabschiedet. Seit diesem Zeitpunkt ist Deutschland auch offiziell Einwanderungsland und die Integrationsangebote, sowie deren Förderung, wurden gesetzlich verankert. In diesem Sinne erweiterte das Deutsche Rote Kreuz sein Beratungsangebot und bietet seither die Migrationsberatung für erwachsene Zuwanderer an. Diese Beratung steht allen erwachsenen Migranten/innen, anerkannten Geflüchteten, ehrenamtlichen Unterstützer/innen und Lotsen bei allen Fragen, die das Leben in Deutschland betreffen, offen.

Die Migrationsberatung versteht sich als Hilfe zur Selbsthilfe, die die Migranten und Migrantinnen dabei unterstützt, ein möglichst selbstständiges, in die demokratische Gesellschaft eingebundenes Leben zu führen.

Auch der Kreisverband Büdingen bietet die Migrationsberatung an. Seit 2011 arbeite ich für das Deutsche Rote Kreuz als Diplom-Sozialarbeiterin im Fachbereich Migration, und habe den Fachbereich neu auf- und ausgebaut. Das Einzugs- und Beratungsgebiet des DRK Büdingen umfasst den Ostkreis der Wetterau.

Das so genannte MBE-Angebot (Migrationsberatung für Erwachsene Zuwanderer) wird in Kooperation mit den Sprachkursträgern beworben und teilweise auch vor Ort angeboten.

Die MBE richtet sich an aufenthaltsberechtigte erwachsene Zuwanderer und seit 2015 auch an geflüchtete Menschen, Spätaussiedler/innen und deren Angehörige, Teilnehmende vor, während und nach einem Integrationskurs, sowie ehrenamtliche Lotsen und Unterstützer/innen. Ratsuchende können mit allen Anliegen und Fragen zu uns kommen. Die Beratung ist vertraulich und kostenlos. Die MBE wird durch das Bundesamt für Migration und Flüchtlinge finanziell gefördert.

Die grundlegenden Themenbereiche der Beratung umfassen Sprach- und Integrationskurse, Aufenthaltsrecht, Familiennachzug, Sozialleistungen, Ausbildung und Beruf, Wohnen und Freizeit, Kinder, Schule und Betreuung, Gesundheit und Sexualität, persönliche und familiäre Anliegen, sowie Frauen- und Menschenrechte.

Ein wichtiger Bestandteil der Migrationsarbeit ist die Fort- und Weiterbildung, sowie die Netzwerkarbeit in Büdingen und im Wetteraukreis. Die Teilnahme in der „Steuerungsgruppe Migration", die vom Integrationsbeauftragten des Wetteraukreises geleitet wird und in der alle wichtigen Akteure und Hauptamtlichen zum Thema Migration zusammenkommen, ist unabdingbar. Sowie auch die Teilnahme und der Austausch im „Arbeitskreis soziale Dienste" in Büdingen.

Auch zur evangelischen Kirchengemeinde, die einen großen Beitrag zu dem guten Gelingen in der Stadt leistet, besteht guter Kontakt, wie auch zu den ehrenamtlichen Helfernetzwerken von Altenstadt über Ortenberg bis Nidda und in Büdingen selbstverständlich zur Ehrenamtsagentur.

Im Zuge der Aufnahme meiner Arbeit als Mitarbeiterin im Fachbereich Migration des DRK im Jahr 2011, musste die MBE aufgrund neuer Anforderungen neu strukturiert, ausgerichtet und auch etabliert werden.

Zu Beginn meiner Arbeit in der Migrationsberatung in Büdingen gab es nur wenige Anlaufstellen, kaum Angebote vor Ort und die Netzwerkarbeit war sehr stark im Westkreis konzentriert. Dies weiterhin auszubauen ist auch immer noch ein wichtiger Bestandteil meiner Netzwerkarbeit. Inzwischen ist aber insbesondere durch das ehrenamtliche Engagement ein sehr stabiles und ergiebiges Netzwerk in Büdingen gewachsen und entstanden. Auch Dank vieler Einzelpersonen, die keinem Helfernetzwerk angehören und trotzdem unterstützen, begleiten und sogar kostenlose Sprachkurse durchführen. Dies wird auch durch die Ehrenamtsagentur in Büdingen forciert.

Als Büdingen im Jahr 2015 mit dem Zuzug von Flüchtlingen konfrontiert wurde, hat Bürgermeister Erich Spamer u.a. auch das DRK, insbesondere die MBE, um beratende Unterstützung gebeten. Gemeinsam mit den Mitarbeiterinnen des Ordnungsamtes haben wir uns zusammengesetzt und die Fragen, Zweifel, Erwartungen und Befürchtungen besprochen.

Trotz aller bekannten Probleme verlief die Aufnahme von Flüchtlingen in Büdingen weitaus besser als erwartet. Das gute Gelingen der Integration von geflüchteten Menschen in Büdingen ist der großen Unterstützung der haupt- und ehrenamtlichen Netzwerke zu verdanken. Auch die Hessische Erstaufnahme-Einrichtung des Bundesamtes für Migration und Flüchtlinge in der Orleshäuser Straße hat sich, soweit dies in ihrer Funktion machbar ist, geöffnet und einige Projekte in Kooperation mit dem haupt- und ehrenamtlichen Netzwerk initiiert und zugelassen.

Für die MBE ist die Netzwerkarbeit in Büdingen sehr ergiebig. Im Rahmen der Interkulturellen Woche wurden bisher in Kooperation mit engagierten Netzwerkakteuren verschiedene interkulturelle und musikalische Veranstaltungen, bis hin zu einem Fachtag 2014 „Kommen um zu bleiben - Integration braucht Begegnung“ (in Kooperation mit dem Wetteraukreis FD Soziale Hilfen und Familienstadt mit Zukunft Büdingen) durchgeführt und veranstaltet. Zuletzt blicken wir für das Jahr 2018 auf eine erfolgreiche Kooperation mit einer Büdinger Künstlerin und der evangelischen Kirchengemeinde Büdingen, die uns hierfür ihre Räume zur Verfügung stellte, zurück.

Die derzeitige politische Diskussion um die Zuwanderung verunsichert die Menschen, die die MBE aufsuchen, sehr stark. Insbesondere die Begrenzung der Regierung auf eine Zuwanderung von 1.000 Personen pro Jahr. Viele geflüchtete und bereits anerkannte Menschen haben große Sorge, dass sie ihre Angehörigen nicht mehr nachholen können.

Derzeit liegt der Beratungsschwerpunkt meiner Arbeit bei aufenthaltsrechtlichen Fragen, sowie Fragen zur Familienzusammenführung. Für Letzteres benötigt man einen sehr langen Atem. In der Regel sind es auch hier Ehrenamtliche, die die geflüchteten Menschen unterstützen; bei Formalismen und Behördengängen, aber auch mit psychischer Unterstützung und Motivation.

Viele der hier ankommenden Menschen sind Kriegsflüchtlinge oder auch politisch Verfolgte. Die Belastungsstörungen vieler Menschen sind daher entsprechend massiv und die ehrenamtlichen Helfer/innen stehen diesen Menschen einfach bei, spenden Trost, Geborgenheit, teilweise ein Stück Familie und fangen die Menschen auf. Beherzte Menschen, die eine sehr große staatliche Aufgabe ganz unbürokratisch unterstützen und sich als Bürger/innen engagieren, damit Integration gut gelingt.

Das Ehrenamt kann man nur unterstützen und wertschätzen!

Aus meiner mehrjährigen Erfahrung als Beraterin des Fachbereiches Migration beim DRK, begrüße ich die Überarbeitung des Zuwanderungsgesetzes, auch im Hinblick auf den legalen Weg in den hiesigen Arbeitsmarkt, aber auch was die Dauer der Verfahren betrifft. Ein überarbeitetes Zuwanderungsgesetz ist wichtig und muss auf politischer Ebene kommuniziert werden, damit das Selbstverständnis, dass Deutschland ein Einwanderungsland ist, wachsen und sich in der Gesellschaft festigen kann.

Sicherlich gibt es viel zu kritisieren, wenn es um die Zuwanderung geht. Doch wenn man den Menschen hier eine Chance gibt, sie ein Stück weit begleitet, fördert und fordert, gute Bildungsangebote macht, kann Zuwanderung auch gut gelingen.

Am Beispiel von Büdingen kann man sehen, sehr Vieles läuft auch gut und gelingt wirklich; und ich finde, man darf sich schon ein wenig freuen, in einem so beliebten Land zu leben. Machen wir was daraus und entwickeln gemeinsam unsere Demokratie in Deutschland weiter, für eine sichere, tolerante und friedliche Zukunft.

Ganz getreu unserem DRK-Leitsatz: Aus Liebe zum Menschen!

Flucht oder Vertreibung?

Henrike Strauch, Erste Stadträtin in Büdingen

2015/2016 erwischte uns das Thema ziemlich „kalt“: Unsere Kommunen sollten urplötzlich Wohnungen anmieten, um Flüchtlinge unterzubringen.

Wir als Verwaltungen?

Wir – wo wir keine Erfahrungswerte im Umgang mit eventuell traumatisierten Menschen hatten?

Wir – die dafür kein ausgebildetes Personal hatten?

Wir wussten alle nicht so recht, was auf uns zukommt.

Innerhalb weniger Wochen standen dann mehrere Menschen aus unterschiedlichsten Herkunftsländern vor der Verwaltung und wir sollten sie unterbringen. Aber was heißt „unterbringen“? Diese Menschen waren hier fremd. Sie kannten sich nicht aus, wussten die (in unseren Augen) einfachsten Dinge nicht, z.B. wo sie Lebensmittel einkaufen sollten oder wie man öffentliche Verkehrsmittel benutzt, um nur zwei Probleme zu nennen. Eines war ziemlich schnell klar: Hier konnten wir nicht einfach „verwalten“, hier war Sozialarbeit gefragt und unsere Mitarbeiter in der Verwaltung stießen an ihre Grenzen.

Glücklicherweise fanden sich recht schnell Ehrenamtliche, die uns bei der Arbeit unterstützten. Sie griffen als Paten den Geflüchteten unter die Arme und zeigten ihnen, wie das Leben bei uns funktioniert. Aber auch diese Ehrenamtlichen brauchten einen Ansprechpartner bei der Stadt. Die Arbeit der Verwaltung veränderte sich, denn neben dem Einrichten von Wohnungen mit allen Utensilien kam nun hinzu, zum einen Ansprechpartner für Geflüchtete zu sein, aber auch die Ehrenamtlichen in ihrer Arbeit zu betreuen.

Des Weiteren war uns von Anfang an klar, dass wir auch die Bürger mitnehmen müssen. Aber auch da kam die Frage auf: Wie machen wir das? Wie schaffen wir es, dass wir von Anfang an nicht das Gefühl aufkommen lassen, dass es eine ungleiche Behandlung zwischen den Geflüchteten und sozial Schwachen unserer Kommune gibt? Dies war und ist immer noch nicht so einfach, da oftmals es sich um ein Gefühl handelt, dass man nicht einfach ändern kann.

In kleiner Runde haben wir mit ehrenamtlichen Helfern und kommunalpolitischen Vertretern über die Begriffe „Flucht“ und „Vertreibung“ diskutiert und damit versucht, die Situation der Hilfesuchenden zu verstehen und auch gemeinsam eine Haltung aufzubauen.

In einem Artikel zum Weltflüchtlingstag 2018 heißt es:

„Flucht ist eine Reaktion auf Gefahren, (existentielle) Bedrohungen oder als unzumutbar empfundene Situationen. Meist ist die Flucht ein plötzliches und eiliges, manchmal auch heimliches Verlassen eines Aufenthaltsorts oder Landes. Die eilige Bewegung weg von der Bedrohung ist oft ziellos und ungeordnet, eine Flucht kann aber auch das gezielte Aufsuchen eines Zufluchtsorts sein. Im Allgemeinen werden Flüchtende als „Flüchtlinge“ bezeichnet.“ (http://www.archive.nrw.de/kommunalarchive/kommunalarchive_u-z/w/Witten/Veranstaltungen/index.php)

Wikipedia definiert Vertreibung als einen „Oberbegriff, um das Phänomen einzelner Personen oder Interessengruppen zu beschreiben, die durch ihre Macht das Verhalten, Denken, Emotionen und Einstellungen einzelner Personen, sozialer Gruppen oder Bevölkerungsteile dergestalt bestimmen, dass diese zum Verlassen ihres Siedlungsgebietes gezwungen werden (Gewalt). (https://de.wikipedia.org/wiki/Vertreibung#Vertreibung_und_V%C3%B6lkerrecht)

Bei beiden Definitionsversuchen wird deutlich, dass die Unterscheidung eine Frage der Perspektive ist: Ob jemand vor kriegerischer Gewalt flieht oder als Angehöriger einer bestimmten Personengruppe vertrieben wird, macht für die Betroffenen keinen so großen Unterschied, juristisch allerdings schon. Im Ergebnis heißt das, dass Menschen aus ihrem Lebensumfeld gerissen werden und sich in einer unbekannten, fremden Umgebung zurechtfinden müssen. Im Alltag werden die beiden Begriffe deshalb oft vermischt.

Auch wenn wir 2015 von dem Problem der hohen Flüchtlingszahlen überrascht wurden, das Phänomen ist keineswegs neu. Unsere „Überraschung" reflektiert vermutlich mehr, dass die Menschen in Europa in 70 Jahren Frieden nach dem Zweiten Weltkrieg das Problem „Massenflucht" verdrängt haben.

In den verschiedensten Gesprächen, sei es mit den ehrenamtlichen Helfern, mit den Kommunalpolitikern, aber auch mit dem Personal in der Verwaltung, wurden die Fragen diskutiert: War es damals anders, weil alle nichts hatten und das Teilen einfacher fiel? Oder war es genauso wie heute? Macht es einen Unterschied, wenn Menschen aus anderen Erdteilen kommen, wenn man ihre Sprache nicht versteht, wenn sie eine andere Religion haben?

Wir haben keine Antwort gefunden, außer dass Fremdes Angst macht und dass wir lernen müssen, mit dieser Angst umzugehen. Wir haben gemeinsam überlegt, was wir tun können und sind zu dem Ergebnis gekommen, dass wir uns gegenseitig kennenlernen, mehr voneinander erfahren und über die Situation der Einen und die Erwartungen der Anderen aufklären sollten, damit sich ein bisschen Verständnis füreinander entwickeln kann. Daher sind die vielen niedrigschwelligen Angebote, die in der Zeit seit 2016 entstanden sind, wie Begegnungs-Cafés, Treffpunkte, aber auch die „Brauch-Bar", die als Kommunikationsorte gesehen werden können, so wichtig und erhaltenswert. Dennoch bleibt, dass Integrationsarbeit eine herausfordernde Aufgabe für eine Verwaltung ist, der wir uns aber gerne stellen.

Ein Problem beschäftigte mich in dieser Zeit auch persönlich: Auch wenn ich mir oft erklären konnte, warum Menschen geflohen sind, auf eine Frage konnte ich mir lange keine Antwort geben: Warum gingen viele Männer ohne ihre Frauen?

Dann saß ich bei der Verleihung des OVAG-Literaturpreises 2016 und hörte einem jungen Mann von gerade mal 17 Jahren zu, der mehrere Flüchtlinge zu ihrer Flucht über das Meer befragt und daraus eine Geschichte geschrieben hatte. Er erzählte von einem jungen Somalier, der seine Frau und seine kleine drei Monate alte Tochter zurückgelassen hatte, um erst einmal alleine zu sehen, was passiert – wie der Weg in ein besseres, sicheres Leben ist. Und plötzlich verstand ich, dass hier nicht Tausende abenteuerlustiger junger Männer die Chance ergriffen hatten, sich ihrer Familien zu entledigen – wie das manchmal in den Medien dargestellt wurde – sondern verantwortungsvolle Familienväter auf der Suche nach Sicherheit für ihre Familien waren.

Ich war sehr ergriffen und habe wohl während der Erzählung die Überfahrt mitgemacht – ich kann nun verstehen, dass man innerlich zerrissen ist, weil man seine Familie zurücklässt, nicht weiß, was auf einen zukommt und gleichzeitig für die Familie keine Alternative zum Überleben im Heimatland sieht.

Ich finde, wir sollten mit den Begriffen „Flucht" und „Vertreibung" sehr bewusst umgehen und sie nicht als abstrakte Größen behandeln, die sich in der Nennung von Zahlen erschöpfen – dann verstehen wir vielleicht auch etwas mehr.

Meine Tochter sagte in Bezug auf das Thema Flüchtlinge zu mir: „Mama, weißt Du, mir tun die Menschen ja schon leid, dass sie aus ihrer Heimat fliehen müssen, aber warum bekommt die Weltpolitik es nicht hin, dass in den Herkunftsländern das politische System und die Lebensbedingungen so verbessert werden, dass sie bleiben können?

Die Antwort musste ich ihr schuldig bleiben...

Nationalität? Mensch!

Dipl.-Päd. Uta Pfeifer, Amtsleiterin für Jugend, Kultur
und Soziales der Stadt Büdingen

Wenn es einen Leitsatz für das Aufeinandertreffen von Menschen jeglicher Couleur in der Verwaltung, den Kindertagesstätten, dem Familienzentrum „Planet Zukunft" gäbe, so würde es lauten wie die hiesige Überschrift.

Hintergrund dieser Haltung ist der tiefgreifende Wunsch, dass wir in naher Zukunft nicht die Unterschiede benennen, sondern die Gemeinsamkeiten entdecken und nutzen. Kinder sind hier fantastische Lehrer für die oftmals eingefahrene und verbohrte Sichtweise von Erwachsenen. Leider verwenden wir Großen viel zu viel Energie darauf, Kindern und jungen Menschen Verbote zu erteilen, sie mit unseren Sorgen zu belegen und laufen Gefahr, den freien Geist auszutreiben, zu behindern und schlimmstenfalls die eigene Meinungsbildung zu beeinflussen. Ja, das ist eine Seite an Erziehung, die besonders mit Fingerspitzengefühl betrachtet werden muss.

Die Frage ist, was wollen wir, das unsere Kinder lernen und mit in die Welt tragen und im Idealfall später einmal weitergeben?

Mit dieser Frage beschäftigen wir uns in den Büdinger Kindertagesstätten und im Familienzentrum. Die Einrichtungen gehören zusammen, auch wenn sie räumlich voneinander getrennt sind, so sind sie mit einem unsichtbaren Band verbunden - unserer Haltung. Alle Angebote wirken in die anderen Einrichtungen hinein. Dies geschieht durch den engen Austausch der Leitungen, die Weitergabe an die Teams und die Umsetzung vor Ort.

Unsere Kitas und das Familienzentrum haben keinen Schwerpunkt auf Nationalitäten! Wir haben Schwerpunkte in der Pädagogik, wie Sprachbildung, Persönlichkeitsentwicklung und -stärkung, Ernährung, Bewegung, Gesundheit, Elternarbeit und richten uns an den Bedarfen der Kinder und Familien aus.

Es wäre ein Einfaches, hier alle Angebote aufzuzählen, jedoch würde dies dem oben beschriebenen widersprechen. Es würde einzelne Teile hervorheben, aber kein Gesamtbild unserer Haltung abgeben. Die Aktualität würde unter der Benennung leiden und unsere Ausrichtung an den Bedarfen der Familien einschränken.

Wir sprechen über Haltung, schauen hin und reflektieren uns und versuchen eigene Vorurteile - von denen wir alle nicht frei sind - abzubauen, aufzubrechen und positiv neu zu belegen. Dies erfordert ein hohes Maß an Bereitschaft zur Eigenreflexion.

Darüber hinaus haben wir es mit sehr vielen Menschen zu tun. Wir betreuen in 12 Einrichtungen Kinder in der Altersspanne von 18 Monaten bis 12 Jahren und sind Begleiter, Trostpflaster, beste Freunde, die Bösen, wenn jemand wütend auf uns ist, Spielpartner, Freundschaftenbewahrer, Dompteure, Prinzessinnen und wilde Pferde in unserer Fantasiewelt. Wir haben ein offenes Ohr, sind neutrale Konfliktpartner, machen beim größten Spaß mit und sind die besten Vorleser, Kuschler, Erklärer und ein Schutzwall gegen alles, was nichts Gutes im Sinn hat. Wir sind Ideenbewahrer, Weiterentwickler, Problembekämpfer, Geheimnisschützer und toben uns kreativ aus. Wir lehren unser Gegenüber einzuschätzen und unterstützen dabei die eigenen Kräfte zu bewahren und zu stärken.

Als Erziehungspartner nehmen wir große Verantwortung auf uns und versuchen tagtäglich unser Wissen weiterzugeben, Erziehungsberechtigte und Bezugspersonen in allen Fragen und Ängsten zu begleiten und zu unterstützen. Im Fokus immer die Entwicklung des einzelnen Schützlings.

Wenn uns eines bewusst wird in der Zusammenarbeit mit Kindern, dann, dass sie keine Unterschiede machen und wenn doch mal welche erkannt werden, tun Kinder das einzig Wahre. Sie gehen aufeinander zu und fragen offen und ehrlich nach. Ohne Hintergedanken, ohne Neid, ohne Missgunst. Sie erfragen ihre Welt und wollen wissen, warum etwas so ist, wie es ist.

Können Sie, als Leser/in, eine neutrale Frage stellen, ohne zu bewerten, bevor Sie die Antwort erreicht?

Natürlich gibt es auch Herausforderungen, die wir meistern müssen. Oft sind es sprachliche Barrieren, aber auch soziale und finanzielle Benachteiligung. Unterschiedliche Kulturen, Denkweisen und Krankheitsbilder treffen in den Einrichtungen aufeinander und wir tun sehr viel dafür, dass wir Barrieren aus dem Weg schaffen oder gar nicht erst entstehen lassen. Dies gelingt jedoch nur, wenn alle Seiten mithelfen, Regeln anerkennen oder gemeinsam in Frage stellen und neu entstehen lassen.

Damit wären wir bei der größten Barriere. Wir alle tragen sie in uns, die geistige Barriere und die Angst vor der Bewältigung von kleinen und großen Herausforderungen. Sich einzulassen auf Neues, sich in unbekanntes Terrain wagen und den Mut eigene Gedankenschranken aufzubrechen. Ja, es klingt sehr abstrakt, es trifft jedoch den Kern aller Herausforderungen.

Wir träumen von einem MEHR, mehr Verantwortung füreinander, das noch mehr Energien, gemeinsam mit Eltern und Kindern, in neue Ideen gesteckt werden, dass wir uns gegenseitig erinnern, nicht den einfachsten Weg zu gehen und wir nicht vor negativen Energien kapitulieren, sondern unseren Tatendrang leben und die Lust auf Neues gestalten. Unabhängig von Unterschieden!

Den Traum vom Weglassen der Kategorien, den haben wir präsent vor Augen!

Es sind so viele Fachbegriffe im Raum, wie Migration, Integration, Handicap, Inklusion...

Alle Begriffe benennen Unterschiede und keine Gemeinsamkeiten.

Was wäre, wenn wir dies irgendwann nicht mehr einzeln benennen und nach Kategorien aufteilen? Wie würde eine Gesellschaft aussehen, sich anfühlen, die aufeinander zugeht und fragt, um zu verstehen?

Das ist Ihnen zu groß gedacht...?

Welchen Teil tragen Sie dazu bei, Ihrem Gegenüber ohne Wertung und mit Wertschätzung zu begegnen? Dies ist für uns der Kern jeder Begegnung.

Unser erstes Ziel war Akzeptanz

Anette Fol, Leiterin Ordnungsamt Stadt Büdingen

Mit Änderung des Landesaufnahmegesetzes in Hessen wurden ab dem 01.01.2014 erstmals die Städte und Gemeinden bei der Unterbringung der Flüchtlinge verantwortlich beteiligt. Weder die Verwaltung noch die Bürger wussten, was die Kommunen erwartet. Es entstanden Ängste in der Bevölkerung. Hier war enormes Entgegenwirken gefragt, zudem auch bekannt war, dass in Büdingen eine Außenstelle der Hessischen Erstaufnahmeeinrichtung von Gießen entsteht.

Dies bedeutete eine große Herausforderung für die Verwaltung. Durch Aufklärung und Präventionsmaßnahmen sowie einer engen Zusammenarbeit mit der Polizei konnten die Ängste und Befürchtungen der Bevölkerung in Grenzen gehalten werden.

Das Informationsbedürfnis der Bevölkerung war sehr groß. Es wurden zwei Informationsveranstaltungen in der Willi-Zinnkann-Halle abgehalten. Viele Bürger hatten Angst vor übertragbaren Krankheiten. Dazu haben wir, unter Mitwirkung des Kreisgesundheitsamtes, eine Aufklärungsveranstaltung im Historischen Rathaus abgehalten und dies schon, bevor die ersten Flüchtlinge bei uns eingetroffen waren. Während bei der ersten Info-Veranstaltung noch 650 Bürger anwesend waren, kamen zur zweiten Veranstaltung nur noch 100 Personen.

Wohnraum und Wohnungsausstattung mussten beschafft und bereitgehalten werden, wofür wir vorher, mit Ausnahme des Katastrophenschutzes, nicht zuständig waren. Es wurden zunächst nur städtische Wohnungen in Calbach, Diebach am Haag, Düdelsheim, Lorbach und Rinderbügen für die Unterbringung vorgehalten. Im Laufe der Zeit mussten zusätzlich private Wohnungen angemietet werden.

Ausstattungsgegenstände wurden angeschafft, bzw. ein Großteil über Spenden bereitgestellt.

Die ersten 14 Flüchtlinge wurden uns im März 2014 zugewiesen. Zu diesem Zeitpunkt waren es überwiegend syrische Ehepaare mit Kindern. Ab 2015 erreichten uns dann vermehrt männliche Einzelpersonen aus Syrien, Irak, Iran, Afghanistan, Somalia und Eritrea. Nur wenige der anfangs zugewiesenen Personen konnten sich in englischer Sprache ausdrücken, sodass Übersetzer (Arabisch) hinzugezogen werden mussten.

Gemeinsam mit unserer Ehrenamtsagentur und vielen Freiwilligen haben wir dem Personenkreis Hilfestellung geboten. Zunächst standen Arztbesuche (Allgemeinmediziner und Zahnärzte, Frauen- u. Kinderärzte) an. Behördengänge (Ausländeramt, Bundesamt für Migration und Flüchtlinge, JobCenter) wurden von Ehrenamtlichen oder Übersetzern begleitet. Ohne die vielen Ehrenamtlichen wäre die Verwaltung überfordert gewesen, da hierfür überhaupt kein Personal vorgehalten wurde.

In der Kernstadt und in den Stadtteilen wurden Deutschkurse angeboten und abgehalten, die auch gut angenommen wurden. Kindern wurde Hausaufgabenhilfe und die Möglichkeit an Freizeitsport geboten. Zusätzlich haben die Kindergärten die Betreuung übernommen und hatten ebenfalls mit dem Sprachproblem zu kämpfen. Bezeichnender Weise haben die Kinder viel schneller als ihre Eltern die deutsche Sprache erlernt und z. T. für ihre Eltern bei der Verwaltung Übersetzungshilfe geleistet

Unsere Verwaltung wurde täglich von Hilfesuchenden aufgesucht; mal musste ein Krankenschein beantragt oder Klärungsgespräche mit Behörden geführt werden – z.B. wenn den Flüchtlingen kein Geld vom Wetteraukreis (Asylbehörde) überwiesen wurde. Dies war meistens darauf zurückzuführen, dass die Asylbewerber unwissentlich ihre Aufenthaltsgenehmigung nicht hatten verlängern lassen.

Schnell stellte sich heraus, dass die Mülltrennung problematisch war. Die Wohnungen wurden dann 1 x wöchentlich besichtigt. Ausstattungsgegenstände wurden ausgetauscht. Durch unsere Ehrenamtlichen wurden die Flüchtlinge in ihren Wohnungen aufgesucht. Es wurde ihnen gezeigt, wie Müll getrennt und die Heizung bei offenem Fenster zurückgedreht werden muss.

Es wurden Praktika und eine Vielzahl von Personen in Arbeitsstellen vermittelt.

Letztendlich haben wir es gemeinsam geschafft, die uns zugewiesenen Personen zu integrieren. Viele betätigen sich in örtlichen Vereinen und nehmen an öffentlichen Veranstaltungen teil.

Da in Büdingen durch das Regierungspräsidium eine Erstaufnahmeeinrichtung in der ehemaligen Kaserne vorgehalten wird, bekommt die Stadt seit deren Inbetriebnahme im Dezember 2015 vereinbarungsgemäß keine Flüchtlinge mehr zugewiesen.

Einen großen Dank an die unzähligen ehrenamtlichen Mitbürger hat Bürgermeister Spamer wiederholt ausgesprochen; stellvertretend für dieses überaus große Engagement wurden Einzelne geehrt. Dieses Engagement hat auch dazu geführt, dass in Büdingen keine spektakulären Vorfälle zu verzeichnen waren.

Die Flüchtlingswelle 2014/2015 war eine große Herausforderung für unsere Verwaltung. All unser Wirken und Tätigwerden können wir im Nachhinein gar nicht mehr beschreiben, weshalb wir nur die so genannten Alltagsgeschäfte in der Flüchtlingsarbeit aufgeführt haben.

Unser erstes Ziel allerdings war, Akzeptanz für die Asylbewerber in der Bevölkerung zu erlangen. Dies konnte natürlich auch nur erreicht werden, wenn die Befürchtungen der Bevölkerung – wie Diebstähle, Überfälle, Vergewaltigungen, Übertragen von Krankheiten usw. – nicht eintreten. Wir haben uns damals Gedanken gemacht, wie man präventiv vorsorgen kann, dass solche Vorfälle erst gar nicht vorkommen. Ich glaube, wir haben durch die intensive Betreuung, Beschäftigung und die zahlreichen Angebote an die Asylbewerber – natürlich nur durch den hervorragenden, bereitwilligen Einsatz von Freiwilligen – dazu beigetragen, dass die Vermutungen der Bürger nicht eintraten. Die Asylbewerber hatten Ansprechpartner vor Ort, die sich sehr intensiv mit ihnen beschäftigt haben und ihnen auch somit das Gefühl übermitteln konnten, dass sie ernst genommen werden. Die Verwaltung stand im ständigen Austausch mit den Ehrenamtlichen, der Polizei, Vertretern des Gewerbevereins, kirchlichen und sonstigen Institutionen. Als sehr erfreulich kann man es bezeichnen, dass von 2014 bis zum gegenwärtigen Zeitpunkt keine schwerwiegenden Vorkommnisse zu verzeichnen waren.

Der Mensch hat Angst vor dem, was er nicht kennt

Susanne Cott, Stadtverordnete

Büdingen bekam eine HEAE - und die Kommunalpolitik gestaltete mit

Vor der Stadtverordneten-Sitzung im Dezember 2014 war das Gremium zu einem Treffen unter Ausschluss der Öffentlichkeit geladen worden. Dass kein Grund für dieses Treffen angegeben wurde, war sehr ungewöhnlich, erwies sich aber als kluger Schachzug. So wurden alle Stadtverordneten gleichzeitig und ausführlich über die Pläne informiert, ohne dass vorher die wildesten Gerüchte und Halbwahrheiten die Runde machen konnten.

Salopp gesagt, wurden wir vor die Alternative gestellt: Entweder ihr stimmt der Errichtung der Einrichtung zu und begleitet den Prozess mit Wünschen und Anregungen - oder ihr verweigert die Zustimmung, dann wird sie trotzdem gebaut und ihr habt kein Mitspracherecht. Das Parlament stimmte mit breiter Mehrheit zu.

Die Entscheidung fiel leicht, weil das Konzept stimmte: Ein Teil der ehemaligen Kaserne sollte zehn Jahre lang für die Unterbringung der Geflüchteten und die Verwaltung zur Verfügung stehen, der Rest des Geländes Wohngebiet werden. Sie fiel besonders leicht, da die Kaserne im Jahre 2007 von den amerikanischen Streitkräften verlassen worden war und seitdem brach lag. Das Areal zu entwickeln, war für die Stadt aus finanziellen und personellen Gründen nicht möglich. Ideen zur weiteren Nutzung hatte es von privatwirtschaftlicher Seite gegeben, allerdings keine, die im Sinne einer städtebaulichen Entwicklung auch nur ansatzweise in Frage kam. Nun gab es einen Investor, der das ganze Gebiet entwickeln würde und auch schon bewiesen hatte, dass er solche Projekte stemmen konnte.

In Rekordzeit wurden die für die HEAE benötigten Gebäude saniert und die verrottete Infrastruktur des Geländes erneuert.

Marode Gebäude wurden abgerissen, aber viel Bausubstanz konnte doch erhalten bleiben. Bei einer Begehung während des Umbaus wies ein Stadtverordneter auf die Tatsache hin, dass diese Gebäude, die ursprünglich von den Nationalsozialisten im Rahmen der Vorbereitung des Zweiten Weltkriegs erbaut worden waren, nun Geflüchteten ein sicheres Dach über dem Kopf bieten würden. Ein Hinweis, der uns allen ein Lächeln entlockte.

Bereits im Dezember 2015 konnten die ersten Bewohner dort einziehen.

Auf dem nicht für die HEAE benötigten Teil der ehemaligen Kaserne wurden die Häuser seither Stück für Stück saniert oder abgerissen und es entstanden Baugrundstücke. Aus diesem Mix aus saniertem Bestand und neuen Häusern entsteht so eine ganze Siedlung mit modernem Standard und Nahversorgung. Städtebaulich ein Glücksfall für unsere Stadt.

Die Kommunalwahl im März 2016

Während sich die demokratischen Parteien in Büdingen – in seltener Einmütigkeit – hinter die Entscheidung pro Einrichtung stellten, nutzten andere die HEAE, um in der Stadt Angst und Ausländerhass zu schüren. Nicht nur in den sozialen Netzwerken wurden die wirrsten Gerüchte und Parolen verbreitet.

Mit Erfolg. Die Wahlergebnisse waren für die Meisten ein Schock, Büdingen wurde als „Braunes Nest" verschrien. Nun ist die Zustimmung zu rechtspopulistischem und rechtsradikalem Gedankengut in der Bevölkerung tatsächlich höher als im Landesdurchschnitt – das war sie auch schon lange vor 2015. Das Ergebnis der Landtagswahl 2018 bestätigte diesen Trend.

Interessant ist in diesem Zusammenhang, dass die Bevölkerung der Kernstadt, die viel engeren Kontakt zur Unterkunft und ihren Bewohnern hat als die Bewohner der Ortsteile, die HEAE offensichtlich gelassener sieht. Dass Ausländerfeindlichkeit zumeist dort am größten ist, wo die wenigsten Personen mit Migrationshintergrund leben, ist natürlich kein Büdinger Phänomen.

Der Mensch hat Angst vor dem, was er nicht kennt

Vor diesem Hintergrund ist der Ansatz vieler ehrenamtlicher Projekte – die Möglichkeit des gegenseitigen Kennenlernens zu geben – so erfolgreich.

Das „Netzwerk Neue Nachbarn“, mit seiner großen Zahl an freiwilligen Mitarbeitern und Angeboten, und andere ehrenamtlich Tätige haben einen großen Anteil zur Integration beigetragen. Ihre Möglichkeiten und Kraft aber sind begrenzt. Es kann nicht ihre Aufgabe sein, auf Dauer auch Aufgaben zu übernehmen, die Sache des Staates sein sollten.

Demokratie hat viele Gesichter

Wenn über 20 Prozent der Bürger rechte Parteien wählen, ist dies ein Weckruf an die demokratischen Kräfte in der Stadt. So gibt es eine große Anzahl von Bürgern, die sich öffentlich für ein friedliches Miteinander einsetzen.

Hilfe und Schutz für die bei uns lebenden Flüchtlinge ist auch eine Frage des Demokratieverständnisses unserer Gesellschaft. Angriffe auf die in unserem Grundgesetz verbrieften Rechte sind Angriffe auf unsere Demokratie. Viele Büdinger haben bewiesen, dass Demokratie wehrhaft IST, wenn man sie wehrhaft MACHT: Angefangen von städtischer Verwaltung und politischen Parteien, über kirchliche und soziale Institutionen, den alteingesessenen oder neu gegründeten Vereinen, bekannten Persönlichkeiten der Stadt, einzelnen Bürgern, die sich ehrenamtlich eingebracht haben, zu Menschen, die friedlich gegen rechtsradikale Propaganda auf unseren Straßen demonstriert haben.

Alle, die mit ihrer Haltung und Arbeit unsere Demokratie stärken und die Integration unserer neuen Mitbürger vorantreiben, ob haupt- oder ehrenamtlich, tragen auch dazu bei, die Werte, die unser Land so liebens- und lebenswert machen, hochzuhalten und mit Leben zu erfüllen.

Integration an unserer Schule

Tobias Michel, Schulleiter der Schule am Dohlberg in Büdingen

Unterschiede in der Elternarbeit mit Migranten

Die tagtägliche Elternarbeit gehört nicht zu meinen Aufgaben, dies machen Klassenlehrerinnen und Klassenlehrer. Grundsätzlich ist die Arbeit mit den Eltern der neu hinzugekommenen Migranten viel schwieriger als die mit denjenigen, die schon lange in Deutschland sind oder deutschen Eltern. In den ersten ein, zwei Jahren, nachdem die Eltern nach Deutschland gekommen sind, ist die Sprache ein großes Problem.

Ein weiteres Hindernis ist die Erreichbarkeit: manchmal ist die Adresse unklar, Telefonnummern werden zum Teil angegeben, aber der Angerufene spricht kein Deutsch oder Englisch. Deshalb bekommen wir ganz oft andere Telefonnummern, bei denen sich jemand meldet, der sowohl ihre Sprache als auch Deutsch spricht. Dann haben wir Probleme mit dem Datenschutz. Offizielle Dolmetscher zu engagieren kostet Geld, das muss ich beim Staatlichen Schulamt anmelden, das dauert bis zu drei Wochen. Bei aktuellen Problemen ist das natürlich keine Lösung.

Mit zunehmender Verweildauer wird es einfacher, da die Kontakte der Familien - zum Beispiel über Nachbarn und Paten - und ihre eigene Sprachqualität besser werden.

Grundsätzlich ist Elternarbeit nötig, da sie das System „Schule" aus ihren Ländern zum Teil anders oder aber gar nicht gewohnt sind. Wir haben auch Kinder, die im Alter von elf oder zwölf Jahren hierher kommen und noch nie eine Schule besucht haben. Das heißt, dass sie nicht wissen, dass hier eine Anwesenheitspflicht besteht. Die Kinder lernen viel schneller Deutsch als die Eltern, was dazu führt, dass sie sie zu Terminen beim Arzt oder der Ausländer- oder Meldebehörde als Dolmetscher begleiten und dann in der Schule fehlen.

Diese Probleme haben sich in den letzten drei Jahren nicht verstärkt, sie treten allgemein auf, wenn Familien neu nach

Deutschland kommen. Wie schnell sich das ändert, hängt sehr stark davon ab, wie schnell sich die Eltern ein soziales Umfeld schaffen. Bis vor zwei Jahren waren die größten Problemfälle Kroaten und Bosnier, da sie durch Krieg und ungeordnete Verhältnisse oft gar keine Schule besucht hatten.

Wenn Kinder abgeschoben werden, bekommen wir darüber keinen Bescheid. Man erfährt es unter Umständen von anderen Kindern, dass sie wahrscheinlich abgeschoben wurden. Aber wir bekommen von der Ausländerbehörde oder dem Staatlichen Schulamt keinerlei Nachricht darüber.

In den letzten zwei Jahren sind hauptsächlich Kinder aus Syrien oder Afghanistan dazu gekommen. Kinder aus beiden Ländern sind traumatisiert. In aller Regel hat es die syrischen Kinder am schlimmsten getroffen, da sie an Gräueltaten und Brutalitäten noch mehr mitbekommen haben. Gerade die syrischen Kinder haben aber auch die größten Ambitionen, mit dem System „Schule" klarkommen und lernen zu wollen. Syrier sind gut in Fremdsprachen, da ihnen, geschichtlich gesehen, Englisch und Französisch näher liegt als den Menschen aus Afghanistan, wo eigentlich seit 1980 Krieg herrscht und man, wenn überhaupt, die russische Sprache lernte.

Möglichkeiten der Integration von Kindern mit Migrationshintergrund innerhalb des Klassenverbandes

Alle Kinder, die der deutschen Sprache nicht mächtig sind, werden in eine so genannte „Intensivklasse" eingeschult. In diesen Klassen sind alle Migrantenkinder in einem Alter von zehn bis sechzehn Jahren gemeinsam, unabhängig von Herkunft und Religion und auch unabhängig vom Bildungsgrad und vom Bildungsvermögen. In einer solchen Klasse sind also möglicherweise Kinder und Jugendliche vom Fünft- bis zum Zehntklässler und vom Förderschüler bis zum potentiellen Gymnasiasten zusammen.

Dann gibt es einen weiteren großen Unterschied: Wer zum Beispiel in Syrien Englisch und Französisch gelernt hat, hat einen

Riesenvorteil, denn er kann unsere lateinischen Schriftzeichen. Wer nur arabische Schriftzeichen kennt, muss alphabetisiert werden. Dazu nutzen wir Materialien für die Grundschule, Spracherwerb auf niedrigem Niveau, Schreiblernkurse und Ähnliches. Auf der anderen Seite haben wir Jugendliche, die in ihren Heimatländern lange eine Schule besucht haben und zum Beispiel eine binomische Formel lösen können.

Die Differenzierungsnotwendigkeit in einer solchen Klasse ist riesig. Daher sind sie auch oft mit zwei Lehrkräften besetzt, um dieser großen Heterogenität Rechnung zu tragen.

Im Normalfall bleiben die Kinder und Jugendlichen ein Jahr, maximal zwei Jahre, in diesen Intensivklassen. Dann „hospitieren" die Schüler in den Klassen, in die sie vom Alter und Bildungsniveau passen. Sie nehmen außerhalb der Stunden in den Intensivklassen, das sind maximal 22 Stunden, am normalen Unterricht in diesen Klassen teil. Nach mehreren Wochen entscheidet die Klassenkonferenz, ob sie in diese Schulform passen. Ist das der Fall, nehmen sie zukünftig am regulären Unterricht der Klasse teil und bekommen zusätzlich noch eine Förderung „Deutsch als Fremdsprache".

Auf diese Weise sind im letzten Schuljahr auch drei Schülerinnen und Schüler in das Gymnasium gewechselt. Wenn Schüler aus einer Intensivklasse in eine normale Klasse kommen, kann die Benotung in allen Fächern, die mit Sprache zu tun haben, für bis zu zwei Jahren ausgesetzt werden.

Unterschiede im Lern- und Sozialverhalten

Viele sind nicht stringentes Lernen gewohnt, der Nachmittagsunterricht geht bei uns bis 15.40 Uhr. Viele sind keine Hausaufgaben gewohnt. Auf der anderen Seite sind viele sehr viel strengere Lehrpersonen, zum Teil mit Schlägen oder Ähnlichem, gewohnt. Sie kommen unter Umständen schlechter mit unserem vergleichsweise liberalen System zurecht, schlagen dann schneller über die Stränge und testen Grenzen aus. Teilweise wurden die Geschlechter in den Herkunftsländern getrennt unterrichtet,

Jungen von Männern und Mädchen von Frauen. Das führt teilweise zu Problemen zwischen männlichen Schülern und Lehrerinnen, vor allem jungen Lehrerinnen.

Mobbing gegen Migrantenkinder

Mobbing gegen Migrantenkinder ist bei uns praktisch kein Problem, das liegt sicherlich auch daran, dass ein großer Teil der Kinder einen russischen Hintergrund hat, zum Teil Mennoniten. Auch die sind hier integriert worden, ebenso wie muslimische Kinder. An unserer Schule gibt es Lehrkräfte, die in der Türkei, der Ukraine, in Weißrussland, Polen oder Rumänien geboren wurden. Die Eltern einer jungen Kollegin kommen aus Afghanistan und sie spricht fließend Urdu. Wir sind also auch im Lehrerkollegium ein Beispiel für gelungene Integration.

Ganztagsangebote

Ganztagsangebote werden genutzt, das liegt durchaus auch an der Klassenlehrerin, die dazu auffordert. Sie haben beispielsweise auch an der Podiumsdiskussion zur Ü16-Wahl teilgenommen. Es ist wichtig, dass sie hier demokratische Diskussionskultur, auch mit politisch Andersdenkenden, kennenlernen. Das ist gelebte Integration und wichtig, um sie zu demokratischen Menschen zu erziehen.

Auch die Ganztagsangebote dienen natürlich dem Spracherwerb. Nichts führt schneller zur deutschen Sprache, als wenn sie mit Gleichaltrigen zusammen sind und Sport treiben, Musik machen oder spielen.

Die meisten Angebote waren bereits vorher vorhanden. Neu sind ein Sport-, sowie ein Mathematikkurs für die Intensivklasse im Computerraum, bei dem auch Fähigkeiten in Word und Excel vermittelt werden.

Wünsche für eine bessere Integrationsarbeit

Die Bereitstellung von Dolmetschern ist definitiv ein Problem. Wenn die Eltern in einer Erstaufnahme-Einrichtung sind, sind Dolmetscher und Sozialarbeiter vorhanden, die Kinder gehen aber nicht in eine Schule. Sie sind erst dann schulpflichtig, wenn sie einer Kommune zugewiesen worden sind. Es ist schwierig, Helfer zu finden, die ebenfalls Migranten, aber des Deutschen mächtig sind und das System hier kennen.

Für Schulsozialarbeit bekommen wir 20 Stunden, das ist noch nicht einmal eine ganze Stelle. Diese hat eine Vielzahl von Aufgaben zu bewältigen, die nichts mit Migrantenkindern zu tun haben. Schon für diese Aufgaben reichen die Stunden nicht aus. Mit einer besseren Personalausstattung in diesem Bereich könnten wir auftretende Probleme besser bearbeiten. Ob in der Kommune, auf Kreis- oder Landesebene, jeder sagt, Schulsozialarbeit ist wichtig - nur wenn es an das Bezahlen geht, stehen wir doch allein da. Zum Glück bekommen wir im laufenden Schuljahr noch eine halbe Stelle dazu.

Eine bessere Informationspolitik zwischen den einzelnen Verwaltungseinheiten wäre wünschenswert. Wie erwähnt, bekommen wir keine Mitteilungen darüber, wenn Schülerinnen und Schüler abgeschoben werden. Sie werden dann bei uns weiter in der Datenbank geführt, kommen aber nicht mehr zum Unterricht. Wenn die Ausländerbehörde eine entsprechende Liste an das Staatliche Schulamt geben würde, könnte das Schulamt die betroffenen Schulen informieren. Das würde auch Geld sparen.

Je mehr Ganztagsangebote realisiert werden können, desto mehr Integrationsarbeit ist auch über den Regelunterricht hinaus möglich. Wir denken darüber nach, eine offene Mittagspause in der Sporthalle einzurichten, was natürlich einer zusätzlichen Aufsicht bedarf. Wir haben in der Mittagspause die Bibliothek geöffnet, auch da laufen Stunden auf. Als Ganztagsschule im Profil 2 haben wir 105 Stunden, das wird an der Schulgröße bemessen, und mit diesen Stunden kann ich entsprechende Angebote organisieren.

Wir sind eine Schule für alle

Sabine Weigandt, Schulleiterin der Stadtschule Büdingen

Die Stadtschule ist schon immer diejenige, die im Vergleich zu den anderen Grundschulen in Büdingen, den größten Anteil an Migrationskindern hat. Das war vor 2014 so und ist auch jetzt so. Bei uns gibt es Klassen, in denen nur zwei bis drei Kinder in dem Sinne deutscher Herkunft sind, dass beide Eltern in Deutschland geboren wurden.

Als die Kinder aus den Kriegsgebieten hier ankamen, haben wir organisatorisch und vom Umfang her Einiges intensivieren müssen. Es war aber für uns keine fremde Situation, dass Kinder kommen, deren Muttersprache nicht Deutsch ist. Natürlich sind unsere Möglichkeiten hier mit Türkisch, Albanisch, Bosnisch und Griechisch über lange Zeit gewachsen. Hier konnte man leichter aus dem Bereich der Eltern oder der Verwandten und Bekannten der Kinder jemanden finden, der übersetzt. Das ist bei den syrischen oder afghanischen Kindern nicht so einfach, aber der Google-Übersetzer macht Einiges möglich.

Insofern läuft für diese Kinder Ähnliches wie vor fünf oder sechs Jahren, wenn ein Kind aus der Türkei oder einem anderen Land kam.

Es gibt heute mehr Intensivkurse. Früher unterrichteten wir in erster Linie „Deutsch als Zweitsprache“, feilten an grammatikalischen Problemen, füllten Lücken im Wortschatz. Heute geht es mehrheitlich darum, die Sprache neu zu erlernen. Was die Hessische Landesregierung auf den Weg gebracht hat, und da unterscheiden wir uns nicht von anderen Schulen, ist die Tatsache, dass man nunmehr bedarfsgerechter Intensivkurse eröffnen kann.

Wenn genügend Kinder an der Schule lernen, die die gesetzten Kriterien des Schulamtes erfüllen, wird die Bildung einer Intensivklasse genehmigt. Wenn nicht hat man trotzdem ein gewisses Stundenvolumen, um Intensivkurse zu geben. Dies halten wir an der Stadtschule auch für das bessere Konzept bei unserer Schulgröße. Das heißt, die Kinder sind Teil einer kunterbunten Klassengemeinschaft, mit der sie in vielen Fächern gemeinsam lernen. Sie sind die Mehrzahl der Stunden des Vormittags in ihrer Klasse mit Kindern zusammen, die die deutsche Sprache beherrschen. Zu festgelegten Zeiten gehen die Kinder zum Intensivkurs, der in einem dafür ausgestatteten Raum in der Schule stattfindet. Gemeinsam mit anderen Kindern und der Lehrkraft wird dann kontinuierlich daran gearbeitet, dass Wortschatz und Grammatik aufgebaut werden. Das war, in kleinerer Dimension, auch schon vorher so. Um Kinder zu ermöglichen teilzuhaben und mitzulernen, sind aus unserer Sicht Sprache und persönliche Beziehungen das Wichtigste.

Wenn ein Kind die dritte oder vierte Klasse besucht, ist wesentlich, dass es im Ganztagsprogramm angemeldet wird. Es geht dann nach der Schule nicht nach Hause, sondern bleibt hier, erledigt in der Schule im Beisein und mit Unterstützung der Lehrkräfte seine Hausaufgaben, isst mit den anderen Kindern und spielt oder besucht Arbeitsgemeinschaften.

Wir bieten schon lange Essen für muslimische Kinder und auch vegetarisches Essen an. Die Kinder sitzen klassenbezogen in der Mensa zusammen, essen, reden und haben Spaß. Auch ihre Hausaufgaben erledigen sie in der Schule. Es macht einen großen Unterschied, ob ein Lehrer hier helfen kann oder eine Mutter, die selbst der Sprache nicht mächtig ist.

Um ein Angebot des Fördern und Forderns, aber auch um sinnvolle Anregungen für die Freizeit, geht es bei unserem Arbeitsgemeinschaftsangebot. Vielfältige Möglichkeiten warten hier, die helfen die deutsche Kultur kennenzulernen, zu basteln, zu handwerken oder ein Instrument zu erlernen. Ein weiterer wichtiger Baustein, und dieser ist wichtiger als jegliche Interaktion mit uns Erwachsenen, ist die Zeit mit anderen Kindern und das gemeinsame freie Spiel.

Auch die kostenfreie Morgenbetreuung wird von unseren Migrantenkindern sehr gerne angenommen. Vor Unterrichtsbeginn können die Kinder in die Schule kommen zum Lesen, Spielen, Bügelperlen legen, Spaß haben.

Früher hatte die Stadtschule ein Ganztagsangebot für alle Jahrgänge. Wir mussten uns dann aufgrund der hohen Nachfrage auf die Jahrgänge drei und vier beschränken. Sollten wir räumlich, finanziell und personell die Voraussetzungen haben, werden wir das Angebot auch wieder auf die ersten beiden Jahrgangsstufen ausweiten. Das ist nicht nur die beste Möglichkeit der Integration, sondern gibt auch sozial Benachteiligten, egal welcher Nationalität, eine Chance.

In der Schule wird Deutsch gesprochen, mitunter bitten wir zweisprachige Kinder etwas zu übersetzen, wenn dies wichtig ist. Was die Sprache angeht, beginnen wir bereits, wie alle anderen Schulen in Hessen auch, im Jahr vor dem Schuleintritt, Kinder nichtdeutscher Muttersprache in Vorlaufkursen fit für den sprachlichen Einstieg in die Schule zu machen. Lehrkräfte gehen mehrmals pro Woche in den Kindergarten und fördern dort den Spracherwerb auf spielerische Form. Es ist eine große Hilfe, wenn die Kinder von Anfang an in den Kindergarten gehen und diese freiwilligen Kurse annehmen. Da sehe ich Parallelen zum Ganztagsangebot, denn in beiden Fällen können sie mit anderen Kindern in der Interaktion lernen. In der Schule muss viel Wissen vermittelt werden, die Zeit im Kindergarten oder im Ganztag ist deutlich entspannter.

Für jedes Kernstadtkind müsste es idealerweise sofort einen Kindergartenplatz im zentralen Stadtgebiet geben. Oftmals verfügen die Eltern nicht über die Möglichkeit, Kindergärten in den Ortsteilen zu besuchen (fehlende Mobilität). Die Folge: Die Kinder bleiben Zuhause bei Mama. Je früher ein Kind einen Kindergartenplatz bekommt, desto besser funktioniert Integration und die Sprachvermittlung.

Unser Weg heißt Integration in den Regelunterricht, zusätzlich Intensivkurse und Ganztagsbetreuung beziehungsweise für Kinder der ersten und zweiten Klasse das AG-Angebot. Die Zeit, die die Kinder hier mit uns verbringen, bringt sie sprachlich ein Stück voran.

Wir sind eine Schule für alle. Wir haben keine „großen Integrationsprogramme“, weil Integration Bestandteil unserer Schulkultur ist. Wird ein Kind bei uns angemeldet, bemühen wir uns seinen Weg so gut wie möglich zu begleiten, es zu fördern und zu fordern, unabhängig von seiner Kultur, Nationalität, Intelligenz und seinem sozialen Hintergrund. Natürlich ist es bei unseren Flüchtlingskindern schwierig, viele Dinge, die wir über die Kinder wissen müssen, herauszubekommen. Die Sprachbarriere und auch der andere kulturelle Hintergrund erschweren es Eltern, uns die nötigen Informationen ausreichend zu geben. Mitunter ist schon der Nachweis, wann ein Kind geboren wurde, schwierig. Viele Kinder haben als Geburtsdatum den 1. Januar eines Jahres. Dies stimmt vielfach nicht und die Kinder sind erst in der zweiten Jahreshälfte geboren. In Hessen gibt es Stichtage, um Kinder in die richtigen Jahrgangsstufen einzuordnen, hier wäre es auch für die weitere Schullaufbahn und den Lernerfolg wesentlich, belastbare Daten zu haben. Dies sind kleine Hürden, die neu dazugekommen sind.

Mobbing gegen Migrantenkinder ist bei uns kein Thema, wenn es Streit in der Klasse gibt, dann geschieht dies unabhängig von der Herkunft der Kinder. Die Elternarbeit gestaltet sich ähnlich wie bisher. Die größte Klippe hierbei ist die Sprachbarriere. Alle Eltern sind unabhängig von ihrer Nationalität bemüht um ihre Kinder, jeder hat sein Kind gern. Für geflüchtete Eltern ist es noch einmal eine besondere Situation, weil auch sie in unserem Land neu ankommen. Der neue organisatorisch-kulturelle Rahmen stellt sie mitunter vor besondere Herausforderungen, von der Krankmeldung bis zu den Hausaufgaben. Die Lehrkräfte und die Schulsozialarbeit unterstützen hier mit allen Kräften.

Auf Übersetzer, die das Staatliche Schulamt bezahlt, greifen wir seltener zurück. Diese muss man zunächst anfordern und bekommt dafür auch eine Rechnung. Bei Förderausschüssen, in denen ein sonderpädagogischer Förderbedarf festgestellt wird, macht der Einsatz eines Übersetzers besonderen Sinn. Wir würden sie gerne mehr nutzen, dies ist aber finanziell nicht machbar.

Schwierig wird es für uns an der Stelle, wo Traumata vorliegen. Hier gibt es keine Unterstützung durch Psychologen oder andere Hilfen. Für Kinder, die zusehen mussten wie Vater oder Mutter erschossen wurden, ist es sehr mühsam im Wetteraukreis Termine beim Psychologen zu bekommen. Alle lehnen ab, Kriegserlebnisse können nicht verarbeitet werden. Dies äußert sich dann in einem schwierigen Sozial- und Arbeitsverhalten auch in der Schule. Hier sehen wir einen großen Bedarf, dort wird Hilfe für die Kinder dringend gebraucht und auch Unterstützung für die Lehrkräfte.

Es ist wichtig und gut, dass wir Schulsozialarbeit an unserer Schule haben. Wir waren auch eine der Grundschulen im Wetteraukreis, die an der Erprobungsphase teilnehmen durfte. Die Anzahl der Stunden wird in Zukunft steigen müssen, wenn wir uns nicht in einigen Jahren Problemen gegenüber sehen wollen, die wir nicht mehr lösen können.

Und dies hat nicht nur etwas mit Migration zu tun, sondern mit den Veränderungen in unserer Gesellschaft. Die Probleme sind auch in der Grundschule da. Es hat sich in den letzten zehn, fünfzehn Jahren ein gewaltiger gesellschaftlicher Wandel vollzogen. Es fehlen Zeit und Zuneigung für Kinder, die gemeinschaftliche Auseinandersetzung mit der Umwelt, Ruhe und Stabilität insbesondere in den Elternhäusern. Dazu kommen nun noch Kinder, die traumatische Erlebnisse aufarbeiten müssen.

Wir haben seit Beginn des Schuljahres einen UBUS- Mitarbeiter (unterrichtsbegleitende Schulsozialarbeit), leider nur eine halbe Stelle. Eine ganze Stelle wäre besser, um den Kindern im Unterricht noch einmal spezielle Unterstützung und Hilfe zu geben. Es ist ein Anfang.

Ich bin sehr froh darüber, dass unsere Schulgemeinschaft es bisher geschafft hat, sich den Herausforderungen gemeinsam zu stellen. Darum werden wir uns von Lehrerschaft bis Schulelternbeirat, von Förderverein bis Hauspersonal im Interesse der Kinder auch in Zukunft bemühen.

Gut wäre, wenn es uns als Gesellschaft gelingen würde, unsere Kinder mehr in den Mittelpunkt zu rücken, jenseits von Formalismus, leeren Haushaltskassen und Staatsangehörigkeit.

Eine entscheidende Komponente ist das soziale Lernen

Peter Wiedenhöfer, Grundschullehrer

Unterschiede in der Elternarbeit mit Migranten

Insgesamt hat sich in den letzten Jahren Elternarbeit vielfältig verändert. Die größte Veränderung der letzten Jahre ist in meinen Augen, dass Elterngespräche früher weitgehend informativen Charakter hatten. Heutzutage ist dieser eher in den Hintergrund gerückt und die Beratung ist im Vordergrund. Unterschiedliche Faktoren haben in den letzten Jahrzehnten zu einem Wandel der Kindheit geführt. Dadurch bedingt steigt die Zahl der Kinder, die motorische, Verhaltens- oder Lernauffälligkeiten haben. Probleme, die nur gemeinsam mit Eltern gelöst werden können. Kooperative Elternarbeit, verstanden als Erziehungs- und Bildungspartnerschaft, die durch schulische und außerschulische Maßnahmen unterstützt werden, hilft die Bildungschancen von Schülern, gleich welcher Herkunft, zu erhöhen.

Mit Blick auf die Elternarbeit mit Migranten lässt sich feststellen, dass Kontaktaufnahme und Verständigung zu zugewanderten Eltern meist recht schwer ist. Die Deutschkenntnisse von Familienmitgliedern sind oft unterschiedlich. Mal spricht der Mann die deutsche Sprache besser als seine Frau, manchmal beherrschen beide Elternteile nur rudimentär die deutsche Sprache oder die Familie kann noch überhaupt kein Deutsch. Dann benötigt man die Unterstützung von Dolmetschern. Dies ist dann häufig das älteste Kind der Migrationsfamilie oder Kinder anderer Migranteneltern, welche die deutsche Sprache beherrschen. Weitere beeinflussende Faktoren sind sicherlich auch Unterschiede im Herkunftsland oder der Herkunftsregion wie beispielsweise Kultur, Religion, Werte, Geschlechtsrollenleitbildern...

Als erschwerender Faktor kommen oftmals die gemachten schlechten Erfahrungen mit Behörden hinzu. Daraus resultiert bei vielen Migrationsfamilien die Angst, ähnliche Erfahrungen auch in der Schule zu machen. Unsicherheit, Misstrauen und Zurückhaltung sind die Folgen.

Möglichkeiten der Integration von Kindern mit Migrationshintergrund innerhalb des Klassenverbandes

Kinder, gerade im Grundschulalter, erlebe ich als sehr offen. Ein Kind ist für sie ein Kind, unabhängig von Herkunft, Hautfarbe oder Religion. Daher ist die Integration von Kindern innerhalb des Klassenverbandes oftmals unproblematisch. Dennoch kommt es vor, dass ein Kind nicht in die Klassengemeinschaft integriert ist. Hier ist dann die Kompetenz der Lehrkraft gefragt und ausschlaggebend. Gelingt es ihr, unter den Schülern eine Diskussion über die Situation der Ausgrenzung anzuregen und gemeinsam mit den Schülern tragfähige Lösungen zu entwickeln? Aber auch die Kooperation zwischen Eltern und LehrerInnen ist wichtig. Frühzeitig sollten sie sich bei aufkommenden Problemen regelmäßig über die Entwicklung des Schülers austauschen.

Eine entscheidende Komponente und im Schulleben immer wichtiger ist das soziale Lernen. Die Vermittlung von Konflikt- und Teamfähigkeit zählt in meinen Augen zu den zentralen und wichtigsten Kompetenzen, die die Schule vermittelt, damit Integration gelingt. Der soziale Umgang miteinander im Unterricht sollte regelmäßig thematisiert und eingebettet werden. Vielfältige Möglichkeiten bietet hier das kooperative Lernen ebenso wie die Förderung des demokratischen Miteinanders und der Partizipation.

Unterschiede im Lern- und Sozialverhalten

Sprache ist der Schlüssel zum Lernen. Für einen späteren Lernerfolg ist der frühzeitige Erwerb der deutschen Sprache von großer Bedeutung. Ist diese Hürde einmal genommen, hängt der Bildungserfolg wie bei allen Schülern wesentlich von der sozialen Herkunft ab. Unterschiede sind weniger spezifisch an den Migrationshintergrund gekoppelt, sondern haben etwas mit niedrigem Bildungs- und Berufsstatus zu tun. Egal, ob wir von deutschen Kindern oder Kindern mit Migrationshintergrund sprechen.

Mobbing gegen Migrantenkinder

In den letzten Jahren ist Mobbing vermehrt an Schulen anzutreffen und gehört mittlerweile zur traurigen Realität. Mit der Verbreitung von Handy und Internet hat Mobbing eine neue und zugleich bedrohlichere Qualität erreicht. Ruhepausen gibt es nicht mehr, das Netz ist Tag und Nacht zugänglich. Gerüchte, peinliche oder verunstaltete Bilder sowie beleidigende Videos nehmen leider zu. Gerade Kinder sind hier besonders wehrlos. Oftmals bleibt die Dunkelziffer hoch, weil sich die Opfer nicht trauen, darüber zu reden. Dass es sich vermehrt und besonders auffällig gegen Migrantenkinder richtet, ist mir aber nicht bekannt.

Ganztagsangebote

Zur ganzheitlichen Sprachförderung bietet die Ganztagsschule beste Voraussetzungen. Die Hausaufgabenbetreuung ist hier sicherlich ein wichtiger Baustein. Aber auch zusätzliche Förderangebote können gezielt entwickelt werden. Zum anderen tragen Angebote wie Kunst-, Theater-, Sport- und Medienprojekte erfolgreich zur Sprachförderung bei.

Ganztagsschulen haben auch die Möglichkeit, Beteiligungsangebote für Eltern zu machen. Bei diesen Angeboten liegt der Schwerpunkt auf der häuslichen Lernbegleitung. Laut Forschungen gelingt es Ganztagsschulen besser, Eltern der ersten Einwanderungsgeneration mit niederschwelligen Angeboten in den Schulkontext einzubeziehen, zum Beispiel in Projekten. Untersuchungen zeigen aber auch, dass die Ganztagsangebote von Schülern mit Migrationshintergrund eher seltener angenommen werden als von anderen.

Neu geschaffene Bereiche

Früher war es oftmals so, dass die Aneignung des Deutschen in der Schule ohne Unterricht, durch natürliche Kommunikation in den unterschiedlichsten Situationen stattfand. Heute hat man das „Fach" DaZ (Deutsch als Zweitsprache) in den Schulalltag integriert. Schüler ohne Deutschkenntnisse sollen innerhalb dieses Förderangebotes Deutsch mit gezielter Anleitung von ausgebildeten Lehrkräften erlernen.

Sabah, oder eine kurze Geschichte der Flucht

Dr. phil. Udo Stern, Hochschullehrer

Sabah, ein fünfjähriges Mädchen, war mit ihren Eltern auf der Flucht vor Krieg und Verfolgung von Syrien nach Europa.

Heute ist Sabah 8 Jahre alt, lebt bei ihrer Pflegefamilie und spricht fast perfektes Deutsch. Das war nicht immer so, Sabah hat die Ereignisse ihrer Flucht noch lange nicht verarbeitet, aber eine Strategie entwickelt, damit im Hier und Jetzt zu leben. Ein Leben, von dem sie gar nicht mehr glaubte, dass sie eines haben wird.

Sabah kann heute erzählen, dass ihre Mutter - den Namen spricht sie nicht aus - schon lange nicht mehr an ihrer Seite ist. Sabah hat erlebt, wie ihre Mutter auf dem Weg von Syrien nach Europa von Schleppern und Soldaten misshandelt, geschlagen und sexuell missbraucht wurde. Sie und ihr Papa waren dabei. Sie musste zusehen, wie ihre Mutter immer wieder von den Schleppern weggezerrt wurde, ihr Papa konnte nicht helfen. Auch sie wurde von den Schleppern misshandelt - und wahrscheinlich missbraucht, darüber sprechen will sie nicht. Aber ihr Papa konnte auch ihr nicht helfen oder sie beschützen.

Heute ist sie bei Gerda und Peter, ihrer neuen Familie, einer Familie mit zwei weiteren Kindern, zwei Jungs, den leiblichen Kindern von Gerda und Peter. Hier fühlt sie sich sicher. Ein Gefühl, das sie nur aus ihrer frühen Kindheit kannte und jetzt wieder spüren kann. Ja spüren - das konnte sie lange nicht mehr.

Als ich Sabah kennenlernte, sprach sie kein Wort, mit niemandem, auch nicht mit ihrem Vater. Unser Ziel war es, das Kind und seinen aktuellen „Schock"-Zustand zu verstehen, ihre Flucht- und Kampfreflexe irgendwie einzuordnen und an der Veränderung ihrer Schockstarre mit ihr zu arbeiten. Wie aber, wenn ein Kind nicht spricht?

Sabah wies eine extreme Trauma-Reaktion auf, die einen großen Teil ihrer Überlebensenergie verbraucht hatte, die sie während der zahlreichen Bedrohungen zu ihrer Verteidigung des Lebens benötigt hatte. Eine extreme physiologische Stressreaktion für Sabah, die ihrem reflektorischen Schutz - ihrer Verteidigung - diente und nur so „ihr aktuelles Überleben“ sicherte. Therapeuten bezeichnen „Trauma-Erfahrung“ als das Ergebnis von Trauma-Ereignis und Trauma-Reaktion. Dies umfasst die Schwere der zugrundeliegenden Ereignisse, Wiederholungen, Dauer, den Zeitpunkt in der kindlichen Entwicklung, aber auch die persönliche subjektiv-emotionale Wertung mit Gefühlen wie Scham und Schuld. Die Trauma-Folgen sind also das, was bleibt, wenn akute Belastungssituationen unbehandelt bleiben.

Unser erstes Bestreben war es, das Kind zu stabilisieren; für uns war damit gemeint, dass wir ein sicheres Beziehungsnetz ohne Täterkontakt herstellen mussten. Also einen Raum, in dem „Beschämung“ durch andere Menschen nicht möglich ist, denn Sabah wurde auf ihrer Flucht von anderen Menschen beschämt, Menschen, die Grenzen des intimen Raums von Sabah missachteten und sie entwürdigten. Ebenso muss dieser (Schutz)Raum ein Ort sein, der die Erfahrungen der Erniedrigung, Unterdrückung und Demütigung nicht zulässt. In dem ein „Nein“ von Sabah vorbehaltslos respektiert wird. Ein Raum, der Sabah garantiert, sich sicher frei zu bewegen, ohne Angst vor körperlicher oder seelischer Gewalt, denn Wunden durch Gewalterfahrung bleiben bei Menschen lange offen und wirken über einen langen Zeitraum auf die Identität der Betroffenen.

Und für Sabah das wohl Bedeutsamste in ihrer aktuellen Situation: Wir mussten Raum schaffen für Halt und Zuversicht, denn Menschen, die entwürdigt wurden, sind Menschen, die oft „ins Leere“ gehen. Die nicht mehr wissen „wohin führt mich mein Weg“. Sie mussten erfahren, dass niemand da ist, der ihnen körperliche oder emotionale Hilfe gibt. Viele Opfer von Gewalt berichten aus der Zeit ihrer Traumaerfahrungen von „unendlicher Leere“. Denn ihr Bedürfnis nach Trost und Halt, nach Wärme, Solidarität, Verständnis und Parteilichkeit ging ins „Leere“.

Sabah sollte in ihrem Selbstwertgefühl gestärkt werden und ein erster Schritt dazu war, dass wir sie in ein sicheres Umfeld verbringen mussten. Menschen, die akute traumatische Erfahrungen gemacht haben, brauchen Sicherheit, Schutz und Geborgenheit, leider ist das nach ihrer Ankunft hier in Deutschland nicht direkt, nicht so schnell und oft nicht in dem Maße durchzusetzen, wie es für diese Menschen notwendig wäre. Dennoch hielten wir an unseren Forderungen für den Aufbau einer tragfähigen therapeutischen Beziehung fest, denn erst nach Schaffung dieser Rahmenbedingungen konnten wir uns mit der eigentlichen Traumabearbeitung beschäftigen.

Dem Vater von Sabah wurde angeboten, dass sie in eine Pflegefamilie aufgenommen werden könne. Da Sabah den Vater seit Ankunft in Deutschland ablehnte und keine verbale Kommunikation mehr zuließ, willigte dieser in unseren Vorschlag ein.

Sabahs Ankunft in der Pflegefamilie war begleitet von heftigen Schreikrämpfen, aggressivem Schlagen und zahlreichen Nächten ohne Schlaf. Sabah signalisierte laut und deutlich, dass sie keine körperlichen Berührungen zuließ, sogar die Distanz von mindestens einem Meter Abstand musste eingehalten werden, sonst fing sie an, wild schreiend um sich zu schlagen.

Die Pflegefamilie respektierte ihren Wunsch nach Distanz und bedrängte sie nicht. In unseren Therapiestunden standen wir vor dem Problem, welches Hilfsinstrument wir nutzen konnten, um mit Sabah in interaktiven Kontakt zu kommen, wir wussten ja noch nicht einmal, ob sie überhaupt etwas von unserer Sprache verstand. Im therapeutischen Kontext benutzt man häufig Geschichten, die von den Kindern „weitererzählt“ werden können, aber auch diese Methode stand uns nicht zur Verfügung.

Irgendwann entschlossen wir uns, Sabah mit Fingerpuppen zu „kontaktieren“. Mit Hilfe von Fingerpuppen ist es manchmal möglich, die „abgespaltenen“ Persönlichkeitsanteile des Klienten zu externalisieren und durch die „Puppenspiele“ eine Auseinandersetzung mit diesen abgespaltenen Persönlichkeitsanteilen zu ermöglichen und diese wieder zu integrieren. Diese spieltherapeutische Methode schien für Sabah ein geeignetes Angebot zu sein, denn sie ließ sich ohne große Widerstände oder Abwehr darauf ein, „mitzuspielen“. Sabah hatte nun ihre eigene „Bühne“, um uns von ihrem Leben zu berichten.

Sabah spielte uns nun ihre Geschichten. Sie erzählte uns von ihrer Pflegemutter Gerda, von ihrer anderen Mama, die sie aber nicht kennt. Sie erzählte uns von Peter, den sie eigentlich auch ganz „nett“ findet und ihren Pflegegeschwistern, denen sie oft zuschaut, beim Spielen oder wenn sie sich unterhalten. Sie erzählt uns davon, dass wir alle Pflegekinder sind - weißt Du was das ist? – das sind Kinder, die nicht bei ihren Eltern sein können oder Kinder, die keine Eltern mehr haben. Sie erzählt uns ihre Geschichten, wie sie nachts aufwacht, weil Sand auf sie geschüttet wird und sie keine Luft mehr bekommt, dass sie nicht mehr einschlafen will, weil sie Angst hat, sonst zu ersticken.

Sie erzählt uns von ihren Aufgaben in der Familie, dass sie Gerda hilft beim Aufräumen, dass sie Angst hat vor lauten Geräuschen, vor Klopfen und Bohren, dass sie sich überall blutig gekratzt hat, weil ihr die lauten Geräusche nicht aus dem Kopf gehen.

Aber auch davon, dass sie gerne Joghurt isst, dass sie Brot mag, aber kein Gemüse. Auch davon, dass andere Kinder nicht gerne mit ihr spielen, weil sie schon so groß ist und weil sie nicht gerne mit anderen spricht. Und immer wieder von Gerda, die ihr Geschichten vorliest und bei der sie gerne auf dem Schoß sitzt. Auch davon, dass sie den Film „Das letzte Einhorn“ am liebsten mag – ja, Fernsehen, das mag sie manchmal wirklich gern.

Unsere Fingerpuppenspiele entwickelten sich in einer unglaublichen Geschwindigkeit zu Sabahs Bühne der Erzählung und Berichterstattung. Sabah verstand alles, was wir in unserer Sprache berichteten und konnte nach einen halben Jahr in ihrer Pflegefamilie fast akzentfrei unsere Sprache sprechen. Sie setzte aber die Kommunikation mit Sprache als ihr „Kontrollinstrument“

im Umgang mit Menschen ein. Es gab wenige Menschen, mit denen sie über Sprache kommunizieren wollte. Daher war der Eindruck - fälschlicherweise - dass sie nicht sprechen oder unsere Sprache verstehen konnte.

Ihre Pflegemutter Gerda berichtete über die Entwicklung in der Familie, dass Sabah sich gut auf ihre Angebote der Mithilfe und des Mitmachens einließ. Über Sabahs leibliche Mutter wusste auch die Pflegemutter nur fragmentarisch zu berichten, da sie keine Einzelheiten über sie erzählte. Mit ihrem leiblichen Vater wollte Sabah (noch) keinen Kontakt, immer wieder signalisierte sie, dass er ihr nicht helfen konnte. Gerda berichtete über Situationen, in denen Sabah auf ihrem Schoß lag und beischlafähnliche Bewegungen machte und sich an der Pflegemutter rieb. Sie zeigte so typische Verhaltensweisen eines möglicherweise sexuell misshandelten Kindes - wahrscheinlich wurde Sabah auf ihrer Flucht sexuell missbraucht und körperlich misshandelt.

Eine Grundvoraussetzung seelischer Gesundheit ist die Empfindung von Selbstkontrolle über die eigenen Lebensbedingungen. Unter „normalen" Lebensbedingungen stärkt das unser Selbstbewusstsein und sorgt für den richtigen Umgang mit Gefühlen in unserem sozialen Umfeld. Doch Sabahs Verlust von Selbstkontrolle in der Begegnung mit anderen Menschen war eine Vorstufe zu kindlicher Depression, Resignation, ihrer Identitätskrise und alles endete in tiefer Gefühllosigkeit. Gefühllosigkeit ist ein häufig auftretendes Symptom einer Depression. Wer unter einer Depression leidet, ist nicht einfach nur von Traurigkeit erfasst, sondern nahezu unfähig, überhaupt etwas zu fühlen. Selbst Kinder können nach traumatischen Erfahrungen oft keine Freude, keine Trauer oder Zuneigung spüren. Nicht einmal die nächsten Angehörigen verbinden sie noch mit Gefühlen.

In der frühen kindlichen Entwicklung gab es für Sabah mit ihren sozialen Bezugspersonen einen unauflösbaren Konflikt - „die Zerstörung ihrer Existenz" - denn ihre Eltern konnten Sabah in diesen bedrohlichsten Situationen ihres Lebens nicht zur

Seite stehen oder helfen. Eine (elterliche) Bindung zu verlieren bedeutet, den besten Gesundheitsschutz - unser Netz und unseren doppelten Boden im Leben - zu verlieren. Durch diese Lebensbedingungen hat Sabah sich in ihren frühesten Kindheitsjahren regelrecht krank gefürchtet und das hat ihr normales Lernen und eine Urteilsfähigkeit in Beziehungen stark beeinträchtigt. Solche Störungen werden als dissoziative Störungen bezeichnet, die Folge davon sind Wut/Feindseligkeit, Angst und Depression.

Angst und emotionale Traumatisierung sind die Grundlage zahlreicher Schädigungen und führen zu noch größeren Lebensgefahren, denn unsere Fähigkeiten zu rationalem und umsichtigem Denken, präsent und sensibel zu sein, sich in andere einzufühlen, negative Emotionen zu kontrollieren, sich von inneren Werten leiten zu lassen oder auf Beziehungen vertrauensvoll einzulassen, wird nahezu unmöglich gemacht, wenn Geist und Körper in einem Zustand akuter oder chronischer Panik und Angst sind.

Sabah steht für eine ganze Generation von Menschen, die Vertriebene sind, Menschen ohne Heimat, die bei uns auf eine gute Willkommenskultur gestoßen sind.

Aber es gibt auch eine andere Seite, die Seite der Menschen, die Geflüchteten mit Hass begegnen, aber Hass ist die furchtbarste, gefährlichste und auch einfältigste Haltung zur Welt. Als sich unser Bewusstsein entwickelte, haben wir uns weiterentwickelt und unsere neuen Fähigkeiten dazu genutzt, eine Ethik zu schaffen, die nicht den Stärkeren bevorzugt, sondern den Schwächeren schützt. Das ist es, was uns im höchsten Sinne menschlich macht: die Achtung der Menschen neben uns.

Als vor 3000 Jahren der Perserkönig Kyros die Sklavenbefreiung mit der Erklärung verbunden hat, dass alle Menschen trotz unterschiedlicher Herkunft und Religion frei wählen dürfen und gleich zu behandeln seien, dachte noch niemand daran, dass sich genau diese Gesetze heute in den ersten vier Artikeln der Allgemeinen Erklärung der Menschenrechte wiederfinden würden.

Wenn wir jetzt und hier Minderheiten nicht schützen – ganz gleich ob es Migranten, Juden, Asylbewerber, Homosexuelle oder Menschen anderer Hautfarbe sind – fallen wir wieder zurück in eine Zeit vor der englischen Magna Carta, der französischen Declaration des Droits de l`Hommes et du Citroyen und allen heutigen Verfassungen der freien und demokratischen Welt.

Nur wir selbst können uns durch aktives Handeln gegen diese Wut und den Hass der Rückwärtsdenkenden stellen.

Besonders positiv ist ihr großes Interesse an der Arbeit

Frank Schmidt, Direktor des Kursana-Domizils Büdingen

Wir sind im Pflegebereich immer auf der Suche nach Kräften, besonders nach Fachkräften, aber man bekommt keine mehr. In unserer Küche arbeitet ein Familienvater aus Syrien, er ist gelernter Koch. Wir suchen händeringend Servicekräfte, bekommen aber keine. Auszubildende bekommt man einfacher als ausgelernte Fachkräfte, daher bilden wir unsere Mitarbeiter selber aus.

Die Flüchtlinge, die wir hier haben - die Interesse haben und sich wirklich gut machen - fördern wir und versuchen, sie zu integrieren. Das hat bis jetzt auch sehr gut geklappt, wie bei Herrn Osman, der nun Pflegefachkraft ist, oder bei Frau Aden, gelernte Betreuerin. Unsere Pflegekräfte müssen Interesse an dieser Arbeit haben, freundlich sein, sie müssen zuverlässig sein – das ist einer der wichtigsten Punkte. Und sie müssen mit alten Menschen umgehen können. Das können sie wirklich gut.

Wir bekommen die meisten Anfragen über die FAB gGmbH. In Büdingen werden selten Praktikumsplätze angeboten, ich weiß nicht, wieso. Manche tun sich schwer, aber wir haben damit keine Probleme. Ein großer Vorteil gegenüber den Ortsteilen ist unsere Lage mitten in Büdingen, wir sind auch ohne Auto zu erreichen.

Alle aussichtsreichen Interessenten machen ein Praktikum, dann sieht man sehr schnell, wer sich eignet. Die Mitarbeiter müssen mit der Pflege zurechtkommen, dass ein muslimischer Mann das kann, kommt nicht so oft vor - aber wenn sie es können, können sie es richtig gut.

Besonders positiv ist ihr großes Interesse an der Arbeit – bei allen. Wir versuchen, die Mitarbeiter langfristig an uns zu binden. Eine kurzfristige Beschäftigung nutzt keinem, unsere Bewohner wollen keinen ständigen Wechsel, sondern Pflegekräfte, die sie kennen und verstehen.

Pflegefachkraft zu werden, ist ein langer Weg mit hohen Anforderungen, am Ende muss man eine Prüfung beim Regierungspräsidium ablegen. Die Belegschaft hat toll mitgezogen, sonst hätten wir die Flüchtlinge gar nicht ausbilden können. Sie sind wahnsinnig beliebt und haben sich voll integriert.

Die ersten bürokratischen Hürden sind immer der Aufenthaltstitel und die Arbeitserlaubnis. Das haben wir nun bei den meisten geschafft. Als zukünftiger Arbeitgeber muss man sich persönlich mit den Ausländerbehörden in Friedberg oder Gießen auseinandersetzen. Die Behörden sind total überlastet. Bisher wurde aber noch keiner unserer Mitarbeiter abgeschoben.

Die Sprache ist ein Problem, das haben sie aber alle hinbekommen. Deutschkurse sind notwendig, doch wenn man aktiv arbeitet, lernt man auch die Sprache viel schneller.

Eine besondere Vorreiterin ist Frau Lamontagne von der Ehrenamtsagentur Büdingen, sie setzt sich unendlich für unsere Mitarbeiter und Praktikanten ein.

Bei den Bewohnern haben es die neuen Mitarbeiter zuerst schwer gehabt. Als Herr Osman das erste Mal kam, gab es Vorbehalte, von einem „schwarzen Mann“ gepflegt zu werden, doch er hat es geschafft, sie alle zu überzeugen. Er kommt mit jedem, ob Frau oder Mann, richtig gut zurecht, und das gilt auch für die anderen Flüchtlinge. Ich sehe unser Vorgehen als vollen Erfolg an und wir werden diesen Weg auch weiter gehen.

Wir haben eine Chance bekommen

Sharusad Aden, Betreuerin im Kursana-Domizil Büdingen

1988 begann in Somalia der Bürgerkrieg zwischen den Clans. Mein Vater war Arzt in Dubai und hat durch einen Bombenanschlag beide Beine verloren. Dadurch konnte er seinen Beruf nicht mehr ausüben. Wir wollten über Deutschland nach England, mit einem Visum für sechs Monate, damit mein Vater behandelt wird. Seine Gesundheit hat sich verschlechtert, so sind wir hier geblieben, in Hirzenhain. Ich bin als 13jährige nach Deutschland gekommen und bin auf die Gesamtschule Gedern gegangen und so hat sich mein Leben dann total verändert.
Es gab immer Schwierigkeiten wegen unserer Hautfarbe und unserem ethnischen Hintergrund. Wir Frauen haben damals Kopftuch getragen, aber dann wollten wir das nicht mehr und haben uns durchgesetzt.

Eine der ersten Erinnerungen an mein Leben in Deutschland war der erste Schnee. Wir kamen im September und bald gab es in Hirzenhain Schnee. Wir haben in einer Flüchtlingsunterkunft gewohnt und da mein Vater im Rollstuhl sitzt, haben wir das Erdgeschoss bekommen. Wir haben das Fenster aufgemacht, es war schneeweiß. Wir drei Schwestern waren begeistert und haben unsere Mutter noch geweckt. Wir sind raus gegangen, wir wollten das anfassen! Es war so weich und schmolz in den Händen. Das war unglaublich, das werde ich nie vergessen.

Am nächsten Morgen haben wir auf dem Weg zur Schule die Kinder gesehen, die Schneebälle formten. Die Hausbesitzerin hat noch Fotos gemacht: Wir waren dunkelhäutig und außen rum war alles schneeweiß. So etwas hatte sie noch nicht gesehen.

Ich hoffe, dass es mal wieder richtig Schnee gibt. Sommer ist etwas Schönes, aber an Weihnachten...

Wir feiern in Somalia ja kein Weihnachten, aber durch meinen Partner, meine Nachbarin und die Arbeit ist es eine besondere Zeit. Wir werden zu Nachbarn oder meiner Freundin eingeladen.

Wo kleine Kinder sind, werden Weihnachten und Ostern noch richtig gefeiert, das macht Spaß. Den Weihnachtsbaum schmücken oder Geschenke verstecken, das hat seinen Reiz.

Ich habe lange versucht, einen Ausbildungsplatz zu bekommen, aber da ich keinen Führerschein hatte, war immer die Frage, wie ich von Düdelsheim dorthin kommen sollte. In Frankfurt habe ich mich viele Male beworben, hatte aber ohne Auto keine Chance. Auch das Arbeitsamt war keine Hilfe. Ich hätte erst einen Arbeitsplatz haben müssen, dann hätte ich auch die Unterstützung für einen Führerschein bekommen. Schließlich habe ich dort einen Mitarbeiter getroffen, der mir geholfen hat und so konnte ich meine Ausbildung bei der FAB gGmbH machen. Es kommt immer auf den Menschen an, auf den du triffst. Das ist beim Sozialamt oder der Ausländerbehörde genauso, entweder du triffst auf einen Mitarbeiter, der dir helfen will, oder du bist im System – und kommst nie raus.

Im Kursana arbeite ich seit zwei Jahren und meistens im Demenz-Bereich, ich habe diese Gabe, mit diesen Bewohnern umzugehen. Das gefällt mir, ich lebe das. In Somalia werden die alten Leute zuhause gepflegt. Deshalb sagen viele Leute zu mir: Du hast ein ganz anderes Empfinden und Fürsorge. Das ist eine Arbeit, die mir sehr viel Spaß macht. Auch mit den Bewohnern im ersten und zweiten Stock verstehe ich mich gut, sie akzeptieren mich.

Die Arbeit im Demenz-Bereich ist sehr anstrengend, du bist immer auf Strom. Du musst auf die Bewohner achtgeben und sie sind sehr sensibel. Da braucht es jemanden mit Fingerspitzengefühl. Wenn sie traurig oder aggressiv sind, dass man sie runterbringt und ganz langsam mit ihnen läuft. Wenn sie einen Streit anfangen, muss man sie auseinanderbringen und man wird auch mal beschimpft. Da muss man Menschenkenntnis und Geduld haben. Dann gehe ich hoch und spiele mit den anderen Bewohnern, die fit sind, Karten. Da muss man umschalten. Es ist eine vielfältige Arbeit und macht mir Spaß, ich bin gerne hier.

In meinem ersten halben Jahr gab es eine Bewohnerin, die mich erst ganz langsam als Betreuerin akzeptiert hat. Ansonsten gewöhnt man sich schnell ein, du machst Scherze, du lachst mit ihnen. Wenn sie dir ihre Geschichte erzählen oder ihr Leid, dann frage ich immer: „Soll ich das weitergeben oder ist das eine Sache, die Sie nur mir erzählen?“ Wenn sie sagen, dass sie das nur mir erzählen wollten, dann behalte ich das auch für mich und dann erfährt kein Mensch, was die Bewohnerin mir erzählt hat. So können sie mir vertrauen und wissen, was sie mir erzählt haben, das bleibt auch bei mir.

Ich arbeite ehrenamtlich als Dolmetscherin, manchmal auch beim Gericht und bei der Polizei. Dadurch erlebe ich hautnah, was auch wir damals erlebt haben. Nur hatten wir damals bessere Chancen, vielleicht, weil wir weniger Flüchtlinge waren oder weil wir mehr Unterstützung bekommen haben. Wir wurden an die Hand genommen.

Wenn ich den Flüchtlingen zuhöre, denke ich mir, ist es das System, das zu wenig Zeit hat für sie oder sind es die Flüchtlinge, die zu viel erwarten? Ich würde gerne helfen, dass sie verstehen: Ihr habt eine zweite Chance bekommen, ihr seid nicht zuhause, das ist eine ganz andere Religion, das ist eine ganz andere Kultur, ein ganz anderes Klima – und das hat nicht mit Kälte oder Wärme zu tun. Es ist nicht wie in Arabien, wo die Frau hinter dem Mann herläuft, die Frauen haben ihre Rechte, auch ein Mädchen kann sagen ja oder nein. Auch die Religion ist eine andere und oft führt das zu Konflikten. Wenn Flüchtlinge hierher kommen, können sie nicht weitermachen wie zuhause. Ich frage mich, wodurch das Problem entsteht, sind sie zu wenig aufgeklärt worden oder wollen sie das einfach nicht hören und ihre Mentalität behalten, wie sie es in ihrer Heimat gewohnt waren? Für mich ist die Situation schwierig und es macht mich gleichzeitig traurig. Diejenigen, die hierher kommen und haben so viel erlebt, um überhaupt eine Chance zu bekommen, ein sicheres Leben zu haben, sollten das auch schätzen.

Viele Frauen schätzen ihre neuen Rechte, aber sie brauchen Zeit, um sich an die neue Situation zu gewöhnen. In den ersten sechs Monaten sind sie in den Flüchtlingsheimen, mit ihren Männern und Kindern oder alleine, da sind sie noch nicht ganz so offen. Aber wenn sie eine Weile hier leben, wollen sie die Sprache lernen.

Die FAB gGmbH (Frauen-Arbeit-Bildung) unterstützt auch sehr viele Flüchtlinge. Die Frauen wollen unter die Menschen, etwas lernen, eine Arbeit und etwas aus sich machen. Dann werde ich oft angesprochen, ob ich eine Möglichkeit weiß, wie sie ein Praktikum, eine Ausbildungs- oder Arbeitsstelle finden. Dann kommt es zu Konflikten mit den Männern, die das nicht möchten.

Die männlichen Flüchtlinge sehen hier Frauen, die viel offener sind, die im Sommer schöne Sachen tragen, und bekommen dadurch manchmal einen falschen Eindruck. Sie sind es auch nicht gewohnt, dass Frauen ihnen etwas zu sagen haben. Es wäre sehr wichtig, den Flüchtlingen gleich bei ihrer Ankunft klar zu machen, was ihre Rechte und Pflichten sind und wie sie sich hier zu verhalten haben. Ob sie es dann für sich annehmen, weiß ich nicht.

Mit den jugendlichen Straftätern ist unsere Justiz vielleicht etwas zu lieb. Manchmal denke ich bei den 13/14jährigen, die vor Gericht stehen, weil sie in einer Schlägerei verwickelt waren oder zu viel getrunken hatten, dass ihnen ein Denkzettel gut tun würde. Ein großes Problem ist der Alkohol. In Somalia und anderen afrikanischen Ländern gibt es keinen Alkohol, hier kann man das alles kaufen. Wo sind dann die Eltern, wo ist die Sozialarbeit, dass diese Jugendlichen auch den Schutz bekommen, den sie vielleicht brauchen? Jemand, der dafür sorgt, dass sie zur Schule gehen und eine Ausbildung machen.

Als so viele Flüchtlinge kamen, war der Staat überfordert. Die Flüchtlinge hätten die Möglichkeit haben sollen, gleich einen Deutschkurs zu machen und zur Schule zu gehen. Es gab zu wenige

Mitarbeiter, zu wenig pädagogische Betreuung. Die Menschen waren da, aber es gab zu wenig Vorbereitungszeit. Wir hatten damals größere Chancen. Viele Flüchtlinge wollen etwas lernen, nur sie wissen nicht, wo sie hingehen sollen.

Auch die Flüchtlingshelfer sind überfordert. Die Büdinger sind sehr gute Menschen, sehr liberal, sehr freundlich. Viel wird hier von Ehrenamtlichen erledigt, die die Menschen an die Hand nehmen, Deutschkurse geben und Ähnliches. Es geht voran und ich hoffe, das bleibt auch so.

Es wäre gut, wenn es noch mehr ehrenamtliche Helfer geben würde, die die Zeit und auch die Geduld haben, sich um die Menschen zu kümmern. Die Flüchtlingshelfer haben sich auch viel Wissen angeeignet, sie gehen mit zum Arbeitsamt und anderen Behörden, das ist eine große Hilfe. Aber man muss diese Arbeit lieben. Es gibt Menschen, die sind mit dem Herzen dabei, das sieht man auch daran, wie sie mit den Flüchtlingen umgehen, mit Respekt vor einem Menschen, der seinen Wert hat.

Ich würde gerne wieder Handball spielen, als Ausgleich zu meiner Arbeit und mal wieder meine Grenzen kennenzulernen.

Auch in der Flüchtlingshilfe würde ich gerne ehrenamtlich arbeiten. Ich würde gerne den Familien helfen, die deutsche Sprache zu erlernen. Ich würde sie auch zum Arzt begleiten, denn da ist es besonders wichtig, dass jemand ihre Muttersprache spricht.

Dass man mich akzeptiert, macht mich stolz

Abdalla Osman, Pflegefachkraft im Kursana-Domizil Büdingen

Ich bin seit Mai 2013 in Deutschland und kam im Juli 2013 nach Büdingen. Ich komme von den Bajuni-Inseln. Das ist eine kleine Inselkette im Süden von Somalia. Von der Nationalität bin ich Somalier, gehöre aber zu der ethnischen Minderheit der Bajuni.

Ich bin ein Kind des Bürgerkriegs, im Krieg geboren und aufgewachsen. Es gab keine Schulen, außer in der Moschee und die Moscheen waren auch kaputt. Auf unserer kleinen Insel gab es zwei Moscheen, dort haben wir gelernt. Aber das war nicht vergleichbar mit der Schulausbildung, wie man sie hier kennt. Es wurden Sprachen gelehrt, wie Englisch, Italienisch oder Arabisch, und ein bisschen Mathematik. Das war mehr wie in der Grundschule. Richtig gelernt habe ich hier in Deutschland.

Als ich hier in die Schule kam, wusste ich nichts von Deutschland und konnte die Sprache nicht. Für uns als Flüchtlinge ist es schwierig, denn wir haben erst einmal Angst, wegen der Sprache und der fremden Kultur. Durch diese Angst ziehen wir uns ein Stück zurück. Manche werden schneller integriert, bei manchen ist es schwierig. Für mich war es am Anfang sehr schwer, aber ich habe eine Frau kennengelernt, die mir geholfen hat. Die Dame kam ehrenamtlich zu uns ins Asylantenwohnheim und hat uns die deutsche Sprache beigebracht.

Ich habe in Deutschland einen qualifizierten Hauptschulabschluss[1] gemacht. Dann habe ich die Ausbildung zur Pflegefachkraft begonnen und im letzten Monat meine Prüfungen bestanden.

Meine Fähigkeiten liegen eigentlich in der Kunst, Musik und Malerei. In meinem Heimatland hatte ich Probleme mit der Kunst, denn es ist ein muslimisches Land und Kunst ist für Muslime eine

1 Hauptschulabschluss mit besondere Leistungsfeststellung, der man sich freiwillig unterziehen kann

ganz andere Sache. Als ich hierher kam, habe ich mir gedacht, das könne ich vielleicht in Deutschland weiterentwickeln. In den Sommerferien habe ich zu der Frau, die uns im Wohnheim betreut hat, gesagt, ich müsse irgendetwas machen, denn wir haben kaum Kontakte hier in Büdingen gehabt. Wir waren nur zuhause und das hat mir nicht gefallen. So kam ich zu einem Praktikum im Altenheim. Ich kannte keine Altenheime, aber ich wollte es probieren.

Am Anfang hatte ich ein paar Schwierigkeiten wegen meiner Hautfarbe und wurde von vielen nicht akzeptiert, aber ich bin ein sehr sozialer Mensch, das kenne ich aus meiner Heimat. Ich habe einen Monat dieses Praktikum gemacht und dann ein Angebot von unserem Chef bekommen, dass ich hier eine Ausbildung machen kann. Ich wollte eigentlich einen künstlerischen Beruf ergreifen, aber unsere ehrenamtliche Betreuerin hat mir klar gemacht, dass ich eine Chance bekommen habe, die nicht jeder bekommt, der erst so kurz in Deutschland ist.

Besonders schön ist, dass die Bewohner hier mich nun akzeptieren und nach mir fragen. Das ist für mich großartig und macht mich stolz. Mittlerweile mache ich Kunst nur noch in meiner Freizeit. Ich will in diesem Beruf bleiben und mich weiterbilden. Ich habe viel Spaß mit den alten Leuten. Sie müssen auch einmal lachen können, sie brauchen das. Die Bewohner haben mich den „Engel aus Afrika“ genannt, der Name ist geblieben. Das ist ein tolles Kompliment.

In der Ausbildung lernen wir viel über den Umgang mit den Menschen und vor allem mit den alten Leuten. Aber das kommt auch ganz automatisch, wenn man hier arbeitet, muss man diesen Zustand akzeptieren und auch respektieren, wertschätzen. Man muss dafür ein Gefühl haben.

Was aber auch sehr wichtig ist, ist die Erfahrung mit der medizinischen Behandlung der Bewohner, von denen ich früher gar keine Ahnung hatte. Die Kenntnisse von Medikamenten und Krankheiten und die Wissenschaft, das zu lernen gefällt mir.

Früher war ich ein „Buschmann“ auf einer kleinen Insel und bin mit den Ziegen herumgelaufen. Wenn man mich gefragt hätte: „Was ist ein Apoplex oder Morbus Parkinson?“, da hätte ich kein Wort sagen können. Aber jetzt, hier in Deutschland ausgebildet, kenne ich mich aus und darauf bin ich stolz.

Auf den Bajuni-Inseln gibt es keine Altenheime, die Alten werden in der Familie versorgt. Was mir in Deutschland nicht gefällt, ist, dass die alten Leute hier keinen Wert mehr haben. In unserer Kultur ist das anders, das sind ganz besondere Menschen. Man kann die pflegerische oder medizinische Behandlung nicht vergleichen, die ist nicht so gut entwickelt. Aber der Umgang mit den alten Menschen spielt eine große Rolle in unserer Heimat, der Respekt.

In Deutschland sind manche isoliert, nicht von dem Personal im Hause, aber von ihren Familien. Der Sohn oder die Tochter müssen arbeiten und können sich nicht immer um ihre Eltern kümmern. Das ist eine Isolationsgefahr, denn sie vermissen ihre Familie.

Man muss einfach immer positiv denken, das ist wichtig. Am Anfang war es auch für mich richtig schwierig, auch ich habe manchmal negativ gedacht. Aber durch meine Erziehung - wir sind zu korrektem Verhalten und Respekt erzogen worden – habe ich mir gedacht: die alten Leute brauchen unsere Hilfe und dafür bin ich hier. Deshalb hat es wunderbar geklappt.

Ich möchte mich weiterbilden, es gibt viele Möglichkeiten, wie man aufsteigen kann, zum Beispiel im Pflege-Management, Wund-Management oder Fortbildung, die mit Medizin zu tun hat.

Am besten in Deutschland gefällt mir die Disziplin. Die allgemeine Disziplin ist so hoch und man lebt nach den Gesetzen.

Und auch die Pünktlichkeit gefällt mir sehr. Wenn du in Afrika um acht Uhr einen Termin hast, dann wird es vielleicht 14 Uhr. Aber hier bist du verantwortlich und hast du Frühdienst um sechs Uhr, dann musst du um sechs Uhr da sein.

Und auch die Sauberkeit gefällt mir sehr, sehr gut. Wenn du hier wohnst, musst du auch die Straße kehren, das habe ich alles hier in Deutschland gelernt. Als ich im Wohnheim lebte, habe ich die Leute gesehen, die die Straße kehrten und habe mich gefragt, warum. Aber dann habe ich verstanden, auch das ist Disziplin. Diese Sauberkeit ist fast überall und alles ist gut gepflegt, das hat mir gut gefallen.

Was ich vermisse, ist das Café Hope. Ich habe viele Kontakte, aber für die Flüchtlinge, die neu nach Büdingen gekommen sind, wäre es ein guter Treffpunkt, um Leute kennenzulernen. Als ich neu hier war, haben sich die Flüchtlinge dort mit Deutschen getroffen, haben zusammen gegessen und Musik gemacht. Wir haben uns dort ein oder zwei Mal in der Woche getroffen. Nun ist das Café Hope nicht mehr da und das finde ich sehr schade, denn die Flüchtlinge brauchen diese Gemeinschaft, um die deutsche Sprache besser zu lernen und auch die Kultur kennenzulernen, denn das gehört dazu.

Nun sind die Flüchtlinge zuhause und das ist auch eine Isolationsgefahr. In Deutschland wird immer „Integration“ gesagt, doch gemeint ist oft nur die Sprache zu lernen, nicht die anderen Sachen wie die Kultur, und das finde ich nicht gut.

Was in Büdingen fehlt, ist eine Ausländerbehörde. Ich kann mich noch erinnern, als ich neu hier war, musste ich immer nach Friedberg fahren und das kostet Geld und Zeit. Ich muss dort nun nicht mehr hinfahren, aber die Flüchtlinge haben sowieso nur ein Taschengeld und manche haben eine Aufenthaltsgenehmigung für drei Monate, manche nur für einen Monat. Die müssen ganz oft dorthin fahren. Büdingen ist eine große Stadt, das war sie schon vor fünf Jahren und sie wächst noch weiter. Da wäre eine Außenstelle der Behörde gut.

Die meisten Büdinger haben mich gut akzeptiert, aber natürlich gibt es auch immer Menschen, die negativ denken. Aus diesem Grund habe ich auch manchmal Angst.

Ich war einmal an einer Tankstelle, da kam ein junger Deutscher und hat mich „Nigger“ genannt. Aber ich bin ein Mensch, der wegen Kleinigkeiten nicht explodiert. Ich habe mit ihm gesprochen und er hat sich sofort geschämt und wir sind jetzt befreundet. Aber bei Menschen, die negativ denken, kann das auch explodieren.

Doch die Büdinger, das muss ich mal sagen, sind gute Leute. Hier kann man leben.

Er hat es geschafft

Jules Schröder, Flüchtlingspate

Salam Khalil und seine Familie sind im normalen deutschen Leben angekommen. Er wohnt im Büdinger Stadtteil Düdelsheim in einer zentral gelegenen Wohnung, fährt jeden Morgen zur Arbeit und kann seine Frau, seine beiden kleinen Töchter und sich selbst ernähren. Er gibt uns Antworten auf zehn Fragen.

Salam, wie und wann seid Ihr nach Deutschland und Büdingen gekommen?

Wir sind Kurden und wohnten in Homs im mittleren Syrien. Wir haben von dort die Türkei schnell erreicht und konnten die Grenze zu Fuß überqueren. Mit Bussen haben wir uns bis Istanbul durchgeschlagen, auch mit Hilfe von Familienangehörigen, die in der Türkei leben. Von Istanbul war uns der Flug nach Frankfurt in Deutschland möglich, wo wir im Januar 2014 ankamen. Die nächsten Stationen waren die Notaufnahmeeinrichtungen in Gießen und Bönstadt, das zu Friedberg gehört. Von dort wurden wir der Stadt Büdingen zugewiesen, die uns in Diebach am Haag untergebracht hat.

Wieso wohnt Ihr heute in Düdelsheim?

In Büdingen haben uns viele Menschen geholfen, hier Fuß zu fassen. Eine Mitarbeiterin der Stadtverwaltung, mit der wir uns anfreundeten, besorgte uns eine sehr schöne, gut gelegene Wohnung in Düdelsheim, in der wir uns sehr wohl fühlen. Eine weitere neue Bekannte unterstützte uns bei deren Ausstattung. Gespendete gebrauchte Möbel, aber inzwischen auch selbst gekaufte Einrichtungsgegenstände tragen dazu bei, dass wir heute ein gemütliches Zuhause haben.

Du kannst Dich schon gut mit Deinen Nachbarn und Arbeitskollegen auf Deutsch unterhalten. Wo hast Du das gelernt?

Ich hatte mich ziemlich schnell darauf eingestellt, eine neue berufliche Ausbildung in Deutschland zu machen, da ich nicht wusste, ob meine bisherige Berufstätigkeit in Deutschland gefragt ist. Nach ersten Sprachversuchen mit ehrenamtlichen Lehrern habe ich den offiziellen, sechsmonatigen Integrationskurs sehr ernst genommen, wodurch es mir gelungen ist, auf Anhieb die Sprachprüfung B1 zu bestehen, was mir bei allen Kontakten sehr nützlich ist. Ich denke aber darüber nach, ob ich mich im nächsten Jahr nebenher sprachlich weiterbilden soll.

Du bist heute, wie in Syrien, als Baggerfahrer beschäftigt. Wie ist es dazu gekommen?

Ein weiterer Büdinger Freund hatte mir im Dezember 2015 ein Praktikum bei einem sehr angesehenen Büdinger Bauunternehmen vermittelt. Man war dort wohl mit meiner Arbeit zufrieden und bot mir ab dem Frühjahr 2016 eine Festanstellung an – und zwar nicht zum Mindestlohn, sondern zum Tariflohn. Ich arbeite dort nicht nur als Baggerfahrer, sondern werde dort im Tiefbau, insbesondere beim Betonieren, Pflastern, Asphaltieren und Eisenbinden, eingesetzt. Inzwischen lässt mir mein Chef auch eine betriebliche Altersversorgung zukommen.

Benötigst Du als Baggerfahrer nicht einen Führerschein?

Nicht für alle Arten von Baggern. Aber mein syrischer Führerschein ist nach sechs Monaten in Deutschland als Fahrerlaubnis abgelaufen. Ich habe deshalb mit Hilfe einer Büdinger Fahrschule einen deutschen Führerschein erworben. Dabei gab es für mich, wie für andere Ausländer, dadurch eine Erleichterung, dass die schriftlichen Fragen in meiner Heimatsprache gestellt waren. Ich gebrauche meinen Führerschein nicht nur im Beruf, sondern auch für meine Familie, da wir uns ein Auto zugelegt haben.

Welchen Beruf hat Deine Frau Jian gelernt? Möchte auch sie hier wieder arbeiten?

Sie hat zu Hause den Beruf der Frisörin erlernt, für den sie dort auch zertifiziert ist. Sie möchte ihn in Zukunft auch in Deutschland ausüben und hilft schon gelegentlich in einem benachbarten Frisiersalon aus. Sie möchte ihre Deutschkenntnisse aber noch verbessern. Sie hat nach einem Dreimonatskurs den Status A2 erlangt, dann aber erst einmal unsere beiden Töchter zur Welt gebracht.

Eure beiden Töchter sind in Deutschland geboren. Gehen sie hier schon in einen Kindergarten?

Tochter Roslin ist drei Jahre alt, Sila eineinhalb. Beide gehen mit Begeisterung in Düdelsheim in die Kita. Roslin wird im Januar 2019 in den Kindergarten wechseln. Beide sprechen an sich noch nicht viel, verstehen aber doch schon etwas Deutsch. Sie werden uns erfahrungsgemäß bald sprachlich überholen. Viele Kinder unserer Landsleute sind hier in Deutschland schon die Dolmetscher ihrer Eltern.

Da Du dir ein geräumiges Auto zugelegt hast, ist Deine Familie sehr beweglich. Habt Ihr schon andere Gegenden in Deutschland besucht?

Ja, wir haben schon viel gesehen. Aschaffenburg, Kiel, Hamburg, Berlin, Leipzig, um einige Städte zu nennen. Aber auch in der Schweiz waren wir schon. Wir haben viel Verwandtschaft in Deutschland und in dem Nachbarland. Der Bruder meiner Frau lebt schon fünfzehn Jahre hier, ein weiterer schon zwanzig Jahre in der Schweiz, wohin auch ihre Mutter und fünf weitere Geschwister gekommen sind.

Was gefällt Euch besonders und was gar nicht an Deutschland?

Uns beeindruckt, dass vieles gut geregelt und organisiert und durch Gesetze abgesichert ist. Man hat auch Rechte, mit denen man sich durchsetzen kann. Nichts ist beliebig.

Nicht gefällt uns, dass die Aufenthaltserlaubnis immer nur für kurze Zeit, also für drei Jahre erteilt wird und man nicht weiß, ob sie verlängert wird. Welche Zukunft hat man dann? In Norwegen soll man nach fünf Jahren die dortige Staatsbürgerschaft erhalten können.

Wenn in Syrien irgendwann einmal Frieden eintritt, wollt Ihr dann in Eure alte Heimat zurückkehren?

Wir wollen nicht nach Hause zurück, da dort alles zerstört ist. Wir sehen unsere Zukunft und die unserer Kinder hier. Wir möchten uns um die deutsche Staatsbürgerschaft bewerben, sobald dies möglich ist. Wir richten unser Leben schon darauf ein.

Die Fragen stellte der ehrenamtliche Integrationspate und Freund der Familie Jules August Schröder, der sich natürlich auch um die sprachliche Fassung der Antworten kümmerte.

Der liebe Gott hat uns so schön erschaffen, jeden auf seine Weise

L. B., Geflüchtete

Ich bin 36 Jahre alt und stolze Mutter von fünf Kindern. Wir leben seit 15 Jahren in Büdingen. Ich komme aus Asmara, der Hauptstadt des Landes Eritrea.

Ich lebte in Asmara mit meinen Eltern und Geschwistern. Ich habe vier Brüder und drei Schwestern. Ich bin in einer großen Familie aufgewachsen, mein Vater ist wohlhabend im Verhältnis zu meinem Heimatland. Bei uns zuhause waren Glauben und Bildung Hauptthemen. Ich bin in einer freien Gemeinde mit vielen Glaubensgeschwistern aufgewachsen.

Als ich nach Deutschland kam, fiel es mir sehr schwer, Anschluss zu finden. Vom 2002 bis 2013 habe ich in einem Stadtteil von Büdingen gelebt, besonders in kleinen Dörfern ist es sehr schwierig, klarzukommen. Ich war von meiner Familie getrennt hier in Deutschland, ohne Bekannte, Verwandte und auch ohne Freunde. Man kann es sich wirklich nicht vorstellen, jeden Abend habe ich geweint. Tränen waren für mich wie Schlafmedikamente.

Mein Asylantrag wurde sofort abgelehnt, damals wurden die eritreischen Probleme hier nicht anerkannt. Deshalb war es mir nicht erlaubt, einen Deutschkurs zu besuchen oder eine Arbeit auszuüben. Da ich mit nur 430 Euro für drei Personen zu leben hatte, konnte ich den Deutschkurs nicht selbst finanzieren, und das für ca. sieben Jahre.

Nach zwei Jahren habe ich eine schlechte Nachricht aus Eritrea erhalten, meine Schwester war an Krebs gestorben. Trauer gehört zu unserem Leben, aber wenn man alleine und weit entfernt von seinen Wurzeln lebt, ist es schwierig zu ertragen. Bis jetzt konnte ich diese Situation nicht verarbeiten. Als neuer Bürger in Deutschland gehört alleine freuen und trauern dazu, obwohl man sich freuen würde über Menschen in seiner Nähe.

Warum ich das erwähnen muss ist, damals hatte ich kein Handy, ich konnte es mir nicht leisten, deshalb ist meine damalige Mitbewohnerin und Freundin zu unseren Nachbarn gegangen und hat sie gefragt, ob man mich telefonieren lassen kann. Natürlich mit meinem Guthaben. Meine Nachbarin ist Deutsche, als sie gehört hat, dass ich in einer Trauer bin, hat sie mir ihr Telefon gegeben und sie hat uns sogar Kaffee angeboten. Obwohl sie ganz nett und freundlich ist, hat es 2-3 Jahre gedauert, bis wir uns kennengelernt haben. Seitdem sind wir beste Freunde, ich kann mir keine bessere Freundin vorstellen, durch sie habe ich noch zwei weitere beste Freundinnen kennengelernt.

Was meine Freundinnen nicht wissen, sie haben eine ganz große Rolle in meinem Leben gespielt, sie haben mich noch nicht ein einziges Mal als eine Ausländerin angesehen oder angesprochen, sie haben mich als normale Frau und Mutter gesehen, sie haben mich immer ermutigt, sie waren für mich da und für meine Kinder.

Ende 2007 habe ich endlich das Bleiberecht für mich und für meine zwei Kinder bekommen, für das dritte Kind leider bis jetzt noch nicht. Ich habe dann sofort einen Deutschkurs besucht, in zwei Monaten B1 bestanden. Danach habe ich mir Geld geliehen und meinen Führerschein gemacht.

Da ich immer lernen möchte, habe ich mein eritreisches Abitur anerkennen lassen, eine große Enttäuschung für mich war, dass mein Abschluss nur für einen Hauptschulabschluss reichte, da mir ein Fach fehlte.

Ich bin eine positiv denkende Person, ich möchte immer nach vorn gucken, mit 27 habe ich angefangen, meine benötigten Abschlüsse für ein Studium nachzuholen. Da aber in dieser Zeit meine Deutschkenntnisse nicht ausreichend waren, musste ich die Schule abbrechen, um weiter Deutsch zu lernen. Dies habe ich auch bei der FAB Büdingen gemacht und C1 erworben, nebenbei habe ich als Kurierfahrerin gearbeitet.

Nachdem ich ausreichend Deutsch gelernt habe, konnte ich mit Erfolg meine Abschlüsse nachholen, somit studiere ich jetzt an der Technischen Hochschule Mittelhessen in Gießen Bauingenieurswesen und arbeite auch seit Kurzem als Dolmetscherin beim Bundesamt für Migration und Flüchtlinge. Da ich selbst gesehen habe, wie schwer es ist, sich hier in Deutschland zurechtzufinden, deshalb arbeite ich ehrenamtlich als Flüchtlingshelferin.

Jetzt lebe ich gerne in Büdingen, ich habe viele Kontakte, besonders die ehrenamtlichen Mitarbeiter, meine besten Freundinnen und die Schule in Büdingen. Ich arbeite und studiere in Gießen, natürlich habe ich hohe Fahrtkosten, aber aus Büdingen wegziehen möchte ich nicht, hier fühle ich mich wie zuhause. Ich gehöre zu dieser Gesellschaft, dafür bin ich sehr dankbar.

Was ich unbedingt erwähnen möchte ist: Man kann und darf unterschiedliche Meinungen zur Politik haben, aber jemand darf nicht wegen seiner Hautfarbe, Religion, seinem Aussehen verurteilt und bestraft werden. Man kann nichts dafür, dass der liebe Gott uns so schön erschaffen hat, jeden auf seine Weise. Die Welt ist so groß, wir müssen die Länder besuchen, sehen wie die Menschen leben, welche Traditionen sie haben, welche Gerichte sie haben. Das tut gut und hilft auch, die Dinge anders zu sehen.

Neue Rundschau

Begründet von S. Fischer
im Jahre 1890
S. Fischer Verlag

Herausgegeben von
Hans Jürgen Balmes, Jörg Bong,
Alexander Roesler und Oliver Vogel
Redaktion: Isabel Kupski

Die Neue Rundschau erscheint viermal jährlich.
Preis des Einzelheftes: 10 €
Bezugspreis jährlich: 34 € (inkl. Porto)
Berechnung jährlich Ende Dezember
Das Abonnement ist jederzeit kündbar.

Alle Zusendungen an die Redaktion erbeten an:
S. Fischer Verlag
Neue Rundschau
Hedderichstraße 114
60596 Frankfurt am Main
Telefax 069/60 62 370
E-Mail: NeueRundschau@fischerverlage.de

Heft 4/2006 117. Jahrgang
Veröffentlicht im S. Fischer Verlag GmbH, Frankfurt am Main

Druck und Bindung: Clausen & Bosse, Leck
Printed in Germany 2006
ISSN 0028-3347
ISBN-13: 978-3-10-809067-8
ISBN-10: 3-10-809067-4

Postvertriebsnummer D 21222 F

Inhalt

Editorial

Warum betrachten wir die Tiere so oft? Auch Menschen, die bestens über die Trostlosigkeit der Tierhaltung aufgeklärt sind, stehen gern vor Gehegen und Käfigen und versuchen, den Kreaturen in die Pupillen zu schauen, als wäre dort zu erkennen, was uns mittlerweile trennt – die Steine, das Feuer, das Denken, die Sprache. All das hatte zur Folge, dass sich die Distanz zwischen uns und den Tieren bis ins Unendliche vergrößerte, bis schließlich die Vögel und Großtiere in die Minderheit gerieten und zunächst die Pferde aus den Städten, dann die Herden aus den Savannen und schließlich die Kühe von den Weiden verschwanden. Mensch und Tier – eine gekippte Symmetrie.

Die Totemtiere unserer langen Reise, die Tiermasken, mit denen wir uns deren Gefährlichkeit überstülpten, die Fabelwesen, mit der wir deren List annektierten, wirken heute in den Museen wie bloßes Strandgut einer Geschichte, die schon uralt gewesen ist, als wir die ersten Zeichen in Ton ritzten. Der Bann, mit den man die Tiere belegen wollte, als man in dunklen Höhlen ihre Silhouette in den Felsen rieb, ist verflogen. In ihren Pupillen regt sich ein Flackern, aber die wilde Fremdheit, die in den Menagerien loderte, ist einer matten Traurigkeit gewichen. Federn, Bälge, Trophäen, ein letztes Souvenir. Mag sein, dass Tiere nicht denken, aber sie träumen – und ihr Blick sagt uns, sie haben uns durchschaut.

Das ist der Moment, in dem wir die Last des Tieres in uns spüren – unsere Kreatürlichkeit. Reptiliengehirn, Vogelgehirn, sie leben als wichtige Funktionsträger unter dem Dach unseres Schädels weiter. So groß der Abstand zu den Tieren auch geworden ist, die Wand, die uns trennt, wird immer dünner, bis sie nur noch ein Stück Glas ist, an das wir die Wange legen, um die Gefährlichkeit der Schlange aus sicherer Entfernung zu spüren. Zum Greifen nah, unendlich weit. Und während die Schattenrisse der Tiger über die Lampenschirme der Zivilisation jagen, hören wir es durch die diaphane Zwischenwand flüstern: Auch du gehörst zu uns.

H. J. B.

Mensch | Tier

Tilman Spreckelsen
Wir und die Störche

Dominik Perler
Können Tiere denken?

Scott Bradfield
~~Schweine~~paradies

FELICITAS HOPPE

Ingrids Affen

Ein Berliner Geburtstag

Nur für Ingrid!

WAS IST DER GRÖSSTE TAG IM LEBEN? Sein Anfang, der Geburtstag, eben!
Der Tag, an dem man leicht erschrickt – Man hat das Licht der Welt erblickt!
Das wiederholt sich, Jahr für Jahr, als wäre man nicht längst schon da,
Als wüsste man nicht ganz genau, wie alles endet: grau und alt.
Womöglich bald. Vielleicht auch später.

Was also ist daran zu feiern? Wozu Geburtstagslieder leiern
Und Blumen in die Vasen stellen und große Torten auf den Tisch?
Schon morgen sind sie nicht mehr frisch, sondern verwelkt, genau wie wir,
Nach einer Nacht mit Bier. Und Schnaps. Denn Gäste wollen niemals gehn,
Sie bleiben. Langsam wird es hell.

Dann geht sogar der Letzte schnell. Ach! Ingrid weiß das ganz genau,
Sie hat es siebzig Mal erlebt! Am besten also, wenn man geht,
Bevor das ganze Fest beginnt. Und was sie selbst nicht schaffen kann,
Das fassen Ingrids Affen an. Ein kleiner Zettel an der Tür:
Ihr seid zwar da, jedoch nicht wir.

WIR SIND VERREIST, BIS SPÄTER! ___________

VERREIST! Sie sitzen längst im Zug, zu fünft und über alle Berge.
Die Berge hoch! Und wir sind Zwerge, die Nasen glücklich hinterm Fenster.
Lebt wohl, Geburtstagsfestgespenster! Wir fahren in die schönsten Höhen,
Hinauf in Eis und Schnee, an Seen, die Spiegel sind, sehr hell und klar.
Man riecht sie schon, bald sind wir da.

Bald sind wir da und tragen Namen, die die Berliner nicht mal ahnen,
Weil man dort keine Berge kennt und keiner weiß, wie man sie nennt.
Der Eigeraffe, groß und mächtig, ist für Berliner viel zu prächtig,
Und auch der Finsteraarhornaffe ist in Berlin nicht sehr bekannt,
Dort hat man ihn längst umbenannt.

Nur Ingrid hat ihn gleich erkannt, weil Ingrid alle Affen liebt
Und weiß, wie man mit Tieren spricht, die steile, finstre Brauen tragen
Und manchmal mit den Fäusten schlagen. Denn manchmal wird das Herz sehr eng
Für den, der hohe Berge kennt und in der Stadt an Mauern rennt.

DANN SCHLÄGT DIE STUNDE SÜSSER FLUCHT. MAN WIRD GESUCHT! ____

MAN WIRD GESUCHT, DOCH NICHT GEFUNDEN! Denn alle fünf
sind längst verschwunden.
Der Finstre und der Eigeraffe, und auch der stark behaarte Pfaffe,
Der mit dem kleinen Priesterbart. Berlinern unbekannt die Art:
Mönchsaffe heißt das rare Tier. Es trinkt auch Bier.
(Aber erst später!)

Doch wozu Bier, wenn man ganz leicht auch einen Zug besteigen kann?
Jetzt fängt ein Abenteuer an! Der ganze Zug stampft atemlos,
Berganvoran, berganvoran, voranbergan und immer schneller,
Die Berge werden langsam groß, die Träume werden deutlich heller,
Und vorne sitzt auf Ingrids Schoß ganz atemlos –

Das kleinste jüngste in der Gruppe: Jungfrauenäffchen! Held der Truppe!
Prinzessin aller Urwaldbäume und aller Zoobesitzerträume,
Klein und geschmeidig, schön und schlau, das Jungfraunäffchen weiß genau,
Heiß ist das Glück im Dschungelwald, doch auf dem Gipfel kalt und schön.

UND KLAR WIE GLAS. EIN STRAHLENDER GEBURTSTAGSSPASS! __________

Ein Spass aus Eis, schön wie ein Traum aus Gipfeln und aus weichem Schnee,
Aus Schaum und Tanz. Es tut nicht weh, wenn man, die Bretter unterm Fuß,
Hinunterstürzt ins tiefe Tal, durch Schnee, der weiß wie Sahne ist
Und leuchtet wie das Paradies! Als ob man süße Torten frisst
Und dabei alle Welt vergisst.

Genau! Die Welt ist längst vergessen, Berlin ist längst im Schnee verschwunden!
Vier Affen drehen tausend Runden, Geburtstagsrunden in Sekunden!
Wie knapp und schmal die Kurven sind, doch wie geschmeidig sind die Tiere!
(Sie trinken eben keine Biere!) Vier Akrobaten der Natur.
Mein Gott, wie machen sie das nur?

Wie sie das machen? Keine Frage! Die Antwort lautet: Ingrids Affen
Sind für den Wintersport geschaffen. Da seht sie: Winkend, wedelnd, wippend
Und lässig in die Knöchel kippend. Das ist die Lässigkeit der Affen,
Die alles aus der Hüfte schaffen. Sie wedeln mit Verstand und Knie.

Vor allem nie ein Aprés Ski! __________

Kein Aprés Ski! Nur reine Lust. Wozu sich hinterher belohnen,
Wer will schon in SANKT MORITZ wohnen? Dort, wo man sich beim Schnaps erzählt,
Es hätte gar nicht viel gefehlt zum letzten Schrei! Und Spaß vorbei.
Das kümmert Ingrids Affen wenig. Sie sind auf allen Pisten Kaiser!
Das Publikum betrifft sie nicht.

Sie stehen nur zum Spaß im Licht! Denn das ist allerdings glasklar,
Die Schau ist nur für Ingrid da. Ein Hoch auf Ingrids Februar!
Die Gipfel sind für sie erschaffen, für sie und ihre Lieblingsaffen.
Wie könnte es auch anders sein? Wir laden keine Gäste ein.
Und, falls es sein muss, später.

Doch noch sind wir ganz unter uns. Der Eigeraffe trägt die Torte,
Gewaltig groß, ein süßer Gipfel! Der Finsteraarhorn schlägt die Sahne,
Mit leichter Faust, ganz dick und weiß, Mönchsaffe trägt den Kranz aus Eis,
Das Jungfraunäffchen trägt die Kerzen, die heftig leuchten wie die Sterne!

Das geht natürlich sehr zu Herzen! __________

DAS GEHT ZU HERZEN wie die Ferne, von der wir aus der Ferne träumen,
Nichts davon wollen wir versäumen. Doch wird die Ferne Wirklichkeit,
Dann ist der schöne Traum vorbei, der Zug hält an. Jetzt sind wir da,
Wo vor uns jeder andre war. SANKT MORITZ! Ruft der Schaffner trocken.
Und in der Ferne Fasnachtsglocken.

Die jedermann nach draußen locken: Laut wie der Urwald, schwer wie Blei,
Auch Ingrids Affen sind dabei. Geschmeidig springen sie aufs Eis,
Und ihre Kufen werden heiß, wenn sie rasante Kurven drehn,
Das hat man hier noch nie gesehn! Ein Sausen, Zischen, Glockenschlagen,
Kaum zu ertragen.

Doch nicht nur Ingrid steht am Rand und ist von Kopf bis Fuß gebannt,
Es sind auch andre Gäste da. Und Gäste wollen niemals gehn,
Im Bild ganz außen: Misses Main! Aus England, klug und weltgewandt,
Die hat die Affen gleich erkannt und schon mit einem Blick erfasst:

DAS PASST! __________

DAS PASST! (Und wie!) Das ist fantastisch, hier wäre wirklich was zu holen,
Denn unter diesen Affensohlen klebt dringend klingend großes Geld,
Vier Affen für den Ruhm der Welt, die nur mit Knien und Hüften denken.
Doch wer hat schon was zu verschenken? Schreibt Misses Main auf ein Papier.
Hier der Vertrag, für alle vier:

Wir, Eiger-, Mönchs- und Aarhornaffe, das Jungfraunäffchen obenauf,
Verpflichten uns zum Dauerlauf, auf Eis und Schnee, zu festen Zeiten
Und nur vor festem Publikum. Dienstags bis sonntags, montags frei.
(Denn Montag ist Bananentag!) Die Arbeitszeit, verfänglich schlicht:
Der letzte Affe löscht das Licht.

Erst wenn der letzte nicht mehr steht. Und das kann dauern, wie man weiß,
Denn Gäste sind darauf versessen, die Arbeitszeiten zu vergessen.
Der Preis der Affen: Schnöder Ruhm! Und montags, wie gesagt, Bananen.
Und nachts ein Zimmer, groß und schick, HOTEL SANKT MORITZ, fauler Trick:

MIT BLICK! __________

MIT BLICK! Doch wer hat Zeit für Blicke! Hier, liebe Affen, ist der Strick,
Der Stift: die rasche Unterschrift, ein kleines Affenkreuz mal vier,
Und zur Belohnung faule Nüsse. Gewonnen! Die Agentin lacht.
Nur Ingrid steht allein am Fenster und sieht Geburtstagsfestgespenster
Und keine Sterne in der Ferne.

Doch wozu Sterne, wofür Licht? Wir haben schließlich Ingrids Affen,
Die Ruhm und Glanz und Stimmung schaffen. Und Misses Main sitzt höchst zufrieden
Die ganze Nacht dabei am Tisch. Sehr große, weite, offne Taschen,
In die mit leisem kalten Klang die Münzen eines Winters fallen.
Die Gäste trinken, staunen, lallen.

Und wie sie nach den Affen haschen, bevor sie auf die Tische fallen.
Wer zahlen kann, greift viel zu schnell nach einem warmen Affenfell!
Nach einer Nacht, von der man träumt und die man nachher doch versäumt,
Weil man sie niemals fassen kann. Gleich morgen stehn wir wieder an.

DANN KOMMEN ALLE GÄSTE WIEDER. UND SINGEN LIEDER.

UND WAS FÜR LIEDER! Grausam. Laut. Unmusikalisch. Sehr vertraut!
Keiner der Gäste will mehr gehn. Man will dabei gewesen sein,
Wenn Eiger Eisbananen schlingt und Finsteraarhorn Gletschernüsse
Und Jungfraunäffchen, ganz allein, die letzte Pirouette dreht.
Französisch: Nur auf einem Bein.

Was den behaarten Mönch betrifft: Schon längst der Liebling aller Damen.
In fremden Armen liegt man sicher. Bierschaum krönt seinen Pfaffenbart,
Vier Pfoten, ausgestreckt nach Norden, nach Süden, Westen und im Osten
Geht schon die Wintersonne auf. Und Misses Main sitzt zwischen Resten
Und zählt ihr Geld.

O! Große Welt: Gestürzte Gäste, gefallne Affen, Geld und Schaum!
SANKT MORITZ! Nur ein müder Traum, ein letztes Sausen, Tuscheln, Zischen,
Ein Rauschen zwischen leeren Tischen, wo Ingrid sitzt, die ganz genau
Weiß, wie das endet: Blau in Grau. Die Köpfe schwer, der Traum ist aus.

NICHTS WIE NACH HAUS! ___________

NACH HAUS! Genau. Das Spiel ist aus! Der allergrößte Tag im Leben
Ist eben nicht die kurze Nacht, sondern der klare helle Morgen,
An dem man seine Koffer packt und ohne Frühstück rasch verschwindet,
Damit uns Misses Main nicht findet. Vergeblich klopft sie an die Tür,
Und rauft ihr Haar, sie ist noch da.
Doch wo sind wir?

Wir sind das Affenkreuz mal vier, plus Ingrid fünf, die süße Flucht,
Man wird gesucht und nicht gefunden, denn alle fünf sind längst verschwunden!
Davon und über alle Berge. Wir sind verreist, ADE! ADE!
Die Affenspur verweht im Schnee. Vier Affen über alle Berge,
Die Berge hoch, und wir sind Zwerge, und Ingrid ist die Königin –
Wir fahrn dahin!

Wir fahrn dahin, zurück ins Tal! Das Ziel: BERLIN, wo Torten warten,
Dorthin, wo Wolfgang seine Braten beharrlich überm Feuer dreht,
Denn schließlich ist es nie zu spät, er weiß genau, wir kommen wieder!
Die Blumen auf dem Tisch sind frisch, das Bier im Kühlschrank ist sehr kalt!
Und Ingrid ist kein bisschen alt!
(Das kommt erst später.)

Oder nie! Denn welcher Affe geht ins Knie?
Kurz ist die Reise, ewig wir!

DARAUF EIN BIER! ___________

LÁSZLÓ KRASZNAHORKAI

Kamojäger

Um ihn herum bewegt sich alles, als wäre aus weltweiter Ferne ein einziges Mal und allen unvorstellbaren Hindernissen zum Trotz mit einer Art von Tiefenströmung Heraklits Botschaft angekommen, denn es bewegt sich, es fließt das Wasser, es kommt und rauscht fort, hier und dort bläht sich die Seide des Winds, die Berge schwanken in der Hitze, ja, die Hitze selbst bewegt sich, zittert und flimmert in der Landschaft, so auch die hohen Halmbüschel auf den Gestrüppinseln im Flußbett und jede einzelne flache Welle, wenn sie stolpernd über die niedrige Schwelle fällt, so auch jedes ungreifbare, wegstrebende Element dieser weiterrennenden Welle und jeder einzelne Lichtblitz auf der Oberfläche dieses wegstrebenden Elements, so auch die mit Worten nicht zu fassenden, wegsprühenden, auseinanderspritzenden Lichttropfen dieser auftauchenden, gleich wieder zerfallenden Oberfläche, so auch die quellenden Wolken, der nervös zitternde blaue Himmel in der Höhe und das mit schauerlicher Kraft konzentrierte, dennoch nicht zu umreißende, auf die gesamte augenblickliche Schöpfung ausgedehnte, wahnwitzig funkelnde, blendende, strahlende Wesen der Sonne, so auch die Fische und Frösche und Käfer und kleinen Reptilien im Fluß und die sich auf den beidseits parallel zum Ufer dahinziehenden, dampfenden Asphaltstreifen unerbittlich vorwärtsschiebenden Autos und Busse, von der Nummer Drei aus dem Norden über die Zweiunddreißig zur Achtunddreißig, dann die rasch schwirrenden Fahrräder unterhalb der breiten Schutzdämme und die am Fluß entlang auf in den Staub gezeichneten oder ausgebauten Pfaden marschierenden Männer und Frauen, sogar die unter der dahinhuschenden Wassermasse befindlichen, künstlich und asymmetrisch plazierten Bremsblöcke, alles spielt oder erlebt es, daß mit ihm etwas geschieht, daß es abläuft und rast und fortschreitet und geht und sinkt und auftaucht und verschwindet und wieder zum Vorschein kommt, daß es rennt, daß es fließt und irgendwohin weitersirrt, nur er rührt sich nicht, der Ooshirosagi, der mächtige, schneeweiße Vogel, dieser von allen Seiten angreifbare, seine Schutzlosigkeit hier nicht einmal versteckende Jäger – neigt sich jetzt vor, streckt seinen zur S-Form gekneteten Hals und damit auf der gleichen Linie auch seinen Kopf und seinen langen harten Schnabel aus und spannt das Ganze an, spannt es gleichzeitig nach unten, während er die Flügel eng an den Körper drückt und für die dünnen Beine unter dem Wasser je einen sicheren Halt sucht und die Augen auf die wegströmende Wasseroberfläche richtet, auf die Oberfläche, ja, wobei er natürlich kristallklar sieht, was sich da in der Lichtbrechung unter der Oberfläche befindet, da unten, und auch wenn es sehr rasch kommt, wenn es kommt und dahingetrieben und weitergerissen wird, wenn ein Fisch, ein Frosch, ein Käfer oder ein kleines Reptil zusammen mit dem rauschenden, zuweilen gebremsten und da sogleich schäumenden Wasser ankommt, dann wird er mit einer einzigen, haargenauen Bewegung seines Schnabels zuschlagen und etwas herausholen, was genau, sieht man gar nicht recht, so blitzschnell geschieht alles, sehen nicht, aber wissen kann man, daß es ein Fisch ist, ein amago, ein ayu, ein huna, ein kamotsuka, ein mugitsuku oder ein unagi oder sonst etwas, daß er deshalb da im seichten Wasser gegen die Mitte des Kamo steht, und zwar in einer nicht mit ihrem Vergehen zu messenden, aber ohne jeden Zweifel eindeutig existierenden, einer weder vor noch zurück, sondern einfach so brodelnd nirgends hin fortschreitenden, als unbegreiflich kompliziertes Netz ausgeworfenen Zeit, und seine Reglosigkeit muß gegen eine so riesige Kraft entstehen und fortbestehen, daß sie nur in ihrer Gleichzeitigkeit zu fassen wäre, während doch genau das, das gleichzeitige Fassen, nicht zu verwirklichen ist, und so bleibt er ungesagt, nicht einmal das Gesamt der ihn beschreiben wollenden Wörter kommt an ihn heran, und schon gar nicht die Wörter je einzeln, während er sich doch in einem Mal, in einem einzigen Augenblick jeglicher Bewegung entgegenstemmen und sie aufhalten und ganz allein, ganz für sich inmitten einer lärmenden, wimmelnden Welt des Ereigniswahnsinns dort bleiben muß in diesem ausgegrenzten Augenblick, damit dann der Augenblick gewissermaßen um ihn herum zugehe, der Augenblick abgeschlossen sei, er muß also seinen schneeweißen Körper inmitten der tobenden Bewegung anhalten, seine Reglosigkeit der ihn von allen Seiten überfallenden entsetzlichen Kraft entgegenstemmen, denn das kommt viel später, daß er am totalen Wahnsinn der tobenden Bewegung wieder teilnehmen wird, daß auch er sich, zusammen mit allem, bewegen wird, in einem blitzschnellen Zuschlagen, während er jetzt erst beim sich um ihn schließenden Augenblick ist, beim Anfang der Jagd.

Er kommt aus einer Welt, die vom ewigen Hunger beherrscht wird, und so bedeutet in seinem Fall das Jagen die Teilnahme an der allgemeinen, endlosen Jagd, denn alles Lebendige um ihn herum lauert auf seine je für es bestimmte Beute, fällt über sie her, fährt auf sie herunter, schleicht sich an und schnappt sie, packt sie am Hals, bricht ihr das Rückgrat, bricht sie entzwei, grast sie ab, saugt sie aus, schleckt sie auf, sticht hinein und schlürft sie, knabbert sie an, zerbeißt sie, schluckt sie ganz, und noch etliches mehr, auch er steht also in der Unermesslichkeit der Jagd, auch ihm ist sie aufgezwungen, denn nur so, nur auf diese Art kommt er im ewigen Hunger zu Nahrung, nur in der universellen, sich auf alle erstreckenden, obligatorischen Jagd, die aber in seinem ausschließlichen, das heißt persönlichen Fall um eine Bedeutung reicher wird, wenn er seinen Platz einnimmt, also die Beine im Wasser verankert und sich gewissermaßen versteift, reicher als was uns das Wort im allgemeinen bietet, so daß Al-Zahad-il-Shahibs berühmter Dreisatz – Ein Vogel fliegt am Himmel heimwärts. Er sieht müde aus, er hatte einen anstrengenden Tag. Er kommt von der Jagd: von der Jagd auf ihn. – einen komplexeren Sinn erhält, denn im Fall dieses Vogels müssen wir das so abwandeln, den Akzent so verschieben, dass er zwar in einem unmittelbaren Kausalzusammenhang steht, nicht aber in einem größeren, dass er also in einem Raum existiert, in welchem jedes entferntere Ziel und jeder entferntere Beweggrund von vornherein unmöglich sind, wohingegen das Geflecht der unmittelbaren Ziele und Beweggründe um so dichter ist, das Geflecht, in welchem er geworden und in welchem er dann sterben muß.

Sein einziger natürlicher Feind hingegen, der Mensch, im täglichen Bann träger Bosheit befangen, beachtet ihn jetzt nicht, während er am Ufer auf in den Staub gezeichneten Pfaden marschiert, läuft, radelt, nach Hause oder von dort weg, beziehungsweise während er auf einer Bank sitzt und dort seine Mittagspause mit dem im örtlichen SEVEN ELEVEN-Laden gekauften, in ein Algenblatt gewickelten, nigiri genannten Reisdreieck verbringt, jetzt nicht, heute nicht, vielleicht morgen, oder später einmal, wenn es dafür einen Anlaß gibt, aber auch wenn da Leute wären, die ihn beachteten, würde er sich kaum um sie kümmern, er ist an sie gewöhnt, so wie auch sie an den großen, mitten im seichten Wasser stehenden Vogelkörper gewöhnt sind, wobei das heute weder hier noch dort eine Rolle spielt, keiner nimmt den anderen zur Kenntnis, obwohl es durchaus Zeugen geben könnte dafür, dass er dort steht, in dem ungefähr knietiefen, also tatsächlich recht seichten, mit Grasinseln vollgestreuten, also tatsächlich recht merkwürdigen, wenn auch nicht gerade bizarrsten Fluß der Erde, inmitten des Kamo, daß er einfach dort steht, ohne die geringste Bewegung, mit dem nach vorn gespannten Körper, in Erwartung der Beute des Tags, während verblüffend langer Minuten, die jetzt schon fast zehn Minuten sind, bis schon fast eine halbe Stunde vergeht und also in diesem Warten und Aufpassen und Unbewegtsein die Zeit ungeheuer lang wird und er sich immer noch nicht rührt, er immer noch ganz genau so steht, in derselben Pose, ohne daß auch nur eine einzige Feder zuckt, genau so steht, vorgeneigt, den Schnabel in scharfem Winkel über der wegsprudelnden Wasseroberfläche, niemand beachtet ihn, niemand sieht ihn, und wenn heute nicht, dann auch eigentlich in Ewigkeit nicht, die unaussprechliche Schönheit seines Stehens bleibt verborgen, bleibt unbeachtet der außerordentliche Zauber seiner erhabenen Reglosigkeit, und so bleibt verborgen und unbeachtet, geht verloren, noch bevor es in dieser seiner Reglosigkeit, hier, inmitten des Kamo, noch bevor es in dieser seiner schneeweißen Anspannung manifest würde, geht verloren und bleibt ohne Zeugen die Erkenntnis, daß er es ist, der allem, was ihn umgibt, den Sinn verleiht, den Sinn verleiht der in tobender Bewegung wirbelnden Welt, der trockenen Hitze, dem Flimmern, den durcheinanderflirrenden Stimmen, Düften, Bildern, weil er in dieser Landschaft ein ganz außergewöhnlicher Fall ist, weil er der unanfechtbare Künstler dieses Landschaftsbildes ist, der mit der beispiellosen Ästhetik vollkommener Reglosigkeit, als künstlerischer Verwirklicher unerschütterlicher Aufmerksamkeit sich ein für allemal über die Dinge erhebt, denen er im übrigen den Sinn gibt, sich erhebt, heraussteht aus der ihn umgebenden irrwitzigen Kavalkade und eine Art von Ziellosigkeit einführt – nämlich indem er noch zusätzlich schön ist –, über den lokalen Sinn all der Dinge hinaus, auch über den lokalen Sinn seiner eigenen aktuellen Tätigkeit hinaus, denn warum ist er schön noch zusätzlich dazu, dass er einfach ein weißer Vogel ist, der steht und wartet, auf die Strömung des Flusses Kamo in Kyoto ausgerichtet darauf wartet, daß unter der Wasseroberfläche endlich erscheint, was er mit unerbittlich zielsicherem Schnabel und Willen harpunieren wird.

In Kyoto ist es, daß das geschieht, in Kyoto, der Stätte Stetigen Anstands, dem Gericht der zum Rechten Benehmen Verurteilten, dem Paradies der Vorschriftsmäßig Eingehaltenen Einstellung, dem Richtplatz der Unvorschriftsmäßigen. Die Stadt ist ein Labyrinth aus Anstand, Rechtem Benehmen, Richtiger Einstellung, ein Labyrinth endloser Verschlingungen des vorgeschriebenen Bezugs zu den Dingen. Es gibt kein Schloß, keinen Garten, keine Straßen und Innenräume, keinen Himmel über der Stadt, keine Natur, keine herbstroten momiji auf den Hügeln der Umgebung und kein Sternmoos in den Klosterhöfen, kein Netz der noch vorhandenen Seidenwebereien von Nishijin, kein neben dem Kitano-Tenmangu-Schrein verstecktes Geishaviertel mit Fukuzuru-san, kein Katsura Rikyu mit seiner architektonischen Reinheit und Disziplin, kein Nijo-jo mit den glanzvollen Gemälden der Familie Kano, keine vage Erinnerung am kahlen Ort des einstigen Rashomon, kein Stadtzentrum mit der hübschen Shijo-Kawaramachi-Kreuzung im tobenden Sommer Zweitausendfünf und keinen netten Bogen der Shijobashi, der Brücke, die auf immer in Richtung des eleganten, geheimnisvollen Gion weist, und es gibt auch nicht die wundervollen Grübchen im lächelnden Gesicht einer der tanzenden Geishas des Kitano-odori, es gibt nur den Immensen Haufen der Diesbezüglichen Vorschriften, nur die sich auf alles erstreckende, wenn auch von keinem Menschen zu überblickende Ordnung der alles beherrschenden Etikette, das Gefängnis der zwischen Sache und Mensch, Mensch und Mensch, Sache und Sache bestehenden unabänderlichen und zugleich wechselhaften Komplexitäten, denn nur so, nur damit erhalten sämtliche Schlösser und Gärten und die als Schachbrett angelegten Straßen und der Himmel und die Natur und das Nishijin-Viertel und Fukuzuru-san und das Katsura Rikyu und der tote Ort des Rashomon und die zwei bezaubernden Grübchen im Gesicht der Geisha des Kitano-odori ihre Existenzberechtigung, während diese in Anmut geborene Geisha für den Bruchteil eines Augenblicks ihren Fächer vom Gesicht wegdreht, damit alle, aber wirklich nur für den Bruchteil eines Augenblicks, die unendlich schönen Grübchen und das leichte, bezaubernde, mitreißende, verhängnisvolle Lächeln sehen können, wie es sich diesem aus den üblen Blicken steinreicher Stammkunden zusammengesetzten Publikum zeigt.

Kyoto ist die Stadt Ständiger Verweise, wo nie etwas mit sich identisch ist, und es wohl nie war, denn jedes Glied dieser großen Gemeinschaft zeigt zurück, zeigt auf eine nicht nachprüfbare Glorie, läßt dort sein jetziges Selbst entspringen, in einer Glorie, die in dunkler Vergangenheit liegt oder erst überhaupt von dieser Vergangenheit geschaffen wurde, so daß es hier unmöglich ist, irgendetwas in einem seiner Elemente zu fassen oder zu erblicken, denn wer Einblick zu nehmen versucht, verliert schon das allererste Element dieser Stadt, so wie etwa der Besucher, der in der monumentalen Kyoto Station aus dem Shinkanzen genannten, aus der alten Edo-Richtung kommenden Superexpress steigt, aussteigt und im Wirrwarr vergnügungsparkähnlicher Unterführungen den richtigen Ausgang findend hinausspaziert, in die Mündung der Karasuma-dori und zum Beispiel auf der linken Seite dieser pfeilgerade nach Norden führenden Straße die schon vom Bahnhof sichtbare lange, gelbe, ehrfurchtgebietende Umzäunung des Higashi-Honganji genannten buddhistischen Tempels erblickt, denn schon in diesem Augenblick hat er den Raum des Möglichen verlassen, die Möglichkeit verlassen, den heutigen Higashi-Honganji zu sehen, da es den heutigen Higashi-Honganji nicht gibt, der Blick auf ihn versenkt dieses Heutige sogleich in etwas, das man allerdings auch nicht die Vergangenheit nennen kann, denn der Higashi-Honganji hat auch keine Vergangenheit, weder gestern noch vorgestern, sondern es gibt nur Tausende von Verweisen, auf die nebulösen Vergangenheiten des Higashi-Honganji, nur ehrfurchtgebietende Verweise darauf, dass er ist und dass er war, und diese Verweise durchweben die ganze Stadt, während man in ihr geht, um quer durch dieses phantastische Wunderreich, vom Toji Tempel zum Enryakuji, vom Katsura Rikyu zum Tofukuji schließlich zu dem Teil des Kamo, ungefähr auf der Höhe des Kamigamo-Schreins, zu dem rauschenden Flußabschnitt zu gelangen, wo er steht, der Ooshirosagi, der einzige, der seltsamerweise ebensosehr Gegenwart und Vergangenheit hat, wie er weder das eine noch das andere hat, da er in der vorwärts und rückwärts schreitenden Zeit tatsächlich nie existierte – er, der Künstler, dem Aufmerksamkeit gegeben, damit er repräsentiere, was in dieser Geisterstadt die Achse des Raums und der Dinge ausrichtet, die ungreifbare, unfassbare, weil unwirkliche, das heißt: unerträgliche Schönheit.

Ein im Wasser fischender Vogel: für den gleichgültigen Betrachter, wenn der ihn überhaupt wahrnimmt, wäre er vielleicht nicht mehr – obwohl ihn der Betrachter nicht nur wahrnehmen, sondern gleich in der sich mit dem ersten Blick öffnenden Erkenntnis wissen, wenigstens wissen und sehen müßte, wie sehr dieser reglos fischende Vogel dort zwischen den Grasinseln des seichten Wassers, wie sehr, wie unsäglich unnötig er ist, ja, der Betrachter würde spüren, sofort spüren, daß dieses mächtige, schneeweiße, ehrwürdige Tier schutzlos ist – denn er war unnötig, und schutzlos, ja, und wie so oft erklärte das eine das andere hinreichend, das heißt, er war wegen seines Unnötigseins schutzlos, und seine Schutzlosigkeit ließ ihn unnötig werden, eine schutzlose und unnötige Hoheit, das also ist der Ooshirosagi dort im seichten Wasser des Kamogawa, doch kann natürlich von keinerlei gleichgültigem Betrachter die Rede sein, am Ufer draußen wird marschiert, rollen die Fahrräder, fahren die Busse, der Ooshirosagi hingegen steht reglos da, den Blick unter die Oberfläche des schäumenden Wassers gerichtet, und die unverbrüchliche Qualität seiner unausgesetzten Aufmerksamkeit bleibt sich stetig gleich, da dieser schutzlose und unnötige Künstler der Aufmerksamkeit keinen Zweifel darüber läßt, daß diese Aufmerksamkeit in ihm tatsächlich unausgesetzt ist, völlig unabhängig davon, ob der Fisch, das kleine Reptil, der Käfer oder der Krebs dann kommt, worauf er im einzig möglichen Augenblick unfehlbar und unbarmherzig zuschlagen wird, so wie es auch sicher ist, daß er mit seinen schweren, langsamen, edlen Flügelschlägen am Frühmorgenhimmel von irgendwoher geflogen kam, wohin er zurückkehren wird, wenn es dunkelt, sicher ist auch, daß da einmal sein Nest war, daß also etwas hinter ihm liegt, so wie wohl noch vor ihm liegen: Geschichte, Ereignisse, der Ablauf seines Lebens, nur verrät die Unausgesetztheit seiner Aufmerksamkeit, seines Schauens, seiner Reglosigkeit, daß das alles nicht erwähnenswert ist, daß das alles in seinem, des Ooshirosagi, Fall überhaupt kein Gewicht hat, daß es nur Schaum und Flaum ist, Flocken und Spreu, denn für ihn gibt es nur seine eigene unausgesetzte Aufmerksamkeit, nur das hat Gewicht, nur das ist seine Geschichte, eine andere hat er nicht, nur diese einzige, was auch bedeutet, daß dieses Kunstwerk aus regloser Schau das einzige ist, das ihn zum Ooshirosagi machte und macht, daß er ohne das nicht am Sein teilnehmen könnte, dessen unwirkliche Höhe er darstellt, deswegen ist er hergeschickt worden, und deswegen wird er einmal zurückgerufen werden.

Nicht die winzigste Bewegung verrät, daß er irgendwann zum Zweck des blitzschnellen Harpunierens aus seiner Reglosigkeit herauskommen wird, und so erweckt bis dahin seine vollkommene Reglosigkeit den Eindruck, daß an diesem von ihm ausgefüllten Punkt des Kamogawa nicht ein schneeweißer Riesenreiher, sondern das Nichts steht, doch ist dieses makellose Nichts, dieses Schauen, diese Aufmerksamkeit, diese Unausgesetztheit so intensiv, daß es eindeutig mit reiner Potenz identisch ist, mit der allumfassenden Möglichkeit, alles zu tun: das suggeriert sein Stehen, doch was immer das ist, was er tun wird, wann immer und wozu auch immer, es wird kein Auseinanderfallen bedeuten, sondern ein scharfes, atemzugkurzes Hinauskippen, und damit, daß aus diesem immensen Raum, aus dem Raum der Möglichkeiten etwas wird, kippt auch die Welt hinaus, denn etwas wird geschehen, aus dem Absoluten seiner Reglosigkeit, aus der nicht mehr weiterzuspannenden Reglosigkeit wird sich ergeben, daß diese unendliche Konzentration an einem Punkt platzt, und auch wenn die unmittelbare Ursache dafür ein Fisch sein wird, ein amago, ein kamotsuka oder ein unagi, und die unmittelbare Wirkung, daß er, den Fisch harpunierend und in einem Stück verschlingend, sich am Leben erhält, so ist diese ganze Szene schon weit über sich hinaus, hier, vor unseren Augen, während wir mit dem Bus Nummer Drei aus dem Norden, oder auf einem sturmgeprüften Fahrrad, oder auf dem unten am Kamo-Ufer in den Staub gezeichneten Spazierweg, in jedem Fall aber gleicherweise blind: an ihm vorübereilen, weil wir an ihn gewöhnt sind, würden wir antworten, wenn man uns fragte, wie es möglich ist, daß wir schon vorüber sind, wir sind schon weit über ihn hinaus, würden wir sagen, und so bleibt nur die Hoffnung, daß es von Zeit zu Zeit einen unter uns gibt, der grundlos, nur gerade zufällig hinblickt, und daß da sein Blick haften bleibt und er eine ganze Weile hinsieht und damit in etwas hineingezogen wird, das er gar nicht wollte, nämlich ein Schauen – wobei sich die Intensität seines eigenen Blicks natürlich in einem Auf und Ab quält – ein den Vogel Anschauen, doch da der menschliche Blick eine solche ständige Anspannung nicht aushält, obwohl das jetzt sehr vonnöten wäre, da es also unmöglich ist, auf der Höhe einer solchen Intensität zu verharren, so könnte es durchaus geschehen, daß die Harpune gerade beim Abfallen der Aufmerksamkeitskurve, gewissermaßen an einem unteren, wenn nicht sogar am tiefsten Punkt des Aufmerksamkeitstals zuschlägt, so daß das zufällig hinblickende Augenpaar unglücklicherweise nichts sieht, nur einen reglos vorgeneigten Vogel, der nichts tut, und so sieht ein solcher Mensch, mit seinem Aufmerksamkeitstal im Kopf, selbst er, der unter uns der einzige wäre, vielleicht nie wieder etwas, und dabei bleibt es auch sein ganzes Leben lang, und so bleibt auch sein ganzes Leben ärmer um etwas, das ihm den Sinn verleihen würde, sein Leben wird trüb, trostlos und traurig sein, ein bitter ödes, hoffnungs- und wagnisloses Leben ohne Größe, ohne die Ahnung von Höherem – obwohl er bloß hätte hinzuschauen brauchen, im Bus Nummer Drei aus dem Norden, auf dem sturmgeprüften Fahrrad oder beim Marschieren auf dem unten am Kamo-Ufer in den Staub gezeichneten Spazierweg, schauen, was das da im Wasser eigentlich ist, was der große weiße Vogel so reglos da eigentlich macht, während er Hals, Kopf und Schnabel vorstreckend starr die schäumende Wasseroberfläche betrachtet.

Es gibt nicht noch einen solchen Fluß auf der Welt, man traut, wenn man ihn zum ersten Mal sieht, seinen Augen nicht, und auf einer der Brücken, sagen wir auf der Gojo-ohashi stehend, fragt man seinen Begleiter, wenn man einen hat, was das da unten denn sei, da in dem breiten Flußbett, wo denn das Wasser sei, warum es sich nur in schmalen Adern zwischen völlig unwahrscheinlichen Inseln hindurchschlängle, denn so sieht die Sache aus, ob man seinen Augen traut oder nicht, der Kamogawa ist ein relativ breiter Fluß, in welchem so wenig Wasser fließt, daß sich aus Schwemmgut Hunderte von Inselchen gebildet haben, auf denen dann Gras gewachsen ist, der ganze Kamogawa ist voller solcher unregelmäßiger, mit knie- bis brusthohem Gras bewachsener Schwemmgutinseln, zwischen denen sich ein wenig Wasser schlängelt, als stünde das Ganze vor dem völligen Austrocknen, was ist denn da passiert, fragt man seinen einheimischen Begleiter, wenn man einen hat, eine Katastrophe, oder was, warum ist dieser Fluß so ausgetrocknet? – doch da heißt es nur, aber woher denn, der Kamo war ein ganz wilder und sehr schöner Fluß, und weiter unten, schon bei der Shijo-ohashi, aber manchmal sogar auch hier, wenn wir in die Regenzeit kommen, ist er heute noch ganz voll mit Wasser, bis 1935 trat er regelmäßig über die Ufer, jahrhundertelang wurde man seiner nicht Herr, schon im Heike monogatari steht, wie wenig man seiner Herr wurde, dann hat Hideyori Toyotomi seine Regulierung befohlen, und ein gewisser Soan Suminokura und sein Vater, Ryoui, begannen ihn denn auch zu regulieren, ja, Ryoui baute sogar den Takase-Kanal fertig, und dann wurde der Fluß begradigt, und bis 1894 war auch der Biwa-Kanal fertig, aber Überschwemmungen gab es natürlich trotzdem noch, und zum letzten Mal war gerade 1935 die Überschwemmung so groß, daß fast alle Brücken kaputtgingen, viele Tote, entsetzlicher Schaden, also, da hat man beschlossen, seiner zerstörerischen Kraft ein Ende zu setzen, hier etwas zu bauen und dort etwas zu bauen, das beschloß man, aber nicht nur an den Ufern zu bauen, sondern da unten auch, im Flußbett, eine Art unregelmäßiger Verbauung aus Steinblöcken, die das Wasser, seine von den nordwestlichen Bergen herunterstürzende Flut abbremsen sollte und tatsächlich auch abgebremst hat, sagt der einheimische Begleiter, falls ein solcher vorhanden, man hat, wie man sieht, dem Fluß die Kraft gebrochen, keine Überschwemmungen mehr, keine Toten, kein Schaden, nur noch diese Rinnsale, diese Bremsblöcke, dieses äußerst effizient funktionierende Wehrsystem, und nur noch alle diese Vögel, sagt der einheimische Begleiter und zeigt von der Mitte der Gojo-ohashi flußabwärts und flußaufwärts und kilometerweit, diese Massen von Vögeln, vom Biwa-See kommen sie, doch auch er weiß nicht genau woher, aber hier gibt es alles, yurikamome, kawasemi, magamo, onagagamo und hidorigamo, meijiro und kinkurohajiro, wirklich dies und das und jenes, sogar Wasserflöhe schwimmen hier herum, nur den schneeweißen Riesenreiher erwähnt der einheimische Begleiter, falls vorhanden, nicht, gerade diesen Vogel nicht, denn er sieht ihn nicht mehr, obwohl er dahin zeigt, denn man hat sich wegen seiner ständigen Reglosigkeit so sehr an ihn gewöhnt, daß man ihn, wie das zu sein pflegt, gar nicht mehr zur Kenntnis nimmt, und doch ist er da, als wäre er nicht da, er steht bewegungslos, ohne mit einer einzigen Feder zu zucken, vorgeneigt steht er, den Blick auf das plätschernd schäumende Wasser geheftet, der schneeweiße Ständige des Kamo, die Achse der Stadt, der Künstler, der nicht mehr ist, unsichtbar, ungefragt von allen.

Es wäre also besser, Du würdest rückwärts ins Grasdickicht zurücktreten, dorthin, wo Dich eine dieser seltsamen Grasinseln im Flußbett völlig verdeckt, und es wäre besser, wenn Du es endgültig tätest, denn wenn Du morgen und übermorgen wiederkommst, dann gibt es doch niemanden, der das versteht, der das beachtet, gibt es doch keinen unter Deinen natürlichen Feinden, der erkennen könnte, wer Du eigentlich bist, besser, wenn Du Dich schon heute abend entfernst, sobald die Dämmerung kommt, besser, wenn auch Du Dich mit den anderen zurückziehst, sobald sich die Nacht senkt, nur komm Du nicht zurück, wenn wieder der Morgen graut, nicht morgen, nicht übermorgen, denn für Dich ist es besser, wenn es kein Morgen und kein Übermorgen mehr gibt, versteck Dich heute noch im Gras, sacke dort zusammen, kippe auf die Seite, laß die Augen langsam zugehen und stirb, denn die Erhabenheit, deren Träger Du bist, hat keinen Sinn, stirb heute Nacht im Gras, sacke zusammen und kippe auf die Seite, und laß es zu – hauche Deinen letzten Atemzug aus.

Aus dem Ungarischen von Christina Viragh

HENNING AHRENS

Tiertage

ZEHNTES KAPITEL

In welchem man hinter Gardinen sitzt.

Im Nachbargarten tuckertuckte der Rasensprenger, als Emmi Wolters auf der Einfahrt zur Straße ging. Sie duckte sich vor den Zweigen der Sträucher, die der Nachbar auf der anderen Seite, ein Schweinehalter aus Leidenschaft, immer erst kurz vor Weihnachten stutzte. Sie war froh, dass er nicht in Sicht war, denn er wusste zu viel über alte Schweinerassen und hielt ihr jedes Mal Vorträge über das Berkshireschwein und das Bayerische Landschwein, wobei er dieses pries, weil es der Wildsau am nächsten war. Emmi, geduldig wie üblich, lieh ihm jedes Mal ihr Ohr und nickte alles ab, sogar seine Kritik an der Überzüchtung, die angeblich dazu führte, dass pro Jahr mehr Schweine als Menschen einem Herzinfarkt erlagen.

Sie überquerte die Straße und klinkte die Pforte des alten, seit den fünfziger Jahren nicht mehr genutzten Friedhofs auf. Sie hatte noch Zeit bis zum Treffen im Dorfkrug. Sie las die Inschrift auf einem Pastorengrab – »Christus ist mein Leben, und Sterben ist mein Gewinn« –, sie betrachtete den ältesten Grabstein, er stammte aus dem Jahr 1854 und gedachte eines Bauern, sie blieb im lichten Schatten einer Birke stehen und faltete die Hände vor dem Schoß. Von einem Widerwillen erfasst, war sie gegangen und hatte Rudolf, der unbedingt ein Stillleben malen wollte, das dieser Miranda Schmid gefiel, vor seiner Staffelei sitzen lassen. Emmi hob den Kopf. Ihr Mund stand offen, als sie das hellgrüne Laub betrachtete, das an dünnen, schwarzen Zweigen auf sie herabfiel. Sie fühlte sich hilflos. Sie fürchtete sich ein wenig. Wegen der Malerei hatte Rudolf keine Kinder gewollt, und obwohl er es nicht so weit gebracht hatte wie erhofft, hatte sie sich im Nachhinein nie beklagt. Doch nun, nach fast drei Jahrzehnten Ehe, signalisierte ihr die Intuition zum ersten Mal, dass etwas nicht stimmte. Sie konnte es nicht greifen. Es hatte mit Rudolfs Art zu tun. Damit, wie er mit ihr sprach. Damit, wie er sie ansah. Ihr sensorischer Apparat, in ihrer Kindheit und Jugend geschärft durch den latenten, jedoch nie vollzogenen Bruch zwischen ihren Eltern, durch die Notwendigkeit, das Unausgesprochene, das ja spürbar gewesen war, anhand von Stimmlagen, Gesten und

Blicken zu deuten, sagte ihr, dass Rudolf sich innerlich von ihr entfernte. Sie war ratlos. Trotz und Zorn keimten in ihr auf, und beides ließ sich nicht vermeiden, half ihr aber auch nicht weiter. Vielleicht konnte man vieles nicht verhindern, doch sie wollte es verhindern, sie wusste nur nicht wie. Eine Hand auf den Grabstein aus dem Biedermeier gelegt, stand sie da. Stieß sich dann ab und folgte dem Pfad, der sich über den efeubedeckten Erdboden schlängelte, und schlüpfte durch das Loch in der Buchenhecke. Als sie über die Straße ging, sah sie das Dach des Grünen Hauses, dessen Ziegel im Abendlicht rot aufglühten.

Der Dorfkrug hatte Gardinen vor den Fenstern, darüber hing eine Neonreklame mit gekreuzten Pferdeköpfen, das Wappen der lokalen Brauerei. Eine Möglichkeit, draußen zu sitzen, gab es nicht, und als Emmi die Schankstube betrat, fragte sie sich, warum sie sich nicht privat im Garten verabredet hatten. Sie begrüßte den hinter dem Tresen stehenden Wirt und sah sich um. Nur ein Gast, er saß hinten in der Ecke am Fenster, in der einen Hand eine Zigarette, in der anderen ein Glas Lokalbräu. Er trug Sneaker, Jeans und langärmeliges Hemd, an den Schläfen ergraute sein Haar, und er starrte die nikotingilbe Gardine an, als verhängte sie ihm den Blick auf das Paradies.

Emmi ging zu ihm. »Hallo, Viktor«, sagte sie. »Alles klar mit dir?« Sie legte ihm eine Hand auf die Schulter.

Viktor schwieg. Er trank einen Schluck. »Jetzt haben schon die Kinder Angst vor mir«, sagte er, als er das Glas abgesetzt hatte, und erzählte von dem Mädchen mit dem Eis am Stiel, wobei er, um seine Worte zu unterstreichen, die linke Hand auf Augenhöhe auf und ab sausen ließ.

Emmi, der diese Geste vorkam, als wollte er alle Kabel kappen, die ihn mit der Außenwelt verbanden, hörte geduldig zu. Dann sagte sie: »Na, komm. Bist du Shrek?« Ihr fiel auf, dass sein Hemd zwar gebügelt, aber fleckig war.

Er bemerkte ihren Blick. »Rotwein«, sagte er. »Uralt. Wo ist Rudolf?«

»Malt noch.« Emmi setzte sich und sah sich im Raum um, der mit dem Treibgut der Vergangenheit geschmückt war: Heurechen, Kummets, Wagenlampen, Flachsspindeln, ausgestopfte Tiere. »Asta kennt eine Reinigung in Frankfurt, die jeden Rotweinfleck entfernt – umsonst.«

»Ist ja auch gleich um die Ecke.« Viktor leerte sein Glas und winkte nach einem frischen Bier.

Emmi stützte ihr Kinn auf die Hand und legte sich die Finger vor den Mund, um ihr Lächeln zu verbergen. Seit Monaten, seit Ramona ihn verlassen hatte (eigentlich sollte er froh sein, denn die Frau hatte zwar ordentlich ausgeteilt, aber keine Kritik an sich herangelassen, als könnte das Gerüst ihres Inneren einstürzen, wenn nur ein einziger Balken wankte) wirkte Viktor wie ein Gekenterter, der, an eine Planke geklammert, dem Absaufen seines Seelenwracks zusah. Alle standen sie am Ufer, das gar nicht weit entfernt war, und streckten ihm die Hand hin, vor allem Asta und sie selbst, doch er schrie und strampelte weiter, ein Bild, zu dem ihr nur ein Kleinkind einfiel. Nun starrte er wieder die Gardine an, das Kinn auf die Hand mit der Zigarette gestützt, und sagte: »Da kommt Asta.«

Emmi zog die Finger vom Mund. »Vielleicht solltest du eine Therapie machen.« Sie setzte sich gerade hin.

Er funkelte sie trotzig an. »Ganz bestimmt nicht«, murmelte er. »Mich kann nur eine retten.«

Warum, dachte Emmi, lässt er diese Frau nicht los?

»War das herrlich!«, sagte Asta und ließ ihr Handtuch auf einen Stuhl fallen. Sie trug die Hose über dem Badeanzug, ihr grausträhniges, schwarzes Haar war strubbelig. Sie zeigte auf Viktor. »Du«, sagte sie, »verdirb uns den Abend bloß nicht mit deinen Problemen.«

»Aber …«

»Das sehe ich doch schon beim Reinkommen.« Asta sank auf einen Stuhl. »Jammer nicht wieder, weil deine angeblich schwangere Freundin dich verlassen hat. Weißt du«, sagte sie und zog den roten Badeanzug über ihren Brüsten zurecht, »wir haben alle selbst genug am Hacken.«

»*Angeblich* schwanger?«, fragte Viktor entgeistert.

»Angeblich – ganz genau. Hat sie dir den Test gezeigt? Nein? Dann war das der letzte fiese Streich, den sie dir gespielt hat. Wenn sie wirklich schwanger wäre, hätte sie sich längst bei dir gemeldet. The money – you know?«

Der Wirt stellte drei Pils auf den Tisch.

»Vielleicht ist sie noch nicht niedergekommen«, sagte Viktor und griff nach einem der Gläser.

Asta fiel auf dem Stuhl nach hinten: »Niedergekommen …« Sie sah Emmi an, verdrehte die Augen und beugte sich über ihr Glas, um den Schaum abzusaugen. »Wo steckt denn unser Maler?«, fragte sie mit weißen Lippen.

Emmi hob vorsichtig das Bier. »Er sitzt an einem Stillleben für Miranda Schmid. Sie hat die Bilder nicht gemocht, die er ihr heute vorbeigebracht hat.«

»Ach, du Scheiße, diese Schmid«, erwiderte Asta und ließ, als sie den Namen aussprach, ihre Nase fast ins Pils sacken.

Viktor, der einen Bierdeckel zerriss, sagte: »Miranda ist in Ordnung.«

»Ihr duzt euch?«, fragte Emmi.

»Natürlich ist sie ...« – Asta legte auf dem Tisch die Hände übereinander und sah Viktor in die Augen – »... in Ordnung: Hübsches Haus, hübscher Garten, hübsche Kinder, bestimmt auch ein hübscher Mann. Alles wunderhübsch.«

Viktor sah sie düster an. »Was hast du denn?«

»Ärger«, sagte Asta. »Ich habe Ärger. Aber ich war gerade baden, und es war herrlich, und ich will nicht daran denken. Also ...« – sie hob ihr Glas – »... auf Miranda. Offenbar hat sie ihren Prospero gefunden.«

»Das ist der Vater«, erwiderte Viktor, der sich trotz Gram und Groll ein Grinsen nicht verkneifen konnte.

»Der Sugar-daddy«, sagte Asta. »Cheers.«

Man stieß an: Eine Frau Mitte fünfzig, eine Frau Mitte vierzig, ein Mann Ende dreißig. Gläser klirrten, man trank einen Schluck. Neue Gäste kamen herein – »Die waren auch am See«, zischelte Asta – und ließen sich die Speisekarte geben.

»Alles nur Hausmannskost.« Wegen des Wirtes sprach Emmi noch leiser als sonst.

Asta angelte eine Karte vom Nachbartisch. »Ist doch prima«, sagte sie. »Hier gibt es Lose Wurst, oder? Wenn ihr wüsstet, was ich neulich in Hamburg essen ...« Sie schnitt sich selbst das Wort ab und vertiefte sich in das Angebot an Speisen.

Im Hintergrund lief ein Song von Gerry Rafferty – »... don't you worry, don't you whine, cause if you get it wrong you get it right next time ...« –, und Emmi fiel auf, dass Viktor sich entspannte. Das Kinn auf eine Hand gestützt, sah er ins Leere, der Zigarettenrauch schwang sich neben seinem Ohr als graublauer Faden zu den Balken auf, mit den Fingern der freien Hand tipptappte er den Rhythmus des Songs auf die Plastikdecke. Weitere Gäste betraten den Dorfkrug. Emmis Blick glitt über die Tierpräparate: Ein Fuchs, ein Eichelhäher, ein Eichhörnchen, ein Käuzchen und ein ... ja, was? Sie wusste es nicht.

»Ich nehme die Rouladen.« Asta warf die Speisekarte auf den Tisch. Sah zum weggetretenen Viktor, lächelte Emmi an, lehnte den Kopf zurück und fuhr sich mit der Hand durch das Haar. »Jetzt würde ich gerne eine rauchen«, sagte sie.

Viktor hielt ihr wie in Trance die Schachtel hin.

Asta hob abwehrend eine Hand.

»Was ist das für ein Tier?«, fragte Emmi. Sie zeigte darauf.

»Keine Ahnung«, sagte Asta. »Muss ich das wissen?«

Der Wirt, soeben an den Tisch getreten, um die Bestellungen aufzunehmen, erklärte ihnen, dass es ein Marder sei, der sich vor vielen Jahren auf seinem Dachboden eingenistet und den er eigenhändig gefangen habe. Als er gegangen war, schürzte Asta die Unterlippe, nickte und sah Emmi dabei groß an. »Ein Marder«, sagte sie. »Aha. Nasowas.«

Dann saßen sie da und schwiegen, umwogt von der Dünung der Gespräche an den Nachbartischen. Irgendwann, die zwei Frauen unterhielten sich über das Problem, Kletterrosen zum Klettern zu bringen, und Viktor brütete über dem dritten oder vierten Bier, kam Rudolf Wolters zur Tür herein. Er klopfte auf die Theke, was beim Wirt ein Kopfnicken auslöste, sah sich im verqualmten Raum um und kam dann zum Tisch.

»Junge«, sagte er, als er sich setzte, »ich brauche dringend ein Bier. Ich muss ein hübsches Bild malen, aber ich weiß nicht, ob ich das kann.« Als er Asta mit den Augen klimpern sah, fügte er hinzu: »Guten Abend.«

Viktor starrte ihn trübe an.

Emmi hielt ihren Blick bedeckt.

»Ein hübsches Bild ...«, sagte Asta und lehnte sich zur Seite, damit der Wirt den Teller auf den Tisch stellen konnte. »Für wen verrätst du deine Prinzipien?« Sie zog an der Serviette und ließ das Besteck in ihre Hand rollen.

Wolters betrachtete das dampfende Fleisch, den Rotkohl, die Salzkartoffeln. »Für eine mögliche Kundin«, sagte er.

Asta halbierte eine Roulade, um die Füllung in Augenschein nehmen zu können (Gurke und Speck), und fragte, als sie den ersten Bissen auf die Gabel spießte: »Ist sie auch hübsch?«

»Wer?«

»Na, deine mögliche Kundin.« Asta pustete auf das Fleisch.

Emmi erstarrte. Sie sah Rudolf an.

Der lachte ein paar Holpertakte und bestellte ein Dunkelbier.

»Nein«, sagte Viktor. Da er lange geschwiegen hatte, sahen ihn alle an. »Nein«, wiederholte er. »Sie ist nicht hübsch. Sie ist schön.«

»Oho!«, quetschte die kauende Asta hervor.

Wolters grinste.

Emmi betrachtete ihn mit gerunzelter Stirn.

»Ich weiß nicht, was ihr an der Frau findet«, sagte Asta. »Sie mag ja ganz possierlich sein, aber ihr Haus ist doch das reine Grauen, und ich wage zu behaupten, dass Häuser – außen und innen – viel über ihre Bewohner aussagen.«

»Unsere zynische Asta.« Wolters nahm sein Bier entgegen.

»Das ist nicht zynisch«, sagte Asta. »Das ist die Wahrheit.«

»Und worin«, fragte Wolters, »besteht die Wahrheit über Frau Schmid?«

»Nunja ...« – Asta schnupperte am Rotkohl – »... dieses von Wein überwucherte Haus ist doch autistisch. Innen bestimmt hübsch – hübschhübschhübsch, Gott, wie ich das Wort hasse –, aber bestimmt auch hübsch erstickend.« Sie sah Wolters an. »Du warst doch drin«, sagte sie. »Wie ist es?«

»Freundlich«, erwiderte Wolters. »Warm. Geschmackvoll.«

»Na, also!«, sagte Asta und zeigte mit der Gabel auf ihn. »Da hast du's.«

Emmi lachte leise.

»Du bist so eine Idiotin«, murmelte Viktor, an Asta gewandt. »Du hast doch keine Ahnung. Du bist einfach nur blöd.« Er richtete sich auf, blinzelte, fügte hinzu: »Kann ich eine Weile bei dir wohnen? Mir fällt die Decke auf den Kopf.«

»Machst du Witze?« Asta lud Rotkohl auf ihre Gabel. »Wisst ihr was? Lasst mich mit eurer Miranda in Ruhe.«

Das Gespräch sprang von einem Glas Bier zum nächsten. Emmi, die wenig trank, zog sich in sich selbst zurück. Mit halbem Ohr hörte sie ihren Mann mit Asta streiten, die der Leipziger Schule samt ihres Aushängeschildes, Neo Rauch, mit vollem Mund vorwarf, zu wenig zu wagen und zu viel zu biedern, und sie beobachtete Viktor, der sich einen Mückenstich aufkratzte. Schließlich legte er eine Hand auf die suppende Stelle. Emmi stellte sich vor, wie es brannte, sie kannte das Gefühl, und da wurde Rudolf plötzlich laut.

»Leck mich doch!«, brüllte er Asta an, die erschrak. »Es gibt genug abstrakten Dreck auf der Welt, das haben wir doch alles gehabt, was hat es denn gebracht. Außerdem«, fügte er, nachdem er sich in der Schankstube umgeschaut hatte, leiser hinzu, »biete ich den Leuten ja keine Haifische in Aspik à la Damien Hirst, keinen blutleeren Quatsch, keine grandiosen Ideen ohne emotionalen Gehalt. Und ich habe die Schnauze voll von deinem Zynismus, ich habe die Schnauze voll von deinen Tiraden gegen Frau Schmid, ich habe die Schnauze voll von Idioten wie dir, die wegen ihres Jobs oder Nichtjobs oder wegen ihrer Beziehung oder Nichtbeziehung frustriert sind und nicht kapieren, dass sie einfach nur vor Neid platzen. Ich habe ...« – er schüttelte die Faust vor Astas Nase – »... genug von Leuten, die nicht über sich selbst reflektieren können. Frau Schmid ist schöner als du, sinnlicher als du, klüger als du, sie hat zwei Kinder in die Welt gesetzt, und sie ist immer noch mit dem Vater dieser Kinder zusammen.« Er stürzte sein Bier hinunter und sagte: »Meine liebe Asta, du kannst mich mal.«

Die Adressatin dieser Philippika sah ihn an, die Gabel noch in der Kartoffel, die sie gerade im Saucenrest zerdrückt hatte. Sie schluckte, sie blinzelte.

»Asta ...!«, flüsterte Emmi beschwörend.

Viktor kicherte, die Stirn auf beide Fäuste gestützt.

Asta setzte sich kerzengerade hin. Sie wischte sich die Augen mit der Serviette. Warf sie Wolters ins Gesicht. Stand auf und verließ wortlos den Dorfkrug.

»Warte!«, rief Emmi. Beim Aufstehen stieß sie ihren Stuhl um, stellte ihn wieder hin und sah dabei ihren Mann an. »Ich ...«, stotterte sie, »... wie kannst du nur so brutal sein.« Dann eilte sie hinter Asta her.

Rudolf Wolters faltete die Serviette zusammen und schob sie neben Astas Teller. »Da ist man einmal im Leben ehrlich und wird gleich als brutal bezeichnet. Wie mich das ankotzt«, sagte er. »Noch ein Bier?«

»Da sage ich nicht ... nein«, lallte Viktor und warf einen Arm nach dem Wirt aus.

Doch der war gerade mit einem Gast beschäftigt. »Du warst doch mittag schon voll wie eine Haubitze, Madsack«, sagte er, »und hast deine Nachbarinnen angepöbelt und mit Bechern beworfen.«

Wolters drehte sich nach den beiden um.

»Meinst du etwa die zwei Untoten?«, erwiderte Madsack, der sich schwer auf die Theke stützte und dem der Alkohol, sollte er etwas getrunken haben, nicht anzumerken war. »Ist doch eine Kneipe hier, oder? Ich war eben bei meinen Stuten, da habe ich ordentlich was verbrannt. Gib mir was zu trinken.«

Aus dem Aufsatz der Kornflasche schoss ein schmaler Strahl ins Glas, das Madsack sogleich leerte. Als er merkte, dass Wolters ihn beobachtete, sagte er: »War deine Frau, die eben raus ist, oder? Ist ja gar nichts dran an der. Weißt du ...« – er nahm sein Bier, kam zum Tisch und zwängte sich zwischen Wolters und Viktor auf einen Stuhl – »... du bist doch Maler, du müsstest doch eigentlich wissen, was Sinnlichkeit ist. Und ich kann dir sagen ...« – er beschrieb mit beiden Händen eine ausladende Wölbung vor seinem Brustkorb – »... ich *kann* dir sagen!«

Viktor, der ihn anblinzelte, als müsste sein Blick sich einen Weg durch dichten Nebel bahnen, nickte und lallte: »Ja. Ich weiß, was Sie meinen. Ohja.«

Madsack überhörte ihn. »Oder etwa nicht?«, flüsterte er, an Wolters gewandt. »Na? Ist doch so.« Er trank einen Schluck Bier, wobei er den Maler nicht aus den Augen ließ.

Wolters zuckte mit den Schultern und ließ seinen Blick so langsam durch die Schankstube wandern, als prüfte er alle Zierstücke auf ihre Stillleben-Tauglichkeit. »Was haben Sie denn da gemacht?«, fragte er und zeigte auf Madsacks linken Oberarm, an dem das Cocktailhemd zerrissen und von Blut durchtränkt war.

Madsack senkte den Kopf, wobei er zwei Fettwülste unter seinem Kinn hervordrückte, und betrachtete den Blutfleck. »Besessenheit ...«, brummte er nach einer Schweigeminute, als wüsste er selbst nicht, woher die Wunde stammte. »Schon den Mond gesehen? Ganz schmale Sichel.«

Als Wolters aus dem Dorfkrug in die Sommernacht trat, erblickte er am Himmel tatsächlich die Mondsichel, geneigt wie ein Boot auf stürmischer See. Im nächsten Moment taumelte Viktor aus dem Krug, er rammte mit der Schulter den Türrahmen und sagte: »Verdammt, Rudolf, das war ... zu viel Bier ...«

Wolters drehte sich nach ihm um, und in diesem Moment, als er den Himmel nicht mehr richtig im Blick hatte, sah er eine Sternschnuppe, sie schoss dicht unterhalb der Venus nach Süden. Wolters packte Viktor bei der Schulter, rüttelte ihn und rief: »Da, eine Sternschnuppe, hast du gesehen? Mann! Was für ein Glück! Siehst du sie?«

Doch als Viktor den Kopf hob, war die Sternschnuppe längst verglüht.

Plötzlich drückte Wolters seine Schulter. »Ich fasse es nicht«, flüsterte er. »Da ...« – er zeigte auf die Hausecke gegenüber – »... da sitzt ein Hase!« Er ging in die Hocke, fiel dabei fast um, stützte sich mit einer Hand ab.

»Den kenne ich«, murmelte Viktor und rieb sich mit Daumen und Zeigefinger die Augen. »Der saß heute Mittag ... auf der Wertstoffinsel.«

»*Wertstoffinsel*«, flüsterte Wolters verächtlich, wobei er den Hasen, der in seine Richtung sah, nicht aus den Augen ließ.

»Das«, erwiderte Viktor mit schwerer Zunge, »heißt so.«

»Was treibt der denn im Dorf?«

»Vielleicht«, lallte Viktor, »Feldforschung? Da ist doch auch ...« – er legte sich eine Hand vor den Mund, denn ihm wurde übel – »... da ist doch auch noch ein ... Reiher.«

Wolters kniff die Augen zusammen. Viktor hatte Recht: Der aus dem Fenster über dem Hasen fallende Fernsehschimmer erhellte bläulich einen Reiher. Auch dieser sah Wolters an.

»Ist ja der Hammer …«, murmelte er.

Viktor stöhnte auf. Rannte um die Ecke und übergab sich vor der Treppe, die zum ehemaligen Dorfkino hinaufführte.

ELFTES KAPITEL

In welchem mancher einen Schädel hat und mancher keinen.

»Da!« Mr Allyours stellte die Löffel auf. »Das Weibchen des Verdächtigen.«

Fledgling McFeather, der sich hinter seinem Hasenfreund an die Hauswand drückte und ab und zu durch das Fenster zum Fernseher schielte, fuhr seinen Schnabel herum, bis dieser wie ein Pfeil zum Dorfkrug zeigte. Emmi Wolters, gerade aus der Tür getreten, die Madsack ihr aufgehalten hatte, stand auf dem gepflasterten Vorplatz und sah sich um, dann rannte sie hinter Asta her.

Madsack sah ihr kopfschüttelnd nach.

»Der Korpulente da geht auch im Bruch spazieren«, flüsterte Mr Allyours.

McFeather säuberte sein Brustgefieder. »Ja«, sagte er. »Aber selten.« Er sah wieder zum Fernseher.

Gegenüber zog Madsack die Tür hinter sich zu. Mr Allyours versuchte vergeblich, durch die Gardinen etwas zu erkennen, wusste aber, dass der hochgewachsene, alte Menschenmann, der beim Spazierengehen oft anhielt, um in einer Kladde zu malen, noch im Dorfkrug war. Seit einer Woche beschatteten sie jeden, der ins Bruch kam, ob zum Vergnügen oder zur Arbeit, und wenn man von den Landwirten absah, war jener Mann, den Fledgling auf den Namen ›Kritzeler‹ getauft hatte, mit Abstand am häufigsten dort: Zweimal täglich, mittags und abends, immer zur gleichen Zeit. Ihm boten sich also viele Gelegenheiten, Tiere aus purer Lust zu töten, weshalb sie ihn für verdächtig hielten und beschlossen hatten, ihn genauer unter die Lupe zu nehmen. Nun warteten sie darauf, dass er den Dorfkrug verließ, um sich alsdann an seine Fersen zu heften, denn am liebsten schlitzten und würgten die Mörder im finsteren Schatten der Mauern des Hauses der Nacht, wie Mr Allyours seinem Freund erklärt hatte, dem angesichts dieser Eloquenz der Schnabel aufgeklappt war.

Schließlich ging die Tür des Dorfkrugs auf, und der Kritzeler trat ins Freie.

»Da ist er!«, zischte Mr Allyours.

Fledgling riss sich von einem Shopping-Kanal los und rieb sich, um wieder in der Wirklichkeit anzukommen, mit einem Flügel die Augen. »Was tut er da?«, fragte er.

Reiher und Hase sahen voller Verblüffung, wie der Kritzeler zum Himmel zeigte, brüllte und lachte und einen anderen Mann, der gerade zur Tür herausgeschwankt kam, bei der Schulter packte, schüttelte und offenbar aufforderte, nach oben zu schauen.

»Was ist denn am Himmel los?«, fragte Fledgling.

»Schau du nach«, bat Mr Allyours. »Du bist den Sternen näher als ich.«

Der Reiher reckte den Kopf und drehte ihn hin und her. »Da ist nichts«, sagte er. »Nur der Mond.«

»Au, Backe«, zischte Mr Allyours. »Er hat uns gesehen.«

Fledgling senkte den Kopf, bis er über den Schnabel hinweg den Kritzeler sehen konnte, der sich hingehockt hatte und sie anstarrte. »Wenn schon«, knarrte er. »Wir gehören doch zum Inventar der Natur, wir fallen hier nicht auf. Außerdem freut er sich – er lächelt ja.«

Im nächsten Moment war ein lautes Röcheln zu hören, dann ein Würgen, und schließlich klatschte etwas auf die Steine vor dem Dorfkrug. Hase und Reiher erschraken. Der zweite Menschenmann – von den beiden der ›Murmelnde‹ genannt, da er im Bruch immer mit sich selbst sprach – stand mit dem Rücken zu ihnen, er hielt sich an der Hausecke fest und hatte den Kopf gesenkt. Noch ein Würgen und ein Klatschen, dann trat Stille ein.

»Was ist mit ihm?«, fragte Mr Allyours.

»Er reihert«, erwiderte Fledgling.

Sie sahen, wie der Kritzeler den Murmelnden stützte und ihm eine Frage stellte, die mit einer abwehrenden Handbewegung beantwortet wurde. Der Murmelnde wischte sich mit einem Hemdsärmel über den Mund und wankte davon. Als er zum Abschied noch einmal winkte, wäre er um ein Haar gestürzt. Der Kritzeler sah ihm eine Weile nach, blickte dann wieder zu Reiher und Hase, schüttelte den Kopf und machte sich ebenfalls auf den Heimweg.

Fledgling bog seinen langen Hals um die Hausecke. »Auf geht's«, sagte er und flatterhüpfte auf die Straße, um Anlauf zum Abheben zu nehmen, was er gerade schaffte, bevor Scheinwerferstrahlen über den Asphalt zuckten. Ein Auto sauste um die Ecke, Bässe wummerten, dann trat wieder Stille ein, und alles war in das apfelsinenfarbene Licht der Laternen getaucht. Mr

Allyours schoss auf dem Bürgersteig zum alten Friedhof, duckte sich in die Hecke und behielt von dort den Kritzeler im Auge, der auf der anderen Straßenseite weiterschlenderte, die Hände in den Hosentaschen, den Blick auf die Sterne geheftet. Er sah sich nach Fledgling um und entdeckte ihn oben auf der Sirene, die in der Kurve vor der Einfahrt zum Haus des Verdächtigen stand. Die Gestalt des Reihers zeichnete sich vor dem Himmel ab, pechschwarz und schmal, sein Schnabel zeigte anklagend auf den Mann, der in die Schatten seiner Einfahrt einbog.

Mr Allyours spurtete los und hatte in Nullkommanichts die Sirene erreicht. Fledgling strich ab und landete nach einem Gleitflug auf dem Dachfirst des Hauses. Mr Allyours spähte um die Ecke, hoppeldihoppelte auf der Einfahrt bis zu einer Zaunpforte, hinter deren Pfosten er in Deckung ging. Ein Bewegungsmelder klackte, am Haus flammte eine Leuchte auf. Mr Allyours sah den Verdächtigen nach dem Schlüssel kramen. Das Licht erlosch. Als es wieder anging, wühlte der Mann immer noch in seinen Hosentaschen. »Mist!«, sagte er. Rief: »Emmi? Bist du noch wach?« Sein Zeigefinger hing vor dem Klingelknopf. Schließlich senkte er die Hand und murmelte: »Wie ich das hasse.«

Fledgling stand wie ein Dachreiter auf dem First.

Der Mann ging zum Ende des Grundstücks, schob ein Tor auf und verschwand in einem Schuppen. Als er wieder zum Vorschein kam, zuckte der Strahl einer Taschenlampe über den verkrauteten Schotterbelag des Hofes. Mr Allyours legte die Löffel an. Der Kritzeler blieb vor seinem Haus stehen, leuchtete in die dunklen Fenster, knipste die Lampe aus und ging zur Straße.

Seine Schuhe knirschten dicht an Mr Allyours vorbei.

Der erbebte und sah zum Dach. Fledgling breitete die Flügel aus. Zu Lande und in der Luft verfolgten sie den Mann, der zunächst in Richtung Bruch ging, was sie in ihrem Verdacht bestärkte. An der Kreuzung blieb er stehen und betrachtete lange das bis zur Dachtraufe mit Wein bewachsene Haus an der Ecke, in dessen Wohnzimmerfenster Licht brannte – Mr Allyours sah zwei Gestalten, Frau und Mann, Arm in Arm auf einem Sofa sitzen. Schließlich seufzte der Kritzeler, ein Laut, bei dem Mr Allyours an Lady Why denken musste und ebenfalls seufzte, und ging weiter. Nicht jedoch ins Bruch, sondern zurück ins Dorf. Er leuchtete mit der Taschenlampe wie ein Einbrecher in die Fenster der Häuser. Er ging am einzigen Laden des Dorfes vorbei, einem Fleischer, der auch Tütensuppen, Konserven, Süßigkeiten und Aufbackbrötchen verkaufte, und Mr Allyours rechnete damit, dass er weiter der Straße folgte, die vom Dorfrand an als Feldweg in den südlichen Abschnitt des Bruchs führte.

Doch der Mann bog nach rechts ab.

Die Kirchenglocke schlug Mitternacht.

Mr Allyours hockte sich vor eine Hofmauer. Sekunden später landete Fledgling auf der Mauer, klappte seine Flügel ein und faltete den Hals zusammen.

»Was ist?«, fragte er.

Mr Allyours ließ die Löffel hängen. »Wir sind dem Wilden Mann auf den Fersen«, murmelte er. »Und …«

»Schiss?«, knarrte der Reiher. »Wir müssen ihm nach. Wenn dich der Gedanke an das Allgemeinwohl nicht anspornt, dann denk an deine Lady Why.« Mit diesen Worten schwang er sich wieder auf. In zweihundert Fuß Höhe wechselte er zum Gleitflug und hielt Ausschau nach dem Kritzeler, den er eine Kreuzung weiter nach links in Richtung Sportplatz abbiegen sah. Er spähte nach unten, sah seinen Hasenfreund durch die Vorgärten der Siedlungshäuser flitzen, schlug gemächlich ein paar Mal mit den Flügeln und schwang sich dann im Bogen über die Dächer. Die Nacht war warm und sternenklar, und Fledgling liebte es, in der Luft zu sein, er spürte den Wind in den Federn von Kopfhaube, Brust und Flügeln, er krächzte eines der Liedchen, die man in seiner Kolonie den Küken vorsang, er sah einen trockenen Ast, der aus der Laubkrone einer der Eichen am Straßenrand ragte, und landete darauf.

Minuten später spazierte der Verdächtige unter ihm vorbei, und auf einmal begriff er. Als sein Hasenfreund unten in die Pfoten ging, glitt er im Spiralflug zu ihm hinab und flüsterte ihm in den aufgestellten, linken Löffel: »Ich kenne sein Ziel, Allyours – er will zur Schädelstätte.«

Dem Hasen stockte der Atem. Die Schädelstätte … Für ihn, der das Bruch fast nie verlassen hatte, war das ein sagenhafter Ort, einer, an den die Tiere sich zum Sterben begaben, einer, den man besser nicht betrat. Und ausgerechnet dorthin wollte der Verdächtige. Ein Zeichen mangelnder Achtung vor den Toten. Möglicherweise auch das Indiz für einen Hang zum Perversen und Morbiden, was wiederum den Verdacht nährte, dass der Kritzeler der Wilde Mann war, der Tiere aus purer Lust tötete. Als Allyours zum Reiher aufsah, flackerte Panik in seinen Sehern. »Müssen«, brachte er hervor, »müssen wir ihm nach?«

Fledgling McFeather sah zur Schädelstätte, einer ehemaligen Schonung. »Ja«, knarrte er, und im nächsten Moment war er wieder in der Luft.

Der Hase blieb sitzen. Er dachte an das Allgemeinwohl, doch der Gedanke spornte ihn nicht wirklich an. Er dachte an Lady Why, was eine schwere Melancholie in ihm weckte, da er seit Wochen nicht mehr mit ihr gesprochen hatte, und wenn er ihr zufällig über den Weg gehoppelt war, hatte sie ihn nur betrübt aus ihren lößbodenglänzenden Sehern angeschaut, als wollte sie ihm sagen, dass er ihrer Liebe leider immer noch nicht würdig sei.

»Achachach«, seufzte Mr Allyours. Wie schwer es manchmal war, die Löffel nicht hängen zu lassen, sich aufzuraffen und in die Zukunft zu schauen – die in diesem Moment in Gestalt der Schädelstätte auf ihn wartete.

Er hoppelte los. Hinter dem Sportplatz ging die Teerstraße in einen selten benutzten, verkrauteten Feldweg über, an dessen Rand Abfall und Astwerk im Mondlicht glänzten. Vom Blitz gespaltene Weiden warfen ihre Schatten nach Mr Allyours aus, der geduckt durch Gräser und Kerbel huschte. Vor einem Winkel der Schonung endete der Weg. Ein Lichtstrahl zuckte zwischen den Baumspalieren, der Verdächtige hielt bestimmt Ausschau nach neuen Opfern.

Fledgling war nicht in Sicht, und der schlotternde Mr Allyours schlich über den umgestürzten Zaun in die Schonung und schlängelte sich durch ein Gestrüpp aus Brombeeren und Brennnesseln, bis er eine Kuhle erreichte, von der aus er den Mann heimlich beobachten konnte. Der ließ den Strahl seiner Taschenlampe über den laubbedeckten Boden gleiten, und schließlich – dem Hasen stockte der Atem – schälte das Licht das Gerippe eines Rehs aus dem Dunkel. Der Mann hockte sich hin, griff nach dem langen, schmalen Schädel und besah ihn von allen Seiten. Legte ihn weg und ging zu einem zweiten Gerippe, um auch dessen Schädel zu betrachten. Ließ den Lichtstrahl über die Baumstämme und eine aus Ästen erbaute Hütte gleiten (Mr Allyours sah Federn glitzern, offenbar versteckte Fledgling sich darin), und bückte sich nach einem dritten Schädel, der ihm zu gefallen schien, denn er behielt ihn in der Hand, lachte leise, murmelte: »Prächtig, prächtig«, und schwenkte noch einmal sein Licht durch die Schonung.

Der Strahl glitt über den Hasen, der in der Kuhle kauerte und sich fragte, was zum Wolf der Verdächtige mit dem Rehschädel wollte. Als er den Kopf reckte, stand der Mann schon wieder auf dem Weg. Er hatte einen Zeigefinger in eine Augenhöhle des Schädels gehakt und hob ihn in das Licht des Sichelmonds.

Weiß glänzte das Gebein.

Die beiden Kapitel sind dem Roman Tiertage *von Henning Ahrens entnommen, der im Frühjahr 2007 im S. Fischer Verlag erscheint.*

JOHN BERGER

Sie sind die letzten

für Beverly

Hinter der Zunge
mit ihrer Grassprache
und dem Hunger nach Salz
hinter der schweren Zunge
die doch so geschickt
wie die Hand eines Blinden
kaut eine gesunde Kuh
fast fünfzig Mal
bevor sie die Maische
wieder hinunterschluckt.

Beverly, es ist
als ob die Tiere
auswanderten, Sternbilder
sind ihr Amerika:
Echse, Löwe, Großer Bär
Stier, Widder, Krähe
Hase …
Vielleicht haben vorsichtigere
wie das Aguti
die Milchstraße gewählt.

Hältst du das Ohr an ihre Flanke
hörst du die Gezeiten
ihrer vier Mägen.
Der zweite ist ein Netz
nach einem Sternbild benannt:
Reticulum. Der dritte
Psalterium – die Seiten
eines Buchs.

Wird sie krank
und kaut nicht mehr
schweigen ihre vier Mägen
– ein Bienenstock mitten im Winter.

Jahr für Jahr gehen mehr und mehr Tiere.

Nur Spielvieh und Kadaver bleiben hier
und die Kadaver, ob lebendig, ob tot
werden von Geburt an
unsichtbar, unentrinnbar
zu Fleisch.

»Ich glaube, es ist kein Problem«,
sagt Bob Rust
von der Iowa State University,
»ein Tier nur für Hamburger
zu züchten.«

Woanders
stirbt das Vieh der Armen
wie sie
– an Proteinmangel.

Holt man sie von der Weide
tragen sie in den kühlen Stall
die Hitze des Obstgartens
und den scharfen Atem wilden Knoblauchs.

Mistest du den Kuhstall aus
streu ein wenig Mist
von einer Stute
das bindet den Dung
so grün wie Gras
so flüssig wie Frühling.

Und binde sie gut an heut Nacht
richt auf Buchenlaub
Beverly, ihr Bett
sie sind die letzten.

*

Nun, da sie fort sind
ihre Ausdauer vermissen wir.
Anders als
Baum, Wolke, Fluss
hatten die Tiere Augen
und in ihrem Blick
war Bleiben.

Es war stets der gleiche Fuchs.
Wenn man ihn tötete
zog man ihn
einen Augenblick lang
aus der Ewigkeit
seiner Erde.

Fielen früher Fliegen und Krähen
über ein totes Schaf
begannen sie mit den Augen.
Doch längst
hatte das Schaf
seine Dauer gelammt.

Der Bussard
in seinem ewigen Kreisen
setzte auf die Zeit
immerwährend – ein Berg.

Aus der einzigen Nacht
trat der Blick eines Tages –
der achtsame Blick eines Tiers
der alle Seiten streift.

Einst flossen die Tiere wie Milch.

Nun, da sie fort sind
ihre Ausdauer vermissen wir.

*

»Man stelle sich eine Zuchtsau
als kostbaren Teil einer Maschinerie vor«,
hört man, »deren einzige Funktion lautet:
Ferkel auswerfen,
und behandele sie so.«

*

Doch manchmal
wenn du Milch
aus der weißen Kanne gießt
erinnert sie mich
an die Gänse
die das Haus bewachten
wie Hunde.

Aus dem Englischen von Hans Jürgen Balmes

BARRY LOPEZ

Der Bär mitten auf der Straße

Virgil stellte zwei Becher schwarzen Kaffees und geröstetes Brot auf den Tisch. Schweigend frühstückten wir und beobachteten durch die von Eisblumen gerahmten Fenster den Sonnenaufgang. Es war ein Schiebefenster. Im letzten Sommer hatten die Jungs die untere Scheibe mit einem Baseball eingeworfen, Virgil hatte einfach klare Plastikfolie über die dreieckigen Scherben geklebt, gerade so, dass es hält, bis er wieder Zeit und Geld hatte, um sich um ein neues Glas zu kümmern. Vom Tisch aus konnten wir die Erde nicht deutlich erkennen, nur den Himmel in der oberen Hälfte des Fensters.

»Hast du heut Nacht die Kojoten gehört?«, fragte ich.

»Mmh.«

»Ob die wohl hinter dem kleinen Bären her sind?«

Am Tag zuvor hatten wir auf unserem Ausritt ein einsames Schwarzbärjunges entdeckt. Virgil hatte es als Erster gesehen. Und nun konnte er an fast gar nichts anderes mehr denken.

»Ich fahre heut rüber zu Charlie Good Swan«, sagte er, »wegen den Kälbern. Kannst ja mit.«

»Ich leih mir lieber ein Pferd, wenn du nichts dagegen hast. Ich will hoch zum Medicine Shield Creek, vielleicht stoße ich ja auf den kleinen Bären.«

»Gut, nimm den Fuchs.«

Virgil biss in sein Brot und schaute hinauf in den Himmel, wo Kumuluswolken auf einer hohen Luftströmung nach Osten zogen.

»Okay, ich gehe zu Charlie, und wir sehen uns später wieder hier.«

Er ging hinaus zu seinem Truck und fuhr los.

Ich sattelte den Fuchs und ritt südlich in Richtung der Grabenböschung, wo wir das Bärenjunge gesichtet hatten. Ich fand die einen Tag alte Fährte wieder, und um irgendeinen Anhaltspunkt zu finden, beschrieb ich vorsichtig Kreise und Schlaufen in der Richtung, in der er verschwunden war.

Immer wenn ich hier draußen bei Virgil das Gelände nach etwas absuchte, von dem ich genau wusste, dass es das geben musste, erhoffte ich eine Art

Öffnung und spürte, wie die Sprache des Denkens, des Unterscheidens und Benennens aller Einzelheiten sich von mir entfernte. Und ich empfand wieder das wortlose Verbundensein, das ich seit meiner Kindheit mit Virgil kannte. Es war die beinah körperliche Empfindung, in der Welt gegenwärtig anwesend zu sein, ein Gefühl, das einen erhob und sich einem gleichzeitig entzog. Nun, Jahre später, macht es mich traurig, dass ich nicht in seinem Sinn handelte, sondern mich damit begnügt hatte, Beobachter zu sein – trotz der wiederholten Einladung, die diese Empfindung ausgesprochen hatte.

Ich suchte ein paar Stunden lang nach dem Bären, fand aber weder eine Spur von ihm noch von den Kojoten. Ich ritt auf direktem Weg zurück, doch meine Gedanken zogen in eine andere Richtung und die Vorstellung eines anderen Lebens suchte mich heim.

Sobald ich ihn an mich heranließ, zerrte auf meinem Ritt ein Gedanke an mir: wie leer das Land doch geworden war. Nie konnte ich als Junge mit Virgil hier durchreiten, ohne auf eine große Antilopenherde zu stoßen. Seit fünfzehn Jahren hatten wir nun keine mehr gesehen. Dasselbe galt für die anderen Tiere. Weniger Füchse, Präriehasen, Dachse, Goldadler. Es schien, als hätte man sie irgendwie herausgenommen, ohne dass etwas anderes davon betroffen war. Alles, was man jetzt noch sah, war Rotwild. Ich nehme an, wir haben es dank Gift und unserer Gier nach Trophäen so weit gebracht. Köder, Rinder, Zäune. Jagdfieber, wie die Jungs es heute nennen. Auf einem ganzen Tagesritt sah ich vielleicht nicht mehr als einen einzigen Fuchs.

Als Virgil Night Crow meine Mutter in den Dreißigern in der Nähe von Glasgow, Montana, kennenlernte, war sie noch ein heranwachsendes Mädchen gewesen. Einen Sohn hätten meine Großeltern vielleicht mit seinem Stamm weiterziehen lassen, zumindest für eine Weile. Aber so setzten sie ihrer Faszination für seine Leute ein Ende – und ließen Virgil durchblicken, dass sein Interesse an ihrer zwanzig Jahre jüngeren Tochter irgendwie merkwürdig war. Virgil, da bin ich mir sicher, ist verständnisvoll und höflich geblieben und hatte schließlich alles vergessen. Er konzentrierte sich einfach auf etwas anderes.

Ihm war wichtig, so sagte Mutter, ihr jede Einzelheit und jeden Zusammenhang in der Landschaft, durch die sie reisten, aufzuzeigen – wie jedes kleine Ding auf etwas anderes wies. Früher hatte die ganze Gegend seinem Volk gehört, nach Süden bis zu den Siedlungen der Mandan und Hidatsa am Missouri, nach Osten bis zum Land der Ojibwe, nach Norden bis zu den Gegenden, durch den die Plains-Cree zogen, westlich zum Gebiet der Gros Ventre und südwestlich bis zu den Crow. Assiniboine war der Name von Virgils Stamm, andere nannten sie Stony. Mutter sagte, er hätte das Land bis in die letzte Dreckpfütze so genau gekannt wie sie mich: was dem Land gefiel und was nicht, und doch könnten alle uns bekannten Details – die Farben des Himmels oder der Chinook-Wind, der einem harten Winter aus Osten in die Flanke fährt – sein Geheimnis nicht erklären.

Weit und offen lag das Land vor den Assiniboine, eine wogende Prärie aus kurzem Gras, durchschnitten von Wasserläufen und hier und dort unterbrochen von niedrigen, runzeligen Hügeln und Kuppen. Das Land der Büffel. Als man den Westen Kanadas und den Kauf von Louisiana kartographierte, zog man die Grenze kerzengrade mitten durch das Land der Assiniboine.

»Man konnte sich zwischen den USA und Kanada entscheiden«, sagte Virgil einmal zu mir. Er sollte mir erzählen, was es bedeutet, in ein Reservat eingeschlossen zu sein. »George III. oder Thomas Jefferson, es war deine Wahl.«

»Man konnte wählen?« Ich tat erstaunt über diesen Gesetzesparagraphen, den ich ihm aber ohnehin glaubte.

»Jo«, gab er zurück, »manche von uns gehen immer noch hin und her.«

Virgil antwortete auf die gebrochenen Verträge, Landforderungen, erzwungene Anpassung und all den Rest, indem er einfach weitermachte, ohne sich groß darum zu kümmern – so wie die großen Flüsse bei Schneeschmelze durch die Prärie zogen, der Milk oder der Poplar, ein ruhiges, langsames Fließen, das man hinter den abschüssigen Ufern beinahe aus dem Auge verlor.

Für ihn waren die Landvermesser nichts weiter als eine Reihe schlimmer Stürme, die man einfach auszusitzen hatte.

Nach meiner Geburt nahm er mich als seinen Enkel an, eine Beziehung, die meinem Vater nie gefallen sollte. Trotzdem sollte ich die Sommer über bei Virgil bleiben. Gemeinsam ritten wir nach Kanada hoch. Er brachte mir das Jagen bei. Im Lauf der Jahre kannte ich fast jeden im Fort Peck-Reservat.

Virgil lebte bei Larslan am Oberlauf des Porcupine Creek, wir hingegen ungefähr vierzig Meilen außerhalb des Reservats in der Nähe von Four Buttes. Als ich ungefähr zehn war, gab mein Vater die Viehzucht auf, handelte mit Immobilien und zog mit uns nach Wolf Point. Ich war gerade im Osten auf dem College, als er alle nach Miles City in den Süden expedierte. Meine Mutter kam dort ein paar Jahre später ums Leben, ein seltenes Missgeschick im Pferde-Korral. Mein Vater traf sich damals mit einer anderen, und als Erstes räumte er all die Bücher aus dem Haus, die meine Mutter erworben und gelesen, Bücher, die sie mir als kleinem Jungen zugeschoben hatte und die für mich eine Zuflucht vor der Geistfeindlichkeit meines Vaters gewesen waren.

Meine Brüder und Schwestern zogen später aus dem Staat fort. Vater heiratete die Frau. Jetzt lebt er mit ihr und einem ihrer Kinder in Cheyenne. Als Virgil fragte, ob er meine Mutter in den Hügeln bestatten dürfe, hat mein Vater nein gesagt.

*

Immer wenn ich mit Virgil loszog, brachte er mir etwas Konkretes und Praktisches bei – wie man Wasser findet, Tiere aufspürt, welche Kakteen essbar sind. Nie überging er eine meiner Fragen oder ließ mich dumm dastehen. Als ich fünfzehn war, ritt Virgil mit mir nach Norden, wo der Willow Creek in den Porcupine mündet, und ließ mich dort vier Tage allein, um zu fasten und zu träumen, damit ich herausfinde, wer ich sei und was ich werden sollte. Ich hungerte nach einer Vision und versuchte mir einen Weg in die Welt zu erzwingen, von der mir Virgil erzählt hatte, als er das Land direkt vor meinen Augen beschrieb – wo die Tiere wie Stämme herumzogen und sich dir näherten, als wollten sie dir etwas mitteilen. Aber während des ganzen Fastens fühlte ich mich ängstlich und taub. Ich hatte keine Vision.

Nach der Schule zog ich wieder nach Havre und eröffnete meine Kanzlei. Meistens verhandelte ich Vertragsangelegenheiten aus den Reservaten Fort Belknap, Rocky Boy und Fort Peck. Daran glaubte ich. Manchmal fuhr ich hinüber zu Virgil und blieb für eine Woche. Er war damals über siebzig, aber ich spürte, dass unsere Sache noch nicht zu Ende war.

Als ich einmal nachts von Virgil über den Hi-Line nach Havre zurückfuhr, musste ich einem Bären ausweichen und kam von der Straße ab. Ich stieg aus meinem Pick-up, an dem nicht viel kaputt war, der aber ganz schön tief im Graben steckte, und kletterte die Böschung hinauf. Ich steckte eine Patrone in meinen alten Colt .38-40, ein Hammer, mit dem man ein Pferd sogar von der Seite umhauen konnte. Zweihundert Fuß entfernt stand der Bär noch immer an der gleichen Stelle der zweispurigen Asphaltpiste, ein Schatten im leicht helleren Grau der Dämmerung, die Schultern gegen den Himmel hochgezogen. Ich schätze, in ganz Nordmontana hatte seit fünfzig Jahren niemand einen Plains-Grizzly zu Gesicht bekommen.

Der Bär bewegte sich nicht, sondern er und die Nacht verschmolzen zu einem Dunkel, und er verschwand.

Damals war ich sechsundzwanzig. Zwei Jahre später – Virgil hatte die Krallenspuren untersucht und gemeint, es sei wirklich ein Grizzly gewesen – riss ein Bär das Fliegengitter von meiner Haustür. Ich wollte damals mit

Virgil nicht lange diskutieren, warum ein Bär nur das Fliegengitter herausreißt und verschwindet, aber ich war gerade dabei zu heiraten und sorgte mich, ob Jill jetzt noch zu mir ziehen wollte.

Doch ich brauchte eine Erklärung. Virgil zuckte nur mit den Schultern. Wie solle er das wissen?

Im ersten Herbst nach unserer Heirat nahm ich Jill für ein paar Tage mit zum Lake Thibadeau. Wir beobachteten, wie Gänse und Enten auf ihrem Zug rasteten und Weißkopfadler die Nachzügler jagten. Nachmittags hörte ich gern der Rotdrossel und der Feldlerche zu, ihrem vollen, klaren Gesang. Brewers Sperlinge. Wir zelteten auf einer alten Sandbank mitten im Fluss.

Am letzten Morgen fanden wir nach dem Aufwachen überall frische Grizzlyspuren. Ich versuchte, der Fährte zu folgen, doch sie verlor sich beidseits im seichten Wasser.

Als wir zu Hause waren, ließ ich Jill aussteigen und fuhr allein die zweihundertachtzehn Meilen weiter, um mit Virgil zu reden. Er hatte kein Telefon.

»Er will deine Aufmerksamkeit, denk ich mir«, sagte Virgil.

»Was meinst du, soll ich tun?«

»Offen sein.«

»Jill ist im dritten Monat schwanger, Virgil, ich kann es nicht darauf ankommen lassen«, sagte ich.

Er bedachte mich mit einem Blick, mit dem man jemanden anschaut, der an jeder Kreuzung falsch abbiegt.

»Warum kommst du nicht nächste Woche her? Wir gehen noch einmal zu der Stelle oben am Porcupine, wohin ich dich schon als Junge geführt habe. Wir schauen uns da um.«

Das sagte er ganz selbstverständlich, also habe ich nur okay genickt.

*

Es war nicht einfach gewesen, loszukommen. In der Woche vertrat ich die Gros Ventre vor Gericht, die sich mit Ranchern stritten, die glaubten, Gott selbst habe ihnen das Recht verliehen, einen Bären, der ihr Vieh gerissen hatte, bis hinter die Grenzen des Reservats zu verfolgen, und die unverdrossen auf die christlichen Grundsätze dieses Landes pochten, was für sie als einzig richtiger Weg zum wahren Leben galt.

So kam ich erst spät am Freitagabend an, und Virgil schlief bereits. Als er mich am nächsten Morgen weckte, war es schon spät. Wir nahmen den Highway nach Norden. Etwas oberhalb der Stelle, wo ein Feldweg den

Porcupine kreuzt, luden wir die Pferde ab, den Fuchs für mich und eine Blue Roan-Stute für ihn, und ritten ein paar Meilen weiter nach Norden bis zu einer Sandbank, auf der Pappeln und Eschenahorn wuchsen. Wir hatten ausgemacht, dass Virgil hier auf mich wartete – wie vor zwanzig Jahren.

Wir kannten beide den Einsatz.

Ich folgte dem trockenen Flussbett bis zu meinem alten Lagerplatz, Decke, Zeltplane, Jacke und ein paar Wasserflaschen im Gepäck. Virgil hatte nichts erklärt, aber ich wusste, ich musste wieder versuchen, zu einer Vision zu gelangen, dem Bild der Verantwortung, die nach seiner Weltsicht notwendig war, um ein sinnvolles Leben zu führen. Das Eindringen des Bären, seine beinahe menschliche Hartnäckigkeit, hatte ich bereits verstanden; aber in mir brannte kein Verlangen, mein Leben nach einem Bären zu richten. Was ich suchte, war eine Erklärung, eine Orientierung.

Es war noch früh am Morgen, als ich das Coulee verließ. An einer Stelle, an der die hohe Flussböschung zusammengesunken war, sah ich nicht weit entfernt eine Herde Pronghorn grasen. Ungestüm und nervös wie immer beachteten sie mich nicht weiter und schenkten mir so wenig Aufmerksamkeit wie einer Schar Vögel. Es waren Hunderte, und als ich beobachtete, wie sie durch die Prärie weiterzogen, ließ ich das Pferd sich niederkauern. Immer wenn etwas im Gras oder im Wind sie erschreckte, drängten sich die Kälber an die Flanken der Mütter. Später stieß ich auf eine Dächsin, ihr neuer Bau war an einem Abhang leicht an der frisch ausgehobenen, dunkleren Erde zu erkennen. Wie die Pronghorn zeigte sie nicht das geringste Erschrecken, sondern fixierte mich mit einem Blick. Fünfzig Fuß weiter stand ein Kojote im Unterholz. Als ich die Zügel herumzog, um besser zu sehen, was da los war, schaute er mich an. Mir standen die Haare im Nacken zu Berge.

Diese Zeichen erhöhten meine Aufmerksamkeit und ließen mich hoffen. Als ich die abgemachte Stelle erreicht hatte, stieg ich vom Pferd, setzte mich auf die Erde, behielt die Zügel aber in der Hand. Nichts an dem Land erkannte ich von früher wieder, aber alles hatte eine Frische, auf die ich weiter im Süden nie gestoßen war.

Ich band das Pferd an und verharrte im Licht des späten Nachmittags – voller Furcht und Erwartung, ob der Bär sich zeigen würde. Als die Dunkelheit auch die letzten lichten Stellen der Erde umfasste, legte ich mich auf einem Lager schlafen, das ich aus Sagebrush geflochten hatte.

Erwachend erinnerte ich mich an keinen Traum, aber ich hatte klar und deutlich das Gefühl, in einem leeren, mir unvertrauten Raum zu sein. Ich war hungrig, aber mir war noch nicht schwindlig. Ich bemerkte gleich, dass sich das Pferd von seinem Pflock losgerissen hatte. An den Schleifspuren konnte ich erkennen, dass es hinunter zu dem Coulee unterwegs war, wo Virgil campierte. Es war nicht so weit entfernt, dass ich es nicht in ein paar Stunden zu Fuß erreicht hätte.

An dem Tag konnte ich nichts weiter Bemerkenswertes beobachten oder hören. Kein Vogel, der vorbeiflog. Nichts regte sich im Gebüsch, weder nah noch fern brüllte ein Tier. Die Landschaft schien genauso wie ich auf etwas zu warten, ihre Kanten und Ränder glänzten fast, so scharf waren sie. Aber es wurde Nacht, und ich wickelte mich um meinen leeren, verknoteten Magen. Heute Nacht, dachte ich, würde ich sicherlich träumen.

Ich lauerte auf den Schlaf, doch eine Irritation, der enttäuschte Wunsch nach einer Lösung, hielt mich zurück, und so stand ich in Gedanken wieder an der altbekannten Kreuzung. Auf der einen Seite erstreckte sich das Land mit seiner Hochebene, auf der ich lag, und federte vor jeder Vereinnahmung zurück. In all den Jahren, die ich durch diese Gegenden geritten bin, über die Hügel und durch die ausgedörrten Flussläufe, zunächst als Junge, dann als Mann, schien es mir auf der Schwelle zu einer Gabe, einer Ankündigung zu verharren. Könnte ich mich dem Land nur überlassen, würde es sprechen. Auf der anderen Seite stand, was ich Vernunft nennen möchte, die Versuchung, jedes Problem – privat, gesellschaftlich, finanziell – zu lösen, die Verführung hinter dem Glauben, dass man immer eine Lösung austüfteln könnte.

Ich weiß, ich hätte hier liegen bleiben sollen, bis sich die Stille um mich herum Schicht für Schicht löst; bis ich das Geraschel und die Stimmen der Tiere, die bereits seit Ewigkeiten hier lebten, und das Wasser in dem nahen trockenen Flussbett rauschen hören würde; aber ich entschied mich für den entgegengesetzten Weg. Ich fühlte mich plötzlich beleidigt. Trotz meinem Ernst und meiner Konzentration zeigte sich mir an dem Tag nichts Bemerkenswertes, nichts, mit dem ich etwas anfangen konnte, nicht einmal ein ungefähres Zeichen. Warum keine Feder, die ein vorüberfliegender Vogel verlor und die ich im Lauf aufschnappen müsste? Oder das Erscheinen eines Wolfes, der schon länger aus dieser Gegend verschwunden war als der Grizzlybär? Aber der Tag hatte nichts gebracht, nicht einmal einen auffallenden Stein, den ich in die Tasche gesteckt hätte.

Es wurmte mich, und nun völlig wach tröstete ich mich mit dem Gedanken, dass ich im Vergleich zu der eisigen Distanziertheit meines Vaters und dem frühen gewaltsamen Tod meiner Mutter ein gutes Leben führte. Ich war dabei, eine Familie zu gründen, meine Arbeit war genau das Richtige für mich und erschien mir als richtig und gerecht. Meine Entscheidung dazu war völlig freiwillig gewesen, ich wusste, dass der Wirkungskreis meiner Arbeit klein ist, aber mir genau entsprach.

Wohin würde ich von hier aus gelangen? Mit neunundzwanzig spürte ich immer noch, was ich einst die Last der Welt genannt hatte, die unheimliche Mischung aus dem Wissen um die Unterdrückung und die Herausforderung durch die Inkompetenz der Mächtigen. Und deshalb glaubte ich, dass man in allen Winkeln der Welt dagegen anarbeiten musste. Freunde in Basra und Riad, mit denen ich gemeinsam Jura studiert hatte, schickten mir Zeitungsartikel über das Imperium, das mein Land in Saudi-Arabien und Kuwait errichtete – Strategien, die eines Tages in einem Krieg um das Öl gipfeln mussten. Als Jugendlicher hatte ich von der Minamata-Krankheit gelesen, eine Schadensspur im Schlepptau der Schwerindustrie. Ich wuchs auf mit der Wut über François Duvalier, Tontons Macoutes und die Ermordung von Juan Domingo Perón, über die Todesfelder von Stroessner, Pol Pot und Suharto. An die Korruption der Marcos erinnerte man sich noch genau, genauso an die Toten von Bhopal. Gegen diesen Pesthauch las ich die Biographien von Kardinal Józef Mindszenty und Gandhi, dem südafrikanischen Schriftsteller Steve Biko und dem türkischen Dichter Nazim Hikmet.

Genau gesehen hatte ich mit all dem Schrecken, den Heimsuchungen durch Figuren wie Idi Amin oder dem Schah von Persien, mit dem kubanischen Batista, Pablo Escobars Raubmördern, den Contras mitsamt ihren Geschäftsfreunden und Bankkontakten, ihrer ganzen Totschlagideologie, nichts zu schaffen. Ich war nichts als ein wütender Zuschauer; weder konnte ich etwas dagegen unternehmen, noch wollte ich die Arbeit, zu der ich mich verpflichtet fühlte, aufgeben – ich tat nichts, um bei anderen größere Aufmerksamkeit, heftige Empörung und einen organisierten Widerstand zu entfachen. Auch wusste ich, dass ich mich selbst, sobald ich mit dem Finger auf andere wies, unter den Verallgemeinerungen meiner Anklage krümmen würde. Ich traute keinem mit einer schwarzen Liste. Wenn ich eines im Gerichtssaal gelernt hatte, dann, dass eine Hand, die die andere wäscht, niemals sauber bleibt. Und dass von allen Übeln, die die Gesellschaft heimsuchen, Helfen und Weltverbessern die heimtückischsten und am schwersten zu fassenden sind, denn sie sind gestaltlos.

Die Leiden der Welt betrachte ich immer noch als unlösbares Problem. Und wer von den durch uns identifizierten Todesagenten würde je zugeben, dass er sich geirrt hatte und widerrufen, würde zur Seite der Gegner überlaufen, zu Eimer und Lappen greifen, seine Taten nicht weiter rechtfertigen, sondern sich in den Bulldozer setzen oder zum Feuerlöscher greifen – was immer gerade der Tag erfordert?

Ich halte immer noch Kontakt zu meinen alten College-Freunden, mit denen ich einst so leidenschaftlich diese Fragen diskutierte, als ob unsere Aufgabe mit Händen zu greifen sei. Wir kennen uns aus, unterrichten einander, nutzen unsere Chancen und sind stets recht gut informiert. Wir teilen die gleichen heftigen Einwände dagegen, wie Regierung und Wirtschaft miteinander verschmelzen, um die Gesellschaft neu zu gestalten. Unsere Lösung hatte bisher darin bestanden, zu lehren und zu lernen, die widerstrebenden Seiten an einen Tisch zu bringen und dem eine Stimme zu geben, was die Regierung, die Wirtschaft und die militanten Religionen unterdrücken.

Keiner meiner Freunde hat dabei die Gerechtigkeit als Ideal aufgegeben, das in unserer Jugend so viel schwerer wog. Wir haben den Glauben an sie nicht verloren, aber sind im Lauf der Jahre entmutigt worden. Manchmal können wir nicht mehr über den Horizont unserer Nöte blicken. Wir sind wie ein Stamm Nackter, der sich plötzlich in einem eisigen Klima wiederfindet, Frauen und Männer, die sich in einer überdachten Senke zusammenkauern, wo sie ein Feuer entfachen und nun das karge Land nach Brennholz absuchen.

Außer der Niederschrift meiner Berichte und der Verteidigung meiner Fälle, außer der Unterstützung der Pläne meiner Freunde und der Stärkung ihrer Hoffnung war ich ratlos. Was mich davon abhält aufzugeben ist der Anblick einer jungen Frau, die ein totes Tier in den Straßengraben zieht. Oder das Treffen mit einer Journalistin neulich, die in den Straßen von Kalkutta Hunderte von unbestatteten Toten gesehen hatte, die wie Laub verwelken, die mit den wie im Schlaf dahintrottenden Minenarbeitern von Rondônia, den Warlords in Somalia, den Mudschaheddin, dem Präsidenten der Weltbank gesprochen hatte – und die sich dann kommentarlos an den Tisch setzt, an dem ihr Vater über die hohen Benzinpreise klagt.

Was mich aufrecht hält, ist die Zuversicht anderer. Was mir Sorgen macht, ist die Erschöpfung, die mich beschleicht, und dass ich mich nicht mehr länger verantwortlich fühlen könnte.

*

Am Morgen konnte ich mich wieder an keinen Traum erinnern.

Unter der Pappel entdeckte ich Virgil, er saß still für sich, und als ich mich ihm näherte, flogen Vögel aus der Deckung des Laubs. Er lächelte fast. Ich nickte mit einigem Ernst, als ob ich ihm außer unserem kurzen Aufenthalt hier am Bach etwas Wichtiges mitzuteilen hätte, aber er sattelte wortlos unsere Pferde.

Als ich den Bach entlang zurückwanderte, war mir der Plains-Grizzly, den ich in jener Nacht auf der Hi-Line gesehen hatte, deutlich vor Augen gestanden. Es war gut möglich, dass er vom Fort Belknap-Reservat heraufgekommen war. Ich fragte Virgil, ob er meine, dass so ein seltenes Tier auf Indianerland sicherer sei. Einige Indianer, das wusste ich, hatten Schwierigkeiten mit dem Übergang von ihrer zur heutigen Kultur und hätten den Bären genauso wie jeder grüne Weiße ohne viel Federlesens abgeknallt.

»Der Unterschied zwischen uns ist, dass uns das, was ihr vergesst, nicht loslässt«, sagte Virgil. Er antwortete so auf eine größere, weitere Frage, und ich nehme an, dass das »wir« den Bären mit einschloss. Seine Stimme hatte noch nie so verzweifelt geklungen.

In seinem Leben habe er schon einige Plains-Grizzlys gesehen, sagte Virgil nach einer Weile, einer drüben im Boxelder Coulee und ein anderer am Abfluss des Smoke Creek. Beide Orte befinden sich auf dem Gebiet des Fort Peck-Reservats.

»Sie sind hier. Alle, sogar die Büffel sind noch da. Du denkst, sie seien ausgerottet, verhungert oder längst fort, aber solange sich Menschen ihre Geschichten weitererzählen und sie im Sinn behalten, so lange sind sie hier. Du musst nur die Geschichten erzählen und sie dir wieder in Erinnerung rufen. Dann kehren sie nachts in deinen Träumen heim. Sie folgen dir, wenn du irgendwo allein für dich wanderst. Warum, werden sie dich fragen. Das ist ihre Frage: warum.«

»Aber meine Frage lautet, warum hast du mich wieder hergebracht?«

Er antwortete nicht.

»Ich versagte das letzte Mal, ich versagte diesmal.«

Er überhörte meine Frage.

»Weißt du, warum das so ist, Virgil? Ich denke die ganze Zeit. Ich bin ständig am Denken. Nie höre ich damit auf, sodass ich meistens, wenn du mir etwas zeigen oder beibringen willst, gar keinen Zugang dazu finde.«

»Das stimmt.«

»Ich kann nicht werden wie du, Virgil.«

»Nein, das nicht. Aber du kannst dem Bären antworten.« Er wendete sein Pferd, um mir in die Augen zu schauen. »Der Bär kommt zu dir, weil du gesagt hast, du würdest ihm gerne helfen, und deshalb fragt er dich, warum. Er spricht für alle hier draußen, für jedes einzelne Tier. ›Warum willst du mich töten?‹«

Das will ich doch gar nicht.«

»Du darfst nicht immer deinen Namen hören, Edward, sobald jemand spricht.«

*

Als wir an seinem Truck standen, gaben wir den Pferden Wasser und Hafer. Nachdem alles eingeladen und festgemacht war, wandte sich Virgil zu mir. Ich konnte erkennen, dass er ängstlich war, aber seine Stimme war so ruhig, als lese er eine Einkaufsliste vor.

»Die kleine Stelle hier oben an der Wasserscheide zwischen den beiden Bächen scheint dir vom Geist verlassen, aber das stimmt nicht. Du fürchtest dich. Ich hoffe, du kommst eines Tages zurück, vielleicht wird dann etwas auf dich warten.«

»Ich werde mein Bestes versuchen, Virgil.«

»Der Bär hält dir die Tür auf, Edward. Er hat Geduld.«

Auf dem Heimweg hielt Virgil an und untersuchte eine Stelle, wo eine Kojotenfährte quer über die Straße lief.

»Schau, hier«, sagte er, »siehst du, wie sich die Vorderläufe ein wenig tiefer eingedrückt haben? Der Kojote trug etwas.«

Ich nickte.

»Scheint letzte Nacht gewesen zu sein.«

»Ja.« Bevor er wieder in den Truck stieg, ließ er die Augen über den blanken blauen Himmel wandern, den ganzen Horizont entlang, von Ost nach West.

*

Es sollte sechs Jahre dauern, bevor ich zum Porcupine Creek zurückkehrte. Jill und ich hatten bereits zwei Kinder, und im Krankenhaus von Great Falls ging es mit Virgil zu Ende. Ich lagerte wieder an der gleichen Stelle über dem ausgedörrten Bachlauf, bis die Stimmen, die so lange in mir über die Zukunft debattiert hatten, verstummten und ich durch die Tür trat.

Edward Larmirande, Mitglied des Métis Nation Council, Rechtsanwalt, Autor von »Die sich entziehende Erfahrung und der Selbstmord von Meriwater Lewis«, als er Winnepig, Manitoba, verließ.

Aus dem amerikanischen Englisch von Hans Jürgen Balmes

Die Erzählung entnahmen wir dem letzten Buch von Barry Lopez, Resistance (2004). *In ihm wird geschildert, wie eine Gruppe im Ausland lebender amerikanischer Wissenschaftler und Künstler von der amerikanischen Regierung aufgefordert werden, sich zu ihrer Nation zu bekennen. Ihre Antwort besteht je aus ihrem Verschwinden, von dem sie in ihren Aufzeichnungen berichten.*

WERKGESPRÄCH

Das Tier, das keines sein will

Der Anatom, Human- und Evolutionsbiologe Carsten Niemitz über den Menschen als evolutionäre Momentaufnahme. Ein Gespräch mit Jörg Bong.

BONG »Der Mensch stammt vom Affen ab«, dieses grundlegende Missverständnis über die Evolution des Menschen ist noch heute, rund 150 Jahre nach der Veröffentlichung von Darwins Schriften fast allenthalben vorherrschend. Die Vorstellung, vom Affen, vom »Tier«, abzustammen, dann in – wie immer definierten Zäsuren – »Mensch« geworden zu sein, scheint mittlerweile hinnehmbar, nicht indessen, was Darwin eigentlich sagte und was tatsächlich der Fall ist: Der Mensch stammt nicht vom Affen ab, er selber ist ein Affe. Das ist kein Aperçu, eine amüsante Pedanterie der zoologischen Klassifikation – warum sind das zwei so wesentlich verschiedene Aussagen? Und wie erklären Sie sich dieses so beharrlich fortsetzende Missverständnis?

NIEMITZ Darwin hat in seiner Deszendenztheorie zunächst lediglich auf einer Feststellung bestanden, die Carl von Linné bereits hundert Jahre zuvor getroffen hatte. Nach dem von ihm entworfenen zoologischen System muss der Mensch, Homo sapiens, zur Ordnung der Primaten gezählt werden. Obwohl der Terminus ›Herrentiere‹ den Sinn des Begriffs der ›Primaten‹ gut trifft, tradiert er nach meinem Geschmack zu offensichtlich unangenehm Zeitgeistliches. Ich mag ihn daher nicht, obwohl mir klar ist, dass die ›Primaten‹, ebenso historisch betrachtet, eigentlich nicht besser sind. Was jedoch bei Linné Ausdruck eines statischen Seins, eines konstanten Faktums war, hatte mit Darwins Formulierung der bei vielen einschlägig gebildeten Geistern seiner Zeit dämmernden Theorie eine neue Dimension gewonnen. Von nun an hatte der Mensch nicht nur durch göttlichen Beschluss ihm selbst ähnelnde tierische Nachbarn. Da es sich hierbei nicht um besonders edle Tiere, sondern ausgerechnet um Affen handelte, war diese systematische Nachbarschaft zwar von Gott nicht besonders freundlich gewählt, doch hätte man sich damit noch abfinden können. Unangenehmer jedoch war die allmählich zur Gewissheit werdende Mutmaßung, dass Eltern ihren Kindern nicht in allen Merkmalen gleichen, dass die Unterschiede von Generation zu Generation zunehmen könnten, dass diese Unterschiede durch Vermischung erblicher Merkmale im Laufe der Generationen eine Regelhaftigkeit für die Population erführen, und dass somit der Mensch nicht immer von Menschen abstammen würde, – denn nun kam nur noch eine Sorte von Mitgeschöpfen als Vorfahren für uns in Betracht: Menschenaffen! Aber jene sind Tiere, und wir sind Menschen, bitteschön! Das Sakrileg Darwins bestand einfach darin, dass er uns die Menschenaffen zu nah auf den Pelz rückte, eine beunruhigende Nähe.

Zoologisch gesehen gehört der Mensch zu den Altweltaffen, den so genannten Catarrhini. Den meisten gebildeten Menschen ist heutzutage vertraut, dass wir über 98 Prozent unseres Erbgutes mit den Schimpansen, unseren nächsten zoosystematischen Vettern, teilen. Molekulargenetiker schlagen seit einigen Jahren vor, Menschenaffen den Status von Hominiden zuzuordnen. Paläoanthropologen bestehen fast ausnahmslos weiterhin auf der Einteilung, wonach mit den ältesten Hominiden, den fossilen Dokumenten unserer Ahnenschaft in Afrika, nur Vertreter unseres eigenen menschlichen Zweiges des Systems gemeint sind. Beide Systeme werden von führenden wissenschaftlichen Zeitschriften, beispielsweise von *Nature* und *Science*, simultan geduldet; die Autoren werden nicht aufgefordert, um der Einheitlichkeit wissenschaftlicher, heuristischer Ordnung halber Einigkeit für nur ein System zu erzielen. In den Redaktionen führender Wissenschaftsjournale ist das Thema also bis heute tabu, und auch ich selbst habe bei Evolutionsbiologen, von denen ich viel halte, mit der Bemerkung, dass wir Altweltaffen, also Affen seien, auch noch nachdenkliches Kopfschütteln ausgelöst.

BONG Alles, was wir, die Menschen, jedes einzelne Individuum der Art Homo sapiens (sapiens), heute sind, sind wir geworden in den 200 000 Jahren seit unserem Erscheinen – in den zwei, drei Millionen Jahren seit dem Erscheinen der verschiedenen Homo-Arten, in den sieben Millionen Jahren seit den diversen Hominiden, den 60, 70 Millionen Jahren seit den ersten Primaten, den 220 Millionen Jahren seit den ersten Säugetieren, den rund vier Milliarden Jahren am Ende seit dem ersten Leben, einer Art Bakterie. Mensch ist in dieser Geschichte des Lebendigen ganz und gar ein Gewordenes, zudem eine sehr, sehr rezente – eine evolutionsgeschichtlich geradezu noch aberwitzig junge Erscheinung. Der gegenwärtige Mensch, zumal der so genannte abendländische Mensch, sucht sich indessen vielmehr in den letzten Hunderten, vielleicht noch Tausenden von Jahren in der Zeit seit den ersten Hochkulturen, eine Epoche, die er nun »Geschichte« nennt und alles davor zur »Vorgeschichte« und »Frühgeschichte« macht – was die Geschichte zur eigentlichen Geschichte werden lässt, das davor zu doch eher Unerheblichen in Hinsicht auf das wesentlich Menschliche. Das muss dem Evolutionsbiologen gänzlich abstrus vorkommen, erzählen Sie uns aus Ihrer Sicht von der wesentlichen Geschichte des Menschen, der Menschwerdung und deren Zeitpunkten, erzählen Sie von wichtigen Momenten der für Sie eigentlichen Geschichte des Menschen.

NIEMITZ Diese Aufforderung ist reizvoll, weil sie weit über das spezifisch Menschliche hinausgeht, zugleich aber offenlegt, wie elementar im Laufe der Evolution erworbene Merkmale unsere Existenz ermöglichen und unser Wesen bis heute kennzeichnen, die teilweise Milliarden von Jahre alt sind. Am Anfang standen wohl zwei Kriterien, nämlich erstens die Abgrenzung des Individuums von seiner Umwelt mit der Definition des Inneren, des Eigenen, des Dazugehörigen einerseits und des Äußeren, des Anderen, des nicht Dazugehörigen andererseits, kurz, seiner Integrität. Zweitens meine ich die Fähigkeit zur Reproduktion. Die nächste ungeheure Errungenschaft bestand wahrscheinlich im Erwerb des Zellkerns mit seiner Bedeutung als gemeinsame Zentrale für Reproduktion und für die Steuerung aller inneren Prozesse. Die Vielzelligkeit ist zwar ebenfalls eine der Grundbedingungen auch der menschlichen Existenz, doch mag sie sich zwangsläufig und schleichend und auch lange Zeit definitorisch unscharf ergeben haben: Noch heute kann man angebliche Individuen, also »unteilbare« Tiere zerstückeln, wobei man lediglich erreicht, dass es nun zwei lebende, wiederum teilbare Tiere werden. Dies gilt sogar kurz nach der Befruchtung der Eizelle auch für den Menschen, der, wenn man ihn im Zwei-Zellen-Stadium trennt, ohne einen Geschlechtsakt, ohne einen Vater, zu zwei eineiigen Zwillingen heranwächst. Drei weitere fundamentale Schritte waren vor rund einer halben Milliarde von Jahren vollzogen: die Segmentation des Körpers, der Erwerb von Kiemenbögen und die Evolution eines Zentralen Nervensystems. Die Segmente unseres Körpers werden in unserem Grundbauplan von den Bandscheiben und Wirbeln unserer Wirbelsäule repräsentiert, von den ihnen zugehörigen segmentalen Nerven, von den segmentalen Rippen und, beispielsweise, von den segmentalen Wülsten der vorderen Bauchmuskulatur. Eine uns erhalten gebliebene Kiemenbogenarterie bezeichnen wir als Aortenbogen, und das Zentrale Nervensystem ist zweifellos in seiner heutigen Realisation das entscheidende, den Menschen kennzeichnende Organ.
Es folgen der evolutive Erwerb von vier Gliedmaßen und der Landgang unserer Vorfahren, der gar nicht so erheblich gewesen wäre, gäbe es da

nicht einen völlig neuen, alle späteren »Biokonstruktionen« unserer Ahnen und heute auch uns selbst absolut grundlegend bestimmenden Faktor: die Gravitation. Jede Millisekunde neu verlangt die Schwerkraft von unserem Körper unsere Existenz gewährleistende Funktionen. Das klingt pathetisch, ist aber ganz einfach: Ohne eine Ausrichtung auf den Erdmittelpunkt sind wir nicht lebensfähig, ohne Gewicht kann man weder stehen noch gehen. Über die Hälfte unserer »Ruhearbeit« besteht in jener der Antigravitationsmuskulatur. Das Zentrale Nervensystem muss in der Hirnflüssigkeit gewichtslos flottieren, weil der Gewichtsdruck von anderthalb Kilogramm Masse auf das Gehirn nicht mit dem Leben vereinbar wäre. Es ist unser Oberlid, das eine Deckfalte über dem Auge bildet und nicht das Unterlid darunter, weil der Augapfel eine Masse darstellt, die wiegt …

Vor rund 35 Millionen Jahren sind bei den damals lebenden Affen auch unserer eigenen Vorfahrenschaft bestimmte evolutive Errungenschaften der Gestik und Mimik aufgetreten. Hierbei handelt es sich um Gene, die in der Evolution verfeinert und komplizierter wurden und uns Menschen heute nicht nur demokritisches Gelächter erlauben, sondern das Meistern von Schrift und Wort. Natürlich handelte es sich damals um noch nicht viel mehr als um das Chassis des heutigen Vehikels. Aber immerhin. Bevor wir jedoch anfingen, die Sprache zu beherrschen, haben wir uns zuerst noch entschlossen, uns aufzurichten und die Welt aus höherer Warte zu betrachten. Dies war ein ebenso schwerer Entschluss, wie sein erfolgreicher Vollzug auch unwahrscheinlich war. Zu zahlreich und zu schwerwiegend sind eigentlich die Nachteile einer aufrechten Körperhaltung und eines aufrechten Gangs.

Zu den letzten Stationen des scheinbaren Eroberungszugs unserer Evolution zählt der Erwerb einer derart komplizierten Mimik und Gestik, dass sie in die Luft geschrieben und im Gesicht des Gegenüber gelesen, die Komplexität einfacher Schrift erreichten.

BONG Entstand ohne Ausnahme alles, was wir Menschen heute sind, in der einen Geschichte des Lebendigen, wie Darwin die Evolution nennt, liegt für den Menschen offenbar in genau diesem Alles ein ungeheures Skandalon. Noch die Kultur, der Intellekt und das Bewusstsein, die Sprache, die Moral, die Kunst, die Technik, der Glaube – dies alles, was der Mensch in seinen eigenen Bestimmungen gern als das Andere der »Natur« und korrelativ als sein »Wesen« definiert, sieht der Evolutionsbiologe ebenso als Gewordenes innerhalb des evolutionären Prozesses. Er dementiert dabei jedwede Intervention: eines wie immer bestimmten »Gottes«, einer wie immer formulierten metaphysischen »Vernunft« oder gar einer extra-terrestrischen Intelligenz. Der Mensch ist dem Evolutionsbiologen in keinem Sinne vom Himmel gefallen. Wie verstehen Sie diese sicher auch für einen Evolutionsbiologen erstaunlichen Phänomene an unserer Spezies aus Ihrer Sicht, wie konnte es zu ihnen kommen, innerhalb dieses natürlichen Prozesses? Sind es auch für Sie diese Eigenschaften, die den Menschen ausmachen?

NIEMITZ Ich glaube nicht, die Existenz Gottes sei ein Surrogat für allerlei Unerklärlichkeiten. Aber, selbst wenn es ihn gibt, ist er zweifellos eine Erfindung, die in allen Kulturen ein verschiedenes Wesen hat, dem unterschiedliche Befugnisse zugeschrieben werden. Gott oder Götter treten in sehr verschiedener Anzahl auf, und sie sind uns Menschen sehr unterschiedlich unähnlich oder ähnlich, also beispielsweise völlig spirituell oder menschlich inkarniert. Auf die Frage nach der Existenz göttlicher Macht gibt die Evolutionsbiologie keine Antwort. Dies bedeutet gleichzeitig, dass sie die Allmacht eines Gottes auch nicht bestreiten kann. Die Evolutionsforschung deckt immer mehr Tatsachen über einen biohistorischen Prozess auf, der unter anderen Lebewesen unsere Spezies hervorbrachte, völlig ungeachtet, ob der einen göttlichen Schöpfungsplan offenlegt oder nicht.

Das Wesen des Menschen, so wie wir uns heute selbst erkennen, ob nun göttlich hervorgebracht oder nicht, ist in seinen Potenzen und in den Grundlagen seiner Reichweite ein Ergebnis der Evolution. Präziser ausgedrückt, ist es ein Zwischenergebnis der Evolution, denn diese hat nicht aufgehört. Vergleichbar ist dieses Zwischenresultat mit einer durch die Evolution geschaffenen, immensen, ungeheuer komplizierten Fabrik, in der die Fabrikleitung, ressourcenabhängig und daher teilautonom, kulturelle Institutionen, Poesie und Kriege, zwischenmenschliche Regeln oder Megachips genauso produzieren kann wie transgene Tomaten oder Mitleid mit Grauwalen, Telefone und Transzendenz. Die Fähigkeiten des menschlichen Geistes mit den ihnen zugrunde liegenden Funktionen unseres Gehirns beruhen also ausnahmslos auf dem Zwischenergebnis der Evolution. Die Entscheidungsfreiheit, welche die Fabrikleitung besitzt, misst ihr gleichzeitig Verantwortung in ungeahntem Ausmaß zu. Verantwortung zu erkennen und sie umzusetzen, ist aber kein Ergebnis der Evolution. Lediglich die Fähigkeit, sie zu erkennen, das Vermögen, Konsequenzen zu ersinnen, nicht deren Realisation ist (Zwischen-) Ergebnis der Evolution. Wir haben nicht nur die früher unvorstellbare Macht, die Welt zu zerstören. Viel wichtiger ist inzwischen, dass wir wahrscheinlich immer noch die Macht hätten, die Welt zu erhalten. Doch nichts, wirklich nichts deutet derzeit darauf hin, dass wir diese Macht nutzen würden. Nicht einmal der Wille hierzu ist erkennbar. Denn wer etwas wirklich will und nichts Entscheidendes dafür tut, will in Wirklichkeit nicht.

BONG Lassen Sie uns noch einmal auf eine der vom Menschen an sich selber als so einzigartig angesehenen Kompetenzen kommen, auf die Sprache, die Sprachfähigkeit – die mündliche Sprache, auch die schriftliche, die er exklusiv für sich reserviert …

NIEMITZ Die fälschlich als ›Sprachversuche‹ bezeichneten Experimente mit Menschenaffen basieren alle nicht auf dem akustischen Kanal, sondern auf dem optischen: Immer wird mit lesbaren Zeichen gearbeitet, ob sie nun beispielsweise als Magnetzeichen an ein Blech geklebt, ob sie als gestische Zeichen der Gehörlosen in die Luft geschrieben werden, oder ob ein Zwergschimpanse (oder Bonobo) abstrakte Zeichen, so genannte Idiogramme, auf einer Sensorentafel online zu einem Kurzbrief in der geforderten Reihenfolge komponiert. All dies ist Schrift. Mit seinen einfachsten Leistungen ist das Phänomen der Schrift also älter als der jüngste gemeinsame Vorfahr von Schimpansen und Menschen. Denn der Gedanke, dass dieses Vermögen bei den Menschenaffen und den Menschen zufällig unabhängig voneinander zweimal entstand, kann als abwegig verworfen werden. Von der evolutionsbiologischen Perspektive aus gesehen ist Schrift also älter als Sprache, darüber gibt es keinen Zweifel. Hiermit meine ich freilich nicht Schrift als gesellschaftliche Konvention. Dieser zweite Schritt wurde mehrfach vollzogen, ob in Mesopotamien, im Industal, in China, bei den Mayas, wahrscheinlich in allen Fällen in Form einer Auftragserfindung, befehligt durch die Mächtigen, die nicht primär eine Kommunikationsform, sondern andere Menschen beherrschen wollten. Nicht umsonst leisten die ältesten Keilschriften der Welt Zeugnis von Rechnungen, Quittungen und Verwaltungsbelegen. Mit Schrift meine ich vielmehr das Lesen und Schreiben im Sinne von willkürlich erdachten Zeichen mit bestimmter Syntax und deren erlernbarer Semantik, eben ohne dass sie als Konvention einer bestimmten Gesellschaft zugeordnet werden müsste. Nichts anderes leistet ein Schimpanse, der eine Fremdsprache (genauer: eine Fremdschrift) in Form von Idiogrammen lernt, deren Gestalt, Anordnung und Reihenfolge ein beispielsweise englisch denkendes menschliches Gehirn ersann.

BONG Würden Sie noch andere – überhaupt andere, vielleicht ganz andere Eigenschaften anführen, die das Tier Mensch speziell machen?

NIEMITZ Eines der wichtigsten Spezifika betrifft das Ausmaß, mit dem wir uns in unsere Sozialpartner eindenken können, unserer Empathie. Möglicherweise bedeutete es einen entscheidenden Selektionsvorteil im Laufe der Menschwerdung, Missverständnissen vorzubeugen, sich als verlässlicher Partner darzustellen und Taktiken zu entwickeln. Man kann sich leicht eine genetische Rückkopplung vorstellen, weil die Fähigkeit der Empathie sicherlich viele soziale und damit auch Vorteile beispielsweise der Partnerwahl mit sich brachte. Sich in die Tarnungs- und Fluchtmöglichkeiten und die spezifische Art und Weise der Wehrhaftigkeit von Beutetieren einzudenken, machte manche Jäger sicher erfolgreicher als jene, die solche Freiheitsgrade im Verhalten der Wildtiere nicht im gleichen Maße verstanden. Es ist sicher leicht nachvollziehbar, dass sich dies rückwirkend auf ein wachsendes, leistungsfähigeres Gehirn auswirken konnte. Unverblümt gesagt war es wohl die Evolution von List und Tücke, die uns biologisch so erfolgreich machte. Ich erachte es als einen Fluch, dass die besonders Listigen unter unseren Vorfahren sehr wahrscheinlich biologische Vorteile hatten. Dies hat weit reichende Konsequenzen für unseren heutigen zwischenmenschlichen Alltag wie auch für die Weltpolitik.

BONG Ein Spezielles am Menschen scheint seine geringfügige Spezialisierung zu sein, er ist biologisch, lokomotorisch wie ökologisch ein »Generalist«. Wie bedeutend war es für die Menschwerdung, kein Spezialist zu werden?

NIEMITZ Tierarten werden als biologisch erfolgreich bezeichnet, wenn sie beispielsweise weite geographische Räume besiedeln oder große Individuenzahlen erreichen. Bereits dem Urmenschen kam zupass, dass er kein Spezialist für nur einen bestimmen Lebensraum war, dass er unspezialisierte Hände hatte (und behielt) und, vielleicht der wichtigste hier zu nennende Faktor, dass er wirklich fast alles essen konnte. Auch letzteres ist ein stammesgeschichtlich recht altes Erbe. Im Zusammenhang mit unserer Anpassungsfähigkeit und der Leistungsfähigkeit unseres Gehirns sind wir derzeit die biologisch erfolgreichste Tierart. Unser Erfolg ist mit jenem von Ratten vergleichbar. Technologisch bedingt konnten wir uns noch weiter ausbreiten, als jene Kulturfolger dies schafften. Ratten mögen noch individuenreicher sein als Menschen, aber sie werden von uns völlig deklassiert, wenn es um die Frage geht, welche Art rigoros und zerstörerisch auf die Mitorganismen dieser Welt einwirkt. Hier hat der Mensch zweifellos einen sehr zweifelhaften Vorteil.

BONG Wenn ich im Sommer am Meer bin, stundenlang am Strand entlang laufe, knöcheltief im Wasser watend, ganz unbestimmt nach Dingen guckend, nach Muscheln oder Steinen, kleinen Fischen oder Krabben – dann laufe ich gewissermaßen ein Millionen Jahre altes Programm des Menschen. Mehr noch – Sie erläutern das in Ihrem Buch über das »Geheimnis des aufrechten Ganges«: Ich laufe ein den Menschen quasi konstituierendes Programm. Sie verstehen das als Urszene der Aufrichtung des Menschen, ein zentrales Moment der Menschwerdung …

NIEMITZ Das zentrale Moment besteht zunächst darin, dass Homo sapiens nicht nur die einzige aufrecht stehende und gehende Primatenart ist, sondern auch die einzige aller Säugetierarten. Springmäuse und Kängurus hüpfen, aber kein Säugetier steht und geht in aufrechter Körperhaltung. Die einzigen aufrecht gehenden Wirbeltiere sind wohl die Pinguine. Erstens aber verbringen sie über neunzig Prozent ihres Lebens unter Wasser, und zweitens haben sie dort in der Evolution ihr optimiertes Heckruder erworben. Am Land, das sie selten betreten, müssen sie nun aufrecht auf dem Steuerorgan stehen, wenn sie nicht umfallen wollen. Wir Zweifüßer sind also sehr einsam.

Die frühen Menschaffen stammen von Vorfahren ab, die ähnlich lebten wie Makaken heute, also wie Rhesusaffen oder die Balinesischen Tempelaffen, behände und unspezialisiert vierfüßig. Wenn jene aufrecht stehen und gehen – so wie unsere Vorfahren es irgendwann einmal beginnen mussten, so bedeutet dies viele Nachteile. Zum einen können sie nur langsam staksen, mit den hiermit einhergehenden Nachteilen im täglichen Zeitbudget. Langsamkeit aber bringt weniger Nahrung pro Stunde mit sich und weniger Zeit für soziale Interaktionen. Langsamkeit kann gefährlich sein. Außer den Gibbons, die als Ahnen für uns nicht infrage kommen, gibt es keine Affenart, Menschaffen eingeschlossen, deren Zweifüßigkeit oder Bipedie auch nur ein Prozent des Tagesablaufs im Freiland deutlich überschreiten würde. Das Spiel jugendlicher Affen schlägt dabei noch am meisten zu Buche. Aber nur wenn sie ins Wasser gehen, richten sich alle möglichen Affen auf – und zwar auf die Hinterbeine, was ebenfalls nicht selbstverständlich ist. Interessanterweise hat nun rund die Hälfte aller Affenarten der Alten Welt viel mehr verhaltensbiologisch-ökologische Beziehungen zum Wasser als vormals angenommen. In dem eben angesprochenen Buch verweise ich auf viele Autoren, die Ufernutzung durch viele Affen nicht nur als Faktum belegen, sondern die zeigen, dass mit der dort gewonnenen Nahrung ein Überlebensvorteil für die jeweiligen Arten erzielt wird. Während die Savanne beispielsweise außerhalb der Regenzeit einen äußerst kargen Lebensraum für einen Affen darstellt, bietet das Flachwasser – besonders in der Trockenzeit – die verlässlichsten Quellen proteinreicher Nahrung. Sie kann dort überdies ohne große Investitionen leicht erworben werden.

In meinem Buch wird streng naturwissenschaftlich argumentiert. Aber es wird nicht biologistisch übersehen, dass der Mensch ein Kulturwesen ist. Interdisziplinarität wird immer wieder gefordert und nur selten realisiert. Deshalb bringt diese Theorie vom Urmenschen, der am Ufer lebte und sehr häufig das Flachwasser aufsuchte, Argumente der Paläontologie, der funktionellen Anatomie und der Physiologie mit Ergebnissen der Geographie, der Parasitologie, der Kulturgeschichte, der Humanethologie und der vergleichenden Völkerkunde zusammen. Die Argumentation reicht von der Evolution der menschlichen Wirbelsäule und jener unseres Venensystems in den Beinen über die Interpretation fossiler Urmenschen, die natürlich eher im Sumpf versteinerten als anderswo, deren gesamte Fundsituation aber in praktisch allen Fällen auf einen intensiven Bezug jener Frühmenschen zum Flachwasser hinweisen. Über Homo erectus vor 400 000 Jahren in Thüringen und über die Neandertaler wird durch alle Zeiten bis zu den Römern und heutigen Kulturen der Uferbezug sowie unsere Sehnsucht nach dem Wasser hergeleitet. Die römischen Patrizier bauten sich ihre Villen in Ostia an der Küste, wo Plinius d. J. beschreibt, dass man im Spülsaum spielen und Steine sammeln könne. Biologisch definiert kann ein Ort, der kulturübergreifend als Idyll empfunden wird, nicht biologischen Grundbedürfnissen des Menschen widersprechen.

In mehreren Untersuchungen haben wir dieses kulturunabhängige, aber den allermeisten Kulturen eigene Idyll am lauschigen Ufer gefunden. Die Biologie allein trägt zwar viele Resultate bei, doch vermag sie allein nicht, hier einen Beweis zu führen, wenn nicht die Befunde der Kulturwissenschaften und der Psychologie die Statik des Theoriegebäudes festigen würden. Ich kann hier nicht das Buch als Ganzes erläutern, aber es war für mich überwältigend, aus wie vielen von mir nicht überschaubaren Feldern der Wissenschaft mich bisher ausnahmslos unterstützende Fakten erreichten. Ein Geologe schrieb mir unter Verweis auf seinen Artikel in *Science*, dass man seit Neuestem von viel mehr Seen in Afrika Kenntnis hätte als vormals angenommen, mit tausenden von Kilometern Uferlänge. Ein Ophthalmologe sandte mir eine E-mail, wonach seine Ergebnisse über die Lichtrezeptoren in der menschlichen Netzhaut gut zu einem im Wasser watenden Affen passen würden. Aus der Weltraummedizin trat das Argument hinzu, dass das menschliche Blutvolumen in den Beinen bei hüfttiefem Wasser nur noch halb so groß ist, was die Nachteile einer aufrechten Hydrostatik unseres Körpers während des Erwerbs des aufrechten Gangs entscheidend hat mildern können. Ein Parasitologe, der sich seit vielen Jahre mit der Evolution menschlicher Parasiten beschäftigt (und hierbei handelt es sich zwangsläufig immer um eine gemeinsame Evolution von Parasit und Wirt), kam zu dem Schluss, dass die vielen an Wasser gebundenen Parasiten des Menschen ohne eine Phase der intensiven Flachwassernutzung durch unsere Ahnen nicht denkbar sei. Er machte mich darauf aufmerksam, dass jene an Wasser gebundenen Parasiten, deren einzige Wirtsart der Mensch ist, alle in ihrer Evolution aus Afrika stammen, dort also, wo auch unsere eigene stammesgeschichtliche Wiege steht.

BONG Die aristotelische Bestimmung des Menschen als »zoon politikon« erfährt durch die Erkenntnisse der Evolutionsbiologie eine fundamental neue Bedeutung. Das Gesellige, das Soziale könnte nicht bloß ein Charakteristikum, sondern Konstituens des Tieres Mensch sein. Die immer größeren sozialen Komplexionen in den zur Hominiden-Zeit größeren Gruppen von dann 20, 30 Individuen hatte wohl in mehrerer Hinsicht eine zentrale Funktion für die »Entstehung« des Menschen. Was geschah?

NIEMITZ Man kennt es von jeder größeren Party; sie zerfällt in kommunikatorische Einheiten. In dieser Hinsicht ähnelt ein solches soziales Gefüge jenem von Schimpansengruppen, deren soziale Beziehungsform als fission-and-fusion-Struktur beschrieben wurde. Die Großgruppe gliedert sich in Untereinheiten mit teils recht stabilen, teils aber auch wechselnden Teilnehmern, wobei manche kleinen Gruppen, wie es der englische Begriff bereits andeutet, sogar auch verschmelzen können. Was letztlich der initiale Auslöser für die zunächst verbesserte und sich positiv rückkoppelnd immer weiter optimierende Kommunikation unserer frühen hominiden Ahnen war, ist unbekannt. Wir wissen, dass Komplexität und Größe des Gehirns im Verlaufe unserer Abstammung erst nach dem Erwerb des aufrechten Gangs deutlich zunahmen. Mit den weiter elaborierten Kommunikationsformen, weiter als sie bei Schimpansen rudimentär bereits vorhanden sind, wurde aber der Grundstein für ein weiteres Exklusivmerkmal der Menschen gelegt. Wir erwarben die Fähigkeit zur Kommunikation mit einer großen Zahl auch anonym bleibender Partner.

BONG Ein überoffensichtliches Phänomen des Menschen und der Geschichte des Menschen, zumindest aller bisherigen, uns zugänglichen Geschichte, ist eine sich mannigfaltig äußernde, schier ungeheure Aggressivität – eine äußerste Bestialität zuweilen, wenn man an bestimmte

Kriege oder Genozide denkt. Oder auch an das menschliche Verhalten anderen Tieren gegenüber.

NIEMITZ Seit den erschütternden Beobachtungen von Jane Goodall vor gut dreißig Jahren an frei lebenden Schimpansen wissen wir, dass es außer uns noch eine Tierart gibt, bei der Aggression auch ohne einen ersichtlichen oder erheblichen Anlass bis hin zur äußerst brutalen Tötung von Artgenossen führen kann. In einer Reihe von Fällen kann man trotz der zwischenzeitlich intensiven Feldforschung keinen plausiblen Grund, keinen unmittelbaren Vorteil für einen »Sieger«, beispielsweise für dessen Fortpflanzungschancen oder ähnliches erkennen. Ein diffuser, möglicherweise mit komplexer Mathematik kaum kalkulierbarer territorialer Druck mag vielleicht interferieren, als proximater Grund für die Vernichtung arteigener Gene kann er jedoch kaum hinreichen. Beunruhigend ist hierbei, dass es sich ausgerechnet um die mit dem Menschen am nächsten verwandte Gattung im Tierreich handelt.

Aber ein verräterisches Stichwort haben Sie bereits gegeben, die ›Bestialität‹, verräterisch, weil es unsere Spezies denunziert. Bestialisches Verhalten, kennt man außer vielleicht eben vom Schimpansen, von keiner einzigen Tierart außer von uns selbst. Konsequent wäre es daher, wenn es uns doch so geißelnd charakterisiert, es nicht als ›bestialisch‹, sondern als ›human‹ zu bezeichnen. Ich nehme diese Polemik auch gern wieder zurück, will aber deutlich machen, dass der Begriff des Bestialischen eine euphemistische Selbstlüge ist. Und wir benutzen sie, um Tiere ungerechtfertigt zu beschuldigen, weshalb ich mich meiner kurzfristigen Polemik auch nicht schäme.

BONG Die Wissenschaft der Evolution formuliert den Kern des Prozesses, die evolutionären Mechanismen, die Mutationen sowie den gesamten Prozess als eines ausschließlich: als Kontingenz, als Aleatorik. Kurz, wie der große Evolutionsbiologe Stephen Jay Gould sagt: als absoluten Zufall – als ein restlos zufälliges Geschehen auf einem nebensächlichen Steinbrocken am Rande einer von unzähligen Millionen Galaxien. Auch der Mensch selber ist radikal ein Sprössling des Zufalls, in seiner Existenz überhaupt, in der Art seiner Existenz, in allem. In keinem Moment gibt es für die Evolutionsbiologie Teleologie oder Finalität…

NIEMITZ Stimmt. Ob die Zufälligkeit gottgewollt ist, bleibt unerheblich, denn dies wird sich immer unserer beschränkten Wahrnehmung entziehen. Hier könnte uns nur die Offenbarung durch Gott selbst helfen, ein wissenschaftlicher Ansatz wäre unsinnig. Eine Teleologie, ein Ziel, eine Navigation oder auch nur eine angestrebte Richtung sind nirgends erkennbar. Viel später als zu Lebzeiten Darwins erfuhren wir von der Mutabilität, der Veränderbarkeit des Erbguts. Ein zufälliger Beschuss der Erbsubstanz durch Höhenstrahlung mit zufälliger Energie an einem zufälligen Ort des Erbmoleküls in einer zufälligen primordialen, also werdenden Eizelle – kann eine Veränderung von Gestalt oder Funktion auslösen, die unvorhersagbar war. Dies kann, braucht aber nicht einen Einfluss auf das Leben des später aus der dann befruchteten Eizelle heranwachsenden Organismus zu haben. Eine Krebsgeschwulst kann durch solche oder ähnliche Prozesse ausgelöst werden. Wenn die Geschwulst zum frühzeitigen Tod des Individuums führt, wird jenes mit seinen spezifischen genetisch bedingten Eigenschaften keine Nachkommen mehr haben, an die es im anderen Fall seine genetische Ausstattung hätte vererben können. Änderungen des Erbguts, Mutationen, geschehen bei jedem Organismus, bei ausnahmslos jedem Individuum, und zwar vielfach. Eine Konstanz der Arten ist mit dieser Kenntnis nicht mehr denkbar. Die Evolution als Prozess muss also nicht mehr bewiesen werden. Die Beweislast ist umgekehrt, denn die Gegner der Evolution müssen nun darlegen, warum sie trotz der Veränderlichkeit der Erbsubstanz daran festhalten, dass sich Gene zwar ändern können, ihre Träger aber gleich bleiben sollen.

BONG Das Thema des Zufalls ist noch in einem anderen Belang interessant: In der Geschichte des Lebendigen kommt es derart ebenso zu – im jeweiligen ökologischen, biologischen Kontext – gänzlich afunktionalen, auch disfunktionalen Entwicklungen und Eigenschaften, selbstverständlich auch in der Evolution des Menschen. Zu Eigenschaften, die wie alle Eigenschaften zufällig durch Fehler im Kopiervorgang der RNA/DNA aufgetreten sind und keine Funktion im ökologischen Sinne haben, die weder Vorteile noch Nachteile für das Überleben beziehungsweise, genauer, die Fortpflanzungserfolge der einzelnen Individuen darstellen. Letzteres ist ja der simpel scheinende Hauptmechanismus der Evolution. Da es zufällige Produkte sind, sind sie ebenso irreduzibel, ohne eigentliche Kausalität. Diese Eigenschaften können ja durchaus fortbestehen und sich wiederum verändern, differenzieren, und sie bleiben dabei weiterhin im evolutionsbiologischen Sinne sinn- und zwecklos. Jenseits des Naturzwangs.

NIEMITZ Was Sie hier ansprechen, erscheint zunächst die Frage nach der Existenz überflüssiger Gene, nach luxurierender Redundanz. Diese ist tatsächlich gegeben und stellt einen wichtigen Motor der Evolution dar. Die hierbei zum Tragen kommende Mutation ist die so genannte Duplikation: Bei ihr kommt es durch einen Verteilungsfehler der Erbsubstanz im Verlauf von Zellteilungen zu einer Verdopplung eines bestimmten Genabschnitts. Während also alle notwendigen, funktionalen Gene dieses Abschnitts erhalten bleiben, kann die Natur gewissermaßen mit dem verdoppelten Abschnitt experimentieren. Treten hier Erbänderungen auf, die das Gen abschalten würden, bleibt noch das »Ersatzteil«, andererseits können andere Mutationen in völlig anderem Zusammenhang eine Funktion erwerben. Hierbei bleibt das alte Gen unverändert funktionstüchtig, während das nun neue Gen seinem Träger möglicherweise einen Lebens- und damit Selektionsvorteil bietet, den er vererben kann. Luxus oder Redundanz sind durchaus möglich, sie kommen auch vor, werden aber auf Dauer mit zunehmender Komplexität der Organismen immer unwahrscheinlicher.

Bong Man könnte zum einen die eben besprochenen, dem menschlichen Selbstverständnis so heiligen Qualitäten der Kultur, des Bewusstseins, der Sprache etc. selber als ökologische Vorteile und damit als wirksame evolutive Funktionen sehen – als hard skills sozusagen in Hinblick auf die Reproduktionserfolge, auf den, wie Sie es nennen, biologischen Befehl des »Gen-Erhaltungsprogramms« des Menschen. Sie entpuppten sich zwar als Kontingente, dann aber wirksame Optimierungen der einzelnen Menschen in Hinblick auf die Fortpflanzungserfolge. Unser Verstand beispielsweise, die Technik, der Verdacht ist ja alt, könnten ein solcher harter biologischer Vorteil sein, vielleicht könnte man für alle erwähnten Eigenschaften eine solche evolutionsbiologische Funktion zu bestimmen versuchen. Der ganze Kulturzusammenhang wäre eine tradigenetische Informationsmodalität gewissermaßen, komplementär und mit derselben Funktion wie die genetischen Informationen.

Niemitz Vor wenigen Jahren noch wurden altsteinzeitliche Populationen anhand ihrer Steinwerkzeuge in unterschiedlichen Werkzeugkulturen klassifiziert. Später fanden manche Paläoanthropologen und Archäologen dies zu wenig kulturell und zu zivilisatorisch und belegten das System neu mit dem Begriff der Werkzeugindustrie. Dieser Terminus diente aber eher als Feigenblatt, denn weiterhin wurde die jeweilige Kultur zwangsläufig anhand des spezifischen Werkzeugs und der zugehörigen Tradition definiert – weil die Steinwerkzeuge als einzige verbliebene Zeugnisse jener Kultur dienen mussten. So erkannte sich das Kulturwesen Mensch an diesen frühen Werkzeugen wieder. Vor rund fünfzehn Jahren erschien das Buch »Chimpanzee Material Culture« von William MacGrew. Es zeigte auf, wie Traditionen der Werkzeugherstellung von Pan troglodytes exakt der archäologischen Definition frühester menschlicher Kultur entsprachen. Die Werkzeugherstellung durch junge Individuen war abgeschaut und nachgemacht, also erlernt. In verschiedenen Gebieten wurden Werkzeuge für den gleichen Zweck jeweils unterschiedlich, innerhalb der einzelnen Gebiete aber in übereinstimmender Weise gefertigt. Ich erinnere mich an erregte Einwürfe nach einem seiner Vorträge, man wolle doch nicht behaupten, Schimpansen (Tiere! Affen!) seien Kulturwesen. Es gab nur zwei Auswege. Entweder man musste den zoosystematisch nächsten Vettern eine Kultur zugestehen, oder wir müssten ein Lex Pan ersinnen: Eine neue, speziell entworfene Definition von Kultur könnte dazu dienen, dem Menschen wieder allein zum Primat des einzigen Kulturtieres zu verhelfen. Gottseidank besitzen Wogen eine innere Reibung, so dass auch diese sich allmählich von selbst glätteten.

Nicht nur des Materials wegen waren die ersten Steinwerkzeuge aber in der Tat »hard skills«. Mit einem steinernen Faustkeil in der Hand und mit der in üblichem Maße variablen, aber eben teilweise erblichen Intelligenz konnten die frühesten Paläolithiker wesentlich effektiver mit List und Tücke wilde Tiere erbeuten als mit der gleichen List ohne den Stein. Der Werkzeugmacher war also im relativen Vorteil, und es erscheint mir unfraglich, dass dies auch ein biologisches Selektionsmoment darstellt. Jagdlist und zugehöriges Werkzeug, beziehungsweise Kriegslist und die hierfür geeignete Waffe stellen zweifellos komplementäre Fähigkeiten und Leistungen dar, wobei beide Produkte des Geistes, die jeweilige List und das entsprechende Werkzeug, auf biologischem Fundament, der Hirnfunktion, gründen. Für die weitere Evolution, für die Veränderungen der frühen Menschen im Laufe der Generation müssen sie mitverantwortlich gemacht werden.

Bong Könnte man zum anderen aber nicht auch diese Qualitäten, vielleicht einige von ihnen, als noch radikalere Zufälle verstehen? Diese speziellen Eigenschaften könnten, wie besprochen, ganz afunktional, irreduzibel sein, sie wären dann realiter »sinnlos« im Sinne der Selektion und der Natur als deren faktischer Geschichte. Sie entständen wie alles in der Geschichte des Lebendigen, wären aber ohne Bedeutung für den Mechanismus, den die Evolutionsbiologie als das movens dieser Geschichte erkennt.

Niemitz Ich denke, vieles ist nicht funktionslos. Das Streben nach Arterhaltung zwingt uns, vorzubauen, nach Ressourcen zu streben. Das galt sicher schon früh im Rahmen der so genannten Gesamtfitness, also der summierten Überlebenskraft, auch für kleine Gruppen und gilt seit langem nun auch für die großen anonymen, beispielsweise politischen Gemeinschaften. Das Machtstreben und die Bemühungen um Machterhaltung können als Drang oder Eifer gesehen werden, die eigenen, von Anderen begehrten Ressourcen zu bewahren, zu monopolisieren. Hier kann es zu einem Einklang der zwischen den Ansprüchen der oder eines Herrschenden und jenen des Volkes kommen. Erdöl und Uran sind gleichermaßen echte wie symbolische Ressourcen. Sie können die wirtschaftliche Machtstellung eines Volkes stützen oder im einen Land die Umfragen stärken, im anderen Land den Straßenjubel anschwellen lassen. Gleichzeitig hat diese Selektion uns nicht die Fähigkeit geimpft, der Begrenztheit, der Endlichkeit der Welt Rechnung zu tragen. Die Angst, Ressourcen einzubüßen, ist die eine Seite. Auf der anderen lauert die Hybris.

BONG Ist der Begriff der Komplexion, des Komplexen und des Überkomplexen, nicht ein Schlüsselbegriff der Evolutionsbiologie?

NIEMITZ Wohl nicht in dieser Übersteigerung. Aber die strukturelle Einfachheit der ersten Organismen ist ebenso evident wie die außerordentliche Komplexität des Tieres Mensch. Im Prozess der Evolution gab es wohl auch nie ein echtes Zurück. Jede evolutiv neu erworbene Funktion beruhte auf einem Gen, das sich vermittels der Selektion erst in der Population funktionell bewähren und erblich durchsetzen musste. Der Verlust einer Funktion, eines Gens, also die Reduktion der Komplexität des Lebendigen, wäre fast immer mit einem Überlebensnachteil einhergegangen: Wenn der Weg hin einen Vorteil erwirtschaftet, kann der Weg zurück kaum einen erneuten Vorteil mit sich bringen. Natürlich gibt es Ausnahmen: Ein Höhlendasein, um nur ein Beispiel zu referieren, mag als geschütztes Leben im Refugium für draußen konkurrenzschwache Arten beginnen. Die Anpassungen, welche Tierarten hierzu befähigen, sind speziell aber in ihrer Anzahl eher gering. Gleichzeitig können solche Arten in der Dunkelheit oft auf ihre Pigmente und auf ihre Augen verzichten, auf die Fähigkeit zu geschwinder Flucht und manches mehr. Sie sind einfacher beschaffen. Aber weiß und blind würden sie draußen auffallen und schnell zur arglosen Beute werden.

BONG Kommt der sorgfältige Evolutionsbiologe in diesem Zusammenhang so nicht notwendig zu einem eigentlich nicht-biologistischen, nicht-deterministischen Begriff von Biologie – zumindest im alten Sinne des Begriffes und der Diskurse – und überwindet im genauen Hinsehen und auf ganz unspektakuläre Weise die ideologischen Oppositionen von Natur und Kultur, Natur und Geist etc.? Umgekehrt wäre ein höchst ideologischer, höchst gewaltsamer und zuletzt vielleicht schlicht fataler Begriff von Kultur, Geist, Verstand etc. zu überwinden …

NIEMITZ Jede Kultur findet ihren Ursprung in einer bestimmten Umwelt, einer bestimmten und sie mitbestimmenden Natur, von der sie in vielerlei Facetten abhängt. Manchmal wird dies erst offenbar, wenn die Kultur durch eine Katastrophe Schaden nimmt. Aber der menschliche Geist kann im Rahmen des Naturgegebenen dermaßen frei kreativ sein, dass wir oft dazu neigen, die Wurzeln unserer Kultur zu vergessen. Mesopotamien und das schon erwähnte Tal des Indus waren schenkende und fordernde Paradiese zugleich. Vor 4400 Jahren begann man dort mit Bewässerungen, und schon 300 Jahre später versalzten sporadisch die ersten Felder. Aus im Ton eingebackenen Getreidekörnern liest man den allmählichen Rückgang des weniger salzresistenten Weizens im Gegensatz zur relativ salzfesten Gerste. Einen Kulturverlust nur hierauf zurückzuführen, wäre monokausal und zu kurz gedacht. Aber in bestimmten Ländern ist ein vergleichbarer kultureller Abstieg erkennbar, so zum Beispiel in Mohenjo-Daro am Indus, wo die seit 1922 ergrabene, blendend erhabene archäologische Metropole durch Versalzung heute ebenso zerstört wird, wie die Kultur den Niedergang der Natur nicht überlebt hat.

BONG Auch das Verständnis, sämtliche Grundverständnisse der Anthropologie, einschließlich aller Selbstdefinitionen, was das sei, die Anthropologie, erfahren durch die Evolutionswissenschaft eine alles berührende Revision. Die Anthropologie muss dem Evolutionsbiologen eins sein mit der Paläo-Anthropologie, mit der evolutionären Anthropologie. Er radikalisiert den Menschen als Gewordenes und immer noch Werdendes in einer alles umfassenden Geschichte des Werdens und der permanenten Wandlung des Lebendigen. Nicht abstrakt, ganz konkret. Das »Wesen« des Menschen muss dem Evolutionsbiologen ein absurdes Konstrukt sein, oder?

NIEMITZ Keineswegs, denn unser Sein und Wesen im Sinne Thomas von Aquins ist eben nicht so biblisch beständig, wie er es damals auffasste. Daher haben Sie völlig recht mit Ihrer Annahme, die Anthropologen müssten den Menschen im Fluss der Zeit definieren. Der Mensch, wie wir uns kennen, ist eine Momentaufnahme. Dies sollte uns bescheidener machen.

SILVIA BOVENSCHEN

Schon vergessen?

Ekelfleisch und Fleischekel

Die schnellste Verbindung vom Menschen zum Tier ist das Steak. Aber diese Verbindung wird hin und wieder gestört. Durch ein böses Wort zum Beispiel. Wie jetzt gerade wieder: Gammelfleisch! Das reine Entsetzen. Und niemand ist darauf vorbereitet: Endlos gelagerte, halb verweste Teile vom toten Tier kommen aus der Frischetheke direkt auf den Tisch. Wer wollte sich da nicht ekeln. Da heißt es schnell vergessen. So wie der letzte Fleischskandal schon wieder ganz vergessen war. Er ist erst ein paar Jahre her und niemand war darauf vorbereitet. Auch damals hatten wenige böse Worte wie Rinderwahn und Creutzfeldt-Jakob dem Fleisch und unserem Genußbegehren die Unschuld genommen. Ganz plötzlich war er da: Der große Ekel. Das Grauen vor dem Fleisch. Eine riesige Spaßverderberei. Nichts war mehr mit dem »großen Fressen« und auch das kleine, feine Speisen schien versalzen: Schluß mit kannibalischem Wohlsein und kulinarischem Yuppieglück. Plötzlich, über Nacht, hatten sich die Speisekarten in Spelunke und Bistro verändert: kaum noch Fleisch, schon gar nicht vom Rind, allenfalls ein wenig Fisch, viel Vegetarisches. Von Borstenvieh und Schweinespeck als idealem Lebenszweck mochte keiner mehr singen. Statt dessen war der Tierwahn und die Maul- und Klauenseuche über die Länder gekommen. Seriöser ausgedrückt BSE und MKS. Seriöser? Kürzer nur und formelhaft, wie es den Formeln aus den Giftküchen für geheime Ingredienzien entspricht: geschmackbringende, farbgebende, bindende und auffüllende Zusätze, die dem Tierfutter und dem Menschenessen beigemischt sind. Und mit den Formeln, auf die das Tierleid gebracht war, kam eine Berichterstattung, die veranschaulichte, wie wir die Tiere über die Vermehlung ihrer Kadaver zum Kannibalismus gezwungen hatten, um sie solchermaßen turbogenährt und hoch angereichert mit Hormonen und Antibiotika zum eigenen Verzehr vorzubereiten. Schon vergessen? Plötzlich sahen wir täglich taumelnd verendende Kühe und Leichenberge frisch »gekeulter« Tiere auf den Fernsehschirmen. Ekel!

Die Würste, über deren suspekte Inhaltsstoffe man nun auch noch Schauriges erfuhr, blieben in den Hälsen stecken. Und noch etwas rückte diese Berichterstattung ins Licht. Den Verbraucher. Nicht den mehr oder weniger freiwilligen Verbraucher – den Porschefahrer oder Hosenträgerträger – nein, den Nahrungsverbraucher. Und das ist jeder, der ißt, also wirklich jeder. Und da der Satz Ludwig Feuerbachs: »Der Mensch ist, was er ißt« längst Gemeingut wurde, wurde der Verbraucher nachdenklich. Und er lernte ein neues Wort: Prionen. Und das Wort meldet Gefahr.

Kurzum: Für den Esser tat sich plötzlich ein Fenster auf, und was er sah, war ein Ekelpanorama; für kurze Zeit gab es einen grausigen Ausblick frei auf eine martialische Nahrungsverwertungsindustrie. Jetzt, da das Gammelfleisch zum Himmel stinkt, wird uns beschwichtigend mitgeteilt, daß es sich immer nur um unbotmäßige Einzeltäter handele, die uns den Speisespaß verderben. Der vergeßliche Verzehrer will das gerne glauben. Die Leser unter den Essern waren und sind vermutlich schon ein wenig abgehärtet, zum Beispiel, durch Sinclairs und Brechts Schlachthofszenerien, die sich allerdings gemessen am aktuellen fleischindustriellen Horror geradezu idyllisch ausnehmen. Damals in den Schlachthöfen Chicagos war es um grausame Tiertötungen am Fließband und um die Profitgier, die am Fleische hängt, gegangen. Im Zusammenhang mit dem Rinderwahn aber kam zu Schlachtbank und Börse noch das Laboratorium; zu Blut und Geld noch die Chemie. In einem unguten Verwertungskreislauf war etwas schief gelaufen und es war zu befürchten, daß die Prionen vom Lande stracks in den menschlichen Leib kämen. Wir alle, die Esser, erhielten zudem Informationen über eine weltumspannende Lebensmittelvermarktung, deren Züchtungs-, Tötungs-, Transport-, Futter- und Verpantschungsoperationen unsere schlimmsten Befürchtungen weit übertrafen.

Schon vergessen? Ja, ja, die Berichterstattung hatte sich anderen Themen schnell wieder zugewandt. Und auch die kleine Gammelfleischirritation, die wir aktuell erleben, wird nicht lange anhalten. Verdrängung tut not. Schließlich muß der Mensch essen und so genau wollten es die Esser vielleicht gar nicht wissen. Die Speisekarten und Eßgewohnheiten haben sich »normalisiert«. Aber das alles war wahr, gerade eben erst, und ist es noch, und dauert an! Ein bißchen unheimlich war die Sache von Anbeginn. Schon bei Plutarch, Hesiod und Empedokles finden sich unterschiedlich akzentuierte Zweifel an der Zuträglichkeit und Statthaftigkeit des Fleischverzehrs. Seit alters hatte es vom Grauen berührte Einsprüche gegeben gegen das Töten und Essen von Tieren, deren Leidensfähigkeit wir erkennen können. Hier waren immer schon Beschwichtigungen nötig. Allzumal seit neuzeitlich der cartesianische Versuch, den Tieren die Beseelung und Leidensfähigkeit kurzerhand abzusprechen wegen mangelnder Evidenz fehlgeschlagen war. In unseren Tagen gehörte Elias Canetti zu denen, die unsere Verdrängungen und Beschwichtigungen immer wieder störte: »O der Ekel greift um sich, und der Ekel entstammt dem Fraß. Es ist alles vom Fraß angesteckt, es ist alles dem Fraß verfallen.« Da der zivilisierte Mensch aber nicht nur essen muß, sondern auch gerne gerne essen will, bleibt nur die Immunisierung gegen diese Zweifel und Ekelanfälle.

Mit der Verfeinerung der Eßgewohnheiten war die Zerteilung, Portionierung und Überdeckung der Speisen: die Unkenntlichmachung ihrer Herkunft einhergegangen. Wahrscheinlich gibt es in vielen Kindheiten den Moment blanken Entsetzens, wenn das Stadtkind gewahr wird, was da auf dem Teller liegt. Zumeist wird dieser Moment wieder vergessen. Die Kultur des Essens ist eine Vergessenskultur. Und wahrscheinlich gab es in den frühen Tagen unserer Spezies einmal eine Zeit, da die menschliche Hand in die blutigen Eingeweide eines erlegten Tieres fuhr und sich eßbare Brocken herausriß. Der Mensch tat es anderen Raubtieren gleich: Eine Sache des Überlebens. Im Laufe der kurzen Menschheitsgeschichte aber, als der Mensch sich nicht mehr als Raubtier sehen wollte, setzte ein Abstraktionsprozeß ein: In der Regel nehmen wir unsere fleischliche Nahrung zerhackt ohne Kopf, Fuß, Haut und Feder zu uns. Charlotte Mutsaers benennt den Grund dafür: »Die meisten Menschen haben öfter ein Stück Tier im Mund als ein ganzes Tier auf dem Schoß gehabt. Dennoch mag es im allgemeinen niemand besonders, wenn aus den Teilen noch das ganze Tier durchschimmert. Am Osso Buco muß nur versehentlich ein kleines Stück Huf hängen, und der leidenschaftlichste Fleischfresser wird dankend ablehnen. (...) Das winzigste Stück Fell, Horn, Huf, Schnurrhaar oder andere erkennbare Körperteile zaubern uns in Null Komma nichts den ganzen Körper vor Augen und damit unsere eigene Schlachtbank.«

Der Ekel gründet demzufolge nicht nur - und in vielen Fällen gar nicht – im Erbarmen mit dem Tier, sondern in der plötzlichen Einsicht in die »Schlachtbarkeit« jedweder Kreatur. Wer mag sich schon – wie Canetti – die Welt als riesiges Verdauungsorgan vorstellen. Canetti fragt: »Warum muß unaufhörlich Fleisch durch die Eingeweide eines anderen Fleisches gehen?« Es gibt da keine befriedigenden Antworten. Ein vegetarischer Löwe bleibt ein Kindertraum. Jedenfalls kommen wir aus dem Kreislauf von Nahrungsaufnahme und -abgabe nicht heraus, es sei denn, wir hörten auf zu essen, verzehrten uns selber, würden so, wie Feuerbach es beschreibt, zu »Selbstfressern«. Brecht variiert in »Aufstieg und Fall der Stadt Mahagonny« dieses Extrem: nachdem Herr Jakob Schmidt, ein Fanatiker der maßlosen Völlerei, in einem Anlauf zwei Kälber gegessen hat, äußert er kurz vor seinem, dem darauf folgenden Tod noch den merkwürdigen Wunsch: »Ich äße mich gerne selber.« Und auch das Motiv des Vergessens taucht in der kurzen Sequenz über das Essen in der Stadt Mahagonny auf. Herr Schmidt will, daß man ihm beim Essen zusieht: »Seht mir zu, wie ich eß. / Ist es weg, dann hab ich Ruh / Weil ich es vergeß.« Verdauen wird zu Vergessen. Nur der jeweilige Eintritt ins energetische Stoffwechselgeschehen, das Essen, wurde kulturell überformt, das hingegen, was man an einem Ort, der früher einmal Abtritt genannt wurde, erledigt, tabuiert. Luis Buñuel hat sich daraus einen Spaß gemacht. In seinem Film »Das Gespenst der Freiheit« sieht man eine Tischgesellschaft, die auf Kloschüsseln sitzt und während der Ausscheidungsvorgänge munter miteinander plaudert. Das Essen hingegen wird einzeln in verborgenen Kammern zu sich genommen und gilt als eklig. Aber es bedarf gar nicht solcher Drastik, um unsere grundsätzliche Irritierbarkeit im Essensgenuß anzuzeigen. In vielen Filmen wird eine Figur den Zuschauern dadurch verekelt, daß man ihre Nahrungszufuhr in Großaufnahme zeigt: die fetttriefenden Lippen, der Speisebrei, wie er im Mund bewegt wird, und wie er sich durch die Spalten zwischen den Zähnen wieder nach vorne drückt. Auch die Geräusche, die während dieses Vorgangs entstehen können: Schmatzen, Schlürfen, Rülpsen sind zumindest im Kontext unserer kulturellen Verabredungen ekelerregend. Canetti fordert: »Jeder müßte sich selbst beim Essen zusehen.« Wenn es keinen anderen Grund gäbe, schon darum müßte Kunst sein: weil sie uns immer wieder erinnert an den bestialischen Kreislauf des Fressens und Gefressenwerdens.

Ganz können wir ihm nicht entrinnen. Das müssen wohl auch die einsehen, die sich die Welt gerne ökologisch schön denken und sich so billig aus den möglichen Schuldzusammenhängen herausholen wollen. Das ist aber in dieser metabolischen Welt nicht zu haben. Der Übergang vom Reich der Tiere zu dem der Pflanzen ist fließend. Ein säuerlicher Vorwurfsvegetarismus verdirbt nur zusätzlich den Appetit. Und ist auch nicht ganz schlüssig. Vielleicht wimmert auch das geerntete Gemüse, und wir können es bloß nicht hören mit unseren mageren Sinnesorganen. Ist auch besser so. Das soll aber nicht als Alibi für einen grausamen Umgang mit den Tieren herhalten. Denn es gibt im Anblick von Massenkeulung und »Konzentrationsställen« (Sloterdijk) ehrbare Gründe auf den Verzehr von toten Tieren zu verzichten. Oder den lebenden wenigstens eine halbwegs leidfreie Existenz zu gönnen, bevor ihr Fleisch auf die Teller kommt. Jedenfalls wäre schon einiges gewonnen mit der Verringerung des wahrnehmbaren Leidens von Ochs und Kuh und Schwein und Huhn. Wenn wir nicht nur erpicht darauf wären, uns selbst die Krankheiten vom Leibe zu halten, sondern auch an die von uns krank gemachten Nachbarn, die Tiere, dächten. Auch dann bleiben noch viele Wünsche offen. Zum Beispiel der, sich vom Ekel ganz zu befreien in einer anderen Welt. Einer Canetti-Welt: »Eine Gesellschaft, in der Menschen lachen, statt zu essen.« Vorerst aber werden wir noch essen und wollen es auch mit Genuß tun. Glücklich ißt, wer vergißt.

BENJAMIN BÜHLER/STEFAN RIEGER

Vom Übertier

Ein Bestiarium des Wissens

»Der moderne Mensch ist ein Tier, in dessen Politik sein Leben als Lebewesen auf dem Spiel steht.«[1]

»Die Feststellung, daß der Mensch nicht vollständig aus der Natur expliziert werden könne, daß der Mensch, wie Nietzsche es ausdrückt, das ›noch nicht festgestellte Tier‹ sei, formuliert einen wichtigen Ausgangspunkt moderner Anthropologie. Unter dem Eindruck des Eindringens technischer Phänomene in die tieferen Schichten menschlicher Seinsverhältnisse, wie es gerade die kybernetischen Maschinen offenbar gemacht haben, sieht man sich gezwungen, die Technik als eine mögliche Lösung jenes anthropologisch fixierbaren Mißverhältnisses aufzufassen. Durch die Technik schafft sich der Mensch eine Umwelt, die seiner Doppelrolle als naturhaftes und geistiges Wesen angemessen ist.«[2]

Einführung

Der anthropologische Hochmut hat anderen Seinsarten und namentlich dem Tier immer schon einen schweren Stand bereitet. Über lange Zeit galt es als ausgemachte Sache, dem Tier nur den Status einer minderwertigen Alterität zuzubilligen und ihm durch den Gestus hochgradiger Vermenschlichung jegliche Eigenart zu nehmen. Dagegen treibt die Frage, ob Mensch und Tier sich tatsächlich eindeutig voneinander abgrenzen lassen oder ob nicht Kriterien wie Sprechen und Arbeiten, Helfen und Morden, Lachen, Lügen und Lernen auch für Tiere charakteristisch sind, ob diese nicht selbst auch in einem spezifischen Sinne ›Kultur‹ besitzen, die Biologie derzeit ebenso um wie Soziologie und Philosophie, Kulturwissenschaft und Anthropologie.[3] Gegen die immer wiederkehrenden Bemühungen von Naturforschern und Theologen, Anthropologen und Philosophen, den Menschen durch eine eindeutige und objektive Grenzlinie vom Tier abzusetzen, wird das Differenzschema Tier/Mensch als ein kulturell spezifisches und historisch variables Schema sichtbar. Dessen vielfältige Herkunft gründet darin, dass die Figur des Menschen aus der Figur des Tieres abgeleitet wird. Diese Ableitung hat ihrerseits viele Vorgeschichten, in denen bestimmte Tiere dem Menschen als positives oder negatives Vorbild dienen. Schon bei Plutarch musste sich Odysseus von einem in ein Schwein verwandelten Griechen vorführen lassen, dass die Tiere weitaus tugendhafter und vernünftiger als die Menschen seien. Und nach Demokrit sind es die Tiere, die den Menschen die meisten Künste gelehrt hätten, etwa die Spinne das Weben und Nähen, die Schwalbe das Bauen oder der Schwan und die Nachtigall das Musizieren. Nicht zuletzt wegen solcher Einzelbefähigungen stellt sich immer wieder die Frage nach der Vernunft der Tiere, eine Diskussion, die bis heute anhält.[4]

Ein Ansetzen an der Wissensfigur und damit an den Möglichkeitsbedingungen der Differenzbildung entfernt die Tiere von einer bloßen Kultur- oder Wissenschaftsgeschichte, mithin von einem domestizierten Text-Zoo, dessen eingespielte Narrationen so unübersehbar wie allgegenwärtig sind. Ein solcher Ansatz läuft auf eine Geschichte jenes Wissens zu, das durch die komplexe Figur des Tiers allererst erzeugt wurde und wird. Notwendig wird somit, nicht nur allgemein von dem Tier zu sprechen, sondern der Rolle von ganz besonderen Tieren, von Auster und Barsch, Frosch und Pferd, Molch und Polyp oder auch Mickey Mouse und Steinlaus in der und für die Geschichte des Wissens nachzugehen. Vor diesem Hintergrund lohnt eine Verkehrung der Blickrichtung – Tiere sehen den Menschen an oder genauer noch: Wissenschaftler sehen durch die Augen der Tiere auf den Menschen und das, was sie sehen, sind Mängel nicht des Tieres, sondern des Menschen. Die Krone der Schöpfung scheint in dieser Blickwendung als das Defizitär der Figur des Tieres. Mit der Wissensfigur des Tieres wird die Frage nach dem Verhältnis von Tier und Mensch aus einem platten Biologismus gelöst und über seine Kasuistik hinaus systematisiert – seine Bühne ist nicht länger das Varieté und der Tierpark, seine Bühne ist die moderne Ordnung des Wissens selbst. Das Tier als evolutionäre Vorform des Menschen wird zur Maßgabe dessen, wohin der Mensch sich allererst noch zu entwickeln hat oder hätte – etwa im Sinne einer Evolution sozialer Einrichtungen und technischer Errungenschaften, von Medien und Apparaturen. Das Tier wird zum Vorbild, zu einer idealen Verkörperung und Vorwegnahme von Fähigkeiten, über die der Mensch – jedenfalls als natürliches Wesen – nicht verfügt. Das Tier wird zum Übertier. Weil der Tierbezug eine Vielfalt von Wissensformen mit unterschiedlichem Komplexitätsgrad ermöglicht, genauer noch, weil am Tier sich die Komplexität anderer

Seinsarten entscheidet, befindet sich die Wissensfigur des Tieres auch im Zentrum dessen, was über Menschen und Maschinen gesagt und gewusst werden kann.[5]

Bär

Vorgeführt hat dies bereits Heinrich von Kleist in seinem Text *Über das Marionettentheater*, in jener Episode, die von einem fechtenden Bären handelt. Dieser Bär unterliegt nicht dem normalen Regime der Zeit, sondern es zeigt sich für sein Gegenüber, dass er diesem immer schon voraus ist. Nicht nur, dass Kleists Bär in der Lage ist, die jeweils gegen ihn ausgeführten Angriffe gewandt zu parieren, vielmehr gelingt es ihm auch noch, vorgetäuschte Angriffe als solche wahrzunehmen und, sehr zur Irritation des menschlichen Fechters, auf dessen Finten gar nicht erst einzugehen. Seinem Angreifer nimmt das Tier jede Chance, weil es ihn im Wortsinn ins Leere laufen lässt. *Aug in Aug* mit dem Menschen liest der Bär in dessen Seele wie in einem offenen Buch. Weil ihm kein Zug verborgen bleibt, entlässt die Geschichte das Tier als eindeutigen Sieger.

> »Nicht bloß, daß der Bär, wie der beste Fechter der Welt, alle meine Stöße parierte; auf Finten (was ihm kein Fechter der Welt nachmacht) ging er gar nicht einmal ein: Aug in Aug, als ob er meine Seele darin lesen könnte, stand er, die Tatze schlagfertig erhoben, und wenn meine Stöße nicht ernsthaft gemeint waren, so rührte er sich nicht.«[6]

Da aber Parieren und Schlagfertigkeit nicht nur Fähigkeiten einer unmittelbar, weil körperlich angelegten Auseinandersetzung bezeichnen, weil sie, wie Kleist es in anderen Texten ausführt, Fähigkeiten des Denkens wie eben auch des verbalen Schlagabtausches betreffen, konnte die Geschichte und mit ihr der Bär zum Inbegriff eines Handelns werden, das von keiner Reflexion begleitet oder durch diese gebremst, ein Höchstmaß situativen Geschicks verkörpert. Diese Fähigkeit des Tieres beschreibt der niederländische Biologe Frederik J.J. Buytendijk (1887–1974) als ein unmittelbares Verstehen – angesiedelt zwischen Ästhetik und Effizienz. »Der Bär ›versteht‹ die Situation in einem ›Augenblick‹. Kleist spricht in seiner Nachbetrachtung nicht von tierischer oder senso-motorischer Intelligenz, sondern von ›Grazie‹.«[7] Der Tierkampf, der, zusammen mit den anderen Episoden des Marionettentheaters, vermeintliche Paradoxien in der Steuerung zum Gegenstand hat, ist selbst Gegenstand zahlloser Interpretationen geworden. Im Tier, das aus der Latenz seines Unbewussten heraus handelt, wird der Mensch mit dem Phantasma optimierter Steuerung konfrontiert – ein Vorgang, den die klassische Moderne in Abkehr von der Wirkmacht bloßer Rationalität regelrecht zu beschwören suchte. Ob im Zeichen moderner Verkehrs- und Bewegungsformen, ob in Sport, Tanz oder Arbeit, der Tierkampf macht eine Effizienz sichtbar, die der rationalen Analyse verschlossen bleibt.[8]

Doch Kleists unglaublicher Bärengeschichte wird noch eine ganz andere Karriere zuteil. Diese führt ins Zentrum jener Wissenschaften, die sich den Phänomenen von Steuerung und Regelung als ihrem genuinen Gegenstand verschrieben haben, allen voran der Kybernetik und von ihr beeinflusster Disziplinen, von der Physiologie bis zur Verhaltensbiologie, von der Neurologie bis zu den Ingenieurswissenschaften: Immer wieder wird Kleists »Marionettentheater« von einschlägigen Sachbearbeitern herangezogen, um stellvertretend grundlegende Fragen dieser Wissenschaften zu veranschaulichen, in erster Linie die nach dem Verhältnis von Regel und Regellosigkeit, von Vorgabe und Freiheit. Die kleine Abhandlung aus dem beginnenden 19. Jahrhundert wird zum Gründungstext einer Kybernetik *avant la lettre*. Dabei geraten neben erzählten Bären zunehmend auch andere Tiere und andere Konstellationen in den Blick – so etwa der im Film festgehaltene Kampf zwischen Mungo und Kobra, wie er vom Kybernetiker Norbert Wiener und wie er vom Biologen Frederik J.J. Buytendijk auf je ihre Weise für die Mitte des 20. Jahrhunderts beschrieben wird. Für Buytendijk erweist sich die Vorstellung eines unmittelbaren Reagierens beider Tiere aufeinander als unzutreffend. Vielmehr beginnt er, einen regelrechten Formalismus der Bewegung anzuführen, den er in einer neuen Form der Einheit enden lässt. Mit diesem Befund verabschiedet er die Mechanik der Reflexlehren und das Monopol ihrer Deutungsansprüche. An ihre Stelle tritt ein Organismus, der auf eigenwillige Weise geschlossen und befriedet scheint. Was für den Physiologen in der Zeitlupe des Tierfilms sichtbar wird, ist also nicht das strategische Kalkül eines überlegenen Tieres in der vorhersehbaren Abfolge von Aktion und Reaktion, sondern eine neue, eine fast schon naturmystische Form der Vereinigung. »Kämpfende Tiere bilden in der Vollendung, welche das rein tierische Leben in vitalen Funktionen über das Menschliche hinaushebt, eine Einheit, so geschlossen wie die Glieder eines einzigen Individuums.«[9] Dennoch bleibt bei aller scheinbaren Befriedung das Agonale in seinem Recht. Parieren und Schlagfertigkeit, wie sie Kleists Bären seine spektakuläre Karriere als Figur des Wissens eröffnen sollten, sind eben keine Seitenwege zur modernen Lebenswelt, zu

Tennis und Boxkampf, zu strategischem Spielverhalten und Kriegsführung. Was bei alldem sichtbar wird, sind die Möglichkeiten, Systeme und ihre Umwelten auf veränderte Weise zu beobachten und auch zu theoretisieren. Dabei sind es Tiere, denen es vorbehalten bleibt, die Jeweiligkeit von Zeiten und Räumen stellvertretend zu verhandeln. Die unterschiedlichen Konkurrenzen rechnen Wissenschaftler zu einem evolutionären Befund hoch, der auf seine Weise auch den Menschen einer Entwicklungslogik des Parierens unterstellt. Vor dem Hintergrund persönlicher Zeitordnungen, ihrer technischen Dar- und Nachstellung, wie sie die Biologen im Zeitauflösungsverhalten ihrer Tiere und wie sie Medientechniker in ihren Gerätschaften verkörpert sehen, darf noch einmal das altertümliche Parieren des Kleist'schen Bären seine Rolle spielen – als Szenario einer Bildsteuerung, die eben auch das Tier betrifft.[10] Das Tier wird wie der Mensch dem Geschick von Phantasie, von Bildern und einer Vorform der Virtualität unterstellt, die eine unerwartete Bestimmung möglich macht. In der Absetzung von der unbeweglichen Pflanze und implizit auch von der wirkmächtigen Tradition einer Tiermechanik, die wie Descartes die Seelenlosigkeit des Tieres mit dem Status einer Maschine gleichsetzt, beschreibt der Biologe das Tier nicht mehr als seelenlosen, sondern als phantasierenden Automaten.[11]

> »Die virtuelle Bewegung konstituiert also das Wahrnehmungsbild, das den Grund des Verhaltens bildet. Stimmt es, daß ohne Motilität keine Sensibilität möglich ist (und damit der unbeweglichen Pflanze ein Empfinden abgesprochen werden muß), so läßt sich das Wesen des Tieres als ein ›phantasierender Automat‹ kennzeichnen.«[12]

Fledermaus

Deutlich wird mit dem Bezug auf die Wissensfigur des Tieres, dass dieses nicht nur dem Menschen, sondern auch der Erkenntnis als Vorbild dient: Eigenschaften, die nur bestimmten Tieren eigen sind, werden zur Maßgabe für die Formulierung entsprechender Wissensbestände. Von einem solchen Technologietransfer erzählt etwa die Geschichte der Fledermaus. Aus dem Dunkel der Bedeutungslosigkeit trat die Fledermaus kraft dessen, was als ihr sogenannter sechster Sinn Gegenstand zahlloser Spekulationen wurde. Fledermäuse sind in der Lage, Schallwellen zwischen 9 und 200 KHz auszusenden, deren Reflexion mit ihren trichterförmigen Ohren zu empfangen und aus dem so gewonnenen Datenrücklauf in Echtzeit ein Raumbild zu errechnen. Wie auch bei anderen Tieren ist ihr Frequenzspektrum gegenüber dem des Menschen erweitert, kommen doch technisch ununterstützte Menschenohren bereits bei Frequenzen unter 16 Hz und über 20 KHz an ihre Grenze. In einer Rückkopplungsschleife zwischen Produktion und Verarbeitung der Ultraschallwellen orientiert sich die Fledermaus perfekt. Jene Echopeilung, die ihr die Orientierung erlaubt, wird am Beginn des 20. Jahrhunderts zur Vorgabe für eine ganze Reihe technischer Gerätschaften, die es auch dem Menschen ermöglichen sollen, bei widrigen Sichtverhältnissen den Überblick zu bewahren. Gerätschaften wie das Sonar (Sound Navigation and Ranging), das vor allem unter Wasser zum Einsatz gelangt, dann aber auch das Radar (Radio Detecting and Ranging), bei dem statt Schallwellen elektromagnetische Schwingungen Verwendung finden, veräußerlichen, was der Fledermaus als natürliches Vermögen eigen ist: alternative Weisen der Bildwahrnehmung. Diese Konstellation, ein anderes, weil mit der Sinnesausstattung des Menschen Inkommensurables vor Augen zu haben, prädestiniert die Fledermaus zu einer sehr eigenen Karriere in den Gefilden des Wissens.[13]

Damit die Fledermaus von der Unwissenheit zu derem schieren Gegenteil (und damit in den Aussageraum der Philosophie) gelangen konnte, war es nötig, ihren sechsten Sinn erst einmal nachzuweisen. Es war der Italiener Lazzaro Spallanzani (1729–1799), der das Flugverhalten von Fledermäusen in seinem verdunkelten und aufwendig verdrahteten Studierzimmer beobachtete. Trotz Handicaps vermochten sich diese zu orientieren, und so fanden sie ihren Weg – ganz im Gegensatz zu einer Kontrollgruppe von Eulen, die sich im Drahtverhau verfing. Auch das Geblendetwerden störte die Fledermäuse bei ihrer Orientierung nicht weiter. Erst als der Naturforscher auch noch ihre Ohren mit Wachs verschloss, gerieten sie auf Abwege und der Naturforscher Spallanzani zur Erkenntnis. Seine Schlussfolgerung, Fledermäuse würden mit den Ohren sehen, war seinen Zeitgenossen nur Anlass zur Belustigung. Erst im Jahre 1938 – und damit viele Versuchsanordnungen später – gelang es einem Biologiestudenten an der Harvard University, die Signale im Ultraschallbereich endlich auch technisch nachzuweisen: jenem Donald R. Griffin (1915–2003), der später zum Begründer der kognitiven Ethologie werden sollte, jener Wissenschaft, die wie nur wenige andere die Frage nach dem Verhältnis von Mensch und Tier zu ihrer Sache machte und dabei die Fledermaus zur philosophisch relevanten Spezies erklärte. Von der technischen Verwertung handelt die Patentschrift des Radarpioniers Christian Hülsmeyer vom 30. April 1904. Der Ingenieur beschreibt sein sogenanntes Telemobiloskop als

»Verfahren, um entfernte metallische Gegenstände mittels elektrischer Wellen einem Beobachter zu melden. Vorliegende Erfindung hat eine Vorrichtung zum Gegenstand, durch welche die Annäherung beziehungsweise Bewegung entfernter metallischer Gegenstände (Schiffe, Züge oder dergleichen) mittels elektrischer Wellen einem Beobachter durch hör- und sichtbare Signale gemeldet wird.«[14]

Das Telemobiloskop setzt dazu nicht auf Schallwellen, sondern auf elektromagnetische Schwingungen, die von metallischen Oberflächen reflektiert werden. Der Plan, das Militär für seine Idee zu gewinnen, schlug ebenso fehl wie der Versuch, internationale Reedereien von seiner Erfindung zu überzeugen. Was Hülsmeyer am 18. Mai 1904 einem staunenden Publikum an der Hohenzollernbrücke in Köln vorführte, ist als ein früher Vorläufer des Radargeräts aus der Geschichte der Technik nicht mehr wegzudenken – auch wenn sein Verfahren den Nachweis über die Vorhandenheit metallischer Gegenstände zwar führen, nicht aber deren Entfernung messen konnte.[15] Der Rest ist eine Mischung aus Erfinderschicksal und Wahrnehmungsträgheit. Die von Hülsmeyer erhofften Aufträge aus Wirtschaft und Militär blieben jedenfalls aus. Wie ein Historiograph vermutet, war es der Bruch mit einer Wahrnehmungskonvention, die es potenziellen Geldgebern so schwer machte, das Telemobiloskop finanziell zu unterstützen. Zwei Weltkriege später waren die Vorbehalte gegen den verstellten Augenschein endgültig behoben. Das Prinzip indirekter Orientierung hat nach spektakulären Anwendungen in den Kriegen des letzten Jahrhunderts die Standard-Normalorientierung erreicht. In Techniken wie dem GPS (Global Positioning System) ist die Transparenz von Räumen gesichert – unter größtmöglicher Umgehung menschlicher Handicaps.

Drosophila

Nicht nur aufgrund seiner Komplexität, auch wegen der Einfachheit seiner Anatomie und Physiologie wird ›das Tier‹ zum Übertier, zum Modell für das Wissen vom Leben und Menschen. Wie kaum ein anderer Organismus verdeutlicht dies die Geschichte der Fruchtfliege Drosophila, die zugleich eine Geschichte der Entstehung der modernen Genetik wie ihrer spezifischen Techniken ist.[16] Denn wie kaum bei einem anderen Tier führt die Geschichte dieser Fliege vor, dass Tiere, sobald sie in den Repräsentationsraum der Wissenschaften eingerückt sind, Objekte, Matrizen sind, in die »epistemische Dinge« eingeschrieben werden.[17] Damit wandelt sich nicht nur das Bild der Fliege – und die Konsequenzen, die aus deren Genetik für den Menschen gezogen wurden –, sondern auch die Fliege selbst.

Ihren ersten für die experimentelle Genetik entscheidenden Auftritt hatte die Fruchtfliege in den Arbeiten von Thomas Hunt Morgan (1866–1945) und seiner Forschergruppe, zu der u. a. Alfred Sturtevant, Calvin Bridges, Herrmann Muller und später Theodosius Dobzhansky gehörten. Morgan entdeckte 1910 in seinem Labor Fliegen mit weißen Augen, dunklerem Muster, mit oliver Färbung des Körpers, mit rudimentären, gestutzten oder verkleinerten Flügeln. Zahllose Fliegen übernahmen von nun an das Labor Morgans, das sich zum sogenannten Fliegenraum wandelte. Dabei erzeugten die von Thomas H. Morgan und seinen Mitarbeitern entdeckten, gekreuzten und gezüchteten Fliegenmutanten eine Datenflut, die mit den bisherigen Darstellungsformen nicht mehr erfasst werden konnte. Hatte der Erbsen(aus)zähler Gregor Mendel noch im 19. Jahrhundert mit Merkmalen wie gelber und grüner Hülsenfarbe operiert und die Ergebnisse seiner Kreuzungsexperimente tabellarisch dargestellt, war dies angesichts der Millionen von Mutanten mit unterschiedlichen Formen, mit gebogenen und rudimentären Flügeln, mit weißen oder pfirsichfarbenen, gläsernen oder haarigen Augen, mit winzigen oder gegabelten Borsten nicht mehr möglich. Statt die Gene bzw. Merkmale in Tabellen darzustellen, führte Morgans Forschergruppe die Genkarte ein, auf welcher die Gene, die auf einem Chromosom liegen, angegeben werden. Die jeweilige Distanz zwischen diesen resultierte dabei nicht aus der Beobachtung, sondern der Berechnung. Die Konsequenzen dieser Karte waren enorm, führten sie doch zu einem völlig neuen Klassifizierungssystem der Gene. Denn während die Entwicklungsphysiologie danach fragte, welche Gene für die Ausbildung bestimmter Organe, z. B. die Augenfarbe, zuständig sind, interessierte die neuen Genetiker allein die Anordnung der Gene auf dem Chromosom. War die Genkarte zuerst noch eine neue Technik, mit der die ungeheuren Datenmengen verarbeitet werden sollten, wies sie einer experimentellen Genetik den Weg, die weitgehend ohne die Entwicklungsphysiologie auskommen sollte.

Erfolgte die Ausbildung dieses »Gen-Diskurses«, in dem das Gen als grundlegender Baustein des Lebens und zugleich als belebende Kraft galt,[18] weitgehend durch die Forschungen an Drosophila, sollte diese für die nächsten Jahrzehnte ihren Status als privilegiertes Wissenschaftsobjekt an Viren, Bakterien oder Pilze abtreten. In den 1970er Jahren aber sollte die Fruchtfliege zu ihrer zweiten großen Karriere antreten. Zugleich veränderte sich auch der Gen-Diskurs durch die neue Kopplung zwischen

Genetik und Entwicklungsbiologie. Was Morgan und die ihm folgenden Genetiker aus dem Forschungsprogramm der Genetik ausgeklammert hatten, wurde nun zum vornehmlichen Gegenstand der Entwicklungsgenetik. Gene sind in diesem neuen Gen-Diskurs nicht mehr die einzigen Akteure, vielmehr rückt das komplexe Verhältnis zwischen Genen und Proteinen in den Vordergrund – statt von Gen-Aktivität war nun die Rede von der Gen-Aktivierung.[19] So führten etwa die Entwicklungsbiologen Christiane Nüsslein-Vollhard und Eric Wieschaus Anfang der 1970er Jahre Forschungen an Drosophila durch, in denen sie die Rolle des mütterlichen Genoms untersuchten. Sie identifizierten Gene im mütterlichen Genom, deren Protein-Produkte im Zytoplasma des unbefruchteten Eis liegen und nach der Befruchtung die Expression zygotischer Gene steuern, welche für die Herstellung der Polaritätsachsen (die Grundlage der bilateral-symmetrischen Organisation) des frühen Embryos zuständig sind. Drosophila war damit erneut zu einem Paradigma geworden: »Diese Mechanismen sind ein nützliches Paradigma für die Entwicklung komplexer Formen aus einer einfachen Eizelle.«[20] Zugleich führen auch diese Arbeiten die Logik des Tiers als Substitut des Menschen fort. Denn »die Entwicklung der Methode mit rekombinanter DNA und damit das Klonieren von Genen im großen Stil ermöglichte [...] den Vergleich von Genen aus unterschiedlichen Organismen auf der Grundlage von DNA- oder Proteinsequenzen.«[21] Die Ebene der Gene legitimiert somit den Vergleich von Fliege und Mensch, und wenn die Entwicklungsgenetik schließlich doch an ihre Grenzen stößt, weil Fliegen nun einmal keine Wirbelsäule besitzen, wechseln die Experimentatoren auf den Zebrafisch als neuen Modellorganismus. Gemäß dieser Logik liegt die weitere Konsequenz darin, dass die Daten, die weder Fliege noch Fisch liefern können, vom menschlichen Embryo selbst geholt werden müssen – wofür dieser schlicht zum Noch-Nicht-Menschen, zum Tier, erklärt wird. Die Debatte um den Status menschlicher Embryonen verweist dabei auf ein unhintergehbares Problem der biologischen Wissenschaften: Zwar können menschliche Leichen seziert werden, doch Experimente am lebenden Menschen sind in der Regel aus moralischen Gründen ausgeschlossen. Daher ist die experimentelle Biologie, wie auch zu einem großen Teil die Psychologie, darauf angewiesen, an Tieren als Substituten des Menschen ihre Forschungen zu betreiben. Den Lebenswissenschaften ist diese Problematik seit ihren Anfängen bekannt, immer wieder wurde und wird die Frage nach der Übertragbarkeit von Ergebnissen aus dem Tier-Experiment auf den Menschen diskutiert. Das zentrale Argument lautet hierbei, dass zwar die Differenz von Tier und Mensch zu reflektieren ist, doch da

›der Mensch‹ wie ›das Tier‹ ein lebendes Wesen ist, unterscheiden sich die jeweiligen Lebensprozesse allein hinsichtlich ihrer Komplexität. So wird in der Pawlowschen Reflexphysiologie der Hund zum Paradigma des Menschen als Reflexmaschine, Konrad Lorenz beobachtet am Familienleben der Graugänse die Degenerationserscheinungen des modernen Menschen, während die Soziobiologie den sozialen Menschen über das Modell der Ameise erfindet.

Ratte

Die Austauschbarkeit von Tier und Mensch wird in kaum einer Theorie so deutlich wie im Behaviorismus. Deren Paradeobjekt war die Ratte, an der die berühmt gewordenen Lernversuche durchgeführt wurden. Dabei sollen die Tiere in der Skinner-Box auf bestimmte Knöpfe drücken oder einen bestimmten Weg im Labyrinth zurücklegen, um an Futter zu gelangen. Burrhus Skinner (1904–1990) hatte jegliche Kritik an der Übertragung der Daten von Ratten oder auch Tauben auf den Menschen abgelehnt. Denn am Tier seien grundlegende Lebensprozesse beobachtbar, die Versuchsbedingungen ließen sich besser und umfangreicher kontrollieren, die Untersuchungen würden nicht kompliziert durch die soziale Beziehung zwischen Experimentator und Forschungsgegenstand, und schließlich ließen sich bestimmte Variablen arrangieren und kontrollieren, z.B. ziehe man ein Tier in der Dunkelheit groß, um zu untersuchen, wie es sehen lernt. Es ist das Phantasma einer vollständigen Kontrolle der Tiere und einer lückenlosen Dokumentation der Experimente, die Tiere zu privilegierten Forschungsobjekten macht. Und es ist das an den Tieren gewonnene Wissen, aus dem Skinner ein Programm der sozialtechnischen Modellierung von Menschen ableitet. Skinner konnte hierfür an den Behaviorismus-Begründer John B. Watson (1878–1958) anschließen. In seinen wegweisenden Experimenten wollte Watson belegen, dass Gefühle wie Furcht, Wut oder Liebe nicht angeboren, sondern erworben seien.

Den Weg zur Klärung dieser Frage wiesen Versuche mit Kleinkindern. Denn das Problem, die experimentellen Bedingungen möglichst lückenlos zu kontrollieren, konnte hier gelöst werden: Die Experimente wurden an Kindern vorgenommen, die in Heimen unter der Aufsicht der Experimentatoren aufgezogen worden waren, einige dieser Kinder waren fast von der Geburt bis zur Vollendung des ersten Lebensjahres beobachtet worden. In einem der berühmtesten Fälle untersuchte Watson zusammen mit Rosalie

Rayner die Furchtreaktion an einem elf Monate alten Baby, dem »kleinen Albert«, der sein bisheriges Leben ausschließlich im Krankenhaus verbracht hatte und der, wie Watson feststellte, ein ausgesprochen artiges Baby war, das die beiden Forscher in den Monaten der gemeinsamen Arbeit nie weinen sahen, »bevor wir nicht unsere Experimente gemacht hatten«.[22] Die Experimentalanordnung bestand in einer klassischen Konditionierung, das heißt, zuerst muss ein Reizkomplex, der die Fluchtreaktion auslöst, gegeben sein, hier laute Geräusche und Haltverlust. Zweitens wird ein neuer Reiz angeboten, der dann die Reaktion auslöst. Will man zum Beispiel, dass die Versuchsperson die Hand zurückzieht, wenn ein Summer ertönt, so muss gleichzeitig mit seinem Ertönen ein Elektroschock oder ein anderer schädlicher Reiz gegeben werden. Die Konditionierung ist erfolgt, wenn die Hand allein beim Ertönen des Summers zurückgezogen wird. Gemäß diesem Paradigma sollte der kleine Albert, der vor dem Experiment normal mit der Ratte umging, eine Fluchtreaktion gegenüber einer weißen Ratte ausbilden. Rayner und Watson nahmen eine weiße Ratte, mit der Albert schon seit Wochen gespielt hatte, aus ihrem Korb heraus und hielten sie vor ihn hin. Genau dann, wenn die Hand des Jungen das Tier berührte, wurde hinter seinem Kopf mit einem Hammer auf eine Eisenstange geschlagen. Da das Kind bei dem ersten Versuch in einen verwirrten Zustand geriet, konnte eine Woche lang kein weiteres Experiment mit ihm durchgeführt werden. Die folgenden Einzelschritte können hier übergangen werden, das Resultat dieser Versuche war, dass der Junge bereits bei dem Anblick der Ratte zu schreien anfing, sich auf alle viere begab und schnell davonkrabbelte. Damit war der Anfang gemacht für Versuche, die zeigen sollten, dass für die Erklärung emotionaler Reaktionen nicht auf die Vererbung als Erklärungsmuster zurückgegriffen werden musste.

Wie auch immer man die Versuche mit dem kleinen Albert beurteilen mag, sie zeigen, dass für den Behavioristen Tier und Mensch austauschbar sind, der Wechsel der Position der weißen Ratte, vom Wissenschaftsobjekt zum bedingten Reiz, führt genau diese Austauschbarkeit vor: Die Versuche am kleinen Albert sind nichts anderes als die Versuche, die zuvor mit den Tieren durchgeführt worden waren, Albert wird buchstäblich zur Laborratte.

Die sozialtechnischen Konsequenzen dieser Experimentalanordnung sollten bald deutlich werden. Denn für Watson hatten die Versuche mit dem kleinen Albert äußerst unerwartete Folgen: Aus der gemeinsamen Arbeit mit Rosalie Rayner wurde eine Liebesbeziehung, die zur Scheidung Watsons und zu seiner Entlassung von der Universität führen sollte. Watson startete daraufhin eine zweite Karriere in der Werbebranche. Während die Universitäten für Watson verschlossen waren, stellte ihn die J. Walter Thompson Company gerade wegen seines Rufes als Begründer des Behaviorismus ein. Wie Kerry Buckley ausführt, hatte deren Präsident, Stanley Resor, nämlich die Idee, sein Unternehmen in eine Universität für Werbung umzuwandeln, zu einem Ort, an dem Wissenschaftler und Experten die Standards der Branche setzen.[23] Mit der Erstellung von Statistiken über Trends und Kaufgewohnheiten sollte die Werbebranche wissenschaftlich fundiert werden. Mit dem Behaviorismus stand darüber hinaus ein Forschungsprogramm zur Verfügung, das von der beliebigen Steuerbarkeit der Menschenmaschine ausging und auch die entsprechenden auf die Masse übertragbaren Techniken der Manipulation bereitstellte. Denn für den Behavioristen gab es zwischen durch Labyrinthe irrende Ratten und konsumierende Menschen keinerlei Unterschiede.

Nix-Sapiens

Anlässlich einer gemeinsamen Publikation fragten der Biologe Buytendijk und der Philosophische Anthropologe Helmuth Plessner, ob die Menschen nicht eminente Gewohnheitstiere wären, eine Frage, die rückhaltlos zu bejahen ist. Als Gewohnheitstier erweist sich der Mensch vor allem und nicht zuletzt dort, wo es um seine eigene Verortung in der Naturgeschichte und ihrer Taxonomien geht. Träge bleibt der Mensch jener Klugheit verpflichtet, die ihm der Naturforscher Carl von Linné (1707–1778) mit der Formel vom Homo sapiens so folgenreich zugeschrieben hat.[24] Dabei ist diese Zuschrift selbst labil, historisch kontingent, und so wird es einer bloßen Signifikanten-Operation vorbehalten sein, die Karriere des Homo Sapiens Sapiens zu annullieren. Der Schriftsteller Arno Schmidt jedenfalls kann den Menschen mit einem bloßen Federstrich aus der gewohnten Ordnung der *sapientia* streichen und zum Homo-nix-sapiens erklären. Wie immer ab dem 20. Jahrhundert Mensch und Tier konzeptualisiert werden, es macht sich zunehmend die Einsicht breit, dass Modellbildungen, die das Leben nach Maßgabe eines bloßen Physikalismus fassen – ob in Descartes' seelenlosen Tierautomaten, in Pawlows reflexgesteuerten Hunden oder den bei Watson und Skinner durch irgendwelche Labyrinthe irrenden Ratten – ungeeignet sind. Stattdessen verschafft sich die eigene Logik biologischer Systeme eine Geltung, die theoretisch für das 20. Jahrhundert und der Ausgestaltung unterschiedlicher System-/Umwelttheorien gerade im Anschluss an die theoretische Biologie Jakob von Uexkülls (1864–1944) nicht folgenreicher hätte sein können. Daran hatten nicht zuletzt Tiere ihren Anteil, die endlich aus den Registern der Vermenschlichung gelöst, die Eigenlogik anderer Seinsarten sicht- und denkbar machten. Wie der Philosoph Michel Foucault einmal schrieb, ist es der Blick auf die Geschichte des Wissens, der durch die Vermenschlichung und durch die einseitige Ausrichtung auf den Menschen so sonderbar verstellt ist.

»Daher rührt die Gefahr des ›Psychologismus‹, des ›Soziologismus‹ – dessen, was man mit einem Wort als ›Anthropologismus‹ bezeichnen könnte –, die sofort bedrohlich wird, sobald man die Beziehungen des Denkens und der Formalisierung nicht korrekt reflektiert oder sobald man die Seinsweisen des Lebens, der Arbeit und der Sprache nicht wie notwendig gebraucht. Die ›Anthropologisierung‹ ist heutzutage die große innere Gefahr der Wissenschaften.«[25]

Abb. 1: Abstammung des Menschen nach Ernst Haeckel

1 Michel Foucault, *Der Wille zum Wissen. Sexualität und Wahrheit I*, Frankfurt am Main 1983, 171.

2 Max Bense, »Kybernetik oder die Metatechnik einer Maschine«, in: ders., *Ausgewählte Schriften*, 2. Bd. (Philosophie der Mathematik, Naturwissenschaft und Technik), Stuttgart, Weimar 1998, 429–446, Hier: 446.

3 Thomas Macho, »Tier«, in: Christoph Wulff (Hg.), *Vom Menschen. Handbuch der Historischen Anthropologie*, Weinheim, Basel 1997, 62–85.

4 Dazu jüngst Dominik Perler/Markus Wild (Hg.), *Der Geist der Tiere. Philosophische Texte zu einer aktuellen Diskussion*, Frankfurt am Main 2005.

5 Max Bense, »Kybernetik oder die Metatechnik einer Maschine«, in: ders., *Ausgewählte Schriften*, 2. Bd. (Philosophie der Mathematik, Naturwissenschaft und Technik), Stuttgart, Weimar 1998, 429–446.

6 Heinrich von Kleist, »Über das Marionettentheater«, in: ders., *Werke und Briefe in vier Bänden*, Band III (Erzählungen, Gedichte, Anekdoten, Schriften), Frankfurt am Main 1986, 473–480, hier: 480.

7 Frederik J. J. Buytendijk, *Allgemeine Theorie der menschlichen Haltung und Bewegung als Verbindung von physiologischer und psychologischer Betrachtungsweise,* Berlin u. a. 1956, hier: 153f.

8 Zu diesem Unterlaufen des Bewusstseins und seiner Kontrolle vgl. Robert Musil, »Durch die Brille des Sports« [1925/26 oder später]. in: ders., *Gesammelte Werke*, hg. von Adolf Frisé, II, Reinbek 1978, 792–795.

9 Frederik J. J. Buytendijk, *Wege zum Verständnis der Tiere*, Zürich, Leipzig o. J., 188.

10 Zum jeweiligen Auflösungsverhalten bei Schnecken, Kampffischen und Menschen vgl. Otto Pötzl, »Physiologisches und Pathologisches über das persönliche Tempo«, in: *Wiener Klinische Wochenschrift*, 52. Jg., Nr. 24, 1939, 569–573.

11 Dazu Stefan Rieger, *Kybernetische Anthropologie. Eine Geschichte der Virtualität*, Frankfurt am Main 2003.

12 Frederik J J. Buytendijk, *Wege zum Verständnis der Tiere*, Zürich, Leipzig o. J., 135.

13 Das führt zur Frage des Philosophen, wie es sich als Fledermaus lebt. Vgl. dazu Thomas Nagel, »What Is It Like to Be a Bat?«, in: *Philosophical Review*, 83. Bd., 1974, 435–450.

14 Christian Hülsmeyer, Patentschrift Nr. 165546 vom 30. April 1904, o. Pag.

15 Siehe dazu Fritz Vollmar, »Das Telemobiloskop von Christian Hülsmeyer, ein früher Vorläufer des Radargeräts«, in: *Deutsches Museum. Abhandlungen und Berichte*, 28. Jg., Heft 1, 1960, 33–36.

16 Vgl. dazu: Robert E. Kohler, *Lords of the Fly. Drosophila Genetics and the Experimental Life*, Chicago, London 1994; Martin Brookes, *Drosophila. Die Erfolgsgeschichte der Fruchtfliege*, Reinbek 2002.

17 Hans-Jörg Rheinberger, *Experiment. Schrift. Differenz. Zur Geschichte epistemischer Dinge*, Marburg 1992.

18 Evelyn Fox Keller, *Das Leben neu denken. Metaphern der Biologie im 20. Jahrhundert*, München 1998, 28.

19 Ebd., 45.

20 Christiane Nüsslein-Vollhard, »Die Identifizierung von Genen, die die Entwicklung bei Fliegen und Fischen steuern (Nobel-Vortrag)«, in: *Angewandte Chemie* 108, 19, 1996, 2317–2328, Zitat: 2317.

21 Ebd., Zitat: 2318.

22 John B. Watson, *Behaviorismus. Ergänzt durch den Aufsatz »Psychologie, wie sie der Behaviorist sieht«*, hg. von Carl F. Graumann, Frankfurt am Main 1976, 170; vgl. dazu: John B. Watson, Rosalie Rayner, »Studies in Infant Psychology«, in: *The Scientific Monthly* 13, 6, Dec. 1921, 493–515.

23 Kerry W. Buckley, *Mechanical Man. John Broadus Watson and the Beginnings of Behaviorism*, New York, London 1989, 134.

24 Zu dieser Formel vgl. Giorgio Agamben, *Das Offene. Der Mensch und das Tier*, Frankfurt am Main 2002.

25 Michel Foucault, *Die Ordnung der Dinge. Eine Archäologie der Humanwissenschaften,* Frankfurt am Main ⁹1990, 417.

MARKUS WILD

Talk to me, walk with me like lovers do!

Versuch über die ideengeschichtlichen Wurzeln der Tierkommunikation

1. Die Idee des Menschen im Tier

Menschen sprechen. Tiere nicht. Wir sprechen bisweilen zu Tieren. Aber sprechen Tiere untereinander? Zu uns? Oder gar mit uns?

Das fehlende Sprachvermögen der Tiere und die frappierende Sprachfähigkeit des Menschen zählt als augenfälligster und wichtigster Unterschied zwischen Mensch und Tier. Er erscheint als Ausdruck oder sogar Bedingung dafür, dass der Mensch im Unterschied zum Tier nicht nur ein Natur- und Sinneswesen, sondern ein Kultur- und Sinnwesen ist. Grundlegend dabei ist, wie etwa Horkheimer und Adorno bemerkten, die Differenz zum Tier: »Die Idee des Menschen in der europäischen Geschichte drückt sich in der Unterscheidung zum Tier aus.«[1] Die klassische Idee des Menschen fasst den Menschen als *animal rationale*. Sie steht in der Ideengeschichte allerdings unter ständigen Anfechtungen. So hat etwa die europäische Romantik einflussreich Alternativen erprobt, das 19. Jh. die Versuche, den Menschen durch andere spezifische Differenzen zu bestimmen, vervielfältigt, und im 20. Jh. findet sich der Verdacht, nicht nur die klassische, sondern die Idee des Menschen überhaupt könnte lediglich eine Episode der jüngeren europäischen Geschichte gewesen sein. Der britische Historiker Felipe Fernández-Armesto hat auf sechs Entwicklungen der jüngsten Vergangenheit hingewiesen, die die Idee des Menschen bedrohen, nämlich die Primatologie, die Tierrechtsbewegung, die Palaeoanthropologie, den durch die Darwinsche Evolutionstheorie aufgelösten Artenbegriff, das Projekt der Künstlichen Intelligenz und die Gentechnik.[2] Gemeinsam ist diesen Entwicklungen, dass die begriffliche, moralische, aber auch die körperliche Grenze zwischen dem Menschlichen und dem Nichtmenschlichen, insbesondere dem Tier, verschwimmt. Beginnt die Unterscheidung zum Tier durchlässig zu werden, kommt auch die Idee des Menschen ins Schwimmen.

In den fiktionalen Welten von Mythen, Fabeln, Märchen, Erzählungen oder Filmen sprechen Tiere sowohl untereinander als auch mit Menschen. Tierkommunikatoren behaupten, dass sie tatsächlich mit Tieren sprechen können. Sie behaupten, dass uns diese Kommunikation mit Tieren eine Hilfe sein kann und dass wir von ihnen lernen sollten. Bücher über Katzen- oder Hundesprache füllen die Tierabteilungen in Buchkaufhäusern, Vorführungen von Pferde- und Hundeflüsterern ziehen ein breites Publikum in ihren Bann, Informations- und Werbeseiten von Tierkommunikatorinnen zirkulieren weltweit im Internet, sie werden in Funk und Fernsehen, in Hollywood-Filmen oder in der »Neuen Rundschau« thematisiert.

Innerhalb der Tierkommunikation lassen sich holzschnittartig zwei Richtungen unterscheiden, beide vorwiegend auf Haustiere konzentriert. Die esoterische Richtung stellt die Kommunikation von Mensch und Tier auf telepathische Fähigkeiten ab. Mithilfe dieser allen Menschen zugänglichen, aber verschütteten Fähigkeit können wir die allzumenschlichen und die geheimen Botschaften der Tiere empfangen und zu ihrem und unserem Wohle nutzen. Vertreterinnen dieser Richtung schmücken ihre Überlegungen gerne mit einem eklektizistisch mythologischen Sammelsurium und stereotypisierten Erfahrungen, und sie berufen sich auf Penelope Smith, die Pionierin der intuitiven Tierkommunikation. Im Film *Broken Flowers* (2005) gibt Jim Jarmusch die esoterische Richtung in einer witzigen Szene einer wohlverdienten, doch auch zurückhaltenden Satire preis. Die pädagogische Richtung hingegen stützt sich auf eine Kommunikation der Gesten und Körperhaltungen. Vor dem Hintergrund eines respektvolleren Umgangs will sie das Verhältnis von Mensch und Tier zu beider Vorteil neu begründen. Vertreter dieser Richtung berufen sich gerne auf eine selektive Auswahl wissenschaftlicher Arbeiten, eigene Erziehungserfahrungen und das Vorbild Monty Roberts. Robert Redford verschaffte der pädagogischen Richtung durch die etwas langatmige und tränenrührende Verfilmung des Bestsellers *The Horse Whisperer* (1998) zu weiter Bekanntheit.

Selbstverständlich wird unterstellt, dass Tiere und insbesondere Haustiere einen Geist oder gar eine Seele haben, d.h. sie haben bewusste Meinungen, Empfindungen, Erkenntnisse oder Gefühle, hegen bestimmte Wünsche, verfolgen besondere Absichten oder horten Wissensschätze. Wie könnten sie uns andernfalls auch etwas mitteilen! Wie der amerikanische Philosoph Daniel Dennett bemerkt, herrscht in der populären und populärwissenschaftlichen Literatur eine beachtliche Toleranz gegenüber Obskurantismus und eine bizarre Einseitigkeit im Umgang mit Belegen für den Tiergeist. Genaue Beobachtungen, sinnvolle Ratschläge und interessante theoretische Ansätze vermengen sich bisweilen mit schierer Fantasie. In Dennetts Urteil handelt es sich um leichtgläubige und ignorante Romantiker, die nur darauf aus sind, auch die unglaubwürdigsten Märchen über Tiere beim Wort zu nehmen und die im Unterschied zur wissenschaftlichen Verhaltensforschung nicht im Geringsten daran interessiert sind herauszufinden, wie Tiere tatsächlich sind.[3] Natürlich liegt der Verdacht nahe, dass es sich bei der Tierkommunikation um blanken Unsinn, manipulatorische Scharlatanerie, unreflektierte Übergriffe fiktionaler Welten oder um kompensatorische Wunschbilder handelt. Dieser Verdacht trifft zu, gewiss, insbesondere trifft er die esoterische Richtung. In der pädagogischen Richtung geht es nicht um eine wissenschaftliche Herangehensweise, sondern um eine bestenfalls wissenschaftlich abgestützte Erneuerung unseres Umgangs mit Tieren. Will man das Phänomen der Tierkommunikation jedoch nicht pauschal vom Tisch wischen oder als bloßes Symptom betrachten, kann man es auf seine ideengeschichtlichen Wurzeln hin befragen. Man könnte sich etwa fragen, ob die Tierkommunikation nicht in den Zusammenhang der erwähnten Bedrohung der Idee des Menschen gehört. Sie scheint ja den wichtigsten Unterschied gewissermaßen in Frage zu stellen. Gerade dies trifft, wie ich denke, nicht zu. Vielmehr versucht die Tierkommunikation die Idee des Menschen paradoxerweise in der Unterscheidung zum Tier *im* Tier wiederzufinden. Im Folgenden handelt es sich weniger darum, die Tierkommunikation etwa mit der Ethologie zu kontrastieren, sondern darum, anhand der pädagogischen Richtung die Strukturen dieses Phänomens und einige seiner ideengeschichtlichen Wurzeln offenzulegen. Die pädagogische Richtung beruht auf einer Umkehr der Perspektiven und ist darin eine wenn auch nicht ganz legitime Erbin des französischen Philosophen Michel de Montaigne. Darüber hinaus beruht sie auf der Idee von Verlusterfahrungen und ist darin eine Nachfahrin der europäischen Romantik.

2. Michel de Montaigne und die Perspektivenumkehrung in der Tierkommunikation

»Quand je me joue à ma chatte, qui sçait si elle passe son temps de moy plus que je ne fay d'elle.« Mit dieser für sein Denken charakteristischen Perspektivenumkehrung attackierte Montaigne in seinem Essai »Die Verteidigung des Raimundus Sebundus« (1580) die klassische Idee des Menschen.[4] Dabei bemühte er sich um eine breit angelegte Verteidigung der Tiervernunft und nahm sich als Erstes des scheinbar augenfälligen Unterschieds

– dem Sprechen – wie folgt an: Aus einer menschlichen Perspektive hat es tatsächlich den Anschein, als würden Tiere nicht sprechen, denn wir verstehen ihre Laute nicht. Wie sieht es aber aus deren Perspektive aus? Auch sie verstehen unsere Laute nicht. Warum sollten sie nicht schließen, dass wir keine vernunftbegabten Wesen sind? Montaigne versucht diese Perspektivenumkehrung zu plausibilisieren, indem er den engen Begriff der Sprache erweitert und sich nach Mitteln der Verständigung umsieht, die über die natürlichen Sprachen hinausgehen. Zwischen Tieren finde nämlich eine Verständigung ohne artikulierte Worte statt, nicht nur innerhalb einer Art, sondern auch über die Artgrenzen hinweg. Die erste Erweiterung besteht darin, dass Montaigne auf die Kommunikation zwischen den Tieren verweist, die über Laute und Gesten erfolgt. Sowohl die Laut- als auch die Gestensprache werden im Gegensatz zu den konventionellen Nationalsprachen als eine Art Natursprache betrachtet. Und die Natursprache der Laute und Gebärden finden wir auch beim Tier. In seiner zweiten Erweiterung deutet Montaigne auf die gelingende lautliche oder gestische Interaktion zwischen Tieren. Er vergleicht diese Interaktion mit einer Art Tennisspiel, dem *Jeux de paume*. Wenn aus Abschlag und Ballflug überhaupt ein Spielzug werden soll, muss sich der »Ballempfänger« auf den »Ballsender« einstellen, um reagieren zu können. Verständigung ergibt sich nicht aus den Absichten eines Sprechers allein, sondern aus dem Zusammenspiel von Lauten und Gesten, die koordiniertes Verhalten ermöglichen. Montaigne gehört so zu den ersten Philosophen, die auf die Zoosemiotik aufmerksam geworden sind.

Dagegen ließe sich einiges einwenden. Montaignes eigentliche Pointe besteht jedoch im Versuch, nicht nur die Verständigung, sondern v.a. das außersprachliche Verhalten von Tieren als Ausdruck von Absichten, Überlegungen, Wünschen und Gefühlen zu betrachten. Auch der diesbezüglich zurückhaltende Konrad Lorenz redete mit dem Vieh, den Vögeln und den Fischen. Damit ist Montaigne sozusagen ein Vertreter der Ethologie *avant la lettre*. Seine Bereitwilligkeit, den Tieren ein reiches geistiges Leben zuzugestehen, beruht nicht allein auf Beobachtungen und Lektüren, sondern auf seinem sanften Naturell und seinem tiefsitzenden Abscheu vor Grausamkeiten gegenüber Tieren. Wie er in seinem Essai »Über die Grausamkeit« schreibt, bestehe zwischen Mensch und Tier eine wechselseitige Verbindung und wir hätten den Tieren gegenüber eine Art allgemeine Menschenpflicht.[5]

Allerdings sagt Montaigne nichts über die Möglichkeit einer direkten Kommunikation, jedenfalls nicht bevor er auf den Mythos des Goldenen Zeitalters zurückgreift:

> »In seiner Darstellung des Goldenen Zeitalters unter Saturn zählte Platon die Verständigung der damaligen Menschen mit den Tieren zu den wichtigsten Vorteilen. Sie informierten und belehrten sich und wussten dadurch über die wahren Eigenschaften und Unterschiede aller Tiere bescheid, wodurch sie eine sehr vollkommene Einsicht und Klugheit erwarben und so ein weitaus glücklicheres Leben führten als wir heute.«

Anders als in den Darstellungen des Goldenen Zeitalters bei Hesiod, Vergil oder Ovid, findet sich in Platons Dialog *Politikos*, auf den sich Montaigne bezieht, der Gedanke einer direkten Verständigung von Mensch und Tier.[6] Entweder zogen die Menschen daraus Informationen über ihnen nicht direkt zugängliche Naturprozesse – so wie man sagt, die Tiere hätten den Tsunami in Südostasien vom 26. 12. 2004 vorausgeahnt – oder aber sie bekamen von den Tieren irgendwelche unnützen Märchen zu hören. Nur im ersten Fall hätten die Menschen des Goldenen Zeitalters, wie Platon meint, uns auch wirklich etwas voraus. Montaigne geht mit dieser Überlegung scharf ins Gericht:

> »Benötigen wir einen besseren Beweis für die Voreingenommenheit des Menschen im Hinblick auf die Tiere? Dieser große Autor war der Ansicht, die Natur hätte den Tieren allein jene Merkmale verliehen, die zu seiner Zeit zum Gebrauch von Vorhersagen nützlich gewesen sind. Warum sollte dieser Mangel, der die Verständigung zwischen uns und ihnen verhindert, nicht eher uns als ihnen zugeschrieben werden?«[7]

Die Kritik richtet sich auf die anthropozentrische Betrachtung der Natur und der Tiere. Wiederum findet sich die für Montaigne so typische Perspektivenumkehrung. Dass wir heutige Tiere nicht verstehen und nicht mit ihnen sprechen können, zeigt möglicherweise nicht, dass Tiere nicht sprechen können, sondern dass wir etwas verloren haben. Aus den antiken Zeugnissen über eine Kommunikation zwischen Mensch und Tier und der humanistischen Überzeugung, dass die Antike in mancherlei Hinsicht vollkommener war als es die Gegenwart ist, folgert Montaigne nämlich, dass den Menschen die Fähigkeit zu einer solchen Kommunikation im historischen Prozess abhanden gekommen sein könnte.

Es bestehen zahlreiche Parallelen zwischen Montaigne und den heutigen Tierkommunikatoren. Ein gutes Beispiel ist die englische »Hundeflüsterin« Jan Fennell.[8] In ihrem Buch *Mit Hunden sprechen* legt Fennell dar, wie sie gelernt hat, »der Sprache der Hunde zu lauschen und sie zu verstehen«, mit dem Ziel, das erworbene Wissen darzulegen und weiterzugeben (18). Die »Sprache der Hunde« meint jedoch weniger die direkte Kommunikation mit diesen Tieren. Vielmehr geht es darum zu erkennen, dass Hunde – wie ihre wölfischen Vorfahren – ursprünglich Rudeltiere sind und die Kommunikation mittels ihren Lauten und Körpern zum einen der Festlegung einer klaren Rudelhierarchie dient und zum anderen der Interaktion hinsichtlich der hunderelevanten Themen Überleben und Fortpflanzung (74). Hunde scheinen ihre Familien als ihr Rudel zu betrachten. Könnte es da nicht sein, dass der Hund sich als Alphatier betrachtet? Fennell gibt eine ihrer entscheidenden Einsichten wie folgt wieder:

> »Moment mal, was wäre, wenn ich die ganze Sache verkehrt herum betrachte? Was, wenn ich – ziemlich arrogant und voreingenommen, aber für Menschen typisch – von falschen Voraussetzungen ausgehe? Sollte ich die Sache vielleicht mal vom Standpunkt des Hundes aus betrachten, der nicht seine Abhängigkeit von uns sieht, sondern sich ganz im Gegenteil für uns verantwortlich fühlt? Was, wenn er sich für den Rudelführer und uns für rangniedrige Rudelmitglieder hält?« (48)

Es gilt, auf das Verhalten des Hundes eine Antwort zu finden, eine Antwort, die der Hund versteht und dem Umstand Rechnung trägt, dass der Hund die Familie als Rudel betrachtet und sich sogar als Rudelführer. Tatsächlich wurzeln alle Probleme mit Hunden in der Überzeugung derselben, sie und nicht die Hundehalter seien die Rudelführer (77). Das Ziel für den Hundehalter besteht folglich darin, die Führung zu übernehmen. Fennell meint, dass Hunde nach wie vor den »im Wolfsrudel geltenden Grundregeln« folgen. Ein Wolfsrudel besteht aus Anführern und Untergebenen und innerhalb dieser Hierarchie ist jedes Tier »zufrieden« und »glücklich«. »Und an der Spitze der Rangordnung jedes Rudels rangieren die absoluten Herrscher: das Alphapaar.« (74) Hunde sind keine Demokraten. Das Alphapaar fällt alle Entscheidungen und übernimmt die Führung in vier Grundsituationen: während der Jagd, in der Reihenfolge der Futteraufnahme, bei drohender Gefahr und während der Wiedervereinigung nach Trennungen. Anders als Wölfe gehen Haushunde natürlich nicht mehr auf die Jagd, stattdessen nehmen sie an Spaziergängen teil. Die Hundehalterin muss in diesen Grundsituationen die Führung übernehmen. Das ist der Schlüssel sowohl für dasjenige, was Fennell »Amichien Bonding« – Hundefreundbindung – nennt, als auch für die Therapie unerwünschten Verhaltens wie Beißen, Hochspringen, Urinieren, Weglaufen usw.

Zu den wichtigsten Eigenheiten des menschlichen Rudelführers gehören Konsequenz und Gelassenheit. Unangebracht sind Nachgiebigkeit und Gewalt. Wie viele Tierkommunikatoren verweist Fennell auf den »Pferdeflüsterer« Monty Roberts als Vorbild. Dessen *Join-up* beruht auf dem Prinzip des Gewaltverzichts. Wie Fennell schreibt, kommuniziert Roberts mit dem Pferd »in dessen eigener Sprache«. Ohne Gewalt, Druck oder Zwang tut es »alles aus freiem Willen« (39). Pferde, so Roberts, sind ursprünglich »Fluchttiere« und diesem Impuls zur Flucht soll Vorrang gegeben werden.[9] Mit der universellen »Sprache der Pferde«, die aus Blicken, Berührungen, Gesten und Haltungen besteht, gibt Roberts dem Pferd zu verstehen, dass es nichts zu befürchten brauche. Er teilt ihm mit – und dies ist der springende Punkt –, »dass es sich frei entscheiden kann« und »die Verantwortung für alle seine Handlungen sowie für seine Konsequenzen« übernehmen darf (28). Danach wendet der Pferdetrainer dem Tier den Rücken zu und entfernt sich langsam. Nun kommt das *Follow-up*. Das Pferd folgt ihm nach: »Es wird mir nur folgen, wenn es wirklich den Wunsch verspürt, bei mir zu sein. Pferde besitzen nicht die Fähigkeit, Dinge vorzuspielen. Sie können nichts vortäuschen. Wenn ich weggehe und das Pferd auch nur die geringsten Bedenken hat, mit mir zusammen zu sein, wird es mir mit Sicherheit nicht folgen.« (43) Der Pferdetrainer wird vom Pferd aus freien Stücken zum Anführer gewählt, es wird Satteldecke, Sattel und Zaumzeug gerne tragen.

Die Parallelen zum französischen Philosophen sind augenfällig. Wie Montaigne nimmt Fennell eine Umkehr der Perspektiven vor und versteht die Sprache des Hundes als ein canides Repertoire an Lauten und Gesten. Wie Montaigne glaubt Fennell, dass wir von einem tiefsitzenden anthropozentrischen Vorurteil genasführt werden, indem wir »davon ausgehen, dass sich die Welt um unsere Spezies herum entwickelt und jede andere Spezies irgendwie in unseren großen Plan integriert hat« (Fennell, 48). Wie Montaigne versuchen Fennell und Roberts ihren Zeitgenossen eine veränderte Einstellung gegenüber Tieren nahezulegen.

Sicher ist die anthropomorphisierende Redeweise in den Büchern von Fennell und Roberts, anders als bei Montaigne, naiv. Die intentionalen Erklärungsmuster, die wir auf Menschen anwenden, werden ohne Bedenken mit der Rede von tierlichen Überzeugungen, Meinungen, Bedenken, Wünschen, freien Entscheidungen usw. übertragen. Der Begriff von Sprache und Verständigung droht zum kraftlosen Begriff der Kommunikation auszudünnen. Zweifellos ist jedoch ein veränderter Umgang mit Tieren (sowohl Haus- als auch Nutztieren) angebracht. Die von Fennell oder Roberts propagierten sanfteren und zugleich bestimmteren Trainings- und Erziehungsmethoden zeitigen nicht nur kommerziellen Erfolg für die Verfasser, sondern auch Lebensqualität für Tiere.[10] Im Laufe ihrer Ko-evolution scheinen sich zwischen Menschen und ihren Haustieren auch tatsächlich eigenständige Kommunikationssysteme entwickelt zu haben, deren vernachlässigte Erforschung sich lohnt.[11] Anders als Wildtiere sind Haustiere gleichsam Individuen, die einen Ort in menschlichen Gemeinschaften haben, der bislang unreflektiert geblieben ist.[12] Solche positiven Tendenzen lassen sich in der von Montaigne angeregten »Umkehr der Perspektive« zusammenfassen. Sie werden jedoch durch einen fragwürdigen ideologischen Überschuss begleitet. Im Folgenden wende ich mich einigen ideengeschichtlichen Wurzeln dieses Überschusses zu.

3. Die Romantik und die Verlusterzählung in der Tierkommunikation

Wie Montaigne berichten Fennell und Roberts von einem Goldenen Zeitalter und dessen Verlust. Beide gehen davon aus, dass das Pferd bzw. der Hund der beste und älteste Freund des Menschen sei. Zwischen dem Menschen und diesen Tieren bestehe ein altes Band. Im Kapitel »Die verlorene Sprache« projiziert Fennell einen Zustand der instinktsicheren und vollkommenen Verständigung von Mensch und Hund zurück in »die Steinzeit«, in der aufgrund von Instinktgleichheit und festen Gruppenstrukturen der »Grad der Verständigung zwischen Mensch und Hund einen Höhepunkt« erreicht habe. Seither sei das Band »zerrissen«, die Verständigung »verloren« (Fennell, 24 u. 27). Die Gründe des Verlustes liegen auf der Hand: das anonyme Leben in den Großstädten, die Gleichgültigkeit gegenüber den »Bedürfnissen unserer Mitmenschen«, »die verwirrende Vielfalt von Sprachen und Dialekten«, das Versiegen von unerschütterlicher Liebe und Loyalität usw. (73 bzw. 14). Klassische Topoi der Kulturkritik und des Unbehagens in der Moderne stellen sich mit großer Leichtigkeit ein. Der Verlust ist eine Folge des entropischen und atomisierenden Zivilisationsprozesses. Das Wiederfinden der »verlorenen Sprache« wird nicht allein als Mittel der Tiererziehung, sondern als Revolution der Denkungsart angepriesen. Roberts bietet sich als unbescheidener Führer zur Wiederherstellung des Goldenen Zeitalters an. Von den Pferden können wir einen besseren Umgang miteinander lernen, denn die Partnerschaft von Trainer und Pferd »repräsentiert die gegenseitige Akzeptanz der Verantwortung zwischen Arbeitgeber und Arbeitnehmer, Lehrer und Schüler, Mann und Frau« (46). Die Anwendung des *Join-up* kann »wirklich revolutionär sowohl in der Welt der Pferde als auch der Menschen« wirken (33). Könnte eine Befolgung der gleich einem Mandala wiederholten Grundsätze der Gewaltlosigkeit des *Join-up* – keine Gewalt, keine Opfer, kein Zwang! – erreicht werden, »wäre *Das Wissen der Pferde* meiner Meinung nach eines der wichtigsten Bücher, die jemals geschrieben wurden« (24).

Die Geschichte der infolge des Zivilisationsprozesses verlorenen Sprache stellt den Tierkommunikator vor Legitimationsprobleme. Warum blieb gerade bei ihm das kommunikative Band zum Tier intakt? Woher nimmt er die Autorität, seine Theorien für den Umgang mit Mensch und Tier vorzubringen? Während die Tierkommunikatoren in den Filmen *Broken Flowers* und *The Horse Whisperer* lediglich auf eine »Gabe« (Gottes) verweisen, bedient sich Fennell eines typischen legitimierenden narrativen Musters in vier Schritten. Die besondere Verbindung des Kindes zu Tieren: »Ich hatte Hunde schon immer geliebt und mir als kleines Mädchen sogar einen imaginären Hund namens Lady ausgedacht.« (14) Der persönliche Verlust: Aufgrund falscher Erziehungsmethoden musste der geliebte Hund Prudey eingeschläfert werden (18). Der lebensgeschichtliche Weg: Während der Suche nach einem anderen Umgang mit Hunden bleibt die Erinnerung an Prudey trotz relativer Erfolge »wie eine dunkle Wolke stets in meinem Bewusstsein« hängen. Das Initiationserlebnis: Fennell wird Zeugin des *Join-up* durch Monty Roberts, der von der Queen nach England geholt worden war. Der »Respekt vor der Erfahrung der Queen mit Tieren« und die beeindruckende Vorführung des charismatischen Roberts imponieren ihr: »Es ist keine Übertreibung, wenn ich behaupte, dass meine Einstellung zu Hunden – und mein ganzes Leben – sich an einem Nachmittag im Jahr 1990 änderte.« (36) Roberts überträgt seine Autorität auf Fennells Buch durch ein Vorwort, durch ein Foto, auf dem Roberts gleichsam auf die strahlende Autorin zeigt, und durch die Erzählung der öffentlichen Akklamation ihrer Arbeit durch Roberts.[13] Roberts hingegen stellt sich selbst die Frage, woher er die Autorität nehme, »seine Theorien über zwischenmenschliche Kommunikation darzulegen« (13). Anstelle einer Antwort verweist er auf die Einladung der Queen von 1989. Es war die Königin selbst, die ihn aufforderte, »über meine Konzepte ein Buch zu schreiben«. Anruf und Aufforderung der Queen sind es, die die Richtung von Roberts' Leben verändern und sein Tun autorisieren. Der Slogan, wonach Hunde keine Demokraten sind, scheint auch auf die Kommunikatoren zuzutreffen.

Die Treue charakterisiert das Verhältnis zum König und zum menschlichen Rudelführer. Anders als Menschen neigen Tiere jedoch weder zur Untreue noch zur Illoyalität.[14] Ihnen fehlt, was Judith Shklar im Anschluss an Montaigne »gewöhnliche Laster« genannt hat, nämlich Grausamkeit,

Heuchelei, Snobismus, Verrat und Menschenverachtung.[15] Oben haben wir gesehen, dass Roberts behauptet, ein Pferd könne das *Follow-up* unter keinen Umständen vortäuschen. Tiere lügen nicht.[16] Der Unterschied zwischen Verhaltensforschern und Tierkommunikatoren lässt sich anhand ihrer Einstellung zur Lüge erfassen. Während die Tierkommunikatorin meint, dass ihre tierischen Gesprächspartner niemals lügen, wünscht sich die Ethologin, sie würden häufiger lügen. Lügen ist nämlich eine große Kunst, wie Oscar Wilde richtig bemerkte. Ein Lügner hat es nicht einfach. Er muss etwa glauben, dass etwas nicht der Fall ist, und dem Belogenen stattdessen eine Lüge als Wahrheitsersatz vorsetzen. Mehr noch, er sollte auch davon ausgehen, dass der Belogene weder die Wahrheit noch die Lüge bereits kennt. Was wäre das auch für ein Lügner, der jemandem eine Lüge im Bewusstsein auftischt, dass der andere die Wahrheit kennt? Wer lügt, hat gelernt, dass es ein Wissen über die Welt, über sich selbst und über andere gibt, und er hat gelernt, dass diese drei Wissensarten nicht immer kongruent sind. Angesichts des Voraussetzungsreichtums der Lüge wäre sie ein großartiger Beweis des geistigen Lebens der Tiere. Immerhin kann man Schimpansen hin und wieder dabei beobachten, wie sie Artgenossen täuschen oder Wissensinkongruenzen ausbeuten, doch zu einer ausgewachsenen Lüge oder gar einem raffinierten Lügengespinst reicht es leider nicht. Die Arbeiten der Verhaltensforschung tragen zu einem sich stark verändernden Bild des Tiers bei.[17] Doch bisweilen ist diese Arbeit frustrierend. Wäre es nicht einfacher, man könnte die Tiere direkt befragen, statt sie mit viel Aufwand beobachten, sie mit großer Geduld trainieren und ihr vieldeutiges Verhalten interpretieren zu müssen? Tatsächlich ersparen sich Tierkommunikatoren diese Mühen und geben sich der verlockenden Idee der Kommunikation mit Tieren hin. Warum beharren Tierkommunikatoren darauf, dass Tiere nicht lügen?

Man könnte sagen, es liege daran, dass Tiere eine Natursprache sprechen. Aber warum sollte man in dieser Sprache nicht lügen können? Eine weitere Antwort lautet, dass die Gefühle und Wünsche der Tiere nicht verdorben sind. Dies kommt der Sache schon näher. Meines Erachtens lautet die Antwort: Die Unfähigkeit zur Lüge unterscheidet Menschen von Tieren und sie macht die Tiere sozusagen zu besseren Menschen. Im Unterschied zu Menschen kennen Tiere die Lüge und die anderen Laster des Alltags nicht. Darüber hinaus entlastet der Umgang mit Tieren vom bisweilen mühsamen Geschäft der Alltagskommunikation. Wie die Schriftstellerin George Eliot es formulierte: »Animals are such agreeable friends – they ask no questions, they pass no criticisms.«[18] Kurzum, Tiere unterscheiden sich vom

Menschen durch Qualitäten, die eigentlich zur Idee des Menschen gehören. Deshalb meinte ich einleitend, dass das Phänomen der Tierkommunikation nicht in den Zusammenhang der Bedrohung der Idee des Menschen gehöre, sondern vielmehr versuche, die Idee des Menschen in der Unterscheidung zum Tier *im* Tier zu finden.

Dieser Gedanke findet sich etwa in Lord Byrons Gedicht »Inscription on the Monument of a Newfoundland Dog« (1808). Großen Familien würden Grabmonumente errichtet, auch wenn diese nichts geleistet hätten, nicht aber »dem armen Hund, dem steten Freund des Menschen«. Trotz seines »ehrlichen Herzens« finde er keinen Platz im Himmel, ganz im Gegensatz zum Menschen, der durch Macht korrumpiert worden sei: »Thy love is lust, thy friendship all a cheat,/Thy smile hypocrisy, thy words deceit!« Das Gedicht endet mit der Beteuerung, dass der Dichter nur einen einzigen Freund kannte, und der liege hier. Der persönliche Verlust wird in einen kollektiven Verlust überführt. Fennells persönlicher Verlust vermengt sich mit dem Gedanken, eine Natursprache verloren zu haben. Die Sühne des persönlichen Verlusts vermengt sich mit dem Angebot der Restitution dieser Sprache. Roberts überhöht eine solche Restitution durch das Angebot einer einfachen, umwälzenden Botschaft. Anders als der Mensch ist das Tier nicht infolge des Verlusts der persönlichen, sozialen und kommunikativen Bande durch Eigennutz, Heuchelei und Betrug gekennzeichnet. Im Tier ist die Idee des Menschen gleichsam aufbewahrt und über die Kommunikation mit ihm wieder restituierbar. Deshalb ist die fragwürdige Idee, dass in unseren Haustieren ihre wilden Vorfahren ungebrochen weiterleben, so wichtig für die Tierkommunikation.[19]

Die Idee, einen durch den Zivilisationsprozess bewirkten Verlust durch eine besondere Sprache zu heilen, gehört zur europäischen Romantik. Die wachsende Sensibilität für Tiere tritt in der englischen Romantik besonders stark hervor. Die Ursachen dafür sind sicher komplex: Die Tendenz der Mittelklasse, Grausamkeit gegenüber Tieren mit den unteren Klassen in Verbindung zu bringen; der Zuwachs an Städtebewohnern und der damit verbundene Zuwachs an Haustieren; die magistrale Furcht, Tierhetzen könnten zu Unruhen führen; das pädagogische Bedenken, Grausamkeit gegenüber Tieren führe zu hartherzigen Persönlichkeiten; und die zunehmende Konvergenz philosophischer, theologischer und naturwissenschaftlicher Argumente zugunsten der Verringerung des Unterschieds zwischen Mensch und Tier.[20] Die Dichter jedenfalls wenden sich den Tieren mit veränderter Sensibilität zu.[21] Die in der Tierkommunikation vorhandenen Ideen sind Nachfahren der europäischen Romantik, die in den Augen

Isaiah Berlins »umfassendste aller westlichen Bewegungen, die in der jüngeren Vergangenheit Lebensweise und Denken der westlichen Welt umgestaltet haben«.[22]

Isaiah Berlin hat darauf hingewiesen, dass die Romantik dem Philosophen Johann Gottfried Herder drei wesentliche Ideen verdankt:

> »Zum einen geht es um das Konzept, das ich Expressionismus nennen will; zweitens um das Konzept der Zugehörigkeit; also darum, was es heißt, einer Gemeinschaft anzugehören; und der dritte Gedanke lautet, dass Ideale – wahre Ideale – häufig nicht miteinander vereinbar sind und sich nicht versöhnen lassen.«[23]

In ausgedünnter Form folgt die Tierkommunikation den ersten beiden Konzepten. Die spröde Vernunft vermag die verlorenen Wahrheiten in keiner Weise zu erreichen, dazu benötigt sie eine besondere Sprache und eine veränderte Einstellung. Das Ziel besteht in einer authentischen Weise des Ausdrucks. Die Natursprache der Tiere, ihr unverstelltes Wesen entsprechen diesem Ziel. Daraus ergibt sich von selbst die Idee der Zugehörigkeit zu einer Gemeinschaft, denn für die Tierkommunikatoren ist dies die große Familie der Lebewesen (v. a. der Säugetiere). Fennells Fantasie eines Rudels aus Hunden und Menschen, in der die wölfische Natur des Hundes und die steinzeitliche Natur des Menschen übereinstimmen, führt diese beiden Konzepte zusammen.

Das dritte Konzept hingegen fehlt. Laut Berlin ist die Leugnung von Einheit, Harmonie oder der Vereinbarkeit von Idealen für die Romantik kennzeichnend und etwas unerhört Neues gegenüber dem, was zuvor als *philosophia perennis* galt: »Nach dieser gibt es auf alle Fragen wahre Antworten, und prinzipiell lassen sich alle wahren Antworten auch als solche finden und wie ein Puzzle zu einem harmonischen Ganzen zusammenfügen.«[24] Nun hat Berlin sicher nicht Unrecht mit dieser Feststellung. Dennoch gibt es als Folge der Verlusterfahrungen auch eine romantische Hinwendung zur Einheit, ein Streben nach der Harmonisierung von Gegensätzen. Dieses Streben kann man mithilfe von Hermann Broch auf die knappe Formel bringen: »Ach!, sagt der Romantiker und zieht sich eine Uniform an.« Einem Streben dieser Art nachzugeben vermied Montaigne. Obwohl die Tierkommunikatoren mit Montaigne die Vorstellung eines harmonischen Zeitalters der Verständigung von Mensch und Tier in der Antike bzw. der Steinzeit teilen, unterscheidet sich Montaigne an dieser Stelle doch entschieden. Seine ursprüngliche Absicht bestand darin, sich an den moralischen und historischen Schriften der Antike lebenspraktisch zu orientieren.

Er verband mit dieser Beschäftigung ein tiefes Gefühl für die moralische und intellektuelle Minderwertigkeit seines von Religionskriegen zerrissenen Zeitalters gegenüber der Antike. Allerdings teilte er die Hoffnung auf eine Restitution der Antike im Gegensatz zu den klassischen Humanisten nicht mehr. Aufgrund der Unvereinbarkeit der überkommenen Ideale verlor die Antike zudem für Montaigne bald ihre moralische Orientierungsfunktion. Den für die frühe Neuzeit wichtigen Gedanken einer *philosophia perennis* verfolgte Montaigne nicht mehr und machte sich stattdessen an sein Projekt der Selbsterforschung.

In der pädagogischen Richtung liefert die Betonung von Einheit und Harmonie sowohl im Kleinen (Fennell) als auch im Großen (Roberts, Redford) ihre vielfältigen konkreten Anregungen für einen veränderten Umgang mit Tieren einem fast unerträglichen sozialen Kitsch aus. Dieser soziale Kitsch degeneriert zum Lob klarer Verhältnisse, wie sie sich in der strengen Rudelhierarchie Fennells ausdrückt, oder in der Instrumentalisierung des *Join-up* in der ebenso anschmiegsamen wie knallharten Sprache des Vorworts von Clive Warrilow, dem ehemaligen CEO von Volkswagen North America, zu Roberts' *Das Wissen der Pferde*: »Was Monty bei einem Pferd erreicht, ist gleichzeitig eine Metapher für einen bestimmten Managementstil: Mitarbeiter erzielen außerordentliche Ergebnisse, wenn sie mit Würde, Respekt und Aufrichtigkeit behandelt werden.«[25]

Wenden wir uns zum Schluss noch der esoterischen Richtung in der Tierkommunikation zu. Die Stoßrichtung des sozialen Kitsches zeigt sich dort besser, und zwar im Ideal der kommunikativen Transparenz.

4. Das Ideal der kommunikativen Transparenz

Die esoterische Richtung der intuitiven oder telepathischen Tierkommunikation geht von einer angeborenen Fähigkeit der Kommunikation mit anderen Arten aus. Diese tiefere Form der Kommunikation sei bei uns aus kulturellen und ideologischen Gründen unterdrückt, wir könnten sie aber von den Tieren bzw. von den Tierkommunikatoren wieder erlernen. Wie wird kommuniziert? Die Grundidee lautet, dass Gedanken, Wünschen, Vorstellungen, Absichten und Emotionen geistige Bilder zugrunde liegen. Diese Bilder sind uns nicht bewusst, wir kontrollieren sie nicht und sie treten auf, bevor wir eine bestimmte Absicht oder einen Gedanken hegen. Doch senden wir diese Bilder dauernd aus und die weder ideologisch noch kulturell überformten Tiere können diese Bilder empfangen. Wir aber können wieder lernen, die Bilder der Tiere zu empfangen. Aus demselben Grund können Tiere unsere Worte verstehen. Hierzu schreibt July Meyer:

> »Warum sind Tiere in der Lage Worte zu verstehen? Weil sich jedes Mal, wenn Sie ein Wort sagen, ein Bild dieses Wortes in Ihrem Geist formt, ohne dass Sie sich dessen bewusst sind. *Und Ihr Tier kann dieses Bild sehen.* [...] Solche Dinge geschehen, weil unsere Tiere die Bilder, die wir in unserem Geist haben, wahrnehmen können.«[26]

Durch intuitives Tierkommunikationstraining wird eine fleckenlose Seelentransparenz hergestellt. Diese kommunikative Transparenz träumt den Traum von der Sprache als einem durchsichtigen Medium, einem reinen Mittel, einer weißen Metapher, die keine Vieldeutigkeiten, Unbestimmtheiten und Täuschungen zulässt. Das Training restituiert unsere verschütteten Fähigkeiten und hilft uns auch bei praktischen Problemen. Tiere sind Therapiepartner oder werden zu Therapieinstrumenten. Ein guter Tierkommunikator bringt es darüber hinaus nicht nur fertig, ein Tier zu großen Leistungen anzuspornen, sondern er bringt das Tier auch dazu, diese Leistungen *gerne* zu vollbringen. Sowohl die intuitiven als auch die pädagogischen Methoden der Tierkommunikation eignen sich zur Übertragung auf den Umgang »zwischen Arbeitgeber und Arbeitnehmer, Lehrer und Schüler, Mann und Frau«. Die esoterische und die pädagogische Richtung kommen darin überein, dass die kommunikative Transparenz den züchtigenden Zugriff auf die Tierkörper durch den Einblick in ihre »Seele« ersetzen soll.

Aus dem Mittelalter und der Neuzeit kennen wir Berichte über grausame Körperstrafen. Den Körpern von Verbrechern werden verborgen oder öffentlich größtmögliche Martern zugefügt. Sowohl die Todesstrafe als auch Verurteilungen zu Fron und Gefängnis mit großer Mortalität gehörten zum poenalen System. Die Aufklärung brachte eine Kritik dieses Strafsystems. Kein staatlicher Zugriff mehr auf die Körper der Verbrecher, stattdessen moralische Besserung und Resozialisierung. Zudem soll besser präventiv eingegriffen werden, um einer späteren kriminellen Karriere zuvorzukommen. Wir sehen darin zu Recht einen Fortschritt. Michel Foucault hat in seinem Buch *Überwachen und Strafen* zu zeigen versucht, dass zwar nicht mehr brutal auf die Einzelkörper, dafür aber sozusagen auf die Seelen zugegriffen wird.[27] Die Seelsorge, die Psychologie, die Psychiatrie, Medizin usw. versuchen die Seelen der Delinquenten transparent und gefügig zu machen. In Foucaults Perspektive lässt sich die Geschichte der Humanisierung als eine Geschichte raffinierterer Herrschaftspraktiken erzählen.

Auch die Veränderung der Einstellung gegenüber den Tieren wird von Verfechtern der Tierethik mithilfe von Vergleichen zur Sklavenbefreiung als eine Geschichte des Fortschritts durch den Verzicht auf die anthropozentrische Perspektive und den Speziezismus erzählt. Betrachtet man diese Entwicklung mit einem gleichsam foucaultianischen Blick, vermöchte man möglicherweise zu sehen, dass sowohl die medizinischen, psychiatrischen und die esoterischen Diskurse rund um das Tier als auch die naiven Anthropomorphisierungen und das Ideal der kommunikativen Transparenz nicht allein zur Befreiung der Tiere und einem veränderten Umgang mit ihnen beitragen, sondern zugleich zu deren besserer Beherrschbarkeit. Wäre es nicht denkbar, dass wir eine Praktik entwickeln könnten, in der Tiere beispielsweise freiwillig einem Leben im Dienste des Militärs, der Wirtschaft, der Fleischproduktion oder der Wissenschaft zustimmen könnten? Absurd! Ein Vorschein dieser Absurdität zeigt sich allerdings in einer Broschüre zur Einweihung eines neuen Tierversuchslabors im Jahre 2005. Darin findet sich ein Dialog zwischen einem Wissenschaftler und einem Versuchstier. Vom Versuchstier heißt es, es sei »dem menschlichen Organismus sehr ähnlich« und »speziell für Tierversuche gezüchtet« worden. Gegen Ende sagt das Versuchstier dem perplexen Wissenschaftler u.a. Folgendes:

> »Manchmal bin ich auch echt wütend, wenn du und deine Mitarbeiter mich und all die anderen Tiere, die hier arbeiten, nur als Versuchsobjekte betrachten. [...] Wir Versuchstiere stellen uns zur Verfügung für eure Forschung und tun auf unsere Weise unser Bestes, damit ihr gute Ergebnisse bekommt. Das ist unsere Aufgabe, unsere Arbeit, unser Beruf sozusagen. [...] Dafür erwarte ich [...], dass ihr uns als Geschöpfe achtet und nicht nur als Versuchsobjekte wahrnehmt. Achtung und Achtsamkeit uns Tieren gegenüber, Behutsamkeit und Sorgfalt, wenn ihr an uns operiert. Und Dank Gott gegenüber ...«

In diesem Dialogteil dient das Ideal der kommunikativen Transparenz der Einwilligung in ein Dasein als Versuchstier. Und freiwillig kommt das Pferd und lässt sich zäumen und satteln. Es ist dieser soziale Kitsch und fragwürdige Überschuss, der die positiven Tendenzen der von Montaigne angeregten Umkehr der Perspektive überlagert und verunstaltet, statt sich auf die Erprobung neuer Umgangsformen von Tieren und Menschen zu konzentrieren.

1 M. Horkheimer und Th. W. Adorno, *Die Dialektik der Aufklärung*, Frankfurt am Main 1988, S. 262.
2 F. Fernández-Armesto, *So You Think You're Human*, Oxford 2004.
3 D. Dennett, »Das Bewusstsein der Tiere: Was ist wichtig und warum?«, in: *Der Geist der Tiere*, hrsg. von D. Perler und M. Wild, Frankfurt am Main 2005, S. 390.
4 Vgl. M. Wild, *Die anthropologische Differenz. Der Geist der Tiere in der frühen Neuzeit bei Montaigne, Descartes und Hume*, Berlin 2006.
5 M. de Montaigne, *Essais*, II, 11, 435.
6 Platon, *Politikos*, 272.
7 *Essais*, II, 12, 452–453.
8 J. Fennell, *Mit Hunden sprechen*, Berlin 2003.
9 M. Roberts, *Das Wissen der Pferde. Und was wir Menschen von ihnen lernen können*, Bastei Lübbe [6]2005.
10 Roberts wurde 2002 die Ehrendoktorwürde der Veterinärischen Fakultät der Universität Zürich verliehen »in Anerkennung seines Engagements im Kampf für einen gewaltfreien und von Respekt getragenen Umgang zwischen Mensch und Tier«. *Uni Publik*, 27.4.2004.
11 Vgl. J. Kaminski und J. Bräuer, *Der kluge Hund*, Reinbek b. Hamburg 2006.
12 Vgl. D. Lestel, *L'animal singulière*, Paris 2004.
13 Vgl. auch das Buch *Die Pferdeflüsterin erzählt* von Andrea Kutsch, »die erste deutsche Schülerin und Instruktorin des legendären Pferdemannes Monty Roberts«, das mehrere autorisierende Fotografieren enthält.
14 Vgl. die Erzählung »Krambambuli« aus dem Erzählzyklus *Dorf- und Schlossgeschichten* (1883) von Marie von Ebner-Eschenbach.
15 J. Shklar, *Ordinary Vices*, Harvard 1984.
16 Vgl. J. M. Mason, *Hunde lügen nicht*, Heyne 2000.
17 Vgl. etwa M. Hauser, *Wilde Intelligenz. Was Tiere wirklich denken*, München 2001.
18 George Eliot, *Scenes of Clerical Life*, London/New York 1910, S. 125.
19 Vgl. dagegen »Der Hund ist kein Wolf!«, in: J. Kaminski und J. Bräuer, *Der kluge Hund*, S. 34–56.
20 Vgl. die klassische Studie von K. Thomas, *Man and the Natural World: Changing Attitudes in England* 1500-1800, London 1983; zu Haustieren vgl. J. Serpell, *In the Company of Animals. A Study of the Human-Animal Relationship*, Cambridge 1986.
21 Vgl. Chr. Kenyon-Jones, *Kindred Brutes. Animals in Romantic-Period Writing*, Aldershot 2001, und D. Perkins, *Romanticism and Animal Rights*, Cambridge 2003.
22 I. Berlin, *Die Wurzeln der Romantik*, Berlin 2004, S. 24.
23 Ebd., S. 110.
24 Ebd., S. 125.
25 In M. Roberts, *Das Wissen der Pferde*, S. 12.
26 J. Meyer, *Mit Tieren sprechen. Der geheime Schlüssel zur Verständigung*, München 2002, S. 34–35.
27 M. Foucault, *Überwachen und Strafen*, Frankfurt am Main 1976.

TILMAN SPRECKELSEN

Wir und die Störche

Die Störche und wir

Ein Märchen aus Heiligensee geht so: »Es waren eine Braut und ein Bräutigam und viele Klapperstörche in der Gegend, wo sie wohnten. Da sagte einmal die Braut zu ihrem Bräutigam: ›Schieß doch einen Storch.‹ Allein der Bräutigam wollte keinen Storch schießen, zuletzt schoß er aber doch und einem Storche das Bein lahm. Danach dann war der Mann zu Schiffe gegangen und kam an einen Strand, wo sehr viele Elsen standen. Da kam eine Frau und sagte, er solle mitkommen, und der Mann ging mit. Und sie gingen unter das Wasser und kamen in ein Haus, das war sehr schön, und es gab auch Schönes zu essen. Da kam auch der Mann, dem es gehörte. Der hinkte und fragte: ›Kannst du dich entsinnen, wie du dazumal nach dem Storche geschossen hast? Das bin ich gewesen.‹ Dann gab er ihm ein Geschmeide, das war sehr schön und glänzend, das sollte er mitnehmen und seiner Braut schenken. Und der Mann nahm es mit. Wie er aber nach Hause kam, da hießen ihn andere aus, er sollte es seinem Hunde anlegen. Das that er, und sowie er das Geschmeide ihm anlegte, zersprang der Hund in tausend Stücke und war nichts mehr von ihm zu hören noch zu sehen.«

Ist das der Storch, den wir kennen? Der Klapperstorch, der auf dem Dach friedlich in einem Wagenrad nistet, der uns die Kinder bringt und dessen Ankunft sehnsüchtig erwartet wird, weil sie das Frühjahr einläutet?

Zu den rührenden Versuchen all jener »Storchendörfer«, es dem Zugvogel so bequem wie irgend möglich zu machen und ihn auf diese Weise zum möglichst langen Bleiben zu bewegen, paßt dieses Märchen jedenfalls nicht. Wer sich aber mit dem Bild beschäftigt, das der Storch in Legenden, Märchen und Liedern hinterlassen hat, wird dort auch einen ausgesprochen rachsüchtigen Vogel antreffen: ein Tier, das eifersüchtig über sein Nest wacht und jede Untreue des Partners mit dessen Tod ahndet; eines, das seinen menschlichen Mitbewohnern nichts durchgehen läßt, keinen Spottgesang und schon gar keinen Angriff gegenüber dem Nachwuchs, ein Tier schließlich, das kapriziös und eigensinnig belohnt und straft, wie es ihm gut dünkt. Der Storch, weiß das »Handwörterbuch des deutschen Aberglaubens«, liebt seine Jungen zärtlich, aber tötet dennoch diejenigen, die zum gemeinsamen Abflug nach Ägypten als letzte eintreffen; das Klappern des heiligen Vogels gilt mancherorts als Gebet, andernorts aber als mühsames Stammeln eines eigentlich sprachlosen Vogels; wo er nistet, da bringt er Glück und trägt sogar im Brandfall Löschwasser in seinem Schnabel herbei. Wer ihn aber ärgert, dem widerfährt Schlimmes.

Einer, der es wissen mußte, kannte natürlich all jene Legenden und wandte sich vehement dagegen. In der zweiten Auflage seines »Thierleben« urteilt Alfred Brehm hart über all dies und schreibt in seinem Kapitel zum Hausstorch *Ciconia alba*: »Absichtlich bin ich auf die zahllosen Geschichten, welche man von der Eifersucht, Gewaltthätigkeit, Grausamkeit des brütenden Storches gegenüber der Gattin und Kinder erzählt, nicht eingegangen. Ich glaube nicht an die Wahrheit der Erzählung, laut welcher ein Storch mit Hülfe herbeigeholter anderer Männchen seine Gattin umbrachte, weil man deren Eier mit solchen von Enten oder Gänsen vertauscht, und der Storch infolge dessen jene als verbotenen Umganges schuldig gerichtet haben soll; ich halte ebensowenig die Behauptung für begründet, daß die Eltern ihre eigenen Kinder aus dem Nest werfen sollen, wenn diese ihnen lästig fallen, usw. Thierisches Leben und Handeln richtig zu beobachten und zu beurtheilen, ist schwer und will geübt sein; der ungeübte Beobachter aber pflegt nur allzu gern seiner Einbildung die Zügel schießen zu lassen.«

Da hat Brehm natürlich recht, der auf der anderen Seite viel dazu getan hat, tierisches Verhalten nach den ästhetischen und sogar sittlichen Maßstäben der Menschen seiner Zeit zu beschreiben und zu richten. Und natürlich macht er da vor dem Storch nicht halt. Vor allem aber knüpft die Beobachtung des Tiers aus dieser Perspektive an Vorstellungen an, die im Storch geradezu ein Gegenüber des Menschen auf Augenhöhe sehen – kein Haustier, sondern einen Mitbewohner, dessen rätselhafte Fremdheit anzieht und gleichzeitig auf Distanz hält, der vor aller Augen lebt und doch die Hälfte des Jahres auf einer Reise ist, so weit entfernt, daß man bis ins zwanzigste Jahrhundert hinein kaum hoffen durfte, ihm je zu folgen.

»Besonders in Norddeutschland ist die Meinung verbreitet«, heißt es wiederum im »Handwörterbuch des deutschen Aberglaubens«, daß »die Störche verwandelte Menschen seien. Dieser Glaube begegnet schon in der Antike: Alexander aus Myndos (1. Jh. n. Chr.) sagt in seinem Werk ›Über die Tiere‹, daß die Störche, die ein Leben voll Kindesliebe hinter sich haben, in ihrem Alter zu den Inseln der Seligen ziehen; hier vertauschen sie die Vogelgestalt mit ihrer menschlichen zum Lohn für ihre Liebe zu den

Eltern. Mehrere deutsche und auch ein neugriechisches Märchen berichten, daß die Störche im Herbst in ein fernes Land ziehen, wo sie den Winter über als Menschen leben. Auch bei Arabern und Marokkanern ist dieser Glaube bezeugt. In Oldenburg hält man die Versammlungen der Störche für Versammlungen von Freimaurern. Und daß sich eine Hexe nicht in einen Storch verwandeln kann, spricht für dessen Heiligkeit.«

Akzeptiert man diese Sicht und den Storch als Projektionsfläche für Träume von einem anderen Leben, dann erklärt sich auch die außergewöhnliche, literarisch gut verbürgte Faszination, die von der Vorstellung einer tatsächlichen Verwandlung in dieses Tier ausgeht. Allen voran ist das Wilhelm Hauffs Märchen vom Kalif Storch, das nach Einleitung und Rahmenhandlung seinen ungemein folgenreichen ersten Almanach eröffnet. Hauffs Vorlage, eine Geschichte aus »1001 Nacht«, sieht noch die Verwandlung in einen Papagei vor. Daß es bei Hauff dann ein Storch wird, ist kein Zufall: Der Kalif und sein Großwesir, die von einem Händler ein Zauberpulver erhalten haben, das ihnen die Verwandlung in jedes beliebige Tier erlaubt, entscheiden sich gezielt für die Vögel, weil die durch ihr gravitätisches Wesen und ihr Geklapper seit jeher ihre Aufmerksamkeit erregten; tatsächlich finden sie sich dann, selbst zu Störchen geworden, sofort in die Unterhaltung der Belauschten: »›Guten Morgen, Frau Langbein, so früh schon auf der Wiese?‹ ›Schönen Dank, liebe Klapperschnabel! Ich habe mir nur ein kleines Frühstück geholt. Ist Euch vielleicht ein Viertelchen Eidechs gefällig oder ein Froschschenkelchen?‹ ›Danke gehorsamst; habe heute gar keinen Appetit. Ich komme auch wegen etwas ganz anderem auf die Wiese. Ich soll heute vor den Gästen meines Vaters tanzen, und da will ich mich im stillen ein wenig üben.‹«

Wozu verwandelt man sich eigentlich, wenn der Ausflug in die Fremde dann doch nur direkt ins Vertraute führt, für Hauffs Publikum also in die biedermeierliche Bürgerwelt der 1820er Jahre und ihren Konversationsstil? Es ist diese vermeintlich bekannte Welt, die für den Kalifen und den Großwesir zum Verhängnis wird, indem sie es an Respekt mangeln lassen – sie lachen die Störche wegen ihrer Unbeholfenheit aus und vergessen darüber das Wort, daß die Rückverwandlung einleiten soll. Unter den Menschen waren sie das, was man ein »hohes Tier« nennt, als Störche aber mangelt ihnen nun die Ausdauer beim Fliegen und die Fähigkeit, sich von Fröschen und Insekten zu ernähren, sie sind also als Störche weit unterdurchschnittlich, und so ist die schließliche Rückverwandlung für sie das Ende eines fortgesetzten Albtraums. Für den Sohn des Zauberers, dem der Kalif und sein Großwesir das Abenteuer verdanken, endet die Sache denn auch in einer neuerlichen Verzauberung, ganz ohne die Hoffnung auf Erlösung: Er wird zum Storch und lebt fortan in einem Käfig im Kalifenpalast.

Hat nun der Ausflug in die Parallelwelt Spuren hinterlassen? Werden sich die Beteiligten künftig nicht mehr gar so leichtfertig über die Störche erheben? Daß wenigstens der Kalif nichts daraus gelernt hat, wird in der Szene deutlich, die das Märchen beschließt: »Wenn der Kalif recht heiter war, ließ er sich dazu herab, den Großwesir nachzuahmen, wie er als Storch aussah. Er stieg dann ernsthaft, mit steifen Füßen im Zimmer auf und ab, klapperte, wedelte mit den Armen, wie mit Flügeln, und zeigte, wie jener sich vergeblich nach Osten geneigt und Mu – Mu – dazu gerufen habe. Für die Frau Kalifin und ihre Kinder war diese Vorstellung allemal eine große Freude.«

Wieder ist es am redlichen Brehm, die Storchenehre zu retten. In seinen Augen ist da beim Storch nur Schönheit und Grazie: »Das Betragen erscheint uns würdevoll. Sein Gang ist langsam und gemessen, seine Haltung aufgerichtet, sein Flug, welcher durch wenige Sprünge eingeleitet wird, verhältnismäßig langsam, aber doch leicht und schön, namentlich durch prachtvolle Schraubenlinien ausgezeichnet. Im Stehen pflegt er den Hals etwas einzuziehen und den Schnabel mit der Spitze nach unten zu richten; niemals aber nimmt er eine so häßliche Stellung ein wie die meisten Reiher, und selbst in der tiefsten Ruhe sieht er anständig aus. Selten steigert er seinen Gang bis zum Rennen; diese Bewegung scheint ihn auch bald zu ermüden, während er, in seiner gewöhnlichen Weise dahinwandelnd stundenlang in Thätigkeit sein kann. Der Flug ermüdet ihn nicht; er bewegt die Flügel selten und auch nicht oft nach einander, weiß aber den Wind oder jeden Luftzug so geschickt zu benutzen, daß er schwebend nach Belieben steigt und fällt, und versteht sein Steuer so trefflich zu handhaben, daß er jede Wendung auszuführen vermag. Sein Verstand ist ungewöhnlich ausgebildet.«

Bis zur besonderen Vorliebe, der sich der Storch wegen seiner schwarz-weiß-roten Farben im deutschen Kaiserreich erfreute, ist da nur noch ein kleiner Schritt. Kein Dichter aber hat das Tier so ins Zentrum seines Werks gestellt wie Hans Christian Andersen, keiner hat sich so sehr zu ihrem Verteidiger gegen die Ansprüche oder gar Beleidigungen ihrer Umgebung aufgeworfen, keiner hat zudem mit ähnlich heißem Herzen Rachephantasien für die Vögel entworfen – in seinem Märchen »Die Störche« läßt er die Storchenmutter sagen: »›Ich weiß, wo der Teich ist, in dem all die kleinen Menschenkinder liegen, bis der Storch kommt und sie für die Eltern holt. Die süßen Kindlein schlafen und träumen so schön, wie sie später nie mehr träumen können. Alle Eltern möchten gern so ein Kindlein haben, und alle Kinder möchten gern eine Schwester oder einen Bruder haben. Nun fliegen wir zu dem Teich hin und holen eines für all die Kinder, die das häßliche Lied nicht gesungen und die Störche nicht verspottet haben, doch die anderen Kinder bekommen keins!‹ ›Aber der, der mit dem Singen anfing, der schlimme, garstige Junge‹, schrieen die jungen Störche, ›was machen wir mit dem?‹ ›In dem Teich liegt ein kleines totes Kind, das hat sich zu Tode geträumt, das holen wir für ihn‹«, antwortet die Storchenmutter. Und wer danach noch über Störche spottet, geht ein hohes Risiko ein.

Die Tiere, die wohl meisterwähnten Vögel in Andersens Werk, erscheinen dort als Protagonisten wie als Symbole für Fremdheit und Reiselust, am deutlichsten wohl in dem Roman »Nur ein Spielmann« von 1837, dessen Protagonistin, das rätselhaft wilde Mädchen Naomi, in auffälliger Weise direkt wie metaphorisch mit ihnen verbunden ist – kein Zufall in einem Roman, der mit einer langen Schilderung des Storchenzuges einsetzt und in dem die Tiere sogar als Chiffre eingesetzt werden, um zentrale Probleme des Künstlertums zu verhandeln, wie sie aus der neidischen Distanz des Bürgers diskutiert werden.

Von Andersen selbst wurde übrigens oft diffamierend gesagt, er habe übermäßig lange Beine und breite Füße, und auch er wußte sich storchenbissig gegen solche Hänseleien zu wehren.

Der sehnsüchtige Blick auf die reiselustigen Störche aber, der Andersens Helden auf irritierende Weise fortwährend charakterisiert, die Verwandlung der Helden Hauffs, die schließlich zum Albtraum wird – beides findet sich in Mihaly Babits' großem Roman »Der Storchkalif« von 1916 miteinander verwoben: Ein junger Mann aus gutem Hause führt ein geordnetes, beinahe luxuriöses Leben, das empfindlich gestört wird, als er sich einer zweiten Existenz bewußt wird, die er in seinen fortgesetzten Träumen führt. Dort ist er ein armseliger Lehrjunge, mittel- und rechtlos, der seinerseits in seinen Träumen in das Leben des Reichen flieht – »ja, ja, dies ist mein alter Traum, der mich von meiner frühesten Kindheit an heimsucht, ist stets ein und derselbe, seitdem ich mich seiner entsinne. Dies ist es, was mich stets die ganze Nacht quält und peinigt und morgens zerstiebt, im eigenen Nebel untergeht, und dieser Nebel ist es, der sich stets in der Tiefe meines Lebens niederläßt, wie der Kaffeesatz auf dem Grund einer ungereinigten Tasse, und jeder meiner Freuden einen bitteren Geschmack beifügt.«

Welche Existenz Traum, welche Realität ist, bleibt bis zum Finale offen. Allmählich aber wird die Barriere zwischen beiden durchlässig, und das eigentliche Elend des Helden ist, daß sich in beide Leben jeweils der Schatten der Möglichkeiten schiebt, die die jeweils andere Daseinsform bietet. Und auch wenn die Störche selber keine ausdrückliche Rolle in diesem Roman spielen, faßt er doch die Bilderwelt gekonnt zusammen, für die die Tiere stehen, indem er seine Abhängigkeit insbesondere von Hauffs Märchen deutlich durch den Titel markiert – und durch die Passagen im Text, die unmittelbar die Not des verwandelten Kalifen schildern, seine Unfähigkeit, das erlösende Wort zu finden, das ihn in Babits' Roman aus der Verwandlung in den armen Lehrjungen wieder in das luxuriöse Leben des gesitteten Musterschülers bringen kann, sein Stammeln, das sich wiederum dem Volksglauben an die sprachblockierten Störche verdankt: »Dies waren die qualvollsten Minuten meines Lebens. Die Minuten des Storchkalifs. Bereits in meiner Kindheit quälten sie mich. Die Wörter, die unbekannten, imponierenden Wörter, die mich dennoch bekannt deuchten, als hätte ich sie schon vor langer Zeit gehört und dann vergessen, die Buchstaben, mit deren Hilfe ich diese wunderlichen Wörter unter Qualen buchstabierte, diese zogen mich an, lockten mich ewig, machten mich unzufrieden, unglücklich. Die Geschichte meines zweiten Ichs ist die Geschichte der vergessenen Wörter.«

Mit Hauff, mit Andersen, mit Babits und vielen weiteren Autoren träumen wir uns in die Storchenexistenz hinein, ins große Andere, ins Was-wäre-wenn: Wenn wir in fremde Länder zögen und alles hinter uns ließen, wenn wir die Welt ganz selbstverständlich von oben sähen und unsere Gegenspieler auch, wenn wir die Macht besäßen, die anderen glücklich zu machen oder ins Unglück der Kinderlosigkeit zu stürzen. Und wenn wir als Störche davon träumten, wie es wäre, Mensch zu sein.

DOMINIK PERLER

Können Tiere denken?

Eine Überlegung

Stellen Sie sich vor, Sie würden gemütlich durch einen Wald schlendern und dabei einen Hund beobachten, der seinem Herrn in einem größeren Abstand folgt. Mitten im Wald gelangt der Hundehalter an eine Kreuzung, bleibt kurz stehen und biegt dann nach links ab. Als der Hund am selben Punkt ankommt, kann er seinen Herrn nicht mehr sehen. Er hält kurz inne, schaut nach links, nach rechts, geradeaus und trottet schließlich ebenfalls auf dem linken Weg weiter. Wie würden Sie die kleine Szene kommentieren?

Sie könnten Folgendes sagen: Der Hund erkennt genau wie sein Herr, dass es hier mehrere Wege gibt. Er zögert zunächst, welchen er wählen soll, entscheidet sich aber nach kurzem Überlegen für jenen, der links abbiegt. Wenn Sie so argumentieren, fassen Sie den Hund als ein *kognitives* Lebewesen auf; denn Erkennen, Überlegen und Entscheiden sind nichts anderes als kognitive Aktivitäten. Mit dieser Interpretation könnten Sie an eine lange philosophische Tradition anknüpfen, die bis in die Antike zurückreicht. Sextus Empiricus berichtet nämlich, der stoische Philosoph Chrysipp habe folgendermaßen argumentiert:

> »Nach Chrysipp, der sich am meisten für die vernunftlosen Tiere einsetzt, hat er [sc. der Hund] sogar an der vielgepriesenen Dialektik teil. Jedenfalls behauptet Chrysipp, der Hund wende das fünfte mehrgliedrige unbewiesene Argument an, wenn er an einen Dreiweg komme und nach dem Spüren auf den zwei Wegen, die das Wild nicht entlang gelaufen sei, sofort den dritten entlang stürme, ohne hier überhaupt gespürt zu haben. Er schließe nämlich, sagt der antike Philosoph, dem Sinne nach folgendermaßen: ›Das Wild ist entweder hier oder hier oder hier entlang gelaufen. Weder aber hier noch hier. Also hier.‹«[1]

Der Hund hat nicht einfach gesehen oder gerochen, dass das Wild den dritten Weg entlang gelaufen ist, und er ist nicht aufgrund bloßer Sinneseindrücke diesem Weg gefolgt. Er hat vielmehr *überlegt*, dass bei drei Wegen nach Ausschluss der ersten beiden nur noch der dritte übrig bleibt.

Nun könnten Sie sogleich einwenden, dass eine solche Interpretation des Hundeverhaltens allzu weit geht. Genau wie Chrysipp in der Antike mögen wir zwar auch heute noch dazu neigen, über Hunde und andere Tiere zu sprechen, indem wir ihnen Überlegungen und logische Schlüsse zuschreiben. Doch dies ist bloß eine anthropomorphisierende Redeweise. In Tat und Wahrheit überlegen Tiere nicht und fällen auch keine Entscheidungen. Sie folgen einfach ihren Instinkten und verhalten sich gemäß teils angeborenen und teils erworbenen Reiz-Reaktions-Mustern.

Wenn Sie so argumentieren, können Sie sich ebenfalls auf eine lange philosophische Tradition berufen, die sich bis in die Antike zurückverfolgen lässt. Bereits Plutarch wies die These, dass ein Hund denken kann, mit folgender Bemerkung zurück:

> »Ein Hund benötigt aber kein derartiges Zeugnis [der Vernunft], das falsch und trügerisch ist. Es ist nämlich die Sinneswahrnehmung selbst, die auf der Grundlage von Spuren und Fährten den Weg anzeigt, auf dem das Tier geflohen ist. Der Hund plagt sich nicht mit Disjunktionen und Konjunktionen von Sätzen ab.«[2]

Der Hund denkt also nicht, dass er einen bestimmten Weg wählen sollte, und er schließt nicht durch eine logische Überlegung andere Optionen aus. Vielmehr folgt er spontan seiner Geruchswahrnehmung, die ihm einen bestimmten Weg anzeigt. Genau dadurch hat er Plutarch zufolge sogar einen Vorteil gegenüber uns Menschen. Da wir über ziemlich verkümmerte Sinne verfügen, müssen wir uns wohl oder übel auf komplizierte Überlegungen stützen. Hätten wir zuverlässigere und besser ausgebildete Sinne, wären wir gar nicht auf ein derart mühseliges Geschäft angewiesen.

Nun befinden wir uns in einem Dilemma. Einerseits scheint es plausibel anzunehmen, dass ein hoch entwickeltes Säugetier wie ein Hund in irgendeiner Form denkt, oder vorsichtiger ausgedrückt: dass es kognitiv aktiv ist. Nur mit Rekurs auf eine solche Aktivität scheinen wir sein zielgerichtetes, selektives Verhalten erklären zu können. Andererseits scheint es ebenso plausibel anzunehmen, dass ein Hund nicht wirklich denken kann. Vielleicht beruht sein Verhalten nicht nur auf Sinneseindrücken, wie Plutarch meinte, sondern auch auf erlernten Reaktionsmustern. Aber alles in allem scheint ein Hund doch an sensorische Mechanismen gebunden zu sein und nicht über kognitive Aktivitäten im strengen Sinne zu verfügen.

Sollen wir nun sagen, dass ein Tier denken kann oder nicht? In der Schwierigkeit, diese Frage zu beantworten, zeigt sich die Grundstruktur eines philosophischen Problems. Ein solches Problem taucht nämlich nicht erst auf, wenn wir mit einem vollständig neuen, bislang unbekannten Phänomen konfrontiert werden, oder wenn wir plötzlich über neue empirische Daten verfügen. Ein philosophisches Problem stellt sich vielmehr ein, wenn wir es zwar mit einem bekannten Phänomen zu tun haben, aber nicht in der Lage sind, dieses Phänomen zu erklären, weil die Begriffe, die wir zu seiner Beschreibung verwenden, unscharf sind. Mit Wittgenstein könnte man sagen: »Ein philosophisches Problem hat die Form: ›Ich kenne mich nicht aus.‹«[3] Wir kennen uns nicht aus, weil sich unsere Intuitionen widersprechen und wir nicht so recht wissen, wie wir ein Phänomen begrifflich fassen sollen. Wir sind unschlüssig, ob wir den Tieren Denken zuschreiben sollen oder nicht, weil hier unklar ist, welcher Begriff von Denken oder kognitiver Aktivität überhaupt angemessen ist. Wenn wir diese Unklarheit beseitigen wollen, reicht es nicht aus, einfach Alltagsbeobachtungen anzuhäufen. Wir müssen vielmehr zu einer genuin philosophischen Methode greifen: zur Begriffsklärung. Es gilt zu untersuchen, was hier unter einer kognitiven Aktivität zu verstehen ist und unter welchen Bedingungen es sinnvoll ist, einem Tier eine solche Aktivität zuzuschreiben.

Genau dieser Aufgabe möchte ich mich im Folgenden widmen, indem ich mich auf die gegenwärtige Tierdebatte in der Philosophie des Geistes konzentriere, aber auch Ergebnisse der kognitiven Ethologie heranziehe. Wenn wir nämlich nicht einfach in einem empiriefernen Raum Begriffsanalyse als eine Art *l'art pour l'art* betreiben wollen, müssen wir die Tauglichkeit unserer Begriffe mit Blick auf konkrete, empirisch fassbare Phänomene testen. Ich werde daher positive und negative Antworten auf die Frage, ob Tiere denken können, auf die Ergebnisse empirischer Untersuchungen anwenden und prüfen, ob sie diese Ergebnisse angemessen erklären können.

*

Beginnen wir mit einer Prüfung der Position, die den Tieren jedes Denken abspricht. Ein klarer Vertreter dieser Position ist in der gegenwärtigen Debatte Robert Brandom. Seiner Meinung nach unterscheiden sich Tiere prinzipiell und nicht nur graduell von uns Menschen. Gleich zu Beginn seines monumentalen Werks *Expressive Vernunft* hält er fest, worin der grundlegende Unterschied besteht:

> »Unser Umgang mit anderen Dingen und miteinander *bedeutet* etwas für uns in einem besonderen und charakteristischen Sinne, er hat für uns jeweils einen *begrifflichen Inhalt*, wir *verstehen* ihn in einer bestimmten Weise. Genau diese Abgrenzungsstrategie bildet die Grundlage dafür, dass wir klassischerweise als *vernünftige* Wesen identifiziert werden. Für die Tiere des Waldes gibt es keine Vernunft. Wir sind diejenigen, für die Gründe bindend sind, die der eigentümlichen Kraft des besseren Grundes unterliegen.«[4]

Brandoms These lautet offensichtlich, dass wir in einer anderen Relation zu unserer Umwelt stehen als die Tiere, auch wenn ihr Verhalten gelegentlich dem unseren verblüffend ähnlich ist. Wir Menschen erfassen einen begrifflichen Inhalt, verstehen dessen Bedeutung und wissen auch, wie er sich zu anderen Inhalten verhält. Daher ist ein bestimmter Inhalt immer in ein inferentielles Netz eingebettet. Konkret heißt dies: Wenn ich an einer Weggabelung stehe, habe ich nicht nur eine Fülle von Sinneseindrücken, sondern ich erfasse auch, dass ich an einer Weggabelung stehe. Ich verfüge nämlich über die Begriffe »Weggabelung« und »stehen« und bin fähig, diese so miteinander zu verbinden, dass ich einen komplexen Inhalt erfasse, nämlich die Proposition »dass ich an einer Weggabelung stehe«. Damit erfasse ich auch, dass ich nicht auf einer Straße ohne Abzweigung stehe; denn »an einer Weggabelung stehen« heißt nichts anderes als »an einem Punkt stehen, von dem aus Wege in mehrere Richtungen weiterführen«. Zwar muss ich dies nicht explizit artikulieren, aber ich habe mich doch implizit darauf festgelegt und könnte dies auch explizit äußern, wenn ich gefragt würde.

Anders verhält es sich mit einem Tier. Wenn ich etwa mit einem Papagei auf meinen Schultern zur Weggabelung gelange und dieser auch eine Fülle von Sinneseindrücken hat, ist er nicht in der Lage, einen begrifflichen Inhalt zu erfassen. Folglich ist er auch nicht imstande, inferentielle Beziehungen herzustellen. Selbst wenn er die Lautfolge »Weggabelung« krächzen würde, hätte er damit nicht bewiesen, dass er auch erfasst hat, dass dies eine Weggabelung ist. Denn der Papagei könnte nicht folgern: »… also liegen mehrere Wege vor mir«. Er könnte auch nicht einem anderen Sprecher mitteilen oder ihn zu überzeugen versuchen, dass hier eine Weggabelung ist.

Dies hat einen weiteren wichtigen Unterschied zur Folge. Wenn wir Menschen einen begrifflichen Inhalt erfassen, tun wir dies in einem sozialen Kontext. Wir sind nämlich Mitglieder einer Sprachgemeinschaft und legen sowohl uns selber als auch andere Menschen auf bestimmte begriffliche Verpflichtungen und Berechtigungen fest. Wenn ich also erfasse, dass ich an einer Weggabelung stehe, habe ich mich auf etwas festgelegt und kann dann sagen: »Ich wähle diesen oder jenen Weg.« Es steht mir aber nicht mehr offen zu sagen: »Ich gehe die einzige Straße, die es hier gibt, geradeaus weiter.« Indem ich mich darauf festgelegt habe, dass ich an einer Weggabelung stehe, habe ich ausgeschlossen, dass es eine einzige Straße gibt. Ich bin eine konsequentielle Festlegung eingegangen, selbst wenn ich dies nicht explizit gesagt habe. Gleiches gilt auch für die anderen Mitglieder der Sprachgemeinschaft. Ich verstehe sie genau deshalb, weil ich erfasse, worauf sie sich aktuell festgelegt haben und was ihre konsequentiellen Festlegungen sind. Bildlich gesprochen: Ich erfasse sowohl für mich als auch für die anderen, wo die Knoten im inferentiellen Netz geknüpft wurden, welche weiteren Knoten nun noch möglich sind und welche nicht.

Anders verhält es sich wiederum mit den Tieren. Da sie keine begrifflichen Inhalte erfassen, können sie auch keine konsequentielle Festlegung eingehen. Sie können höchstens Sinneseindrücke aufnehmen, abspeichern und gegebenenfalls reaktivieren. Genau darin liegt nun der prinzipielle Unterschied zu uns Menschen: Da wir begriffliche Festlegungen eingehen, können wir immer Gründe für diese Festlegungen geben und andere nach Gründen fragen. Wir stellen uns dadurch in einen »Raum der Gründe«, wie Brandom in Anlehnung an Sellars etwas emphatisch sagt. Die Tiere hingegen gehören nur dem Raum der Natur an, d. h. dem Raum der kausalen Verbindungen zwischen sinnlichen Inputs und motorischen Outputs. Damit wird auch deutlich, warum Tiere nicht denken können, und zwar prinzipiell nicht. Wenn nämlich »denken« so viel heißt wie »begriffliche Inhalte erfassen, für die Gründe gegeben und verlangt werden können«, können Tiere nicht denken.

An dieser Position fällt sogleich auf, dass sie einen neuen Dualismus postuliert. Oder genauer gesagt: Sie greift einen Dualismus, der die Philosophie seit dem 17. Jh. verfolgt, in einem neuen inferentialistischen Gewand auf. Denn die Gegenüberstellung von begriffsfähigen Lebewesen im Raum der Gründe und bloß sinnesfähigen Lebewesen im Raum der Natur gleicht stark der cartesianischen Opposition von geistigen Wesen, die Ideen erfassen und logisch miteinander verbinden, und rein körperlichen Wesen, die nur Sinneseindrücke aufnehmen und weiterverarbeiten.

Diese Gegenüberstellung wirft indessen verschiedene Probleme auf, wenn sie auf konkrete Tiere angewendet wird. Ein erstes Problem betrifft ihre Orientierung in einer natürlichen Umgebung. Folgt man Brandom, beruht diese Orientierung nicht auf Wahrnehmungen. Nur ein Lebewesen, das begriffliche Inhalte erfasst, kann nämlich Wahrnehmungen im strengen Sinne haben und sich mit ihnen in einer Umgebung bewegen. So verwendet ein Mensch, der sieht, dass sich die Wege gabeln, in seiner Wahrnehmung die Begriffe »Wege« und »gabeln«, um die Fülle von Sinneseindrücken zu strukturieren. Wenn Tiere aber keine Begriffe haben, ist ihnen ein solches Sehen nicht möglich. Wie orientieren sie sich dann in ihrer Umgebung? Nur aufgrund einer Empfindung oder eines Sinneseindrucks, der durch äußere Reize hervorgerufen wird.[5] Gegen diesen Befund sprechen aber verschiedene Fälle, die von den Ethologen eingehend erforscht worden sind.

Betrachten wir den Fall der Kiefernhäher, die im Herbst Nahrungsvorräte anlegen, indem sie Samenkörner an 5000–6000 Stellen verstecken.[6] Im Winter sind diese Vögel imstande, die Vorräte wiederzufinden, auch wenn sich die Landschaft stark verändert hat. Dies gelingt ihnen, weil sie zum Zeitpunkt des Versteckens eine kognitive Landkarte – ein »mapping« – hergestellt haben, mit der sie sich im Raum orientieren können. Darauf sind die einzelnen Gegenstände in ihrer Umgebung und ihre jeweilige Distanz zueinander in codierter Form eingezeichnet. Diese Tiere haben also weit mehr als einen bloßen Sinneseindruck, der ihr Verhalten unmittelbar bestimmen würde; im Winter riechen oder sehen sie die Samenkörner ja nicht unter dem Schnee. Vielmehr machen sie von der abgespeicherten Landkarte Gebrauch, und zwar auch dann, wenn kein unmittelbarer Reiz vorliegt.

Nun könnte man sogleich einwenden, dass dies noch nicht gegen Brandoms Position spricht. Denn auch wenn die Häher über ein »mapping« verfügen, haben sie doch keine Begriffe. Sie erfassen die Samenkörner ja nicht als Körner, d.h. indem sie sie unter einen allgemeinen Begriff subsumieren, und sie folgern nicht: »Dies sind Körner, also auch essbar.«

Dieser Einwand weist zu Recht darauf hin, dass ein »mapping« kein begriffliches Denken in dem Sinne darstellt, dass ein Tier allgemeine Prädikate bilden würde. Doch der Einwand übersieht den entscheidenden Punkt, dass das Herstellen und Verwenden einer Landkarte für die Umgebung weit mehr ist als das bloße Reagieren auf Sinnesreize. Es gibt hier durchaus einen kognitiven Bereich *zwischen* bloßer Reizaufnahme und prädikativem Denken. Das Herstellen einer geistigen Landkarte ist nämlich nur möglich, wenn ein Tier Gegenstände voneinander unterscheidet, sie einander räumlich zuordnet, die Zuordnung in codierter Form abspeichert und gegebenenfalls reaktiviert. Neuere empirische Forschungen haben zudem gezeigt, dass die räumliche Zuordnung Veränderungen angepasst werden kann. So ist ein Kiefernhäher imstande, die Körner auch dann zu lokalisieren, wenn einige Bäume verschwinden oder von Schnee zugedeckt werden. Entscheidend ist dabei, dass er die Landkarte nicht nur *hat* (etwa wie ein Auto ein eingebautes Navigationssystem hat), sondern sie *verwendet* und aufgrund dieser Verwendung sein Verhalten steuert.

Die Position, die Tieren bloße Reizaufnahme und Sinneseindrücke zuschreibt, wirft aber noch ein weiteres, fundamentaleres Problem auf. Brandom zufolge verfügen Tiere nicht einmal über intentionale Zustände, d. h. sie sind nicht in der Lage, sich kognitiv auf etwas zu beziehen. Intentionalität gibt es nämlich nur im sozialen Spiel des gegenseitigen Gebens und Einforderns von Gründen. Brandom hält fest:

> »Die Frage, *worüber* nachgedacht und geredet wird, entsteht im Zusammenhang der Beurteilung, wie die Ansichten einer Person einer anderen als Gründe dienen können. Die These lautet, daß die repräsentationale Dimension eines propositionalen Gehalts dem Denken und Sprechen durch die *soziale* Dimension der Praxis des Gebens und Verlangens von Gründen übertragen wird.«[7]

Die Frage, *worüber* nachgedacht und *worauf* Bezug genommen wird, kann somit nur in einem Kontext gestellt werden, in dem mindestens zwei Personen interagieren und einander im Sprachspiel gewisse Festlegungen zuschreiben. Brandom zufolge erfolgt dies in Form sogenannter *de re*-Zuschreibungen. Denn wenn wir jemand anderem die Überzeugung zuschreiben, er glaube von einer Sache, dass sie sich so-und-so verhalte, nehmen wir eine *de re*-Zuschreibung vor. Es ist ausgeschlossen, dass ein Lebewesen außerhalb einer solchen Situation an etwas denken oder sich auf etwas beziehen kann. Dies hat natürlich zur Konsequenz, dass Tiere prinzipiell über keine intentionalen Zustände verfügen können. In welcher Relation stehen sie dann zu ihrer Umwelt? Offensichtlich nur in einer kausalen. Sie können mithilfe ihres Sinnesapparates nur bestimmte Inputs aufnehmen, abspeichern und motorische Reaktionen als Outputs liefern.

Gegen diese starke These sprechen wiederum die Befunde der neueren ethologischen Forschung. Dass sich ein Tier auf etwas beziehen kann, zeigt sich nämlich nicht nur darin, dass ein Hund seinen Herrn erkennen und aus einer Menge von Personen herausgreifen kann. Diesen Sachverhalt könnte man vielleicht auch dadurch erklären, dass der Hund einfach auf bestimmte Sinneseindrücke mit einem konditionierten Verhalten reagiert. Dass Tiere sich selektiv auf etwas beziehen können, zeigt sich viel deutlicher in Experimenten, die mit Affen angestellt worden sind. So haben D. Premack und G. Woodruff das folgende berühmt gewordene Experiment durchgeführt.[8]

Vor einer Schimpansin namens Sarah stehen ein mit Futter gefüllter Behälter und ein leerer Behälter; beide sind für Sarah gut sichtbar, aber nicht greifbar. Etwas abseits befindet sich ein Tierwärter, der nicht sehen kann, welcher Behälter gefüllt ist und welcher nicht. Was tut nun Sarah? Sie lenkt den Wärter mit gezielten Bewegungen zum gefüllten Behälter und winkt ihn zu sich heran. Das Experiment wurde in einer zweiten Phase sogar mit zwei Wärtern durchgeführt, von denen der eine ein sogenannter kooperativer Partner war und der Schimpansin den gefüllten Behälter brachte, während der andere sich konkurrierend verhielt und den Behälter für sich behielt. In dieser Situation führte Sarah den kooperativen Wärter zum gefüllten Behälter, den konkurrierenden hingegen zum leeren. Dieses Experiment verdeutlicht, dass man Sarah aufgrund ihres selektiven Verhaltens mindestens zwei intentionale Zustände zuschreiben kann. Erstens bezieht sie sich auf die Näpfe und kann diese sogar charakterisieren und voneinander unterscheiden. Sie verfügt also über das, was man in der Intentionalitätsdebatte die Fähigkeit zur aspektgebundenen Bezugnahme nennt. Zweitens bezieht sie sich auch auf die Wärter. Wie sie sich auf sie bezieht, ist freilich umstritten. Einige Primatologen behaupten, sie verfüge über einen intentionalen Zustand zweiter Stufe, denn sie glaube vom kooperierenden Partner, dieser glaube, er werde den gefüllten Napf bringen, während sie vom konkurrierenden Partner glaube, dieser glaube, er werde den Napf für sich behalten. Dann hätte die Schimpansin eine Überzeugung bezüglich der Überzeugung eines anderen. Andere Forscher sind vorsichtiger und behaupten lediglich, sie beobachte einfach das Verhalten der beiden und glaube dann, der eine werde den Napf bringen und der andere nicht. Wie auch immer die Situation interpretiert wird, auf jeden Fall *bezieht* sich Sarah auf etwas, wie ihr zielgerichtetes Verhalten verdeutlicht, und sie setzt ihre intentionalen Zustände ein, um etwas zu bewirken. Dies wiederum setzt voraus, dass sie eine Zweck-Mittel-Relation herstellen kann, und zwar nicht nur zwischen aktuell präsenten Gegenständen, sondern auch zwischen präsenten und erwünschten Gegenständen.

Dieses Experiment verdeutlicht, dass es kaum angemessen ist, Intentionalität ausschließlich im sprachlichen Spiel des gegenseitigen Zuschreibens von *de re*-Festlegungen anzusiedeln. Auch Lebewesen, die einander keine solchen Festlegungen zuschreiben können, sind zu kognitiver Bezugnahme fähig. Um dies nicht aus dem Blick zu verlieren, empfiehlt es sich, zwei Arten von Intentionalität zu unterscheiden. Es gibt zum einen *vorsprachliche* Intentionalität, die sich im gezielten Unterscheiden von Gegenständen, im Anlegen einer veränderbaren Landkarte für die Gegenstände und im Verwenden einer solchen Landkarte manifestiert. Zum anderen gibt es *sprachliche* Intentionalität, die im Äußern und gegenseitigen Zuschreiben von *de re*-Festlegungen zum Ausdruck kommt. Diese höhere Form von Intentionalität baut freilich auf der niedrigeren auf, und genau wie den Tieren gelingt es auch einigen Menschen, etwa den Säuglingen, nicht (oder noch nicht), zu dieser höheren Stufe zu gelangen. Dies zeigt aber nicht, dass sie keine Intentionalität haben, sondern lediglich, dass sie nicht über die elaborierte sprachliche Intentionalität verfügen.

Wenn Brandom dies nicht berücksichtigt, liegt der Grund dafür in einer Annahme, die seinem ganzen Erklärungsansatz zugrunde liegt: Nur sprachfähige Lebewesen sind auch intentionale und damit kognitive Lebewesen. Wie könnte man argumentieren, wenn man diese starke These nicht von Anfang an voraussetzen möchte?

*

Die kürzeste Argumentation lautet: Wenn Tiere über Repräsentationen verfügen, mit denen sie ihr Verhalten steuern, sind sie intentionale und damit auch kognitive Lebewesen. Eine solche These sagt allerdings nicht viel aus, solange nicht erklärt wird, was unter einer Repräsentation zu verstehen ist. Man könnte versucht sein, den klassischen Erklärungsweg zu wählen, der in der Philosophie seit dem 17. Jahrhundert immer wieder beschritten wurde. Dann würde man eine Repräsentation als eine Idee oder Vorstellung auffassen, die dem Geist unmittelbar präsent ist. So sagt etwa Descartes in seiner berühmten Definition der Ideen, er verstehe unter einer Idee die »Form eines beliebigen Gedankens, durch deren unmittelbare Perzeption ich mir dieses Gedankens bewusst bin, und zwar so, dass ich nichts mit Worten ausdrücken kann (wobei ich verstehe, was ich sage), ohne dass ich aufgrund dessen sicher bin, dass in mir eine Idee von dem ist, was diese Worte bedeuten«.[9] An dieser Definition fallen sogleich zwei Punkte auf. Erstens wird behauptet, eine Idee sei aus der Perspektive der ersten Person unmittelbar perzipierbar; zweitens wird festgehalten, sie sei das primäre semantische Korrelat von sprachlichen Ausdrücken – das, was ihnen eine Bedeutung gibt. Wenn man nun feststellen will, ob ein Lebewesen tatsächlich eine Idee hat, muss man entweder aus der Ich-Perspektive feststellen, ob es etwas gibt, was unmittelbar perzipierbar ist, oder man muss bei anderen (wie auch bei sich selber) überprüfen, ob es etwas gibt, was den sprachlichen Ausdrücken eine Bedeutung gibt. Da Tiere nicht sprechen und wir nicht in sie hineinblicken können, sind wir nicht in der Lage, ihnen Ideen bzw. Repräsentationen zuzusprechen. Es ist daher nicht erstaunlich, dass Descartes ihnen jede Repräsentationsfähigkeit abspricht. Sie sind bloße reizverarbeitende Sinneswesen. Doch damit sind wir natürlich wieder bei der starken These angelangt, dass wir nur sprachfähigen Lebewesen Denken zuschreiben können.

Will man die Sprachthese nicht stillschweigend voraussetzen, muss man eine Erklärung für Repräsentationen suchen, die nicht von vornherein an Sprachverwendung gebunden ist. Wie könnte eine solche Erklärung aussehen? Ein einfacher, auf den ersten Blick einleuchtender Vorschlag lautet: Man sollte einem Lebewesen Repräsentationen zuschreiben, wenn es durch sein Verhalten beweist, dass es über diskriminatorische Fähigkeiten verfügt. Konkret heißt dies: Wenn die Kiefernhäher durch das gezielte Vergraben und Wiederfinden von Samenkörnern beweisen, dass sie Körner von Bäumen, aber auch diesen Baum von jenem Baum unterscheiden können, sollte man ihnen Repräsentationen von allen diesen Gegenständen zuschreiben.

Dieser Erklärungsansatz wirkt auf den ersten Blick überzeugend, setzt sich bei näherer Betrachtung aber sogleich einem Einwand aus. Es können leicht Beispiele vorgebracht werden, in denen Tiere diskriminatorische Fähigkeiten an den Tag legen, die auf simplen kausalen Prozessen beruhen. Betrachten wir den Fall der Ameisen, die ihre toten Artgenossen aus dem Ameisenhaufen entfernen. Es scheint zunächst, als wären sie dazu imstande, weil sie über Repräsentationen von toten Artgenossen verfügen, die sich von den Repräsentationen von lebenden Artgenossen unterscheiden. Empirische Untersuchungen haben aber gezeigt, dass die Ameisen lediglich einen bestimmten Säuregeruch wahrnehmen und instinktmäßig alles wegtransportieren, was diesen Geruch aussendet. Wenn man lebende Artgenossen mit einer säurehaltigen Flüssigkeit bestreicht, werden sie ebenfalls gnadenlos wegtransportiert. Die diskriminatorische Fähigkeit beruht hier also nur auf einem olfaktorischen Reiz-Reaktions-Muster. Daher wäre es unangemessen zu behaupten, dass alle Lebewesen, die in ihrem Verhalten diskriminatorische Fähigkeiten an den Tag legen, auch Repräsentationen haben und damit ihr Verhalten bestimmen.

Wie könnte man Repräsentationen dann charakterisieren, wenn man einerseits der Skylla der Sprachgebundenheit, andererseits aber auch der Charybdis der bloßen Anbindung an Reiz-Reaktions-Muster entgehen will? Versuchen wir, jenem Weg zu folgen, den die von Fred Dretske ausgearbeitete Informationstheorie aufzeigt. Ihr zufolge muss der Zustand eines Lebewesens mindestens drei Bedingungen erfüllen, damit er als genuiner Repräsentationszustand gelten kann:[10]

– Der Zustand muss eine bestimmte Situation anzeigen, d. h. er muss eine *Information* in sich tragen. So kann ein Häher nur dann eine Repräsentation von Samenkörnern haben, wenn er über einen inneren Zustand verfügt, der ihm anzeigt, wo Körner liegen.

– Der Zustand muss die Funktion haben, aufgrund seines spezifischen *Inhalts* ein Verhalten zu bewirken. So muss tatsächlich der Inhalt »dass hier Körner liegen« den Häher dazu bringen, nach Körnern zu graben.

– Der Zustand muss *korrekt oder unkorrekt* sein, d. h. er muss die jeweilige Situation richtig oder falsch anzeigen. Der Vogel muss sich somit auch irren können, nämlich wenn er einen Zustand hat, der ihm die Lage der Körner falsch anzeigt.

Entscheidend ist hier die zweite Bedingung. Die erste legt nämlich nur fest, dass eine Repräsentation etwas anzeigen muss. Doch dieser Bedingung genügen auch simple technische Instrumente wie etwa Thermostaten; auch sie zeigen ja an, dass eine bestimmte Temperatur vorliegt. Doch der Thermostat »handelt« nicht aufgrund des Inhalts dieser Anzeige. Wenn etwa die Temperatur im Raum fällt, setzt er die Heizung nicht in Gang, weil er innerlich repräsentiert, dass es zu kalt ist. Er enthält einfach einen Bimetallstreifen, der bei einer bestimmten Temperatur eine bestimmte Krümmung erreicht, dadurch einen elektrischen Kontakt herstellt und die Heizung in Betrieb setzt. Hier liegt ein simpler kausaler Prozess vor. Anders verhält es sich mit uns Menschen. Wenn uns zu kalt wird, denken wir, dass es im Raum zu kalt ist, und der Inhalt dieses Gedankens – nicht einfach ein Abfallen der Raumtemperatur – veranlasst uns dazu, die Heizung anzuschalten. Daher müssen wir hier zwei Relationen unterscheiden: Erstens verursacht ein äußeres Ereignis einen inneren Gedanken bzw. eine Repräsentation; zweitens verursacht die Repräsentation aufgrund ihres Inhalts ein bestimmtes Verhalten. Bei zahlreichen Tieren verhält es sich genau gleich: Nicht ein äußeres Ereignis, sondern die innere Repräsentation verursacht aufgrund ihres Inhalts ein bestimmtes Verhalten.

Nun könnten Sie sogleich einwenden, dass dies eine gewagte These ist. Wie können wir denn wissen, dass Tiere tatsächlich über innere Repräsentationen verfügen? Sie artikulieren derartige Repräsentationen doch nicht in einer uns zugänglichen Sprache, und wir können die Repräsentationen auch nicht durch ein mysteriöses Gedankenlesen beobachten. Zeugt die Zuschreibung von Repräsentationen nicht von einem Anthropomorphismus? Nicht unbedingt. Indem wir Lernprozesse bei Tieren beobachten, können wir durchaus auf verhaltensbewirkende Repräsentationen schließen. Kehren wir zur Veranschaulichung dieser Tatsache wieder zum Beispiel der Schimpansin Sarah zurück. Sarah führt zunächst beide Wärter zu dem mit Nahrung gefüllten Behälter. Wenn der eine Wärter ihr den Behälter nicht bringt, verhält sie sich entsprechend: Sie führt den Wärter das zweite und dritte Mal nicht mehr zum vollen, sondern zum leeren Behälter. Warum? Offensichtlich weil sie *gelernt* hat, dass der Wärter ein Konkurrent ist und die Nahrung für sich behält. Obwohl also beim zweiten und dritten Mal der gleiche visuelle Reiz vorliegt, reagiert die Schimpansin anders. Somit kann der Reiz nicht direkt eine Verhaltensreaktion auslösen. Es ist vielmehr eine Zwischenstufe zwischen Reiz und Reaktion erforderlich: die erworbene Repräsentation, dass der Wärter den Behälter für sich behält. Um Missverständnisse zu vermeiden, sei sogleich betont, dass die Existenz einer solchen Zwischenstufe nicht bedeutet, dass Sarah sich nur noch auf innere Repräsentationen bezieht und bloß auf äußere Gegenstände schließt. Repräsentationen sind ja Zustände und nicht innere Objekte. Die Schimpansin bezieht sich *direkt* auf die äußeren Gegenstände, indem sie repräsentierende Zustände hat.

Jetzt könnten Sie freilich immer noch einwenden, dass diese Zustände kognitiv bedeutungslos sind. Wenn ein äußeres Ereignis automatisch eine sogenannte innere Repräsentation verursacht und diese ebenso automatisch ein Verhalten bewirkt, haben wir es nur mit einer kausalen Kette zu tun. Sarah denkt oder erfasst doch nichts, sondern bildet einfach eine bestimmte Repräsentation als Output, sobald ein bestimmter Input vorliegt.

Dies wäre in der Tat der Fall, wenn jedem Input notwendigerweise eine bestimmte Repräsentation als Output zugeordnet wäre. Der entscheidende Punkt ist jedoch, dass es keine solche Eins-zu-eins-Zuordnung gibt. Ein Lebewesen kann den Input unterschiedlich verarbeiten und deshalb unterschiedliche Repräsentationen hervorbringen, korrekte ebenso wie unkorrekte. Aus diesem Grund habe ich betont, dass die dritte Bedingung für das Vorliegen einer Repräsentation darin besteht, dass sie korrekt *oder* unkorrekt ist und somit semantisch evaluierbar. Konkret heißt dies: Wenn Sarah mehr sein soll als ein biologischer Automat, muss sie auch die Fähigkeit haben, die beiden Wärter falsch zu repräsentieren und sich entsprechend falsch zu verhalten, etwa indem sie den konkurrierenden Wärter zum vollen Futterbehälter führt. Dadurch beweist sie, dass sie mit dem Input selbständig umgehen kann.

An dieser Stelle könnten Sie Atem holen und einwenden: Nun gut, es ist vielleicht plausibel anzunehmen, dass Schimpansen und andere Tiere über innere Repräsentationen verfügen, mit denen sie ihr Verhalten steuern. Aber das allein kann noch kein Denken sein. Eine Minimalanforderung an Denken besteht doch darin, dass ein Lebewesen mit seinen Zuständen Dinge in der Umwelt klassifizieren kann und dass es darüber hinaus in der

Lage ist zu evaluieren, ob es die Dinge korrekt oder unkorrekt klassifiziert. Wenn die Schimpansin wirklich denkt, muss sie mit ihren Repräsentationen doch die Wärter irgendwie als Wärter klassifizieren können, und sie muss imstande sein zu überprüfen, ob sie korrekt oder unkorrekt klassifiziert. Andernfalls ist sie nicht mehr als ein komplexer biologischer Apparat, in dem zahlreiche Repräsentationen abgespeichert sind. Kurz gesagt: Der entscheidende Punkt ist nicht das bloße *Haben* von Repräsentationen, sondern die Fähigkeit zum selbständigen *Überprüfen* der Repräsentationen. Doch gerade dies scheint der informationstheoretische Ansatz zu übersehen. Dadurch übersieht er auch, dass den Tieren etwas Entscheidendes fehlt. Zu überprüfen, ob eine Repräsentation korrekt ist oder nicht, heißt nämlich nichts anderes, als eine wahre Repräsentation von einer falschen zu unterscheiden. Um so etwas tun zu können, muss man aber in der Lage sein, überhaupt Wahres von Falschem zu unterscheiden, und dazu ist man nur imstande, wenn man wahre Feststellungen von falschen unterscheiden kann. Als Lebewesen, die höchstens über eine Signalsprache verfügen, jedoch nicht über eine Sprache mit wahrheitswertfähigen Aussagen, können Schimpansen diesen wichtigen Unterschied nicht treffen. Also können sie ihre Repräsentationen auch nicht evaluieren.

Nun scheinen wir in eine Sackgasse geraten zu sein. Ich habe zunächst den Versuch unternommen, die sogenannte Sprachthese nicht von Anfang an anzunehmen. Contra Brandom habe ich argumentiert, wir sollten nicht von vornherein annehmen, dass nur Lebewesen, die an Sprachspielen teilnehmen, denken können. Und contra Descartes habe ich betont, dass wir Repräsentation nicht einfach als das semantische Korrelat von sprachlichen Äußerungen bestimmen sollten. Daher habe ich vorgeschlagen, wir sollten unter dem Denken zunächst ganz bescheiden das Verfügen über Repräsentationen verstehen, die etwas anzeigen und ein Verhalten bewirken. Nun werden wir aber mit der Forderung konfrontiert, dass diese Zustände auch als wahr oder falsch evaluierbar sein sollen. Dies scheint nur mithilfe einer Sprache möglich zu sein. Also sind wir wohl oder übel wieder an dem Punkt angelangt, an dem wir einräumen müssen, dass nur sprachfähige Lebewesen über evaluierbare Repräsentationen verfügen und denken können. An der Sprachfähigkeit, so scheint es, führt kein Weg vorbei.

Müssen wir also Kiefernhäher, Schimpansen und andere hoch entwickelte Tiere trotz ihres scheinbar intelligenten Verhaltens in das Reich der bloßen Sinneswesen verbannen? Vielleicht nicht ganz. Wir können nochmals ethologische Forschungen zu Hilfe ziehen und fragen, auf welcher nichtsprachlichen Grundlage eine Unterscheidung von korrekten und unkorrekten Repräsentationen möglich wäre. Eine Gruppe von Forschern rund um A. Keddy-Hector hat über einen längeren Zeitraum hinweg Schweine beobachtet, die gelernt haben, zwischen gleichen und ungleichen Gegenstandspaaren zu unterscheiden, und zwar auch dann, wenn die Gegenstände eines Paares sich hinsichtlich einer Eigenschaft unterschieden.[11] So konnten sie zwei Bälle einander zuordnen und sie von anderen Gegenständen unterscheiden, auch wenn die Bälle eine unterschiedliche Farbe aufwiesen. Dies zeigt, dass Schweine sicherlich über Zustände verfügen, die es ihnen erlauben, verschiedene Eigenschaften der Bälle, nämlich Form und Farbe, zu unterscheiden und die Bälle mit Bezug auf eine Eigenschaft zu klassifizieren. Interessant ist nun, dass ihre Klassifikation zwar in etwa 90% der Fälle korrekt war, in 10% aber unkorrekt. Im Falle der unkorrekten Klassifikationen versuchten die Schweine jedoch, von ihrer Wahl zurückzutreten und die Zuordnung der Gegenstandspaare zu ändern, und zwar bevor sie eine Rückmeldung in Form einer Belohnung erhielten. Dieses Rückzugsverhalten bringt die Ethologen zum Schluss, dass nicht nur die Möglichkeit zu einem unkorrekten Erfassen besteht, sondern dass die Schweine auch imstande sind, zwischen unkorrektem und korrekten Erfassen zu unterscheiden und unkorrektes Erfassen zu korrigieren. Sie sprechen daher von einer »Selbststeuerung« der Schweine.

Wie weit die Selbststeuerung gehen kann und bei welchen Tieren sie auftritt, ist natürlich eine empirische Frage, die es entsprechend empirisch zu klären gilt. Und wie weit die Selbststeuerung durch äußere Einflüsse – etwa durch Anreize seitens der Experimentleiter – gelenkt wird, ist eine kritische Methodenfrage, die es ebenfalls zu prüfen gilt. Doch in philosophischer Hinsicht ist trotz aller methodischer Vorbehalte ein Punkt entscheidend: Auch Lebewesen, die über keine Sprache verfügen, sind unter gewissen Umständen in der Lage, unterschiedlich geartete Gegenstände zu klassifizieren, nämlich indem sie einzelne Dinge unter allgemeine Muster subsumieren. Zudem verdeutlicht das Korrekturverhalten, dass sie auch in der Lage sind, die Klassifikation zu überprüfen. Sie verfügen also über Metarepräsentationen, mit denen sie die klassifizierenden Repräsentationen erster Stufe evaluieren. Damit erfüllen sie die Minimalbedingung, die im erwähnten Einwand für das Denken gestellt wurde: Sie haben nicht nur Repräsentationen, die ihr Verhalten bestimmen, sondern sie können auch überprüfen, ob sie korrekte Repräsentationen haben.

*

Welches Resultat haben wir nun hinsichtlich der Frage, ob Tiere denken können, erreicht? Sollen wir diese Frage bejahen oder verneinen? Es gilt hier zu differenzieren. Wenn man unter dem Denken die Verwendung eines reichhaltigen Netzes von Begriffen und das gegenseitige Zuschreiben von begrifflichen Festlegungen in Sprachspielen versteht, können Tiere sicherlich nicht denken. Als Lebewesen ohne prädikative Sprache sind sie prinzipiell nicht zu einer solchen Leistung fähig. Versteht man unter dem Denken hingegen das Repräsentieren und Klassifizieren von Dingen in der Welt und das Überprüfen der Korrektheit von Repräsentationen, kann man einigen Tieren durchaus Denken zusprechen. Ihr zielgerichtetes, selbst-korrigierendes Verhalten, das weit über ein Reiz-Reaktions-Verhalten hinausgeht, erlaubt uns, eine solche Zuschreibung vorzunehmen.

Diese Antwort verdeutlicht, dass die Verwirrung darüber, ob wir den Tieren Denken zuschreiben sollen, ihren Ursprung darin hat, dass wir im Alltag, teilweise aber auch in philosophischen Debatten, mit unterschiedlichen Begriffen von Denken operieren. Überspitzt ausgedrückt: Das Problem in der Tierdebatte liegt nicht bei den Tieren, sondern bei uns, genauer gesagt: bei unserem schillernden Begriff von Denken. Man kann diesen Begriff einerseits nämlich *niedrig* ansetzen, indem man vom beobachtbaren Verhalten ausgeht und fragt, welche repräsentierenden und regulierenden Zustände vorliegen müssen, damit ein bestimmtes Verhalten überhaupt möglich ist. Andererseits kann man diesen Begriff aber auch sehr *hoch* ansetzen, indem man sich am Sprechen orientiert und fragt, welche Fähigkeiten ein Lebewesen haben muss, damit es begriffliche Festlegungen eingehen kann. Die Verwirrung darüber, ob Tiere denken können oder nicht, ist nicht zuletzt eine Verwirrung darüber, wo wir ansetzen sollen.

Wie lässt sich diese Verwirrung auflösen? Man könnte ganz einfach auf der niedrigen oder auf der hohen Ebene ansetzen. So könnte man vorschlagen, unter dem Denken nichts anderes als ein biologisch verankertes Repräsentieren zu verstehen. Dann könnte man selbstverständlich Schimpansen und Schweinen genuines Denken zuschreiben, wäre aber gezwungen, auch menschliches Denken auf dieser biologischen Ebene anzusiedeln. Oder man könnte behaupten, nur das Geben und Einfordern von Gründen in einem inferentiellen Netz sei Denken. Dann müsste man den Tieren Denken grundsätzlich absprechen, wäre aber gezwungen, alle ihre Tätigkeiten in einer großen Grauzone des bloßen »Hantierens« mit Sinneseindrücken anzusiedeln. Die gegenwärtige Debatte in der Philosophie des Geistes ist genau von diesem Gegensatz beherrscht; die sogenannten Naturalisten schlagen die erste Strategie vor, die Normativisten die zweite. Doch mir scheint, eine solche Entweder-oder-Lösung wäre von trügerischer Klarheit und Einfachheit. Es gibt hier nicht ausschließlich biologische Prozesse oder ausschließlich normativ-soziale Prozesse. Es ist ratsam, nicht einfach von *dem* Denken zu sprechen, sondern von einer Skala von kognitiven Prozessen. Beobachtet man verschiedene Arten von Lebewesen, lassen sich nämlich verschiedene Prozesse beobachten: Einige Lebewesen sind in der Lage, vorsprachliche Repräsentationen zu bilden und sich damit auf Dinge in der Umwelt zu beziehen; andere sind imstande, diese Dinge auch im Hinblick auf allgemeine Muster zu klassifizieren; wieder andere sind in der Lage, ihre Klassifikation zu korrigieren; wieder andere können ihre Klassifikation auch sprachlich artikulieren; und schließlich gibt es Lebewesen, die auch Gründe für ihre klassifikatorischen Festlegungen geben und andere nach Gründen fragen können. Wir haben es in einer solchen aufsteigenden Skala mit einer zunehmenden Komplexität zu tun, die sich nicht dichotomisch beschreiben lässt. Es gibt hier nicht entweder bloße Reizaufnahme oder Beteiligung an sozialen Sprachspielen. Vielmehr gilt: Je komplexer die Fähigkeiten eines Lebewesens werden, desto komplexer wird auch seine kognitive Aktivität.

Freilich ist Vorsicht geboten, wenn von einer Skala von Fähigkeiten die Rede ist. Es gibt nämlich nicht einfach einen kontinuierlichen Anstieg; auch qualitative Sprünge sind möglich. Gerade der Übergang von Lebewesen, die bloß über eine Signalsprache verfügen, zu solchen, die allgemeine Prädikate bilden und in Aussagen verwenden können, stellt einen Sprung dar. Solche Prädikate ermöglichen es uns Menschen nämlich, über perzeptive Klassifikationen hinauszugehen. So können wir von Rund-sein oder Rot-sein sprechen, auch wenn keine runden und roten Bälle vor uns liegen – ganz einfach, weil wir die Prädikate »rund« und »rot« unabhängig von einem konkreten Wahrnehmungskontext verstehen können. Wir sind auch fähig, uns mithilfe der Sprache nicht-perzeptive Gegenstände zu erschließen, und wir können Gegenständen symbolische Funktionen zuweisen. Zu alledem sind Tiere nicht fähig. Doch auch wenn sie an perzeptive Repräsentationen gebunden sind, bedeutet dies nicht, dass sie im Gegensatz zu uns Menschen nur auf Reize reagieren. Gerade die Tatsache, dass zumindest einige Tiere ihre Repräsentationen evaluieren können, verdeutlicht, dass sie durchaus zwischen dem Zutreffen und dem Nichtzutreffen einer Repräsentation unterscheiden und damit so etwas wie eine korrekte Darstellung der Welt anstreben. In den evaluierenden Metarepräsentationen zeigen sich zwei Dimensionen, die gemeinhin dem menschlichen Denken zugeschrieben werden, nämlich das Bewusstsein für Objektivität (d.h. Sachverhalte in der Welt sollen so repräsentiert werden, wie sie wirklich sind) und das Bewusstsein für Normativität (d. h. Repräsentationen erster Stufe sollen an der Norm der Korrektheit gemessen werden). Es empfiehlt sich daher, nicht eine radikale Kluft zwischen vorsprachlicher und sprachlicher Tätigkeit aufzureißen, sondern danach zu fragen, wie weit Objektivität und Normativität auf einer vorsprachlichen Ebene möglich sind und wo die Grenzen liegen.

Dies halte ich zum einen für wichtig, um einen impliziten Anthropozentrismus zu vermeiden, der zahlreichen Debatten über die Natur des Denkens zugrunde liegt. Das menschliche Denken, das in hohem Maße sprachgebunden ist, wird häufig als Denken schlechthin betrachtet, sodass eine scharfe Trennlinie zu den angeblich nur »pseudokognitiven« Tätigkeiten anderer Lebewesen gezogen wird. Dieser Ansatz birgt das Risiko in sich, dass er von vornherein alle nicht-menschlichen Formen kognitiver Tätigkeit an der menschlichen Form misst. Der Philosoph und Anthropologe Eric Saidel kommentiert dies treffend, indem er festhält: »Jede Definition, die sich an Paradigmen orientiert, wird Sklavin jener Eigenschaften sein, durch die sich die Paradigmen auszeichnen. Sie wird nicht in der Lage sein, Dinge zu berücksichtigen, die sich stark von den Paradigmen unterscheiden.«[12] Konkret heißt dies: Wer sich von Anfang an ausschließlich an dem gegenseitigen Zuschreiben von begrifflichen Festlegungen orientiert, wird kaum in der Lage sein, das selbst korrigierende Verhalten von Schweinen und Schimpansen (ganz zu schweigen von der sozialen Interaktion zwischen diesen Tieren) als kognitive Tätigkeit in den Blick zu nehmen.

Freilich gilt es auch, Simplifizierungen in die andere Richtung zu vermeiden. Dass wir Menschen in der Lage sind, begriffliche Festlegungen einzugehen und anderen zuzuschreiben, ist eine Tatsache, die nicht missachtet werden sollte. Und dass damit eine entscheidende normative Dimension erreicht wird, die über das Korrigieren von perzeptiven Repräsentationen hinausgeht, sollte nicht geleugnet oder im Zuge einer vollständigen Naturalisierung ausgeblendet werden. Wir Menschen heben uns dadurch von anderen Lebewesen ab, dass wir unabhängig von Wahrnehmungen normativ denken können. Und wir zeichnen uns gerade dadurch als *rationale* Lebewesen aus, dass wir Gründe angeben und evaluieren können. Es wäre daher unzulässig, jedes Denken auf ein rein biologisch verankertes Repräsentieren zu reduzieren. Angemessen scheint mir hier nicht ein reduktionistisches Vorgehen, sondern eine Differenzierung: Es gilt zu beobachten, zu welcher Art von Weltbezug verschiedene Lebewesen imstande sind, um dann zu fragen, welche kognitive Aktivität darin zum Ausdruck kommt und welche kognitiven Fähigkeiten eine Voraussetzung dafür darstellen. Die simple Frage, ob Tiere denken können, erweist sich dann als eine irreführende Frage. Viel interessanter und wichtiger ist es, verschiedene Arten von kognitiver Aktivität (Wahrnehmen, Klassifizieren, Evaluieren usw.) begrifflich zu präzisieren und auf empirischer Grundlage zu erforschen, zu welcher Aktivität ein bestimmtes Tier fähig ist.

1 *Grundriß der pyrrhonischen Skepsis* I, 69, Frankfurt am Main 1985, S. 109 (Übers. M. Hossenfelder).

2 *Moralia XII: De sollertia animalium*, 969 B, ed. H. Cherniss & W. C. Helmbold, Cambridge, Mass. 1984, S. 378 (Übers. D. P.).

3 *Philosophische Untersuchungen*, § 123, in: Werkausgabe Bd. 1, Frankfurt am Main 1984, S. 302.

4 *Expressive Vernunft*, Frankfurt am Main 2000, S. 37 (engl. Original: *Making It Explicit*, Cambridge, Mass., 1994, S. 4–5).

5 Vgl. *Expressive Vernunft*, S. 400f. (engl. S. 276f.).

6 Vgl. N. Clayton et al., »Seasonal patterns of food storing in the European jay (Garrulus glandarius)«, *Ibis* 138 (1996), S. 250–255, sowie D. Perler & M. Wild (Hrsg.), *Der Geist der Tiere. Philosophische Texte zu einer aktuellen Diskussion*, Frankfurt am Main 2005, S. 64ff.

7 *Expressive Vernunft*, S. 691 (engl. S. 496).

8 Vgl. D. Premack & G. Woodruff, »Does the Chimpanzee Have a Theory of Mind?«, *The Behavioral and Brain Sciences* 4 (1978), S. 515–526.

9 *Secundae Responsiones*, in: *Meditationes*, Oeuvres de Descartes VII, hrsg. von Ch. Adam & P. Tannery, Paris 1983, S. 160 (Übers. D. P.).

10 Vgl. F. Dretske, *Explaining Behavior. Reasons in a World of Causes*, Cambridge, Mass. 1988, Kap. 3.

11 Vgl. zu diesem Experiment *Der Geist der Tiere*, S. 191–200.

12 E. Saidel, »Animal Minds, Human Minds«, in: *The Cognitive Animal. Empirical and Theoretical Perspectives on Animal Cognition*, hrsg. von M. Bekoff u. a., Cambridge, Mass., 2002, S. 53 (Übers. D. P.).

SCOTT BRADFIELD

~~Schweine~~paradies

> Es mag wahr sein, daß, wie ein Deutscher einmal sagte, es ohne Phosphor kein Denken gibt; doch noch wahrer ist, daß es keine Herzensgüte gibt ohne ein Maß an Phantasie.
>
> *Joseph Conrad*, »Amy Foster«

Hubert brach der Schweiß aus; Perlen standen ihm auf der rosa Schnauze, und die Schnauze zuckte. Er mühte sich lässig zu wirken mit seinem kühlen Glas Évian. Allmählich schien ihm, sein nackter Hintern und der Kunstledersessel passten doch nicht so gut zueinander.

»Sieh mich an, Hubert. Sieh mich bitte *an*.«

Harry, an seinem Schreibtisch im skandinavischen Stil, lehnte sich vor. Er legte die Pfoten aneinander, ein stumpfwinkliger Pfeil, der direkt auf Hubert zeigte.

»Aber das tue ich doch, Harry. Jetzt in diesem Augenblick sehe ich dich an.«

Harrys rote Wolfsaugen blickten kühl und unerbittlich.

»Nein, das tust du nicht, Hubert. Du siehst meine Pfoten an. Du siehst meine Reißzähne an. Aber du siehst mir nie in die Augen, Hubert. Meinst du, das merke ich nicht?«

Hubert hielt sein Wasserglas an das Monogramm auf der roten Baumwollweste. Er wusste, dass er Harry in die Augen blicken sollte, aber er brachte es nicht fertig. Es ging einfach nicht.

»Ich tue mein Bestes«, sagte Hubert zu dem Glas. »Ich wünschte nur – na ja, ich wünschte, du würdest es nicht so persönlich nehmen.«

»Persönlich nehmen«, sagte Harry einfach nur. »Ich sollte es nicht so persönlich nehmen.«

Hubert rutschte in dem Sessel hin und her, und es quietschte. Seine Rückenborsten sträubten sich.

»Ich kann ja verstehen, wenn du – na, nicht ärgerlich bist, Harry. Ich habe nichts Unrechtes getan. Aber ich spüre es, ich spüre es schon, du *bist* gekränkt, und ich mühe mich, Harry, ich mühe mich ehrlich, ich mühe mich zu verstehen warum.«

Harry hielt ihm seine rechte Vorderpfote hin und zählte daran, ein Zeh nach dem anderen, seine Vorwürfe ab. »Du siehst mich nicht an. Wenn wir uns im Bus begegnen, tust du, als sähest du mich nicht. Du siehst mich den Gang herunterkommen und duckst dich in einen Seitengang. Wenn ich dich zu einer Besprechung bitte, bist du beschäftigt, krank, was weiß ich. Alle merken das, Hubert. Und was meinst du, wie mir dabei zumute ist? Wenn man mich behandelt wie, meine Güte, wie ein wildes Tier? Wie einen, der dich in die Ecke treibt und dir den Bauch aufreißt. Ist das wirklich das, was du siehst, wenn du mich ansiehst, Hubert? Ein wildes Tier, das dich zum Frühstück will?«

Hubert blickte durchs Fenster auf das Markenzeichen der Firma, das sich dort draußen drehte: ein Aluminiumkochtopf, groß wie ein Haus, und den Kochlöffel führten gemeinsam ein strahlender Wolf und ein strahlendes Schwein.

Mama O'Brians Gemüsepasteten
– Essen von heute für die Welt von heute –

Es war das erste Mal seit Wochen, dass in Hubert echter Ärger aufwallte.

»Ich bin wie ich bin, Harry. Ich kann nichts dafür. Und ich weiß nicht, was du dir davon versprichst, dass du mich dauernd unter Druck setzt. Ich kann ja überhaupt nicht mehr zur Arbeit kommen, ohne dass du mir am laufenden Band diese Schuldgefühle machst. Immer geht es um meine Einstellung, aber das *ist* nun mal meine Einstellung, so *bin* ich, Harry. Und so. wie du mich ansiehst, bist du ja anscheinend der Meinung, dass da etwas nicht stimmt mit der Art, wie mir in meinem Innersten zumute ist.«

Hubert tippte sich zweimal auf die rote Weste, mit seinem harten, weißen Vorderfuß. Das machte ihm Mut, er fühlte sich irgendwie gewichtiger dadurch. Er blickte auf.

Das ist mein Blickkontakt, sagte seine Miene zu Harry. Wenn du das willst – hier hast du es.

»Kein Grund zum Ärger«, sagte Harry sanft. »Ich will dir doch nur –«

»Du willst mir nur sagen, dass es dich stört. Ich bin nicht offen und großzügig genug, ich behandle dich nicht wie einen Ebenbürtigen. Als ob wir alle gleich wären, als ob ich hier den Gang hinuntergehen könnte und sagen: Hallo, hallo, hallo, ihr Gleichen, ihr Gleichen. Aber so ist das Leben nicht, Harry. Jeder ist anders, jeder benimmt sich zu jedem unterschiedlich, und mir ist egal, was im ›Leitfaden für Angestellte‹ steht.«

Nun war es Harry, der angespannt schien. Er lehnte sich zurück in seinem Drehstuhl, und um Schnauze und Kragen zeigte sich Schweiß.

»Kein Grund laut zu werden, Hubert. Und was den Druck angeht, ich hatte nie die Absicht … es war nicht …«

Hubert atmete tief durch. Jetzt sollte mal besser *Harry* aufpassen, dass er ihm nicht in die Quere kam.

»Wenn du an meinen Verkaufszahlen etwas auszusetzen hast, Harry, dann schick mir eine Memo oder, noch besser, schick sie an die ganze Verkaufsabteilung. Das geht die Firma an, Harry, das sollten wir in Ordnung bringen. Aber vielleicht hast du ja *persönliche* Schwierigkeiten mit mir? Vielleicht findest du, ich bin nicht freundlich genug oder respektiere dich nicht genug oder blicke dir nicht in die Augen oder was weiß ich. Und da lernst du mal besser, dich damit abzufinden, Harry. Weil ich mich nämlich nicht mehr schikanieren lasse. Ich werde mich nie wieder von dir schikanieren lassen, Harry.«

»Wie war es, Mr. Armstrong?«

»Ich will lieber nicht darüber reden, Stacey. Hat meine Frau angerufen?«

»Hat sie. Sie und Mrs. Conroy haben die Kinder bei einem Babysitter gelassen und sind zu irgendwas Wohltätigem gefahren. Sie lässt Ihnen sagen, Sie sollten auf dem Heimweg etwas zu essen mitbringen.«

»Was ist mit der Bestellung aus dem Franziskaner-Weinladen?«

»Auf Ihrem Schreibtisch.«

»Und der Gewinnbericht?«

»Ebenfalls, Mr. Armstrong.«

»Danke, Stacey. Ich möchte jetzt etwa eine Stunde lang nicht gestört werden.«

Stacey nickte knapp und wandte sich wieder ihrem Flachbildschirm zu. Hubert beobachtete sie einen Moment lang – nur um sicherzugehen, dass sie *ihn* nicht beobachtete.

»Oh, und Stacey?«

»Hm-hm.« Die Statistiken auf dem Schirm spiegelten sich in ihren roten Augen wie innere Mathematik.

»Ich sage Ihnen Bescheid, wenn ich etwas brauche. Okay?«

»Okay, Hubie.«

Als Hubert die Tür hinter sich schloss, war es, als entwiche sämtliche Luft aus einem Ballon. Er atmete aus, ein langes Zischen, bis seine Lungen leer waren, und lockerte seinen klammen Kragen. Er atmete zehnmal tief durch und hielt dann die Luft an und spürte, wie das Blut ihm aus dem

Kopf wich. Sein Blickfeld verschwamm an den Rändern. Die Sprechanlage auf seinem Schreibtisch summte.

»Hubert Armstrong.«

»Wie ist es gelaufen, Kumpel? Auf dem Flur bist du an mir vorbeimarschiert und hast mich überhaupt nicht angesehen.«

»Ich konnte nicht, Stan. Ich krieg keine Luft. Ich kann's immer noch nicht glauben, was ich da alles gesagt hab.«

Aus dem Lautsprecher kam ein langer, knisternder Seufzer.

»Was hast du gesagt, Hubert? Was hast du ihm gesagt?«

Hubert spürte, wie sich der kleine, klaustrophobische Raum um ihn herum weitete. Auf dem groben Metallregal erschienen Kladden und Kataloge. Der Firmenkalender, die Uhr an der Wand. Die gerahmte Fotografie von Angela und den Kindern.

»Ich denke schon, ich hab ihm gesagt, dass er sehen soll, wo er bleibt, dass er mich in Ruhe lassen soll, sonst passiert was.«

»Was passiert sonst?«

»Ich schreibe eine Beschwerde an die Personalabteilung. Über die eine Sache, die *eine* Sache, für die sie ihn drankriegen können.«

»Diskriminierung einer anderen Spezies.«

Hubert ließ sich tief in seinem Drehstuhl zurückfallen. Er schloss die Augen und legte die Hand auf die kalte Sprechanlage, aus der die Stimme quiekte.

»Und weißt du, was mir Angst macht, Stan? Ich glaube, ich habe es wirklich ernst gemeint.«

»Ich denke nicht, dass es daran liegt, dass Harry ein Wolf ist«, sagte Angela zu Muriel, als sie am Abend von der Wohltätigkeitsveranstaltung zurückkehrten. »Er ist ein *Mann*, darum geht es, und zwar ein Mann vom mittleren Management. Andere Männer, gerade die, die weiter oben auf der Rangleiter stehen, machen Hubie nervös; das war schon immer so. Also richtig gesellig war Hubie eigentlich nie. Da ist dein Harry anders.«

Muriel zog den Zigarettenanzünder aus dem Armaturenbrett und zündete sich eine lange Mentholzigarette an. Die Scheibenwischer flappten, und sie spähte hinaus auf die neblige, kaum erleuchtete Straße.

»Ich weiß, du kannst nichts machen, Angela. Es ist einfach nur so schade.«

»Ich weiß, Muriel. Ich *weiß*.«

Angela fuhr nicht gern durch die Innenstadt, nicht einmal in einem so großen, luxuriösen, gut ausgestatteten Auto wie Muriels Geländewagen.

Das war der eine Teil der Stadt, der sich nach der Wende überhaupt nicht verändert hatte. Hier gab es immer noch dieselben bankrotten Stripschuppen, die Porno-Buchläden, die Massagesalons mit den Veloursvorhängen.

»Ich denke immer noch, es geht einfach vorbei« – Angela dachte laut – »und die beiden gewöhnen sich aneinander. Genau wie du und ich, Muriel; sogar die Kinder. Man sollte meinen, Hubie wüsste es zu schätzen, wenn jemand so weltoffen ist wie Harry. Leute, die so viel getan haben; so viele neue Möglichkeiten geschaffen.«

Noch immer im ersten Gang quälten sie sich durch das Chaos der Straße, voller Schlaglöcher, mit umgeworfenen Mülleimern, glitschig von nie aufgekehrten Blättern. Alle paar Sekunden überprüfte Muriel die Türschließanlage. Nur um sicherzugehen.

»Es macht Harry einfach Sorgen, das ist alles. Alles andere wäre gelogen«, sagte Muriel. »Die Art, wie Hubie sich benimmt, wenn wir in der Nähe sind, dieses kleine nervöse Zucken. Und die Art, wie er durchs Zimmer läuft und alle Fluchtwege erkundet, bevor er sich überhaupt mit uns zusammen irgendwo hinsetzt. Der Abend, wo wir euch zu Besuch hatten, meine Güte. Mir war so unwohl, selbst die Kinder haben es gemerkt. Und als wir uns dann schließlich zu den Gemüseburgern an den Tisch gesetzt hatten, habe ich keinen Bissen mehr runterbekommen, und dann hat Hubie auch noch –«

»Bitte, Muriel. Es ist ja nicht so, als ob ich das vergessen hätte.«

»Lass mich ausreden. Und dann ist Hubie auch noch aufgestanden und hat getan, als hätte er eine Meldung auf seinem Handy und ist einfach davongelaufen – Schwierigkeiten mit den Prospekten oder so etwas, und er hatte es so eilig, dass er seinen Teller vom Tisch geworfen hat und er hat nicht einmal –«

»Vorsicht!«

Ein Sekundenbruchteil, dann löste der hängengebliebene Schalter doch noch aus. Muriel stieg in die Bremsen.

Das hatten wir doch schon mal, dachte Angela benommen. Muriel und ich, wie wir für Ewigkeiten durch den Äther gleiten und immer und immer wieder zu diesem Augenblick zurückkehren.

Ein schreckliches dumpfes *Klonk*, einen Augenblick lang flog etwas durch die Luft. Dann landete ein Bündel bunter Lumpen unsanft auf der Straße.

Die fette Ratte saß erstarrt im Fernlicht des Geländewagens, dann drehte sie sich halb um und sah sie an, die feuchte Schnauze offen.

»Lieber Himmel, Angela. Ich habe ihn nicht gesehen. Ich habe ihn wirklich nicht gesehen.«

Die Ratte, in Kapuzensweatshirt und elastischen Joggingshorts, schüttelte sich, und Leben kam in Gesicht und Finger. Er rappelte sich auf. Rieb sich die gerunzelte Stirn.

Einen Moment lang war er noch benommen, dann legte er los.

»Was zum Teufel denkt ihr euch?«

»Komm, Muriel. Lass uns sehen, dass wir hier rauskommen.« Im Mondlicht des Geländewagens sah die Ratte gespenstisch aus. Langsam kam er auf sie zu und schwang dabei seine dürren Arme.

»Ihr fahrt mit euren Schiffen durch unser Viertel, als ob euch das hier ge*hört*!«

Muriel sah sich über beide Schultern um und tastete nach der Kupplung.

»Setz einfach zurück, Muriel. Mach kehrt, damit wir hier rauskommen.«

»Hört ihr, was ich sage? Ihr Schweine und ihr Scheißwölfe, ihr glaubt, euch gehört das hier! Na, soviel ich weiß nicht, Schwestern! Kommt raus! Ich will mit euch reden, von Angesicht!«

Der Wagen machte einen Sprung nach hinten, als Muriel den Motor abwürgte, und sie startete ihn neu. Der Anlasser klang wie ein zu voller Elektromixer.

»Ich habe ihn wirklich nicht gesehen«, flüsterte Muriel, als der Motor endlich wieder lief. Dann, mit zwei Drehungen des Steuerrads, setzte sie rückwärts in eine Einfahrt, und danach ging es in voller Fahrt die Straße zurück, die sie gekommen waren. »Ich meine, warum soll ich – er führt sich ja auf wie ein –«

»Kommt zurück und zeigt mir euren Führerschein, ihr bescheuerten Schnepfen. Glaubt ihr, ihr könnt uns einfach hier anfahren, und dann macht ihr euch davon?«

Angela sah im Rückspiegel die Ratte in der Ferne entschwinden, bis die Straße ihn schließlich schluckte. Alle paar Meter stieß der Geländewagen an ein Hindernis, machte einen Hüpfer und kam mit technischer Vollkommenheit wieder sanft auf die Räder.

»Sag Harry nichts davon«, sagte Muriel. »Er macht sich schon so viele Sorgen wegen dem Büro. Ich will nicht, dass er sich auch noch Gedanken um mich und die Kinder macht.«

Aber Angela hörte sie gar nicht. In Gedanken war sie ganz bei dem, was sie Hubie erzählen würde, wenn sie nach Hause kam.

»Du hättest uns beinahe *um*gebracht!« brüllte sie ihn an, bleich im Gesicht, wedelte mit ihrer roten Weste wie ein hyperaktiver Torero. »Wir hätten alle Aufmerksamkeit für die Straße gebraucht, und stattdessen haben wir über *dich* geredet, Hubert P. Armstrong! Dich und deine lächerlichen, kindischen und, Hubie, *bigotten*, altmodischen Ansichten über Wölfe. Vielleicht hast du es ja noch nicht so ganz mitbekommen, Hubie, aber wir leben im einundzwanzigsten Jahrhundert. Heutzutage sind die Wölfe nicht mehr in Rudeln unterwegs und heulen nicht mehr den Mond an, genauso wenig wie wir uns in unserem eigenen Dreck suhlen. Tiere verändern sich, Hubie. Sie lernen, sie passen sich an, sie werden besser. Sonst würde ja auch unsere Welt nicht besser, keiner würde klüger, keiner würde erwachsen. Du *kränkst* Harry mit der Art wie du ihn behandelst. Ich meine, Muriel ist ja praktisch die einzige Freundin, die ich seit der Wende noch *habe*, und ich bin *stolz* darauf, dass ich ihr und ihren Kindern unser Heim geöffnet habe. Und ich sage dir, Hubert, wenn du nicht ebenfalls stolz auf mich bist, wenn du nicht mit mir gemeinsam ein klein wenig tierischen Anstand zu unserem neuen Nachbarn zeigst, dann, dann ... «

Angela ging die Puste aus, es kam nur noch ein schwaches gräuliches Spotzen von ihren schmalen, rosa Lippen, wie die letzten Töne eines Außenbordmotors. Hubert saß allein am Esstisch und blickte verlegen in seine Pappschachtel mit Trüffeln in Schwarze-Bohnen-Soße.

»Ich wollte dich doch nicht ärgern, mein Engel«, sagte er sanft. »Aber so bin ich, da kann ich nichts ändern. So empfinde ich das.«

Die rote Weste fiel ihr aus der Hand und ging zu Boden wie ein Ausrufezeichen.

»Was du empfindest, Hubert, hat nichts mit *meinen* Empfindungen zu tun, und nichts mit *Muriels* Empfindungen ... «

Hubert wusste nicht, was er antworten sollte, ja er konnte keinen einzigen Muskel bewegen. Doch dann stiegen tief aus seinem Inneren Worte auf, verbanden sich zu Sätzen. Worte, die nichts mit ihm zu tun hatten, nichts mit Angela, nicht einmal mit Harry.

Er stellte die Schachtel mit chinesischem Essen wieder auf den Fettfleck, den sie auf seiner weißen Stoffserviette hinterlassen hatte. Schachtel und Fleck passten perfekt zusammen.

»Ich habe lange nachgedacht über die Gefühle von uns allen, Angela. Ich habe es mir nicht leicht gemacht. Monatelang bin ich mit Harry im selben Bus zur Arbeit gefahren. Ich habe mit angesehen, wie er und die Kinder hier nebenan eingezogen sind, ich habe sie auf Feten in der Nachbarschaft gesehen, ich habe gesehen, wie ihre Kids mit unseren im Garten spielen.

Ich habe nie die Nase gerümpft, ich habe nie etwas Gemeines gebrüllt, und als ich gesehen habe, wie diese Kinder Steine auf ihr Auto geworfen haben, weißt du noch, was ich da gemacht habe?«

»Ich weiß, Hubert.« Angela setzte sich in den hellroten Sessel. In Gedanken nannte Hubert ihn oft den traurigen Sessel.

»Ich habe ihnen gesagt, sie sollten nach Hause gehen, sonst riefe ich ihre Eltern, und sie sind geg*angen*, mein Engel. Ich weiß, ich habe mich nicht gerade – nicht gerade mustergültig benommen, aber ich wollte nie unfreundlich sein, und ich frage mich auch immer noch, ob ich das war. Habe ich denn überhaupt keine Rechte? Sind meine Gefühle nicht auch etwas wert? Ich weiß, ich sollte Harry ins Gesicht blicken und Muriel anlächeln und tun, als ob es mir nichts ausmacht, wenn die Welpen nach meinen Waden schnappen. Aber es *macht* mir etwas aus. Ich gerate in Panik. Ich kann nicht mehr schlafen. Und immer wieder frage ich mich, ob ich nicht etwas falsch mache. Vielleicht haben Wölfe sich ja tatsächlich verändert und vielleicht habe ich mich nicht *genug* verändert, aber dieser tagtägliche Druck, in der Firma, auf der Straße, das ist einfach nicht fair. Ich dachte, Freiheit heißt auch, dass man ab und zu mal das Falsche denken darf. Aber die Freiheit, von der ihr hier redet – tut mir leid, die fühlt sich für mich überhaupt nicht nach Freiheit an.«

Lange später, als er Angela ins Bett gesteckt und ihr einen Gutenachtkuss gegeben hatte, saß Hubert noch wach und sah sich einen alten Kriminalfilm aus seiner Kindheit an. Er hieß *Tödliche Schüsse*; Fahrzeuge explodierten, Hochhäuser stürzten zusammen, und zwei Actionstars mit finsterer Miene, doch im Inneren butterweich, wechselten sich in Feuerorgien ab – ein Wolf, der es hasste, dass sein Partner ein Schwein war, und ein Schwein, das sich sträubte, weil sein Partner ein Wolf war. Hubert war überrascht, dass er bei den nicht ganz so schwachsinnigen Dialogpassagen immer schon zwei Takte im Voraus wusste, was kam.

»Leck mir den rosa Arsch, Wollknäuel.«

Oder: »Weißt du, was mir an euch Schweinen am besten gefällt? Die Soße.«

Bei solchen Sachen hatte die Wende vor ein paar Jahren begonnen, dann waren die gemischten Schulen gekommen, die Auflösung der Rassenghettos. Und weiter, fand Hubert nach wie vor, hätte es mit der Wende nicht gehen sollen.

Kurz vor Sonnenaufgang erwachte Hubert auf dem Sofa, bedeckt von einem mondglänzenden Goldstaub aus Pringles. Er hörte die Toilettenspülung oben und leise, aus der Ferne den endlosen Strom von *Chick Chat* aus Cissys Transistorradio. Allison aus Maidenhead, wie findest du die neue Mode? Welches sind die schicksten Miezen? Hast du dich schon für unseren Wettbewerb gemeldet? Wer wird der Superheuler? Foto genügt.

Hubert rieb sich die schlaffen Backen, ging ans Fenster und zog die dicken Vorhänge zurück. Er blickte hinaus auf die schimmernden Rasenflächen und die schon blasser werdenden Straßenlampen von Paradise Village. Ein paar Frühaufsteher lehnten bereits Aluminiumleitern an ihre Dachtraufen oder wuschen Autos mit Seifenwasser. Harry der Wolf, im wehenden Chiffon-Morgenmantel seiner Frau und alter Sweathose, stand am unteren Ende seiner Einfahrt, zog das Gummiband vom *Herald* ab und redete mit Sid Field auf der anderen Straßenseite.

Sid, das erste Schwein, das den Tritt treppaufwärts ins Management bekommen hatte, winkte und lachte, die Herzlichkeit in Person.

Kein Wunder, dachte Hubert.

Dann hörte er das Säuseln der Fellpantoffeln auf der teppichbelegten Treppe. Er hob den Blick.

»Morgen, Daddy.«

Cissy, in der Blüte der Jugend, hatte gedankenverloren einen Plüschwolf unter dem Arm. Ein Geschenk von Angelas Mutter, im Laufe der Jahre zu einem formlosen Klumpen zerkaut.

»Morgen, mein Schatz. Ich bin froh, dass du auf bist. Wie wär's, wenn ich uns ein paar Pfannkuchen machte, nur für uns zwei? So wie früher.«

Hubert zog die Vorhänge wieder vor. Das war, als ob man es sich unter einer warmen Decke gemütlich machte. Mutter, Schweinchen, eine Wärmflasche und ich.

»Geht nicht, Daddy. Ich mach Diät. Weißt du doch.«

»*Diät!* Das ist doch ein Witz. Mein schönes, fettes –«

Es hörte sich nicht an, als ob Cissy seufzte. Es war wie das Seufzen der ganzen Welt.

»Bitte, Daddy. Lass uns nicht schon wieder damit anfangen.«

»Wie wäre es dann mit Saft? Und, auch wenn das ein schrecklicher Gedanke ist, vielleicht könnten wir uns ja einen von diesen Proteinriegeln teilen, die du immer kaust.«

»Ist 'n Deal, Daddy. Kann ich das Radio anlassen?«

»Aber ja, Prinzessin. Du hörst dir dein *Chick Chat* an, und ich mache uns was zum Frühstück.«

Noch bevor Hubert die Papiere eingereicht hatte, wurde er in ein Büro des unteren Managements bestellt zu etwas, das sie »präliminare Intervention« nannten.

»Manchmal gibt es Schwierigkeiten zwischen Angestellten, und sie können diese Schwierigkeiten nicht lösen«, sagte Sid Field, flankiert von zwei Wölfen aus dem Personalbüro. »Solche Unstimmigkeiten mögen am Anfang kaum der Rede wert sein. Aber wenn man sich nicht darum kümmert, werden sie schlimmer, und die Infektion breitet sich aus. Missverständnisse multiplizieren sich; der Betrieb leidet. Als alter Vertriebshase musst du doch wissen, wie wichtig eine glückliche Gemeinschaft ist, Hubert. Und bevor du nun Beschwerde einreichst, warum setzt du dich nicht mit Harry und mir und, sagen wir, einem weiteren Vermittler deiner Wahl zusammen und wir sehen, ob wir das nicht gütlich lösen können? Nicht als Freunde, aber als Kollegen. Wir spielen doch alle im selben Team, Hubie. Ob wir wollen oder nicht.«

Die Wölfe saßen schweigend dabei und machten sich Notizen, tranken ihr Mineralwasser mit Zitrone und vermieden jeden Augenkontakt, der nach Absprache aussehen konnte.

»Ich habe nicht die Fassung verloren und ich bin keinen Schritt zurückgewichen«, sagte Hubert später am Nachmittag zu Stan in der Cafeteria. »Denn darauf legen sie es doch an, nicht wahr? Entweder ich versinke im Boden, wenn ich ihr Wolfsgrinsen sehe – und du kannst mir glauben, ich hab am ganzen Leib gezittert, unter meiner Weste lief mir der Schweiß – oder schlimmer, ich hätte womöglich angefangen, vom Wolfs-Imperium zu reden, der Verschwörung der Fleischfresser und so weiter. Und dann hätte ich verloren gehabt – sie hätten mich abserviert, mit einem einzigen Bleistiftstrich. Ich habe mir diesen Kampf nie gewünscht, Stan, aber wenn sie mich herausfordern, dann muss es sein. Ihnen fest in die Augen blicken. Schwein sein. Und nichts, was sie vor dem Gerichtshof der öffentlichen Meinung gegen mich verwenden können. Der größte Feind, den man in so einer Schlacht hat, ist man selbst, Stan. Es ist nicht der andere, den man fürchten muss. Es ist immer *man selbst.*«

»Er hat nicht nachgegeben«, sagte Sid Field in einem spätabendlichen Anruf aus seinem Büro. »Wir haben getan, was wir konnten.«

»Ich bin sicher, das habt ihr«, antwortete Harry sanft. Er saß in der Küche mit einer Tasse Kakao, und Muriel wickelte Essensreste in Folie und tat, als höre sie nichts.

»Aber irgendwas ist mit Hubie los. Er ist vollkommen verändert.«

»Danke, dass ihr's versucht habt«, sagte Harry. Auf seiner Kakaotasse bildete sich eine Haut, etwas, was er hasste. »Ich weiß, du wartest auf deinen Feierabend.«

Aber Sid redete weiter. Etwas in seinem Inneren trieb ihn an. »Es ist, als ob Hubie überhaupt nicht existiert hätte, bevor ihr eingezogen seid, und ich meine nicht nur dich und Muriel. Ich meine euch Wölfe überhaupt. Damals, na du weißt schon.«

»Die Wende«, sagte Harry.

Muriel blickte auf von ihrer längst versorgten Pasta und Tofu.

»Ich sehe mal nach den Kindern«, sagte sie schließlich.

Schon den ganzen Tag wartete Harry darauf, dass er allein war.

»Wir sollten sehen, dass wir es hinter uns bringen, und auf das Beste hoffen«, sagte er, als die Küchentür sich geschlossen hatte.

»Das ist mir ernst, Harry. Hubie war immer der friedlichste Bursche, den man sich vorstellen kann, munter wie der Fisch im Wasser, nie ein böser Blick. Hat immer getan, was gerade getan werden musste, keinen Gedanken verschwendet an Politik oder Konkurrenzdenken oder sonst was. Aber dann seid ihr gekommen, und irgendwie musste er Stellung beziehen. Plötzlich war er jemand. Früher hätte er keinem Schwein etwas zuleide getan, und jetzt ist er stur wie ein Esel.«

Irgendwie hatte Harry das Gefühl, dass er zu etwas verpflichtet werden sollte. Es war, als ob diese eine Telefonverbindung, empfangen von Satelliten aus dem All, weitergeleitet über Glasfaserkabel, ihm ein ganzes Bündel von fremden Gedanken, fremden Interessen aufladen wollte.

»Na, dann sehen wir uns morgen, nehme ich an.«

»Unbedingt, Harry. Der Boss findet, ich sollte mich in der Nähe halten – kannst du dir ja denken.«

»Und die anderen?«

»Das wollte ich gerade fragen –«

Harry beschloss, die Sache jetzt auf der Stelle anzupacken.

»Hol jemanden aus einer anderen Abteilung dazu. Jemanden, der, sagen wir, keine eigenen Interessen hat.«

Das nahm Sid den Wind aus den Segeln.

»Oh«, sagte Sid. »So wünschst du dir das.«

»So wünsche ich mir das«, bestätigte Harry und ging mit seinem Kakao ans Spülbecken. Mit einer Gabel nahm er die Haut ab und beförderte sie in den Mülleimer. »Alles gerade heraus. Hubie soll seinen Spaß vor Gericht haben, und dann ist es ein für alle Mal erledigt. Wenn das geregelt ist, dann soll es *wirklich* geregelt sein; ich will da keine Berufung, keine Wiederaufnahme des Verfahrens. Wenn das geklärt ist, wird die Akte zu diesem traurigen Vorfall geschlossen, und ich will nichts mehr davon hören.«

»Ich möchte gleich zu Anfang klarstellen, dass ich nichts gegen Harry den Wolf persönlich habe«, hob Hubert an. »Er ist ein guter Vorgesetzter, ein Nachbar, auf den man sich verlassen kann, ja und Teufel nochmal, ich hätte beinahe gesagt, ein Freund. Aber deswegen sind wir ja hier, nicht wahr? Um zu bekunden, dass wir beide *niemals* Freunde sein können. Dass wir niemals *Freunde* sein können. Nichts gegen alle Wirtschafts- und Gesellschaftsreformen der letzten Jahre, aber es sind doch *äußerliche* Veränderungen, von denen wir hier reden. Verwaltungsreform, Statistik, was weiß ich. Was Harry nicht begreifen kann – was anscheinend niemand hier begreift –, ist, dass ich nichts dagegen tun kann, wer ich in meinem *Innersten* bin. Das ist meine Natur, mein Wesen – ich weiß es nicht. Meine Zellstruktur. Ich weiß, dass es nicht richtig ist, wenn man Angst hat – oder lasst es uns in Teufels Namen offen sagen, ich finde es nicht richtig, dass man Wölfe hasst. Und das *tue* ich, ich *hasse* sie. Ich hasse diese rötlichen Augen und die Art, wie sie beim Grinsen die Zähne zeigen, und diese Pfoten, die sie haben – und da ist es mir egal, wie viel sie für Maniküre ausgeben. Diese sehnigen Pfoten, die mir bei Abteilungstreffen auf die Schulter klopfen, die wollen doch nur sehen, wie leicht sie mich schnappen können, oder? Wie viel Saft und Fleisch ich habe, wie ich mich am Bratspieß machen würde. Das Gefühl, das Harry mir gibt, und ihr alle hier – selbst Mitschweine wie Sid da drüben –, das ist nicht gut. Es ist nicht gut für meine Arbeit, meine Familie, mein ganzes Leben. Ich will Harry nicht anschuldigen, ich will mich nicht offiziell beschweren, aber glaubt mir, wenn es nicht anders geht, dann tue ich das. Aber zuerst möchte ich meinem Herzen bei dieser Anhörung Luft machen, unter meinesgleichen, obwohl ja, genau genommen, die meisten von euch Wölfe sind. Und ich möchte einen Vorschlag machen.«

Schon vorher hatten alle die Ohren gespitzt, aber jetzt legte Hubert noch einmal nach, ließ den Blick durch den Raum schweifen und sah jedem von ihnen fest in die Augen.

»Ihr seid euch ja offenbar einig, dass ich meine Arbeit als Verkäufer gut mache. Dann lasst mich doch einfach weitermachen. Drängt mich nicht in gemischtrassige Gesellschaft, gebt mir ein eigenes Büro. Es ist doch sowieso von Erweiterung die Rede. Lasst mich meine Verkaufsabteilung in ein anderes Gebäude verlegen, wo ich nicht rund um die Uhr feindseligen Blicken und Gerüchen ausgesetzt bin. Ich weiß, das ist rassistisch. Ich weiß, es widerspricht den Regeln der Reform. Und ich weiß, ich werde auch weiterhin jeden Abend nach Hause gehen und finde Wölfe auf meinem Bürgersteig, Wölfe in meinem Supermarkt, Wölfe in meinen Cafés. Aber *einen* Ort habe ich jeden Tag, an den ich gehen kann und wo ich ein wenig Frieden finde. Und da werde ich meine Arbeit besser tun. Ich werde mehr von euren verfluchten Gemüsepasteten verkaufen denn je. Und darum geht es doch letzten Endes, oder? Wir verkaufen Gemüsepasteten. Wir erhöhen unseren Marktanteil, drücken die Kosten, maximieren den Profit. Das kann ich tun. Aber nicht so wie Harry will. Nicht – nicht unter *Freunden.*«

Hubert blickte Harry fest ins Gesicht, weder ängstlich noch herablassend. Es war die tiefste, tierischste Empfindung, die Hubert gegenüber einem anderen seit ewigen Zeiten gespürt hatte.

Es tat Hubert *leid.*

»Und glaube mir, Harry, ich sage das nicht gern. Es macht mich nicht froh, dass ich so empfinde. Aber ich kann nicht mit dir im selben Büro arbeiten, so nah, dass ich deinen Atem spüre – spüre, wie du nach Freundschaft lechzt. Ich kann nicht dein Freund sein, alter Junge. Und das wird sich nie ändern.«

Harry wurde in die Pensionsabteilung »befördert«, Hubert bekam zweieinhalb seiner drei Wünsche erfüllt. Er durfte mit seiner gesamten schweinischen Verkaufstruppe in eine gut erhaltene Reihe von Wohncontainern zwischen den alten, größtenteils leerstehenden Fabrikhallen ziehen; er wurde von der Anwesenheitspflicht bei sämtlichen Firmentreffen befreit, einschließlich der Weihnachtsfeier; und zwar stattete ihm jeden zweiten Mittwoch ein wölfischer Kontrolleur einen Besuch in seinem Büro ab, aber es galt als abgemacht, dass seine Sekretärin Stacey seine Abwesenheit nicht einmal zu entschuldigen brauchte.

»Hubie lässt Ihnen ausrichten, dass er unterwegs ist, um in den Läden für das Bonuspunkte-Programm zu werben. Aber alles, was Sie brauchen, finden Sie auf seinem Schreibtisch.«

Nach wie vor gab es unglückliche Vorfälle in der Vorstadt, wenn sich Leute, die sich besser nicht begegnet wären, zwischen den Kühltruhen des Supermarkts über den Weg liefen oder auf der Fahrt durch den neuen Tofu-Distrikt am See.

»Hallo, Harry! Was macht die – oh, sorry, Muriel. Na, auf geschlechtsneutraler Einkaufstour?«

»Ach, Hubie! Ich will nur eben ein großes Päckchen Naturreis vom obersten –«

»Bittesehr, Harry. Du siehst ein wenig gestreßt aus.«

»Danke. Ja, mein Rücken macht mir ein wenig Sorgen.«

»Wie sieht's denn so aus bei den großen Tieren? Ich höre, du machst Karriere in der Pensionsabteilung.«

»Ach, weißt du. Schön, dich zu treffen, Hubert. Ich sehe dann mal zu, dass ich weiterkomme–«

»Kein Problem, Harry. Oh – und Muriel! Hat Angela dich angerufen? Sie wollte dir sagen–«

»Das ist in Ordnung, Hubert. Alles klar für morgen. Und pass auf dich auf, ja?«

Es war schon merkwürdig, dachte Hubert, wie all die Furcht und all der Hass einfach verschwanden, sobald man sie nicht mehr sah – sobald man ihnen nicht mehr in die Augen blicken musste. Plötzlich war alles einfacher. Die Anspannung ließ nach. Man konnte sich im Freien bewegen und frei sein.

»Was meinst du, wen ich im A&P getroffen habe?«

»Muriel hat es mir schon erzählt. Reichst du mir mal die Butter, Hubie?«

Cissy war am Telefon in der Küche und redete über einen Jungen. Er war süß. Er hatte ein eigenes Auto.

»Er sah nicht besonders gut aus – du weißt, was ich meine.«

»Harry nimmt es mit der Verantwortung sehr genau, Hubie. Nicht nur bei der Arbeit, auch als Nachbar. Er geht nicht einfach hin und –«

»Einfach was?«

»Lass uns nicht darüber reden, Hubie. Wie wär's mit Nachtisch?«

»Nicht *wo*rüber reden, mein Engel?«

Angela hatte Cissys Diät übernommen, gerade zu der Zeit, zu der Cissy sie aufgab. Dr. Atkins' Protein-Diät: Reis und Fisch und dreimal am Tag eine weißliche milchige Flüssigkeit. Seither war sie permanent schlechter Laune.

»Er hat auch mal etwas anderes als Geschäftsbücher im Sinn, Hubie«, sagte sie und räumte den Tisch ab. »Er denkt nicht nur an Profit. Wenn jemand, nun, Ideale hat, wenn er eine gewisse Vorstellung hat, wie das Leben sein sollte, dann lädt er sich damit eine Menge auf. Dann geht es um mehr als darum, dass man seinen Arsch im Trockenen hat.«

Hubert blieb am Tisch zurück, mit seinem halb ausgetrunkenen Glas Beaujolais nouveau. Es war wie eine Zeitreise drei Wochen zurück. Exakt drei Wochen hatte er gewartet, dass Angela ihm sagte, was sie jetzt gerade gesagt hatte.

Cissy telefonierte immer noch atemlos. »Ich glaube, er mag mich, Ginger. Sage ich doch die ganze Zeit. Und weißt du, sein Freund Kevin – kennst du Kevin? Der hat mir auch gesagt, dass er mich mag. Wenn ich ihn das nächste Mal bei der Probe sehe, weiß ich nicht, was ich sagen soll!«

So schön, wenn man jung war, dachte Hubert. Wenn Sachen einen noch so begeistern konnten, immer als ob es das erste Mal war, dass so etwas überhaupt jemandem geschah.

»Ich habe Harry nie wehtun wollen«, flüsterte Hubert, als Angela unter Scheppern das Geschirr ins Spülbecken warf, »oder Muriel oder dir. Ich wollte nur einfach auch überleben. Ich wollte morgens aufwachen können mit der Überzeugung – so falsch sie auch sein mochte –, dass ich noch einmal von vorn angefangen hatte. Und dass ich für niemanden auf der ganzen weiten Welt die Verantwortung trage.«

Atemlos hetzte er durch den wilden Wald, verfolgt von fetten rosigen Schweinen mit Flinten und Fackeln. Gespenstische Schatten hüpften allenthalben. Es roch nach Holz und nach Bratenfleisch.

»Kommt, jetzt holen wir ihn uns! Jetzt holen wir uns Harry den Wolf!«

... und er erwachte auf dem Wohnzimmersofa; Schweiß tropfte ihm von der pelzigen Nase. Er hatte den Chiffon-Morgenmantel seiner Frau als Bettdecke fest an sich gedrückt. Als er sich aufrappelte, begrüßte ihn eine halb ausgetrunkene Flasche Gordon's Gin vom Couchtisch.

Harry fuhr sich mit der Schärpe von Muriels Mantel über die Schnauze. Es war seltsam, was einem alles Trost verschaffen konnte, wenn man älter wurde. Für Harry war es die sanfte Berührung von gekräuseltem Chiffon.

Er warf einen Blick auf die Uhr auf dem Kaminsims – fast zehn Uhr morgens.

»Ich habe schon im Büro angerufen und gesagt, dass du nicht kommst.« Muriels Worte hingen noch in dem halbdunklen Raum; einige Sonnenstrahlen kamen durch die falsch aufgehängten lichtdichten Vorhänge und trafen sich alle an einem Punkt. »Mach dir wenigstens ein ordentliches Frühstück, ja? Ich habe Müsli und hartgekochte Eier stehenlassen. Kein Kuss – gerade Make-up aufgelegt. Aber ich liebe dich, Harrywolf. Nimm's doch nicht so schwer. Man merkt es mir vielleicht nicht immer an, aber ich liebe dich wirklich sehr.«

Das klang nach Mitleid. Aber nicht halb so mitleidig wie am Tag zuvor. Oder am Tag *da*vor.

»Ich liebe dich auch«, murmelte Harry in die Leere des Wohnzimmers hinein. Er füllte sein Kristallglas neu (ein Hochzeitsgeschenk von Muriels

Schwester) und ölte seine Stimmbänder. Was für ein verrückter Ausdruck, dachte Harry, seine Stimmbänder ölen.

Hat wahrscheinlich damit zu tun, dass ich ein Wolf bin.

Dann schaltete er mit der Fernbedienung den Flachbildfernseher an.

»Nun weitere Nachrichten aus der Wirtschaftswelt. Wolf & Schwein International melden einen höheren Quartalsabschluss als erwartet, was zu erhöhter Aktivität am Nikei führte und die Talfahrt des Euro weiter beschleunigte –«

Es hatte eine Zeit gegeben, da hatte Harry gewusst, wovon im Bloomberg TV die Rede war. Aber das war lange her.

»Jahrelang habe ich an Sachen geglaubt«, hatte Harry erst zwei Tage zuvor in seiner Therapiesitzung beim Firmenpsychologen gesagt. »Ich habe daran geglaubt, dass wir eine bessere Welt für unsere Kinder schaffen. Ich habe an die liberalen Gesellschaftsreformen geglaubt, an zurückhaltende Außenpolitik, den Abbau der Staatsverschuldung, an alles, was für Kinder gut sein sollte und die Welt friedlicher machte. Aber am meisten habe ich daran geglaubt, dass der Staat unsere Probleme nicht lösen kann – das können wir nur selbst. Und als ich sah, was die Diskriminierung unseren Kindern antat, unseren Wohnvierteln, unseren Schulen, da bin ich zu den Bossen gegangen. Ich habe angefangen, mit der Geschäftsführung über Reformen zu reden. Ich habe sie alle daran erinnert, den Aufsichtsrat und die Aktionäre, dass es bei einer Firma um mehr geht als um Profite. Es geht um Ethik. Darum, andere Gesellschaftsschichten einzubeziehen. Neue Bereiche, Einkunftsquellen, Möglichkeiten der Einflussnahme eröffnen. Seien wir doch ehrlich, wir hatten den Wolfsmarkt in der Tasche; wir wurden träge, unprofitabel. Eine neue Gesellschaft baut man nicht dadurch, dass man immer und immer wieder dasselbe Kapital in Umlauf bringt. Man braucht frische Ideen. Man braucht junges Blut.«

Harry stellte sein leeres Glas auf den Couchtisch. Er blickte die Flasche Gordon's Gin an.

Es war zu früh am Tag für Gordon's Gin.

Er hatte gerade zu der Flasche gegriffen, da klingelte es an der Tür.

»Ich weiß noch«, sagte Harry laut, während er sich die Schärpe von Muriels Morgenmantel locker um die Taille schlang, »wie ich als Kind am Schweineparadies vorbeigefahren bin, mit meinem Dad. Es war die erste gehobene Siedlung für diese Rasse; mein Dad und seine Geschäftspartner haben sie in Sumpf und Ödland von Grund auf neu erbaut; nichts als Schweinedreck und halb gefressene Maiskolben gab es da. Hübsche kleine Straßen, Grünflächen. Einkaufsmöglichkeiten, Busse. Als ob alles, was wir uns im Laufe der Jahre erarbeitet hatten, an sie als Geschenk ginge – und es war nicht zu glauben, wie schnell sie es für selbstverständlich nahmen. Im Handumdrehen hatten sie sich daran gewöhnt.«

Es klingelte und klingelte.

»Ich komme!«, rief Harry, »ich *komm* ja schon!« Und öffnete die Tür.

Die kleine Ratte stand da auf hölzernen Krücken, wie eine der Puppen, die jedes Jahr zur Weihnachtszeit an der Uhr vor dem Army & Navy erschienen. Er trug ein Sweatshirt mit Kapuze und eine weite Skater-Hose.

»Harry der Wolf«, sagte er, als ob sie sich schon ihr ganzes Leben kennten. »Dir gehört der scheiß Range Rover da draußen. Und du hast eine Frau, Mann. Eine Frau, die keine Achtung vor dem Gesetz hat.«

Es war, als sei in einem fernen Bereich von Harrys Hirn ein Hebel umgelegt worden. Und bei diesem speziellen Hebel wartete er schon sehr, sehr lange darauf.

»Tut mir leid, ich kann nichts für Sie tun. Hier.«

Harry nahm eine Pfote voll Kleingeld aus der Schale auf dem Sideboard. Er hielt es ihm hin wie einen welken Blumenstrauß.

»Und jetzt verschwinden Sie, ja? Ich will nicht die Bullen rufen.«

»*Du* willst nicht die Bullen rufen? *Du* willst wegen *mir* nicht die Bullen rufen? Ein anständiger Kerl wie ich, ein Arbeiter, der mitten auf der Straße von einer Wolfstussi überfahren wird, in einem von euren Killervehikeln. Und *du* hast den Nerv und willst nicht …«

Harry fühlte sich, als sei er im Supermarkt auf die Rolltreppe geraten, und sie hob ihn empor in höhere Sphären der Erfahrung. Haushaltsartikel, Kurzwaren, Kinderkleidung, Bettzeug.

»Ich hab seit drei Wochen nicht mehr arbeiten können, weil Leute wie du, Leute, die glauben, sie wären was Besseres, mein Viertel zur Rennstrecke machen, und das nur, weil ihr Angst habt, jemand könnt euer Scheißauto überfallen oder was, als ob ihr Wölfe und Schweine was Besseres wärt mit euren großen Häusern und euren Läden und euren schicken Thai-Restaurants mit den Schildern draußen, ja? Kein Zutritt für Ratten. Kein Zutritt für Ratten. Als ob wir auch nur zwei Cents ausgeben würden für den Designerscheiß, mit dem ihr euch vollstopft, und ich geh einfach nur nach Hause, ja, ich kümmer mich um meinen eigenen Kram in meinem eigenen Viertel, wie sich das gehört, und deine Scheißfrau, *deine* Scheißfrau, Kumpel, deine Scheißfrau und ihre Scheißschweinefreundin … «

Es war weder Furcht noch Hunger, dachte Harry, als sich sein ganzer Körper spannte. Es war eher eine Art Zufriedenheit, ein kleiner, innerer Kern seines Ichs, den er schon seit Ewigkeiten nicht mehr gespürt hatte.

Einfach nur man selbst sein und wissen, wer man ist, dachte er. Heißt es doch immer im Fernsehen.

» … und ich will ja nur wissen, ja, wer *zahlt* für all das? Wer zahlt mir meinen Arbeitsausfall? Das will ich wissen«, fuhr die knopfäugige kleine Ratte fort und piekste Harry mit der Pfote in die Brust, pieks pieks pieks. »Ihr mit euren großen Häusern und dicken Autos und eurer Arbeit in den Büros und euren Rentenkassen und Krankenversicherungen. Wer zahlt mir, was ich verliere? Das bist doch wohl du, ja? Du, Harry der Wolf. Ist doch klar, wer da zahlt. Das bist *du*.«

Als Hubert am Abend nach Hause kam, fand er Rettungswagen in seiner Auffahrt, die mit Licht und Halbtönen den Notfall ausriefen. Gegenüber war Harrys Haus von großen, barschen Polizisten abgesperrt, die blinkende Kellen schwangen. Ein höherer Dienstgrad nahm Angelas Zeugenaussage auf, mitten in Huberts Garten.

»Wir kamen nach Haus«, erklärte Angela stockend, als trage sie unvollendete Aphorismen vor. »Muriel war schon schwer in Sorge. Harry hat sich in letzter Zeit seltsam betragen, und ich will nichts sagen, was ihn … Oh, Hubert! Was bin ich froh, dass du kommst!«

»Was geht hier vor?«, fragte Hubert stocksteif. Er kam sich wie ein Schauspieler vor. »Du bist ja bleich wie ein Gespenst, mein Engel. Komm, wir gehen ins Haus und setzen uns.«

»Ich muss noch ein paar weitere Fragen stellen«, sagte der Polizist.

»Komm ins Haus, mein Engel. Und dieser Captain – wie war doch gleich … «

»Captain Pierce.«

»Captain Pierce kann seine Fragen stellen, wenn du so weit bist. Und wenn du nicht so weit bist, kann Captain Pierce morgen wiederkommen. Meinen Sie nicht auch, Captain Pierce?«

Als sie ins Haus kamen, fanden sie auf jedem Stuhl und an jeder freien Stelle Fotografen und Reporter; sie machten sich ihre Notizen und aßen Sandwiches aus Plastikschachteln. Cissy kümmerte das alles nicht, sie telefonierte mit ihrer besten Freundin Juanita.

»Glaub mir, das war wie im *Exorzisten*«, rief Cissy. So aufgeregt hatte Hubert sie noch nie gesehen. »Oder so ein Actionstreifen aus Hongkong. Überall Blut, an den Wänden, an der Decke, und Harry – du kennst doch Harry? Nein, Harry, Ruperts Dad – Harry saß da mittendrin wie ein großes pelziges Knuddeltier. Überall Polizei und Krankenwagen und Reporter, aber da konnte keiner mehr was machen, und wenn du mich fragst, warum auch? Ja, Juanita, eine Ratte, eine große stinkige bazillenverseuchte

Ratte mit großen spitzen Zähnen, weißt du? Die fressen den ganzen Tag Holz und nagen sich durch Wände und Abwasserrohre. Das war einfach sein Instinkt, weißt du. Harry konnte nicht anders, und da ist es eben passiert.«

Das Leuchten in Cissys Augen, das war kein reflektiertes Licht.

»Ich glaube, mir wird schlecht.«

Und gleich da, in der Diele zwischen Huberts Wohnzimmer und Küche, wurde Cissy schlecht.

Sie kotzte direkt auf den Boden.

Es war eine faire Verhandlung, und keiner kümmerte sich groß um den Protest auf der Straße oder die Reporter von den »Nachrichtenmagazinen«, die immer nur sich selbst inszenieren wollten.

»Harry! Könnten Sie ein paar Worte sagen? Harry der Wolf!«

»Tut mir leid. Würden Sie bitte Platz machen. Mein Mandant möchte jetzt nichts sagen.«

»Harry, bitte. Die Öffentlichkeit hat ein Anrecht darauf!«

»*Ge*-rech-*tig-keit! Ge*-rech-*tig-keit!*«

»Mein Mandant wird später am Vormittag seine Aussage machen, und dann sind die Geschworenen am Zug. Wir haben Harry geraten, er soll sich seine Kommentare aufheben bis nach der Verhandlung.«

»Harry! Harry! Erinnerst du dich noch an mich? Consuela Rodriguez von ›Ein Recht, eine Welt‹; wir haben uns kennengelernt, als du Anfang der Achtziger Demos für Sozialwohnungen organisiert hast. Was hast du all den Wölfen und Schweinen zu sagen, Harry, die dich damals für deine liberalen Reformideen angegriffen haben, die Leute, die gesagt haben, Wölfe und Schweine werden niemals in Frieden und Eintracht miteinander leben können? Es sind eine Menge Leute hier, die finden, dass das exakt die –«

»*Ge*-rech-*tig-keit! Ge*-rech-*tig-keit!*«

»*Drei Rassen – ein Gesetz!*«

»*Ein-Ge-setz! Und-zwar-jetzt!*«

»– genau die Art von unvermeidlicher Gewalt ist, die sich einstellt, wenn, nun wenn –«

»Bitte, Ms. Rodriguez, würden Sie bitte aus dem Weg –«

»Nein, ich möchte antworten.«

Hubert saß zu Hause auf seinem Designersofa und spürte, wie es in ihm zuckte; er nahm einen langen, einsamen Schluck Fleischsubstitutbrühe. So etwas erwartete man vom Fernsehen nicht mehr – das ungeschminkte Leben.

»Bitte, Harry, ich finde nicht, dass Sie jetzt–«

»Ich habe gesagt, ich möchte antworten.«

Harry trug einen Dreiteiler im Hahnentrittmuster und eine dezente Pastellkrawatte.

»Ich wollte nur zu Consuela sagen und zu den Leuten zu Hause vor den Fernsehgeräten ...«

Hubert kniff die Augen zusammen.

» ... dass das alles nichts mit den, den Idealen zu tun hat, für die ich mich einsetze, den Idealen der freien und gleichen Gesellschaft. Das hat nichts, nicht das Geringste ... «

Harrys Stimme verlor sich. Selbst die Demonstranten verschwanden langsam im Hintergrund, als drehe jemand die Lautstärke herunter.

»Also was ich sagen – was ich sagen will–«

»Kommen Sie, Harry. Wir gehen hinein und setzen uns.«

Die Berührung des Anwalts an der wohlgeschneiderten Schulter war zu viel. Langsam, unwillkürlich drehte Harry den Kopf und begann zu weinen, große Wolfstränen, die ihm die pelzige Schnauze mit den ersten grauen Haaren hinunterliefen wie ein Regenschauer, der nur an dieser einen Stelle fiel, nirgendwo sonst auf der Welt.

»Mehr möchte mein Mandant jetzt nicht sagen. Bitte treten Sie zur Seite, bitte machen Sie Platz. Nach der Verhandlung werden wir eine umfassende Erklärung abgeben.«

Als die sechsmonatige Strafe wegen Totschlags verkündet wurde (und summarisch suspendiert), gab es ein paar heiße Nächte im innerstädtischen Dschungel, aber auf die achtete keiner groß. Ratten, die ihre eigenen Straßen, ihre eigenen Mülleimer ansteckten. Ratten, die Steine auf Polizei- und Feuerwehrwagen schmissen. Ratten, die nach Anerkennung und gleichen Rechten schrien und sich dabei als genau das erwiesen, was sie wirklich waren – schmutziges, stinkiges, gemeines Ungeziefer, das es nicht besser verdiente.

»Sollen sie doch auf ihre eigene Türschwelle pinkeln, wenn sie unbedingt wollen«, sagte Sid zu Hubert eines Morgens auf der Straße. Ihre Zeitungen waren Seite an Seite im Rinnstein gelandet (Sids neokonservative *Tribune* und Huberts neoliberale *Times*), beide so sehr mit Laub, Bonbonpapier und Straßenschmutz bedeckt, dass man sie kaum noch auseinanderhalten konnte. »Egal«, schloß Sid und gestattete sich einen kühlen Blick über die nachbarliche Auffahrt, »wenigstens ist das ganze Theater jetzt vorbei, und wir können wieder in Ruhe an die Arbeit gehen. Habe ich dir das erzählt, Hubert? Ich habe um Verlegung in deinen Schweineblock gebeten – vielleicht können wir dann wieder zusammen zu Mittag essen. Ich kenne da ein Lokal in der Nähe, immer der Trog voll und keine Na-du-weißt-schon weit und breit. Wir sind uns fremd geworden, im Laufe des letzten Jahrs. Vielleicht sollten wir einen neuen Anfang machen, Hubie, und wieder Freunde sein.«

Aber Hubert war von Tag zu Tag unwohler in seiner Haut. Nach dem Prozess hatten Harry, Muriel und die Kinder die Stadt zu einem zweimonatigen »Erholungsurlaub« verlassen, und Hubert hatte sich (unter tatkräftiger Vermittlung von Angela) bereiterklärt, den Rasen zu wässern, die Post hereinzuholen und alle dringenden Rechnungen mit einer Reihe von unterschriebenen Schecks zu bezahlen, die Muriel dafür auf dem Küchentisch zurückgelassen hatte. Von Angesicht hatte er Harry seit der verlegenen Begegnung im Supermarkt nicht mehr gesehen. Doch jede Sekunde, die er in diesem großen, wohlhabenden Haus im Ranchstil verbrachte, hörte er Harrys Simme.

»Die orangefarbenen Kacheln, die wollte ich vom ersten Augenblick an haben«, hörte er ihn sagen, wenn er ins Bad im Erdgeschoss kam. »Ich habe sie in einer Architekturzeitschrift gesehen und *musste* sie einfach haben. Schon im Moment, in dem wir dieses Haus zum ersten Mal erblickten, haben wir uns in es verliebt. Allein der große Garten, Hubert. So viel Platz, wo die Kinder spielen und laufen können. Platz, an dem man denken, sich entwickeln, man selbst sein kann. Keine Sorgen mehr wegen Lärm, Straßenverkehr, Smog und was es sonst alles gibt. Die ganzen Versuchungen, denen Welpen heutzutage in den Höllen unserer Städte ausgesetzt sind. Ich liebe dieses Haus, Hubert, und ich bin froh, dass du dich jetzt endlich einmal umsiehst. Hier im Keller, das ist meine Werkstatt. Und die Eichentäfelung im Herrenzimmer – alles selbst angebracht. Solche Sachen sind es, die uns von den wilden Tieren unterscheiden. Die Energie, die wir in ein Haus stecken, der Wunsch nach einem dauerhaften Heim. Einem Ort, an dem unsere Kinder groß werden können. Ein Ort, an dem wir uns wohlfühlen können, eine Zuflucht, wo wir unsere Lieben, unsere Freunde und uns selbst willkommen heißen können.«

Manchmal saß Hubert im Wohnzimmer in Harrys Lieblingssessel, hörte sich Jazz-CDs auf Harrys Stereoanlage an, trank Portwein aus einem Cognacschwenker und wartete auf das Klingeln des Telefons.

»Hubie? Was machst du da drüben?«

»Nichts, mein Engel. Ich wollte gerade abschließen.«

»Du bist schon Stunden da, Schatz. So lange brauchst du doch nicht, um eine Stromrechnung zu bezahlen und den Hamster zu füttern.«

Hubert stellte seinen Cognacschwenker auf den Mahagonitisch. Den Hamster hätte er beinahe vergessen.

»Wollte gerade gehen.«

»Ich weiß, sie haben gesagt, du sollst dich wie zu Hause fühlen, Hubie. Aber ich finde, das ist nicht richtig, dass du so viel Zeit dort verbringst. Außerdem habe ich heute Morgen eine Postkarte von Muriel bekommen. Das solltest du wissen.«

Hubert spürte, wie sein Magen ins Bodenlose fiel, und sank zurück in Harrys liebsten Sessel. Früher oder später musste es ja kommen. Und er bekam, was er verdiente.

»Wie meinst du das, mein Engel?«

»Der Makler kommt morgen und stellt ein Schild auf. Bist du zufrieden? Dass du endlich bekommst was du immer wolltest? Harry lässt sich früh pensionieren, und sie ziehen aufs Land. Dann können sie auch mehr mit Muriels Familie zusammen sein.«

Monate später, als Umzugswagen längst eine neue Familie an dem Haus abgesetzt hatten, das Hubert immer als Harrys Haus ansehen würde, zog Hubert seine schönste rote Weste an, band seine leuchtendste Schleife um und fuhr mit dem neuen Minivan in die Stadt. Es war ein windiger, unfreundlicher Herbsttag. Blätter wirbelten im Rinnstein, Frost kroch die Fensterscheiben hoch.

Es war das einzige Haus im ganzen Viertel, wo kein Autowrack in der Einfahrt stand.

Die Klingel funktionierte nicht, aber es gab einen brüchigen eisernen Klopfer.

»Wer ist da?«

Mit vorgelegter Kette öffnete die Tür sich einen Spaltbreit. Ein trübes schwarzes Auge sah ihn vom Inneren der dunklen, grottigen Hütte an.

»Ich heiße Hubert. Ich arbeite bei Mama O'Brian, rein vegetarische Pasteten, und es tut mir leid, wenn ich Sie störe. Darf ich reinkommen?«

»Was wollen Sie'n im Haus? Ich kann Sie gut sehen, wo Sie sind.«

»Ich weiß. Ich dachte nur–«

»Sie sind 'n Schwein.«

»Das bin ich.«

»Sind Sie von der Bank oder vom Sozialamt?«

»Keins von beiden, Ma'am. Ich habe nur einfach von Ihrem Unglück gehört–«

»Mei'm Unglück? Noch so'n Arschloch von der Zeitung, stimmt's?«

»Ich bin im regionalen Verkauf und wir haben gerade eine neue Initiative begonnen. Es heißt ›Essen für die Welt‹, und ich weiß, das ist ein reichlich grandioses Motto, aber ich versichere Ihnen, es ist nicht herablassend gemeint – «

»Was haben Sie'n da in den Schachteln unterm Arm?«

Statt dem schwarzen Auge erschien nun eine schwarze, gummiartige Schnauze im Türspalt und schnüffelte aufmerksam.

»Wir bei Mama O'Brian, wir sind stolz auf unsere Pasteten – das ist unser Wahlspruch –, und wenn eine nicht ganz geraten ist, vielleicht nur eine kleine Unregelmäßigkeit in der Kruste oder eine Beule im Aluminiumschälchen – «

Die Nase zog sich misstrauisch zurück. Sie hatte genug gerochen.

»Ich unterschreibe nichts.«

»Sie sollen nichts unterschreiben.«

»Sie wollen mir die Pasteten einfach so geben?«

»Das will ich, und wissen Sie was? Wenn Sie sie aufgegessen haben ... ich kann Ihnen meine Telefonnummer im Büro geben oder noch besser ... «

Hubert beugte sich vor und stellte zwei große Kartons auf die unkrautüberwucherte Schwelle. Dann holte er eine Visitenkarte aus der Tasche und kritzelte etwas darauf.

»Meine Nummer zu Hause. Wir wohnen ganz in der Nähe, nur hier die Hauptstraße hoch, und wir haben einen großen schönen Garten, und – nun, ich dachte, vielleicht wollen Ihre Kinder mal kommen und dort spielen. Es heißt – «

»Ich weiß, wie das heißt.«

»Also heutzutage heißt es nur noch Paradies. So nenne ich es jedenfalls. Der schönste Ort, den Sie sich überhaupt vorstellen können. Der Lohn, den man dafür bekommt, dass man gut ist, dass man Gutes tut, so gut man kann.«

Das war die einzige Wahrheit, die Hubert noch kannte.

Und sie klang in ihm noch nach, als schon die Kette ausgehakt wurde und die kleine Tür sich öffnete.

Aus dem Amerikanischen von Manfred Allié

Einsprüche und Nachreden

KLAUS HOFFER

Mutter, Vater, Kind

Anmerkungen zu zwei Lebensgeschichten von Urs Widmer

> Keine Familie kann ein Schild vor ihre Tür hängen, auf dem steht: »Hier ist nichts los!« *Chinesisches Sprichwort*

I.

Sage des klassischen Altertums: Für den Fall der unbeschadeten Rückkehr seiner Mannschaft von Kreta (wo er, unter Ariadnes Anleitung, den Minotaurus erschlug und mit Hilfe ihres Garns den Weg aus dem knossischen Labyrinth fand) gelobte Theseus, das Gefährt, auf dem er in See stechen wollte, fortan jährlich, beladen mit Opfergaben und Geschenken, zur Insel Delos zu schicken, um Apollo für die Schirmherrschaft und den glücklichen Ausgang seines Unternehmens zu danken.

Plutarch behandelt in der *Vita Thesei* das weitere Schicksal des Schiffes und beschäftigte in der Folge Generationen von Denkern mit dem Problem einer die Zeiten überdauernden Identität. Die Athener, berichtet er, hielten das Fahrzeug noch tausend Jahre nach der Heimkehr des Helden für die alljährliche Insel-Expedition in Schuss, indem sie die schadhaft gewordenen Planken entfernten und durch neue und feste ersetzten. – Aber: Hielt man so sein Versprechen? War das Schiff nach Austausch der Planken noch identisch mit dem, das Theseus dem Apoll zu schicken gelobt hatte, oder war es ein andres? Und war es unter diesen Umständen noch zulässig, von der Erfüllung seines Versprechens zu reden?

Die Systemtheorie bringt sich in Erinnerung[1] und damit das Konzept der sogenannten operationalen Geschlossenheit von Systemen, die aus ihrem Milieu aufnehmen, was die Selbstreproduktion und Aufrechterhaltung der Identität gewährleistet. – Paradoxerweise garantiert gerade der Austausch der lädierten Planken die Identität des Systems.[2] Es integriert die brauchbaren Elemente der Umwelt, um sich von neuem selbst zu erschaffen. – Man entdeckt Parallelen zur eigenen Entwicklungs- und Lebensgeschichte[3]: Was hat man sich nicht schon alles einverleibt, und ist trotzdem, hört man, der Alte geblieben. Und man erinnert sich an jüngste, zufällig aufgeschnappte Forschungsergebnisse, denen zufolge sich die Mehrheit der Körperzellen binnen Zehnjahresfrist regeneriert; und dazu kommt die von Hobbes vorzeiten neuerlich aufgeworfene Frage nach jenem *zweiten* theseischen Schiff, das sich nach dem Austausch der Originalplanken aus diesen herstellen ließe[4] – und wie nach Plan tritt das Bild eines aus ausgetauschten Zellen entstandenen *eigenen* Klons vor das innere Auge: die Schimäre eines hirn- und blicklosen Doppel- und Wiedergängers, der sich wie ein Golem aus dem Staub erhebt.

Und damit stellt sich mit einem Mal wieder jenes vertraute Gefühl der Fremdheit ein, welches das Erinnern seit einiger Zeit begleitet, genauer gesagt, seit man sich bloß noch als *Mit*autor der Fiktion der persönlichen Identität wähnt, und die Erinnerung an die damit verbundene, beunruhigende Entdeckung, dass die eigene Vergangenheit wie nur am Rande mit einem zu tun hat, abgeschnitten und – einem anderen zugeschlagen – einem selbst auf unerklärliche Weise abhanden gekommen scheint. Und der Gedanke an diese Fremdheit ruft ein anderes, älteres und hartnäckigeres Fremdheitsgefühl auf den Plan, jenes, das mit kindlichen Benachteiligungsfantasien einherging, berechtigten oder nicht, und später mit der Vorstellung, dass das Leben vertragsbrüchig geworden, dass man herausgefallen sei[5] – eine Vorstellung, die wohl vor allem mit der Allerweltsentdeckung zu tun hatte, dass zwischen Selbst- und Fremdwahrnehmung schiere Unüberbrückbarkeiten lagen, und die in einem den Argwohn weckte, man sei ein Irrtum, ein Fall von Wochenbettverwechslung, untergeschoben, ausgetauscht.

Im Gefolge davon der Verdacht (der Ich-Erzähler in Urs Widmers *Buch des Vaters* – und von diesem und vom *Geliebten der Mutter* soll hier die Rede sein – Widmers Erzähler also spricht von der *Gewissheit*) des Kindes, »daß sein Vater nie mit einer Frau geschlafen hat, kaum mit der, die dann seine Mutter wurde« (BV, S. 44) – und diese, wenn auch sogleich als »Irrtum« widerrufene, nichtsdestotrotz unerschütterliche Gewissheit legte den Schluss nahe, dass es bei der eigenen Zeugung nicht mit rechten Dingen zugegangen sein kann, und lieferte ein unanzweifelbares Indiz gegen das eigene Vorhandensein: »Ich bin es nicht« oder: »Ich ist ein anderer« (Rimbaud), sagt das Kind. – Es ist ein anderer, dem geschieht, was ihm widerfährt.

Mit: »Ich tat so, als würde es einem anderen geschehen und ich sehe bloß zu«, oder: »Ich habe in meinem Kopf Musik gespielt«, oder: »Ich stellte mich schlafend«, beschreiben Opfer von Kindesmisshandlung und -missbrauch ihre Selbstrettung beim Umgang mit durchlittenen Qualen. In Momenten äußerster Bedrohung, schreibt Linda Sanford (1992, S. 49), tritt das Opfer im Geist gleichsam aus sich heraus, spaltet sich ab. Es ist in einem da und nicht da, sieht zu bei seiner Tortur, als Augen- und Ohrenzeuge, der Augen und Ohren verschließt. – Es wehrt ab, was es nicht »unterbringen« kann (Sanford), nimmt wahr, was geschieht, und streicht seine Wahrnehmung durch.

Das Eigene wird von dem Kind als Fremdes »verworfen«, erklärt der Analytiker klassischen Zuschnitts solche Entfremdung, die im Zuge von Selbstentwertung und Identifikation mit dem Aggressor, der »bestrafenden Autorität«, erfolgt.[6] Und sie erfolgt unausbleiblich, weil die Anerkennung der Schmerzen das Fiasko des Lebens bewusst machen und die Verursacherfrage aufwerfen würde – die aber ist, um des Täterschutzes willen, tabu (Gruen 2002, S. 157). Und selbst wenn man das später, etwa beim Schreiben, zur Sprache bringt, so geschieht es »seltsam kalt«, sagt Widmer in der ersten Sequenz seiner Grazer Poetikvorlesungen, als beobachtete man noch das »Schrecklichste« als etwas Fremdes: dissoziiert, als außen stehender Betrachter, der vom Betrachteten wie durch eine »Glasscheibe« getrennt ist (P, S. 22).

Das Schreiben, stellt Widmer im Zuge dieser ersten Vorlesung dann fest, komme ihm »wie ein permanenter Kampf vor, in dem der Erkenntnisdrang und die Abwehr gegen die schmerzvolle Erkenntnis mit gleich starken Waffen kämpfen« (P, S. 29). Dem entspricht auch der Ausgang des Waffengangs: patt – aber gerade das Unentschieden mag den Schreibenden davor bewahren, im Nach- und Miterleben des Schrecklichsten vom Schmerz *zerrissen* zu werden.[7] *Im Spiel* hält er sich *aus dem Spiel.* Sein Schreiben ist ein odysseeisches Sich-am-Mastbaum-Festbinden (P, S. 121), ein fortwährendes Hin und Her zwischen Berührungslust und -angst, und diese Ambivalenz der Gefühlsregungen hat für das Geschriebene notwendig ästhetische Folgen. – Sie finden ihren Ausdruck in der Erzählperspektive: »Mit [der ausschließlichen Er-Perspektive] bin ich bis heute gescheitert«, resümiert der *writer in residence* gegen Ende seiner Vorlesungsreihe, denn das erzählende Ich lasse sich auf Dauer nicht draußen halten, mische sich ungebeten ein, melde sich – »unaufhaltsam« – zu Wort (P, S. 149). – Umgekehrt tut sich der *Ich*-Erzähler der beiden Widmer'schen Lebens-*Geschichten*[8] immer wieder sichtlich schwer, *ich* zu sagen, und ersetzt dieses in kritischen Augenblicken durch *er*. Das Manöver macht Positionswechsel möglich: aus der Innen- in die Außenschau, hin und zurück. Der Erzähler – der Geschichten von Mutter und Vater[9] – steigt, kommentarlos, von der ersten Person – »ich« – um zur dritten – »das Kind« – und von *das Kind* wieder zurück zum *ich*.[10]

Oft, wenn ich beim Lesen der beiden Romane auf diese Wendung *»das Kind, ich«*, stieß, war es mir, als würde der Erzähler mit ihr – es wäre verlockend zu sagen: *in Tateinheit mit dem Autor* (Streeruwitz), aber das ist nicht erlaubt –, als würde der Erzähler also mit ihr das malträtierte Ich seiner Kindheit auf- und als Kronzeugen des einstigen Elends in den Zeugenstand rufen, während es mir, wenn ich auf das Gegenstück (also auf: *»ich, das Kind«*) stieß, immer wieder von neuem so schien, als würde er in seinem Streben nach Distanz und – auch das immer wieder von neuem – danach, sich vom Schmerz nicht einholen und überwältigen zu lassen, gleichsam über sich selbst, das malträtierte Subjekt, wie über eine Sache hinwegsteigen. – Das kennt er von Clara, seiner Mutter: Sie ist einmal – mit ihren Gedanken bei offenkundig unerfreulichen Zukunftsaussichten und bei dem Hund, dem sie soeben entschlossen den Mut ihrer Verzweiflung zusprach – geistesabwesend über den Burgen bauenden[11], sechsjährigen Sohn weggestiegen, und nicht minder von Karl, dem Vater, der, bei anderer Gelegenheit, im furiosen Finale eines Ehestreits über das gerade noch vor der geschlossenen Tür lauschende, nun durch die aufgerissene Tür ins Zimmer kullernde Kind davonstürmte.

Der Erzähler nimmt sich im Wechsel vom *Ich* zum *Er* als leidende erste Person aus dem Spiel, macht sich unsichtbar. – Halbtot vor Angst, »von Enten umschnattert« und (so stelle ich mir vor) mit, im Konzert, vor Entsetzen dazuschnatternden Zähnen, steht das Kind am Seeufer neben der Mutter, die, selber auf der Schattenseite, kaum hörbar vor sich hin flüsternd zum Haus des Geliebten auf der gegenüberliegenden, der sonnenbeschienenen Seeseite blickt. Es ist da, neben ihr, und ist nicht da. – Ein andermal, es ist Nacht, krallt es sich an der Mutter fest, ein zappelndes Gewicht an ihrem Rock, von ihr ignoriert, ein Stein – wie einer der Steine, die sie in selbstmörderischer Absicht wieder und wieder zum Ufer hingeschleppt hat und die ihren Händen entglitten –, und nun entgleitet ihr der kleine Bub kopfunter ins Wasser und schlägt in Todesangst um sich, bis sie endlich aus ihrer Selbstvergessenheit aufschreckt und den um sein Leben Rudernden wahrnimmt. – »In den See gehen, nicht innehalten diesmal, den Stein nicht loslassen. – Das Kind wollte sie mitnehmen, das war selbstverständlich. ›Das Kind mitnehmen‹, so nannte sie es«, heißt es im *Geliebten der Mutter* (GM, S. 92) und, zur Erklärung, an anderer Stelle: »Das tat keine gute Mutter, ihr Kind allein zurücklassen.«

Die in solchen Momenten durchlebte »Angst vor dem Terror der eigenen Vernichtung durch die eigene Mutter« (Gruen 2002, S. 62) übersteigt die Kräfte des Kindes. Für den Augenblick seiner drohenden Auslöschung gilt ein Satz, den Arno Gruen aus Jan Philipp Reemtsmas Entführungsbericht *Im Keller* zur Sache zitiert: »Wer vollständig ohnmächtig ist«, steht dort zu lesen, »ist bei lebendigem Leibe nicht mehr ›da‹« (Reemtsma 1997, S. 195).

Das *Kindopfer* (Sanford) also steht, *wie nicht mehr da*, neben Clara am Ufer des Sees, wo sie auf ihren nächtlich-heimlichen Ausflügen über das pechschwarze Wasser zum Haus des Geliebten hinüberschaut und ihr Blick sich wie hypnotisiert an den hell erleuchteten Fenstern »festsaugt«. – Wieder hört es die Mutter wispern: *Edwin*. Mit »jeder Faser des Körpers«, hört es, flüstert sie den Namen – hört es und soll und will es nicht hören. »Die Mutter liebte [Edwin] ihr ganzes Leben lang«, heißt es gleich zu Beginn des Romans, der von der »sturen Leidenschaft« Claras zu dem treulosen Konzern- und Konzertdirigenten handelt, und als wollte sich der Erzähler schon mit den ersten zehn Sätzen als vertrauenswürdiger Berichterstatter disqualifizieren, erklärt er, dass all das, die geflüsterten Beschwörungen, die inbrünstigen Liebes- und Hilferufe der Mutter, *unbemerkt* geblieben sei, »unbemerkt von [Edwin], unbemerkt von *jedermann*. *Niemand* wußte von dieser Passion, *kein Wort* sagte sie jemals davon«.[12] – Diese Behauptung, die ihren Widerspruch notabene explizit in sich enthält, ist un- und widersinnig – und doch ist sie zugleich ebenso unzweifelhaft wahr, indem sie das Widersprüchliche der Lage des *Übermächtigten* (Reemtsma) offenbar macht, den Clara wie ein Anhängsel ihrer selbst wieder und wieder zum See mitnimmt, um über das Wasser hinwegzustarren und gebetsmühlenartig den unsäglichen Namen zu flüstern.

»In jeder Geschichte«, heißt es in Widmers zweiter Poetikvorlesung verkürzt, sei eine Geschichte verborgen, die n i c h t erzählt wird. Und er fährt fort: »Eine gute Geschichte hat [...] hinter oder unter dem manifesten Text, der durchaus auch für sich allein gelten kann«, einen »wortlos, aber heftig mitströmenden Subtext, den ein Leser durchaus verstehen kann, lernt er nur, sozusagen mit dem dritten Auge zu lesen« (P, S. 47), mit dem »dritten Ohr« zu hören. – So gibt es denn auch einen O-Ton zu diesen Edwinanbetungen und dem zischelnden Edwingeflüster am Wasser: *Hör mir gut zu*, lautet der Subtext, ein unausgesprochener Auftrag der Mutter an den Sohn: *Was ich dir jetzt sage, ist nicht für deine Ohren bestimmt, also merk's dir genau und behalt es für dich.*

Die Botschaft ist paradox. Der solcherart in die Pflicht genommene Empfänger steht, paralysiert, vor einem unlösbaren Dilemma, und er folgt nur dessen innerer Logik, wenn er, das *Doublebind* des mütterlichen Kommandos im Ohr, zugleich konsequenter- und paradoxerweise erklärt: »Niemand wußte von dieser Passion.« – Und das ist keine *Façon de parler* eines Erzählers, der daherschwadroniert und nach Belieben All- oder Unwissenheit mimt; seine Feststellung enthält die Wahrheit des Ohrenzeugen, der sich, der *force majeure* widersprüchlicher Befehle der Mutter beugend, zuhörend die Ohren zuhält[13] und ihr Geheimnis preisgibt, indem er es hütet.

Noch einmal: »Niemand wußte von dieser Passion«, behauptet der Erzähler – und *er* muss es wissen, denn er ist der *Niemand*, der sie beim Flüstern belauscht hat.

II.

»Der Mensch kann nicht leben ohne ein dauerndes Vertrauen zu etwas Unzerstörbarem in sich«[14], lautet ein Aphorismus von Franz Kafka, von ihm selbst gestrichen, von Max Brod als fünfzigstes »Stück« in die Serie der sogenannten *Betrachtungen über Sünde, Leid, Hoffnung und den wahren Weg* aufgenommen. – Es ist an mir, aus der nicht für mich bestimmten Bemerkung bestimmte, für mich relevante Informationen auszuwählen und derart über den Inhalt der Botschaft zu entscheiden. Ich mache mir meinen Reim. Es geht um die Frage der Identität[15], sage ich mir, um das Konzept des Menschen als Subjekt, »in dem irgendetwas Kontinuität und Festigkeit in allen Wechselfällen des Lebens verbürgt«, als wäre er etwa ein Fels in der Brandung, »ein Schiff im Sturm« usw. (Reemtsma 1996, S. 196ff.).

Ich lese: »Damit einer unbefangen die erste Person Singular gebrauchen kann«, [bedarf es] »einer komplexen Beziehung zur Außenwelt.« Die Identität definiert sich in Bezug auf die Umwelt und durch Abgrenzung von ihr. Die Grenzziehung erfolgt aufgrund der wiederholt wahrgenommenen Differenzen zu anderen, welche die ihrerseits wahrgenommenen Unterschiede zurückmelden und so die Sicht des beobachteten Beobachters bestätigen oder in Frage stellen – und der wiederum baut die erhaltenen Daten im Zuge fortlaufender Rückkopplung in sein Welt- und Selbstverständnis ein. So vergewissert man sich mittels der anderen der Stabilität des Ichs, und, gemeinsam mit ihnen, kommt man überein, wie man sich miteinander von der Welt draußen vor unterscheidet. – Auf solche Weise etwa formieren und erhalten sich soziale Systeme.

In Extremsituationen steht die Identität auf dem Prüfstand, lese ich weiter. – Es liest sich wie ein böses Märchen: Als das Kind vom Seeufer zur Welt kam, da wollte sich die Mutter – diesmal[16] – über die Geburt »freuen dürfen«, aber sie konnte es nicht; sie wollte ihm die Brust reichen, aber sie hatte keine Milch; sie wollte es liebkosen, aber wenn sie es tat, drohte sie es zu ersticken. Also wollte sie sterben, und weil sie ihr Kind liebte, beschloss sie, es in den Tod mitzunehmen. – Und das von Gott und der Welt verlassene und von bösen Vorahnungen schier schreckstarre Kind, das – wegen des Gespensts eines einstigen Geliebten, dessen Bild seine Mutter immer weiter entrückt und mystifiziert – mit ihr ins Wasser gehen, mit ihr untergehen soll, dieses deprivierte, petrifizierte, *mutterseelenalleinige* Kind sucht in der lebensbedrohenden Extremsituation sein Heil bei der Mutter. Sie steht für die Kontinuität seiner Identität, sie ist das Unterpfand dafür, dass es es gibt[17]: Selbst im Augenblick höchster Lebensgefahr, als es, einmal noch rechtzeitig, aus dem Wasser gezogen, tropfnass nach Hause gebracht und ins Bett geworfen wird, und noch beim Anblick der blutig gebissenen Lippen und des zu Rinnsalen verkrusteten Bluts auf dem Kinn der entsetzlichen Mutter, vor der es entsetzt fliehen will, reckt es ihr, es kann nicht anders, »die Ärmchen entgegen«[18] (GM, S. 94). Nicht aus Kinderliebe, denke ich, sondern aus Verlassensangst: Es fürchtet, aus der Welt zu fallen. – Und als das System für die Mutter dann auseinanderbricht, als sie nicht mehr »*kann*« und aus der Ecke, in die sie das Leben gedrängt hat, auf den zurückweichenden Karl losgeht, und als der hilflose Vierjährige beim Anblick dieser durchs Zimmer tobenden und auf den Vater losfahrenden Furie einen unhörbaren Schrei ausstößt, und der geschockte Vater im Reflex nach der afrikanischen Fetischfrau greift und sie wie zur Beschwörung in die Höhe hebt, um den bösen Zauber der Mutter zu brechen, und als er dann dieses Holz gewordene Requisit des Familiendesasters in *seiner* schieren Hilflosigkeit (»Soll ich einen Arzt rufen? [...] Ich sollte einen Arzt [...] Ich muß Dr. Massini anrufen!«) an den Sohn weitergibt, mit dem Auftrag, auf die »Mama« aufzupassen – da tut dieser das, lässt im Schreck die Holzfrau aber zu Boden fallen, von wo sie unversehens von Claras Händen aufgegriffen wird. – Der Sohn also tut wie geheißen, passt auf die Mutter auf: panisch, wehrlos, ergeben. Und er tut es nicht aus selbstloser kindlicher Obsorge, unterstelle ich, sondern aus Fügsamkeit und – da noch – zur Rettung des Vater-Mutter-Kind-Systems. »Ich paßte also auf Clara auf, auf meine Mutter«, konstatiert der Erzähler, und noch vierzig Jahre nach dem Zusammenbruch schwingt im lapidaren Tonfall dieser Feststellung etwas von der Resignation des Kindes mit, das sich notgedrungen in einen Rollentausch schickte, der die Welt auf den Kopf stellte (BV, S. 123f.).

»Unser Überleben als Kind«, heißt es – noch einmal bei Gruen (2002, S. 14) –, »hängt [...] davon ab, daß wir uns mit unseren Eltern arrangieren«, uns anpassen und derart überleben. Das reflexive *sich Arrangieren* ist ein – siehe Duden – *sich, trotz gegensätzlicher Standpunkte, miteinander Verständigen, ein sich aufeinander Einstellen und Abfinden.*

Das Kind braucht zum Überleben ein tragfähiges Konstrukt der Welt – eines, das mit den Weltbildern von Vater und Mutter kompatibel ist. Es muss sich mit ihnen auf etwas verständigen, einen gemeinsamen Nenner. – Die Mutter – in beiden Romanen wird ihr Zusammenbruch geschildert, wenngleich in unterschiedlicher Ausführlichkeit –, die Mutter also bricht nach einem Konzert des Jungen Orchesters, dessen Mädchen für alles sie eine Weile gewesen war, von Edwin, dem Dirigenten und ehemaligen Geliebten, gedemütigt, beiseite geschoben, verraten, mit »verheertem« Gesicht auf der Couch zusammen. Sie faucht (*nicht die Clara, die der Vater liebte*) Karl an, als wäre er ihr Verderben; sie trommelt mit den Fäusten gegen ihre Zähne, ihre Wangen, ihre Stirn, bis Blut fließt; sie schlägt ihren Kopf gegen die Wand, beißt in ein Kissen, heult wie ein Tier, (BV, S. 122f.). – Duplizität der Fälle: Als Kind hatte sie während devastierender Panikattacken die Fäuste geballt und, überschwemmt von »einer glühenden Hitze im Hirn«, in sich hineingestarrt; sie war, taub und blind, wie erstarrt abseits in ihrer Zimmerecke gestanden – in der vergeblichen Hoffnung, bei ihren Tagträumereien nicht ertappt zu werden. Nun, nachdem ihr Zusammenbruch über ihr Kind hereingebrochen ist und als *dieses* tagträumend und »bocksteif« in Zimmerecken steht – »mit starren in die Ferne gerichteten Augen« –, nun fährt ihr Kind zusammen, wenn ein Elternteil das Zimmer betritt, nun hämmert *dieses Kind, ich*, im Schlaf, mit dem monotonen Taktschlag eines Metronoms, die Faust gegen den Schädel, den Handrücken gegen die Stirn, zerknäuelt, wenn es wach ist, die Haare zu Knoten und reißt sie mit schmerzhaften Rucken aus (BV, S. 128f.) – bis es der Vater, vor einem Besuch bei der psychotischen Mutter in der Klinik, zu guter Letzt zum Analytiker nach Bern bringt.

Die Grenzen verschwimmen. Von Clara heißt es im *Geliebten der Mutter*: »Sie träumte – oder träumte das ihr Kind? –, ihr Kind äße sein eigenes Herz [...] Es sei wahnsinnig geworden, das Kind, die Mutter habe ein wahnsinniges Kind [...] Sie träumte, ihr Kind träumte, sie habe ein bluttriefendes Maul.« – Clara und ihr Sohn bilden innerhalb des Systems der Ursprungsfamilie ein Subsystem, und sie hegt nachtschwarze Pläne für ihre gemeinsame Zukunft: Sie will eine Überdosis Tabletten einnehmen – »alle aufs Mal« –, will sich die Pulsadern aufschneiden, Rattengift schlucken, den ganzen Vorrat an Whisky austrinken »und dann hinaus in den Schnee«; dann wieder will sie sich aufhängen, verbrühen, irgendwo hinunterstürzen, ertränken – ertränken sowieso. »Und natürlich vermeinte sie weiterhin, das Kind mitnehmen zu müssen.«

Sich auf seine Bezugspersonen einzustellen oder sich mit ihnen auf etwas zu verständigen scheint für das Kind ebenso ausgeschlossen, wie es existenzgefährdend wäre, würde es sich abfinden. Seine Autonomie – und damit seine Identität und sein Leben – stehen auf dem Spiel. Denn so sehr die Mutter mit ihrem Verhalten, ihrer neurotischen Pedanterie und Sturheit, ihren Anwandlungen von Autoaggression und Schwermut, ihrem gespenstischen Herumschleichen in den Korridoren des Hauses und ihren Tagträumen das eigene Kind verstört, so wenig ist auch die »Art« des Vaters dazu angetan, die Notlage des Sohnes zu lindern. Die Widersprüchlichkeit seines Verhaltens, seine Autoritätsfeindlichkeit und sein zorniges Türenschlagen einerseits, die notorische Konfliktscheu und das Kleinbeigeben andererseits, die Obsessionen, der Enthusiasmus, ja, die Tollheit (und Tollpatschigkeit), der liederliche Umgang mit Geld (auch mit fremdem), das polternde Draufgängertum und die mit ihm schier unvereinbare Überempfindlichkeit – das alles nebeneinander und zugleich stürzen das Kind in heillose Verwirrung.

Die Mutter drangsaliert es mit ihren dahingezischelten Monologen – »Ja, das war das Schlimmste, wie sie flüsterte« (GM, S. 92) –, versetzt es mit Anfällen physischer und psychischer Selbstzerfleischung in Angst und Schrecken, bis Verzweiflung und Not – gelernt ist gelernt – auch beim Kind in Autoaggression umschlagen. Der Vater macht sich des Wegschauens, der Verharmlosung und so, wenn auch unwillentlich[19], der unterlassenen Hilfeleistung schuldig. Selbst weltfremd und chaotisch, überlässt er den Sohn dem Lebenschaos. Immerzu hinter der Schreibmaschine her und immerzu auf der Zuflucht bei Zigaretten, bunkert, klappert, nebelt er sich ein, bis er sich – eine andere Spielart der Autoaggression – zu Tode geraucht hat.

Von den gutmeinenden Eltern (und gutmeinend sind sie beide, ohne Zweifel!) geht akute Lebensgefahr aus: Die Mutter traktiert das Kind mit Selbstvernichtungs- und Todesdrohungen, der Vater macht es ihm schwer, im Leben Fuß zu fassen. Während die Geburt des Sohnes bei *ihr* Depression und Albträume auslöst – sie »*schluchzte ohne Tränen, schrie ohne Töne*« –, wird er zwar von schier unbändiger Freude überschwemmt: Er freute sich so sehr, berichtet er Erzähler, »daß er mich nie so nannte, wie ich getauft war, sondern immer neue Kosenamen erfand«, – aber die Vielfalt und Verschiedenheit dieser Namen (und, notabene, der Erwartungen und Zuschreibungen hinter den Namen) verwirren den Sohn so, dass er einfach auf *alle* reagiert (BV, S. 86). Der Vater sagt Zwerg zu ihm, nennt ihn Frosch, Pinguin, Krokodil, Wuschelbär – und der Wuschelbär ist vor lauter Rollenzuweisungen orientierungslos und weiß nicht, wo sein Platz ist.

Das Stichwort ist Desorientierung. – »Was ist denn mit uns los?«, ruft der nach Claras Zusammenbruch herbeizitierte Dr. Massini, »was ist denn mit uns los?« – Es ist eine Stellvertreterfrage, und der Arzt stellt sie für alle drei. Sie ist längst überfällig, nur dass das Kind die Frage nicht stellen kann und dass ein stillschweigendes Übereinkommen es Vater und Mutter verbietet, sie zu stellen. Das Übereinkommen lautet: »Bei uns ist nichts los, bei uns ist alles in Ordnung.« – Beide vertuschen, beide machen sich und den anderen etwas vor, jeder auf seine Art.

Karl tut es, indem er sich tot stellt und alles auf sich beruhen lässt, sobald die Lage kritisch zu werden droht. – So fragt er Clara *nicht*, ob es stimmt, dass sie ihn, wie man munkelt, nur geheiratet habe, weil er der »Erstbeste« war, der ihr nach Edwins Hochzeit über den Weg gelaufen war; und er fragt auch *nicht* ein zweites Mal nach, warum sie *Edwin* – in *seiner*, Karls, Anwesenheit! – als Ersten über ihre Schwangerschaft unterrichtet hat und nicht *ihn* als den Kindesvater. Er steckt den Kopf in den Sand, lügt sich in die eigene Tasche, redet sich ein, die nach dem Aufenthalt in der psychiatrischen Abteilung ›leergebrannt‹, ja gebrochen heimkehrende Frau sei wieder ganz hergestellt. – »Durchs Fenster sah er Clara, seine Clara!«, heißt es an dieser Stelle (und folgt man Claras Lebensgeschichte im *Geliebten der Mutter*, so erübrigt es sich beinahe anzumerken, dass sie kaum je tatsächlich *seine* Clara war). Clara also »war gesund! Es ging ihr gut! Sie war geheilt« (BV, S. 133). – Bravo! Nun aber gleich wieder ab und hinter die Schreibmaschine – alles ist wieder gut!

Und Clara redet sich ein, sie könne sich mit dem beschaulichen Dasein einer Vorstadtvillenbewohnerin bescheiden. – »Sie wollte zufrieden sein, sie war es«, lautet ihr Lebensprogramm nach der großen Lebensenttäuschung. »Sie hatte ein Haus! Sie war eine Ehefrau!« (GM, S. 76). Sie eifert dem landläufigen Rollenbild nach – zunächst dem Klischee der guten Ehefrau, dann jenem der ordnungs- und verantwortungsbewussten Mutter. »Kein Stäubchen am falschen Ort«, heißt das, »keine Bauklötze auf dem Kinderzimmerboden«, immer ein gutes Essen auf dem Tisch – und, in erster Linie, keine Auseinandersetzung mit Karl im Dabeisein des Kindes, solange es wach ist und etwas mitkriegen kann. Denn: »Es sollte nie das Gefühl (!) haben, nie, daß seine Eltern sich stritten.« Clara tut, als wäre alles so, wie es sein soll; sie wartet, bis der Sohn schläft, ehe sie dem Vater im Wohnzimmer der hemmungslosen Verschwendungssucht und maßlosen Bücher- und Schallplattenkäufe wegen Vorhaltungen macht. – Vertuscht also der Vater, indem er sich selbst etwas vormacht, so vertuscht die Mutter, indem sie Spuren verwischt und derart ihren Sohn hinters Licht zu führen versucht – vergeblich, denn vor dem Wohnzimmer, im eiskalten Korridor, hockt das sechsjährige Kind und belauscht atemlos – die fest zugehaltenen Ohren fest gegen die Türfüllung gepresst – Claras geflüsterte Anklagen und Karls gebrüllte Rechtfertigungen und Gegenklagen.

Es ist ein Leben-als-ob.

»Ich erinnere mich«, heißt es in Urs Widmers Grazer Poetikvorlesung, »[...], daß ich als Kind schon beschloß, ganz bewußt und mit jenem heiligen Ernst, zu dem nur Kinder fähig sind [...], die Lebenslüge der Erwachsenen nicht mitzumachen, die um mich herum lebten. Die mir nahe waren [...] Jenes Als-ob-Leben, das die bürgerliche Welt besonders prägt. Als ob alles in Ordnung sei« (P, S. 16). »In Ordnung« ist alles nur, solange der Schein der Stabilität des Beziehungsdreiecks Mutter-Vater-Kind trügen kann. Aber es ist nicht stabil, nicht intakt, denn alle wissen um die Omnipräsenz des verleugneten Vierten, und so sehr die Eltern tun mögen, »als ob ...« – *nichts* ist in Ordnung! – Das Dreieck bricht entzwei, als die Mutter zerbricht und weggebracht wird. Der Sohn bleibt, »bocksteif und winzig«, alleine unter der Haustür zurück, als Karl und der Arzt die Mutter zum Auto und im Auto zur Klinik abtransportieren. Und er steht immer noch, »mit einer daumenhohen Schicht Schnee auf dem Kopf«, da, im Schlaglicht der Tür, als der Vater von der Klinik zurückkommt. – »Was ist denn mit uns los?« scheint jetzt, endlich, auch er, der Vater, zu fragen und er stellt sich – kaum zurückgekehrt und noch in Mantel und Hut – an eben jenes Fenster, »an dem sonst Clara stand und zum Bannwald hinüberblickte«. Er starrt hinaus: »Er wollte, vielleicht, sehen, was sie gesehen hatte.«

Es ist ein magischer Augenblick, ein Augenblick der Wahrheit, und man hält den Atem an, als der Vater da aus dem Fenster auf seinen Weltuntergang hinausschaut, während der Sohn – indem er sich neben ihn hinstellt und so tut, wie er tut – versucht, das Unbegreifliche zu verstehen, das ihm im wahrsten Sinne des Wortes über den Kopf wächst. – Neben dem Vater stand das Kind, heißt es an dieser Stelle, und schaute – allerdings: nicht durchs Fenster schaute es, dazu ist es zu klein, sondern auf *die Rohre der Zentralheizung* (BV, S. 125 f.).

Zu diesem Zeitpunkt weiß Karl – noch vor dem Kind – schon, dass sein Konstrukt der intakten Familie nicht mehr zu halten ist: Auf die Frage des Sohnes, wann Hobby, die Hündin, die bei Claras Zusammenbruch das Weite gesucht hat, wann denn Hobby wiederkommen würde, da sagt der Vater: »Nie mehr«, und fängt an zu weinen. Und in einem Nachsatz – plötzlich hört es sich so an, als meinte er nun nicht nur das Tier, sondern die Mutter und vielleicht nicht einmal nur die Mutter, sondern die ganze Welt – fügt er hinzu: »Nie mehr so, wie sie war« (BV,S. 127).

Der Versuch des Vaters – wenn es denn wirklich ein solcher ist –, dort an dem Fenster das Rätsel Clara (und das des Familiendesasters) zu lösen, indem er Ausschau hält, wonach immer sie Ausschau gehalten hat, ihren Blickpunkt zu übernehmen, um zu verstehen und damit vielleicht doch noch etwas vom Bestand zu retten, ist vergeblich. Wüstes Schneetreiben behindert die Sicht. – Es wird nichts mehr so sein, wie es war, und daran werden auch die späteren Beschönigungen nichts mehr ändern. – »Der Schnee hatte zu strömen aufgehört«, berichtet der Ich-Erzähler (das Kind hat sich unterdessen einen Hocker geholt, um mit dem Vater auf Augenhöhe zu sein), »und als es dämmerte […], lag die Ebene wie ein Meer da, mit sanften weißen Wellen; der ferne Wald hätte auch ein Felsenriff sein können« (BV, S. 126) – jenes Riff wohl, an dem das Familienschiff gescheitert ist.

III.

»Wer sich in die Familie begibt«, schrieb Heimito von Doderer, »kommt darin um.« – Wie in den Märchen und in Berichten von fremdländischen *rites de passage*, die die Initiation einer Heldin oder eines Helden zum Gegenstand haben, muss das Kind durch Tod und Totenstarre hindurch, um nach der *passage* ein neues Verhältnis zur sozialen Umwelt zu gewinnen. Als Vater und Arzt die Mutter gemeinsam fortbringen und *das Kind, ich*, ihnen über die »Abgründe der Treppenstufen« hinunter nachklettert und aus dem Licht des Flurs den dunklen Fußtappen im Schnee nachschaut, da heißt es im *Geliebten der Mutter* verkürzt: »Das Gartentor … stand offen. Es blieb offen, niemand schloss es … Sperlinge stürzten tot vom Himmel … Kein Mensch ging auf Erden. Die Wässer der Bäche gefroren. Tote Forellen starrten aus dem Eis … In den Gärten lagen Mäuse auf dem Rücken, über ihnen im Lauf erstarrte Katzen … Kein Laut nirgendwo […] Die Welt war verstummt. Das Haus ein Grab (GM, S. 97).« – Es ist das Grab der Familie und das Grab der Kindheit.

Es war wohl ein – letzter – Versuch der *Rettung* des elterlichen Konstrukts vom intakten Familiensystem und damit auch ein Selbstrettungsversuch, als sich das Kind während des Zusammenbruchs der Mutter vom Vater die Obsorge für sie übertragen ließ, aber nun, *nach* ihrem Zusammenbruch, geschieht es zu seiner Lebensrettung, wenn es sich *weigert*, diesen Mythos – die *Als-ob*-Existenz – weiterhin mühsam am Leben zu erhalten. Während Clara und Karl noch eine Weile länger Kernfamilie spielen, hat der Vierjährige verstanden, dass sie kaputt ist. – Ein System zerfällt – »desintegriert«, sagt Maturana –, wenn es sich an sein Milieu nicht mehr anpassen, die »Verstörungen« nicht mehr verarbeiten kann. Als die Mutter kollabiert, weil Edwins Verhalten für sie »unverträglich« geworden ist, bricht auch das Mutter-Vater-Sohn-Dreieck entzwei.

Das Ergebnis dieser *Desintegration* ist die Formierung von drei Zweierbeziehungen: einer Mutter-Sohn-, einer Vater-Sohn- und, das auch, einer Vater-Mutter-Beziehung – alle wie voneinander gesondert, alle, als hätten sie kaum miteinander zu tun; und dieser Formation trägt Widmer in seinen beiden Romanen dadurch Rechnung, dass er seinen Erzähler zwei Lebensläufe so nachzeichnen lässt, als würden sie gleichsam aneinander vorbeilaufen – einmal parallel, dann einander überschneidend, dann wieder abweichend von- und im Widerspruch zueinander.

Hätte Widmer etwa *Die Geschichte einer Kindheit* geschrieben und in ihr, nach bekanntem Muster, den Ich-Erzähler Bilanz ziehen lassen – darüber, was dieser dem Vater schuldet und was er der Mutter verdankt und wie sie ihn beide ruiniert oder was sie ihm alles ermöglicht haben, er hätte die »Lebenslüge« der Eltern, die Leiche des Als-ob-Konstrukts der heilen Bürgerwelt weiter künstlich beatmet. Indem er das aber nicht tat, sondern seinen Erzähler zwei Beziehungsgeflechte offenlegen lässt, ihn an zwei oft inkompatiblen elterlichen Erlebensweisen teilhaben und diese so darstellen lässt, als wüsste seine Linke nicht mehr, was seine Rechte einmal schrieb, und als seien diese Erlebnisweisen die je einzige Wahrheit – indem er das tut, nimmt er das Menschenrecht der Würde und Integrität der Person wahr. Und indem er so die Interessen der Eltern als Einzelwesen verteidigt, verteidigt er die Autonomie des Kindheits-Ichs seines Erzählers, der nicht anders kann als immer jeweils *der* Konstruktion der Wirklichkeit Glauben zu schenken, die ihm im Augenblick präsentiert wird, um aus ihr jene Elemente zu integrieren, die ihm die Aufrechterhaltung seiner Identität versprechen.

So braucht es nicht zu verwundern, dass sich Clara Molinari selbst als bettelarm erlebt, während Karl, im krassen Gegensatz dazu, in ihr die reiche Erbin sieht, oder dass die Heirat mit Karl in Claras Lebensgeschichte, deren Zentrum die Liebe zu Edwin bildet, mit zwei kurzen Sätzen abgetan ist, während im *Buch des Vaters* der Erzählung von der »wunderbaren« Hochzeitsnacht und den leidenschaftlichen Umarmungen der Jungverheirateten zwei Seiten gewidmet sind. – Und so steht Claras schicksalsergebene »Zufriedenheit« mit der bürgerlichen Existenz im einen Roman im anderen die »Ekstase« sexuellen Glücks gegenüber.

Hier wird eine Frau geschildert, die nach einer bewegten Zeit in der Welt der Musik nun ein Durchschnittsdasein zu führen meint, die für ihr Kind sorgt und für die Freunde ihres spendierfreudigen Mannes aufkocht – mehr oder minder Durchschnittsmenschen, die nichts von der Gloriole des umjubelten Konzertdirigenten und der grandiosen Komponisten früherer Tage besitzen (»Die anderen Gäste waren jetzt keine Musiker mehr, keine Künstler. Normale Menschen.«), dort entpuppen sich diese normalen Menschen als durchwegs engagierte junge Künstler, zunächst noch namenlos: Maler, Architekten, Verleger und Schriftsteller – später alles Größen wie Wolf-Dietrich Schnurre, Klaus Nonnenmann, Heinrich Böll.

Die Verleger Züst und die Schriftstellerfreunde Nonnenmann und Böll kommen dann auch zum Begräbnis des Vaters, aber für die Mutter zählen sie nicht. Dem Begräbnis ist in der Lebensgeschichte der Mutter gerade mal eine Zeile gewidmet: »Viele Trauernde kamen«, heißt es da, »sehr viele; sie kannte die meisten nicht« (GM, S. 118).

So zu erzählen wird für den Erzähler erst durch die Erkenntnis möglich, dass es nicht *eine* Welt war, von der er zu berichten hat, sondern *zwei*, und dass sie durch einen Abgrund voneinander getrennt waren und dass er beiden angehört hat – und dass der Abgrund mitten durch ihn hindurch ging. Im Erzählen verwandelt er das alles, und was bleibt ist »seltsam kalt«; als würde er »im Spiel aus dem Spiel bleiben«, wie Ilse Aichinger einmal gesagt hat.

Und noch ein anderer Satz Aichingers gehört hierher: »›Spielen sollst du vor meinem Angesicht‹, hatte ich vor langem geschrieben. ›Aber was mit uns gespielt wird, verwandelt sich nur unter Schmerzen, in das, was wir spielen.‹«

BV: Widmer, Urs: *Das Buch des Vaters. Roman.* Zürich: Diogenes 2004.

GM: Widmer, Urs: *Der Geliebte der Mutter. Roman.* Zürich: Diogenes 2000.

P: Widmer, Urs: *Die sechste Puppe im Bauch der fünften Puppe, im Bauch der vierten und andere Überlegungen zur Literatur. Grazer Poetikvorlesungen. Literaturverlag* Droschl: Graz 1991. S. 22.

Gruen, Arno: *Der Fremde in uns.* Klett-Cotta: Stuttgart 2002.

Reemtsma, Jan Philipp: *Im Keller.* Hamburger Edition: Hamburg 1996.

Sanford, Linda T.: *Das missbrauchte Kind. Die Überwindung traumatischer Verletzungen.* Wilhelm Heyne Verlag: München 1992.

1 Hinweise auf Systemtheorie und Konstruktivismus stützen sich auf Arbeiten von Maturana/ Varela (siehe den folgenden Absatz), Heinz von Förster, Paul Watzlawick und Helmut Willke – sowie auf schriftliche Auskünfte von Siegfried J. Schmidt.

2 zu dem das Schiff, die Geschenke und Opfergaben und seine Besatzung gehören.

3 »Das Leben schreibt keine Geschichten«, sagt Paul Nizon, und weiter: »Wir sind es, die das Geschehen in Geschichten ummünzen.«

4 »Werden in diesem Schiff nach und nach alle Planken durch neue ersetzt«, spann Hobbes, mehr an den logischen Aspekten interessiert als an der Frage der Identität, das philosophische Garn des Plutarch und seiner Athener Kollegen weiter, »dann ist es numerisch dasselbe Schiff geblieben; hätte aber jemand die herausgenommenen alten Planken aufbewahrt und sie schließlich sämtlich in gleicher Richtung wieder zusammengefügt und aus ihnen ein Schiff gebaut, so wäre ohne Zweifel auch dieses Schiff numerisch dasselbe Schiff wie das ursprüngliche.« Absurderweise hätten wir dann zwei numerisch identische Schiffe, fügt Hobbes in seinen *Grundzügen der Philosophie* hinzu.

5 Freilich, aus der Welt fallen könne man nicht, weil man nun einmal »drin« sei, erklärt Freud im »Unbehagen in der Kultur« unter Bezugnahme auf Grabbes »Hannibal«.

6 in diesem Falle Arno Gruen (Gruen Stuttgart 2002. S. 14f.)

7 »Spürten wir genau, was wir schreiben oder schreiben wollen, wir könnten es nicht. Der Schmerz würde uns zerreißen, und wir schrieben kein Wort«, heißt es dementsprechend in Widmer 1991. S. 22.

8 Um »Romane« handelt es sich, *nicht* um Biografien! – und auch nicht um eine Autobiographie »mit verstellter Stimme«, wie Widmer sie hinter Robert Walsers Texten ausmacht (P, S. 101).

9 Meine Überlegungen gehen von der fragwürdigen Voraussetzung aus, es handle sich beim Erzähler der beiden Romane um ein und dieselbe Figur. Stellt man diese Identität in Abrede, bricht die gesamte Argumentation in sich zusammen.

10 Widmer greift damit übrigens zum gleichen Stilmittel wie Jan Philipp Reemtsma, der im Bericht über seine Zeit als Entführungsopfer *Im Keller* wiederholt von der Ich-Erzählung in die personale Erzählform wechselt, weil sich »Peinliches […] auf diese Weise leichter sagen« lasse und weil diese »Stilfigur« der Tatsache Rechnung trage, dass die »Ich-Kontinuität« zwischem Schreibendem

und Erleidendem unterbrochen ist (Reemtsma 46). – Die Unterbrechung der Kontinuität entspricht einem Wechsel von der Beobachtung der ersten zur Beobachtung der zweiten Ordnung, in welcher der Beobachter (»ich«) nicht nur das Geschehen beobachtet, sondern auch noch sich als Beobachter (»er«) beim Beobachten des Geschehens beobachtet.

11 An einem »uneinnehmbaren Kastell« – am Luftschloss einer heilen Familie, meine ich – baut der Sohn.

12 kursiv von mir.

13 Anlässlich des oben erwähnten Ehestreits im *Buch des Vaters* verhält sich das Kind so: »[Karl] riss die Tür auf, vor der das Kind hockte *und die Ohren, die es sich mit beiden Händen zuhielt, gegen die Türfüllung presste*« (BV, S. 153). Kursiv von mir.

14 oder sollte es hier »in ihm« heißen (was ein anderes Licht auf die Bedeutung dieses Ausspruchs werfen würde)? – Seine Fortsetzung: »wobei sowohl das Unzerstörbare als auch das Vertrauen ihm dauernd verborgen bleiben können. Eine der Ausdrucksmöglichkeiten dieses Verborgenbleibens ist der Glaube an einen persönlichen Gott.«

15 und sei's auch nur eine Identität, die in der Kontinuität des unbegründeten, unzerstörten Vertrauens manifest wird.

16 Einmal hat sie abgetrieben.

17 So wie der stürzende Baum des Bischofs Berkeley den Ohrenzeugen braucht, der ihn stürzen hört, und der Ohrenzeuge den Zuhörer, dem er's erzählt, damit es ihn gibt.

18 »Der Ohnmächtige«, sagt Reemtsma, »wünscht die körperliche Zuwendung des Machthabers« (Reemtsma 1996, S. 178).

19 Aber was heißt das schon? – Es gibt keinen so großen Unterschied zwischen dem, was man tut, und dem, was einem geschieht, heißt es bei Kafka für solche Fälle.

Die Autorinnen und Autoren

HENNING AHRENS, geboren 1964, lebt als Schriftsteller und Übersetzer in Handorf, Niedersachsen. Er veröffentlichte die Lyrikbände *Lieblied was kommt* (1998) *und Stoppelbrand* (2000) sowie die Romane *Lauf Jäger lauf* (2002) und *Langsamer Walzer* (2004).

JOHN BERGER, 1926 in London geboren, arbeitete nach dem Kunststudium als Zeichenlehrer und Maler und lebt heute in einem Bergdorf in den Haute Savoie. Zuletzt sind der Roman *King* (1999), der Gedichtband *Wegzeichnung* (2001) und die Essaysammlung *Gegen die Abwertung der Welt* (2003) erschienen.

BENJAMIN BÜHLER ist wissenschaftlicher Assistent am Deutschen Seminar der Universität Basel. Er hat mit Stefan Rieger zuletzt *Vom Übertier. Ein Bestiarium des Wissens* (2006) veröffentlicht.

SILVIA BOVENSCHEN, 1946 geboren, lebt in Berlin. Literaturwissenschaftlerin, Essayistin. Letzte Veröffentlichungen: *Schlimmer machen, schlimmer lachen* (1999), *Über-Empfindlichkeit. Spielformen der Idiosynkrasie* (2000), *Rituale des Alltags* (2002) sowie *Älter werden* (2006).

SCOTT BRADFIELD, 1955 in Kalifornien geboren, lebt in London und Connecticut, wo er an der University of Storrs unterrichtet. Zuletzt sind von ihm der Erzählungsband *Unzweifelhaft der Beste* (2001) sowie der Roman *Gute Mädchen haben's schwer* (2005) erschienen.

KLAUS HOFFER, 1942 geboren. Zuletzt sind von ihm erschienen *Pusztavolk. Essay* (1991) sowie *Hinsehen und Wegsehen. Essays* (2007). Für sein Werk wurde er mit zahlreichen Preisen ausgezeichnet, u. a. 1980 mit dem Rauriser Literaturpreis und 1981 mit dem Alfred-Döblin-Preis.

FELICITAS HOPPE, 1960 geboren, erhielt für ihr Debüt *Picknick der Friseure* (1996) den Aspekte-Literaturpreis. Vier Monate fuhr sie mit einem Containerschiff um die Welt, danach folgte der Roman *Pigafetta* (1999). Außerdem sind von ihr erschienen *Paradiese, Übersee* (2003), *Verbrecher und Versager. Fünf Porträts* (2004) sowie zuletzt der Roman *Johanna* (2006). Felicitas Hoppe lebt in Berlin.

LÁSZLÓ KRASZNAHORKAI wurde 1954 in Gyula/Ungarn geboren. Studium der Philosophie an der Budapester Universität. Er erhielt für sein literarisches Schaffen zahlreiche Preise. Er lebt heute als freier Autor in Pilisszentlászló. Zuletzt sind von ihm erschienen *Krieg und Krieg* (1999) sowie *Im Norden ein Berg, im Süden ein See, im Westen Wege, im Osten ein Fluß* (2005).

BARRY LOPEZ, 1945 in New York geboren, lebt seit 1968 in Oregon. Sein Werk ist geprägt von der Auseinandersetzung mit Natur und Kultur, indigenen Völkern, Mythen und Landschaften. Zuletzt sind von ihm erschienen *Arktische Träume* (2000) und *In der Wüste – Am Fluß* (2002).

CARSTEN NIEMITZ, Professor an der FU Berlin, ist Leiter des dortigen Instituts für Humanbiologie und Anthropologie. Grundmotiv seiner Forschungen ist die Reflexion des Menschen in seiner Natur. Zuletzt ist von ihm *Das Geheimnis des aufrechten Gangs* (2004) erschienen.

DOMINIK PERLER, 1965 geboren, ist seit 2003 Professor für Theoretische Philosophie an der Humboldt-Universität zu Berlin. Er lehrte zuvor in Oxford und Basel. Buchpublikationen u. a. *Theorien der Intentionalität im Mittelalter* (2002), *Der Geist der Tiere*, Hrsg. mit Markus Wild (2005), *Zweifel und Gewissheit. Skeptische Debatten im Mittelalter* (2006).

STEFAN RIEGER ist Heisenberg-Stipendiat der Deutschen Forschungsgemeinschaft. Zuletzt sind von ihm erschienen: *Die Ästhetik des Menschen. Über das Technische in Leben und Kunst* (2002), *Kybernetische Anthropologie. Eine Geschichte der Virtualität* (2003) und gemeinsam mit Benjamin Bühler *Vom Übertier. Ein Bestiarium des Wissens* (2006).

TILMAN SPRECKELSEN, Jahrgang 1967, studierte Germanistik und Geschichte in Freiburg. Er ist Wissenschaftsredakteur der Frankfurter Allgemeinen Sonntagszeitung. 2005 erschien die Anthologie *Mein Vater, der Held. Vom Glanz und Elend des Vatertums* und zuletzt sein Buch *Augenblicke. Geschichten vom Sehen* (2006).

MARKUS WILD, 1971 geboren, ist seit Dezember 2004 Wissenschaftlicher Assistent am Institut für Philosophie der Humboldt-Universität zu Berlin. Zusammen mit Dominik Perler hat er 2005 den Band *Der Geist der Tiere. Philosophische Texte zu einer aktuellen Diskusison* herausgegeben und zusammen mit Sarah Tietz den Artikel »Denken Tiere?« für die Zeitschrift *Information Philosophie* 34/3 (2006) verfasst.

Jahresregister 2006

117. Jahrgang, Heftnummer und Seitenzahl

S. Fischer Verlag
Neue Rundschau
Postfach 700 355

60553 Frankfurt am Main

Absender: ______________________

Straße: ______________________

PLZ/Ort: ______________________

Für jedes neue Abonnement der *Neuen Rundschau* gibt es eine Buchprämie. Wenn Sie ein Abonnement für sich oder als Geschenk bestellen, kreuzen Sie eine der zwei genannten Prämien an. Sie wird Ihnen mit dem ersten Heft des Abonnements geliefert. Solange der Vorrat reicht.

❒ Raul Hilberg, *Die Quellen des Holocaust. Entschlüsseln und Interpretieren.* Aus dem Amerikanischen von Udo Rennert.

❒ Alain Corbin, *Die Sprache der Glocken. Ländliche Gefühlskultur und symbolische Ordnung im Frankreich des 19. Jahrhunderts.* Aus dem Französischen von Holger Fliessbach.

❒ Ich abonniere die *Neue Rundschau* zum nächstmöglichen Zeitpunkt. Zum Vorzugspreis von 34 € pro Jahr (inkl. Porto) erhalte ich vierteljährlich die *Neue Rundschau* frei Haus geliefert. Für das Ausland kostet das Abonnement 38 € (Europa) bzw. 45 € (Übersee). Ich kann ohne Kündigungsfrist abbestellen und erhalte bereits gezahlte Beträge für noch nicht gelieferte Hefte zurück. (Keine Vorauszahlung, Rechnung abwarten.)

____
Datum / Unterschrift

❒ Ich bestelle die *Neue Rundschau* als Geschenkabonnement. Bitte liefern Sie an:
Name, Vorname: ______________________
Straße: ______________________
PLZ/Ort: ______________________

Bitte liefern Sie die Buchprämie an den oben genannten Absender. Mir ist bekannt, dass ich diese Vereinbarung innerhalb von 10 Tagen widerrufen kann (Poststempel), und bestätige dies mit meiner zweiten Unterschrift:

____
Datum / Unterschrift

❒ Ich bestelle folgende Einzelhefte der Neuen Rundschau à 9 € bzw. 10 €

_____ 4/2004 _____ 4/2005
_____ 1/2005 _____ 1/2006
_____ 2/2005 _____ 2/2006
_____ 3/2005 _____ 3/2006

Bitte kopieren und faxen: 069/60 62 214